严格依据国家教师资格考试大纲编写

国家教师资格考试指导丛书

U0653255

## 国家教师资格考试专用教材

# 教育教学知识与能力

主　编　彭玲艺　何　杰　何君辉

副主编　邓素文　兰　华　杨俊林
　　　　蒋晓云

参　编　(以姓氏笔画为序)
　　　　刘　华　许沪霞　李　欣
　　　　闫　昱　殷倩倩　移素林
　　　　蒋　雯　蔡　俊

## 小学

南京大学出版社

**图书在版编目(CIP)数据**

教育教学知识与能力. 小学 / 彭玲艺，何杰，何君辉
主编. — 南京：南京大学出版社，2018.8(2024.1 重印)
(国家教师资格考试指导丛书)
ISBN 978-7-305-20844-7

Ⅰ. ①教… Ⅱ. ①彭… ②何… ③何… Ⅲ. ①小学教
师－教学能力－资格考试－自学参考资料 Ⅳ.
① G451.1

中国版本图书馆 CIP 数据核字(2018)第 189484 号

| | |
|---|---|
| 出版发行 | 南京大学出版社 |
| 社　　址 | 南京市汉口路 22 号　　　邮　编　210093 |
| 丛 书 名 | 国家教师资格考试指导丛书 |
| 书　　名 | **教育教学知识与能力(小学)** |
| | JIAOYU JIAOXUE ZHISHI YU NENGLI (XIAO XUE) |
| 主　　编 | 彭玲艺　何　杰　何君辉 |
| 责任编辑 | 曹　森　钱梦菊　　　　编辑热线　025 - 83686756 |
| 照　　排 | 南京南琳图文制作有限公司 |
| 印　　刷 | 广东虎彩云印刷有限公司 |
| 开　　本 | 787 mm×1092 mm　1/16　印张 22.75　字数 525 千 |
| 版　　次 | 2018 年 8 月第 1 版　2024 年 1 月第 5 次印刷 |
| | ISBN 978-7-305-20844-7 |
| 定　　价 | 49.80 元 |

网址：http://www.njupco.com
官方微博：http://weibo.com/njupco
微信服务号：NJUyuexue
销售咨询热线：(025) 83594756

# P 前 言
## PREFACE

自教育部师范教育司、教育部考试中心颁布《中小学和幼儿园教师资格考试标准（试行）》以来，教师资格考试"国考"制度从最初试点的几个省已扩大至全国的大多数省(市、自治区)。参加教师资格考试并达到合格标准是教师职业准入的必要条件。教师资格考试包括笔试和面试两部分，其中小学教师资格考试笔试科目分为"综合素质"和"小学教育教学知识与能力"两科。为了帮助广大的考生在有限的时间内掌握"小学教育教学知识与能力"的基本内容和考试重点，我们特组织来自全国多所师范院校的学者专家联合编写了本教材，作为小学教师资格考试的指导用书。

本教材充分把握我国教师职业对小学教师教育教学能力的要求，以现行考试大纲为编写依据，结合近年来的教师资格考试国考试题，科学、系统、严谨地阐释了大纲对小学教师考核所要求的知识体系，旨在帮助考生有效备考，提升考生们在"小学教育教学知识与能力"科目中的笔试能力。

本教材的编写着力体现以下特色：

一是系统性。本教材编写时强化了知识结构的逻辑性，突出考试标准和考试大纲所要求的知识体系，有利于考生对考试内容进行系统的理解与记忆。教材总体结构完整、章节布局合理、内容详略得当，考试重点详尽，对考点的阐释准确、规范。

二是导向性。教材在编写过程中贯彻大纲对知识与能力各个层级的要求，在体例设置与内容表述上突出重点与难点，并把近年来的国考真题融入其中，既对考生系统掌握小学教育教学知识与能力起到很好的引导作用，也为考生从整体上把握考点知识，轻松掌握考试重点提供明确的方向。配套的巩固练习，有利于帮助考生借助试题把握考点，巩固知识点。

三是权威性。本教材是严格按照考纲要求，结合近些年来的考试特点和命题规律，特邀全国多所师范院校的教育学方面的专家、学者编撰而成，凝结了学科专家的集体智慧，体现了一定的权威性。

四是立体化。本教材在提供纸质版教材的同时，结合二维码的形式提供相关的知识拓展与延伸，以最大限度地满足考生学习的需要。

本书既可作为参加教师资格考试的社会考生学习和复习的备考教材，也适合师范院校对报名参加教师资格考试的在校学生进行指导和系统培训之用。

本书由彭玲艺、何杰、何君辉担任主编,邓素文、兰华、杨俊林、蒋晓云担任副主编,蔡俊、刘华、许沪霞、闫昱、蒋雯、移素林、李欣、殷倩倩参与编写,最后由彭玲艺统稿。在编写的过程中参考、借鉴了国内外许多专家、学者的观点,在此向他们表示感谢!南京大学出版社的罗文凯、曹森等编辑为本书的出版付出了大量而辛苦的劳动,十分感谢!

由于编者水平有限,书中的缺点和错误在所难免,恳请读者给予批评指正,以便再版时修改。

编　者
**2018 年 5 月**

# 目 录
CONTENTS

考试大纲与考试说明
历年考点与真题

**模块一**
# 教育学基础

答案与解析
相关拓展学习

## 备考指南

### 一、考纲要求

1. 了解我国小学教育的历史与现状。

2. 了解我国基础教育课程改革的现状和发展趋势。

3. 了解教育科学研究的基础知识。

4. 了解小学组织与运行的基础知识和基本要求。

5. 了解有关教育学的基础知识。

6. 理解小学教育的基本特点。

7. 掌握小学教育研究的基本方法。

8. 掌握教师专业发展的基础知识。

9. 能够运用相关知识对小学教育教学实践中的问题进行分析。

### 二、考点分析

1. 本模块知识点在历年考试中大多以选择题、简答题和材料分析题的形式进行考查。客观题(单项选择题)有5~11个,分值为10~22分;简答题有1~2个,分值为10~20分;材料分析题为0~1个,分值为0~20分。

2. 考试重点集中在:(1) 小学教育的发展及其特点;(2) 教育的本质属性;(3) 教育的起源与发展;(4) 教育学的发展;(5) 教育与社会的发展;(6) 教育制度;(7) 课程及其新课程的理念;(8) 教师专业发展;(9) 教育科学研究;等等。

### 三、学习建议与备考策略

1. 研习考试大纲,把握考试重点。

2. 识记、理解有关概念、原理。

3. 结合具体教育现象对原理加以运用。

## 知 识 树

教育学基础
- 教育概述
  - 教育的概念
  - 教育的产生与发展
  - 教育学的产生与发展
    - 教育学的萌芽阶段
    - 教育学的独立形态阶段
    - 教育学的发展多样化阶段
  - 教育与社会的发展
    - 教育的社会制约性
    - 教育的社会变迁功能
    - 教育的相对独立性
  - 教育目的
  - 学校教育制度
- 小学教育
  - 我国小学教育的产生与发展
  - 小学教育的基本特点
  - 小学的组织与运行
- 小学教师专业发展
  - 教师概述
  - 小学教师专业发展的内容及要求
  - 小学教师专业发展的基本阶段与途径
- 教育科学研究方法
  - 小学教育科学研究概述
  - 小学教育研究方法
    - 教育观察法
    - 调查法
    - 教育实验法
    - 教育行动研究法
    - 教育叙事研究法
  - 小学教育研究成果表达
- 课程
  - 课程概述
  - 我国基础教育课程改革

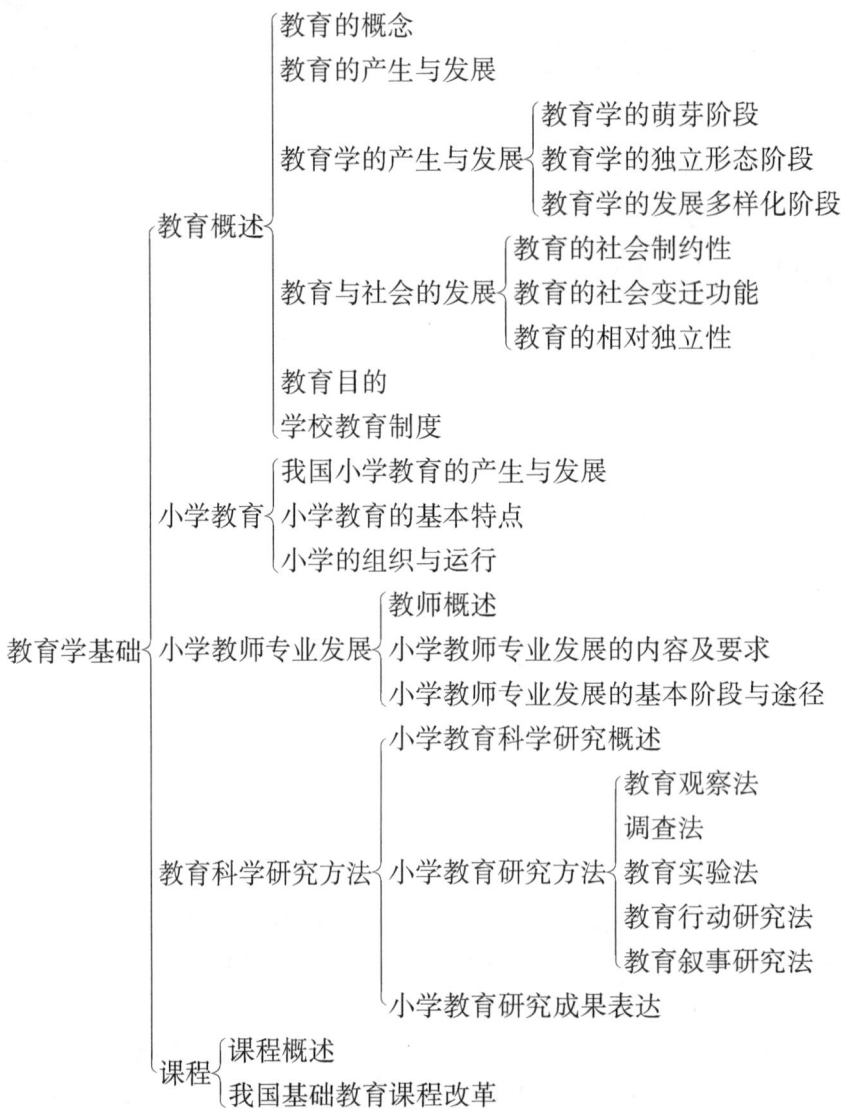

# 第一章　教育概述

## 考点分析

1. 本章知识点在历年考试中大多以选择题和简答题的形式进行考查。

2. 考试重点集中在教育的概念、教育的产生与发展、教育学的产生与发展、教育与社会的发展、学校教育制度等。

# 第一节　教育的概念

## 一、教育概念的界定

教育是一种有目的地培养人的社会活动,它的目的在于影响和促进人的发展。是否以促进人的身心发展为直接目的是教育活动区别于其他社会活动的根本所在。

广义的教育是指,凡是有目的地增进人的知识技能、影响人的思想品德、增强人的体质的活动,不论是有组织的或是无组织的、系统的或是零碎的,都是教育。它包括人们在家庭中、学校里、亲友间、社会上所受到的各种有目的的影响。

狭义的教育主要指学校教育,它是根据一定社会的现实和未来的需要,遵循受教育者身心发展的规律,有目的、有计划、有组织地引导受教育者主动地学习,积极进行经验的改造与重组,促进他们提高素质、健全人格的一种活动。

**真题链接**

**1.** (2016年下半年选择题)学校教育的直接目标是(　　)。

　　A. 推动社会发展　　　　　　　　B. 增强人的体质

　　C. 增进社会公平　　　　　　　　D. 促进人的发展

**2.** (2013年下半年选择题)"人只有通过适当的教育之后,人才能成为一个人。"夸美纽斯的这句话旨在说明教育是(　　)。

　　A. 培养人的社会实践活动　　　　B. 使人得以生存的活动

　　C. 传递社会经验的活动　　　　　D. 保存人类文明的活动

## 二、教育的基本要素及其相互关系

### 1. 教育者

凡是对受教育者在知识、技能、思想、品德等方面起到教育影响作用的人,都可称为教育者。家庭是一个人受教育的重要场所,父母是子女最初和经常的教育者;社会教育中的师傅以及起到教育作用的其他人员,都是教育者。但自学校教育产生以后,教育者主要指学校中的教师和其他教育工作人员。

教育者在教育活动中扮演着主导者的角色。教育目的的实现依赖于教育者自觉地、有意识地、想方设法地以其自身的活动来引导和促进受教育者的身心按照一定的方向和水平发展。离开了教育者及有目的的活动,也就不存在教育。

### 2. 受教育者

受教育者是指在各种教育活动中从事学习的人,既包括在学校学习的儿童、少年和青年,也包括各种教育活动中的成人学生。受教育者既是教育的对象,又是学习的主体。教育活动是教育者与受教育者双向互动的活动。如果没有受教育者的积极参与,发挥其主

**3**

观能动性,教育活动也无法顺利地开展。教育活动的实际效果,受教育者个性素质的发展,都依赖于受教育者的自我建构和自我努力。

### 3.教育中介系统

教育中介系统是教育者与受教育者联系与互动的纽带,是开展教育活动的内容和方式。

教育内容是教育者用来作用于受教育者的影响物,它是根据教育目的,经过挑选和加工的、最有教育价值和适合受教育者身心发展水平的人类科学文化成果的结晶。它主要体现在课程、教科书、教学参考书和其他形式的信息载体(如广播、电视、电影、报刊等)中,还体现在经过选择和布置的,具有教育作用的环境(如教室、阅览室、校园等)中。另外,教育者自身所拥有的知识、经验、言谈举止、思想品质和工作作风也影响着受教育者的发展,因而也是重要的教育内容或受教育者学习的重要对象。

教育活动都要以一定的方式进行,都要表现为一定的教育活动方式。教育活动方式涉及教育基本要素的组合与教育工具和教育手段的应用,是一个十分复杂的动态过程。从一定意义上来说,教育活动方式对受教育者的发展具有不可忽视的重要意义。外在的教育内容的教育价值要通过合理的教育活动方式才能转化为受教育者内在的精神财富,教育活动方式本身也会经过长时间的无数次的反复而逐渐概括化、定型化,并积淀为受教育者的个性素质。

教育的三个基本要素是相互联系着的,其中,教育者处于主导性地位,他是教育活动的组织者、领导者,他掌握着教育目的,采用适当的教育内容,创设必要的教育环境,调控着受教育者和整个教育过程,从而达到促进受教育者身心发展的目的。需要指出的是,教育的基本要素只是对教育活动的过程结构的抽象分析与概括,而这些要素本身及其相互关系是随着历史条件和现实选择的变化而变化着的。

**真 题 链 接**

3.(2016年上半年选择题)与学校教育相比,家庭教育的特点主要表现在(    )。
    A. 生活性          B. 计划性          C. 组织性          D. 系统性

4.(2013年下半年选择题)发挥教育合力必须注意三种教育形态的有机结合,这三种教育形态是(    )。
    ① 家庭教育   ② 学校教育   ③ 社会教育   ④ 自我教育
    A. ①②③          B. ①②④          C. ①③④          D. ②③④

# 第二节　教育的产生与发展

## 一、教育的起源

在教育史上关于教育的起源主要有如下三种不同的主张。

### (一) 生物起源说

教育的生物起源说以达尔文生物进化论为指导,把教育的起源归于动物的本能行为,教育过程即按生物学规律进行的本能过程,其代表人物是法国哲学家、社会学家勒图尔诺(1831—1902)和英国教育家沛西·能(1870—1944)。勒图尔诺在《动物界的教育》一书中明确提出教育的生物起源说。这种主张混淆了动物的本能活动与人类社会教育活动的界限,忽视了教育的社会性。

### (二) 心理起源说

心理起源说认为,教育起源于儿童对成人无意识的模仿,把全部教育都归于无意识状态下产生的模仿行为。其代表人物是美国教育家孟禄(1869—1947)。

### (三) 劳动起源说

它是在批判生物起源说和心理起源说的基础上,在马克思主义唯物史观指导下形成的。苏联和我国的教育学者大都持这种观点。劳动起源论者认为,教育起源于劳动,是劳动过程中社会生产需要和人的发展需要的辩证统一。

**真 题 链 接**

　**1.** (2016 年下半年选择题)英国教育家沛西·能认为,教育是天生的而不是获得的表现形式,是扎根于本能的不可避免的行为。这一观点属于(　　)。
　　A. 神话起源说　　B. 生物起源说　　C. 心理起源说　　D. 劳动起源说

## 二、教育的发展历程

根据生产力的发展水平,人类社会可以划分为以使用手工工具为标志的小生产的古代社会和以使用现代机器为标志的大生产的现代社会。与此相对应,也可以把教育划分为古代教育和现代教育两个发展阶段。古代教育除原始社会教育外,还包括奴隶社会教育和封建社会教育;现代教育包括资本主义社会教育和社会主义社会教育。

### (一) 古代社会的教育

#### 1. 原始社会的教育

原始社会的教育是和生产劳动、社会生活紧密结合在一起的。原始社会生产力很低,教育水平也很低。青少年儿童在与年长者共同劳动中学习劳动技能,共同生活中学习生活规范,还在部落间的冲突中学习军事斗争经验。

#### 2. 奴隶社会的教育

奴隶社会已经出现了学校。我国最早的学校出现在夏朝。学校的产生有其基本的条件。第一,生产力的发展以及社会生产水平的提高为学校产生提供了物质基础。第二,脑力劳动和体力劳动相分离为学校的产生提供了专门从事教育活动的知识分子。第三,文字的创造和知识的积累为学校教育活动的开展提供了有效的教育手段和充分的教育内容。第四,国家机器的产生需要专门的机构来培养统治阶级所需要的人才。

奴隶社会的教育具有鲜明的阶级性,学校教育为奴隶主阶级所享用,奴隶不被当作人看待,更谈不上接受学校教育。我国奴隶社会,已有庠、序、校、学等不同等级和不同性质的学校,学习内容是礼、乐、射、御、书、数。西方奴隶社会的教育主要以雅典和斯巴达的教育为代表。斯巴达的教育以军事教育为主,目的是将奴隶主的子女培养成为身体健壮的武士,学习内容有赛跑、跳跃、角力、掷铁饼、投标枪"五项竞技"。雅典是一个商业较为发达的国家,教育内容方面,除体育竞技外,还要学习哲学、文法、修辞三门学科,即所谓"三艺",注重人的和谐发展,以培养将来准备担任国家要职的人才。古代的雅典,成为西方文化日后发展的发源地。

### 真题链接

**2.** (2015年下半年简答题)简述学校产生的基本条件。

**3.** (2013年下半年选择题)中国最早的学校教育形态出现在(　　　)。

A. 夏朝　　　　B. 殷商　　　　C. 西周　　　　D. 春秋战国

### 3. 封建社会的教育

封建社会的教育带有严格的等级性,不同身份的人受不同的教育。在中国封建社会的长期发展中,中国古代文化已达到相当高的水平,在教育制度上有官学、私学、书院等多种形式。教育内容为经、史、子、集等,其中《五经》《四书》是影响最大、最主要的教材。全社会盛行"学而优则仕",从察举到科举,是晋升的主要门路。

西方封建社会的教育主要是教会学校和骑士教育。欧洲中世纪的教育,几乎全部控制在教会手中,教育的内容是神学,教育的目的是培养僧侣。只是在一些设备简陋的教区学校中,农民子弟才可以学到读、写和宗教的初步知识。骑士教育也称"武士教育",是欧洲中世纪封建主的教育。教育内容主要是"武士七技"(骑马、游泳、投枪、击剑、打猎、下棋、咏诗)和宗教教育,目的是培养效忠封建领主和善于作战的武士。

### (二)现代社会的教育

#### 1. 资本主义社会教育

由于中国的资本主义发展较晚,资本主义教育主要体现在西方。文艺复兴时期是资本主义发展的启蒙阶段。在资本主义社会,科学技术的发展和应用机器的大工业生产,使生产力得到快速的发展和提高。在教育上,从制度、内容和形式方面都提出了新的要求,如普及义务教育,实施班级授课制和集体教学模式,利用现代教学内容和手段,培养出具有初等文化水平的劳动力和较高文化水平的各种专门人才。通过几百年的发展,资本主义教育的范围不断扩大,学校的形式也朝着多样化的形式发展。但是,由于资本主义自身固有矛盾的发展,贫富悬殊和种族歧视现象仍未消除,文化教育上的不平等还是一个十分突出的现实问题。

### 2. 社会主义社会教育

十月革命一声炮响,在列宁的领导下,俄国建立了世界上第一个社会主义国家。第二次世界大战后,形成了社会主义阵营。社会主义公有制的确立,打破了教育上的阶级限制,为实现教育平等创造了条件;社会主义国家以马克思主义为指导,传授现代化的先进科学知识,实现了教育的科学性;加强了国家对教育的领导,实现了教育的统一性;学校完全脱离宗教的控制,实现了教育的非宗教性。社会主义教育被称为人类历史上最先进的教育。我国目前正处于社会主义的初级阶段,一直在探索建立有中国特色的社会主义教育体系。

虽然资本主义社会教育与社会主义社会教育在教育性质、指导思想等方面存在着重大差异,但仍然存在着以下几方面的共性。

第一,生产性。现代教育的生产性主要体现在教育与生产劳动相结合。通过教育与生产劳动相结合,使现代科技与现代生产相结合,以促进生产和科技的双向发展。从个体发展的角度看,使劳动者把学习现代科技理论与从事现代化生产劳动实践相结合,以实现体力劳动与脑力劳动的逐步结合,从片面发展走向全面发展。从社会发展来说,教育与生产劳动相结合就是使教育事业同国民经济发展的要求相适应,加速生产的发展,促使综合国力不断增强。

第二,民主性。现代教育的民主性体现在世俗化、普及性和公平性上。在古代社会,教育为少数人特别是剥削阶级所垄断和主宰,现代社会中教育则为越来越多的人所享用。在大多数国家,由于普及教育的年限越来越延长,加之教育机构的多样化,教育由过去的一次性教育逐渐向继续教育和终身教育的方向发展。在学校内部,平等的师生关系,民主的学校管理,都是现代教育民主化不可缺少的内容。

第三,科学性。现代教育从内容到手段都是在现代科学技术的推动下,不断向科学化的方向发展。通过现代科学的教育内容和方法,使学生系统地学习科技知识,掌握综合技术、专门技术和现代科技手段,提升学生运用知识的能力,培养学生的创新精神和实践能力。

第四,革新性。20世纪的后半叶,生产与科技的发展更是日新月异,大家用"知识爆炸"来形容科技发展的大趋势。为了使教育跟上科技发展的步伐,现代教育改革的浪潮席卷全世界,各国都在不断地探索新模式的教育教学改革和实验。现代科技的创新推动着教育不断向高级阶段发展,使教育逐渐靠近理想目标。

## 第三节　教育学的产生与发展

### 一、教育学的萌芽阶段

当教育尚处于萌芽和经验阶段,作为总结教育经验、具有一定理论体系的教育学尚未出现,因此教育学也没有成为独立学科。古代的教育思想常常是同哲学、政治、伦理、宗教等思想混杂在一起的,以中国古代的《论语》和西方古代的《理想国》为代表,虽然这些著作包含不少有关教育的论述,但都不能称为教育专著。世界上最早的教育专著,应算中国的《学记》;西方最早的教育专著当推古罗马昆体良的《雄辩术原理》,但它们尚不具备比较完整的教育学体系。

**真题链接**

1.(2015年上半年选择题)"庶"与"富"是"教"的先决条件。首次提出这一教育观点的教育家是(    )。

    A. 孔子　　　　　B. 孟子　　　　　C. 荀子　　　　　D. 墨子

2.(2016年下半年选择题)我国最早记载和阐释孔子"不愤不启,不悱不发"教学思想的著作是(    )。

    A.《学记》　　　B.《论语》　　　C.《大学》　　　D.《孟子》

### 二、教育学的独立形态阶段

英国学者培根于1623年发表了《论科学的价值与发展》一文,在对科学的分类中,首次把教育学列为一门独立的学科。随着资本主义经济的发展和科学的进步,教育事业和教育科学也得到长足的发展,一批教育专著相继问世。就其代表性而言,1632年捷克教育家夸美纽斯的《大教学论》被认为是最早的具有比较完整体系的教育学著作。德国哲学家康德于1776年在哥尼斯堡大学首次讲授教育学,使教育学作为一门课程在大学里开设。德国教育家赫尔巴特又把伦理学和心理学引入教育学,于1806年出版了著名的《普通教育学》一书,该书被认为是第一部现代意义上的教育学著作。他在伦理学基础上建立起教育目的论,在心理学基础上建立起教育方法论,形成了"传统教育"思想和教学模式。这个以班级授课制为基础,在教师的主导下系统地传授知识,即以教师、书本和课堂为中心的"三中心"教学模式,对近代世界各国的教育理论和实践产生了深远的影响。

### 三、教育学的发展多样化阶段

随着科学技术的发展,心理学、社会学、法律学、伦理学、政治学等经验学科逐渐兴起。这些学科对教育学的发展起了巨大的推动作用,教育学不仅从这些学科中汲取了有关的研究成果,而且逐渐利用其新兴的研究方法来研究教育问题,从而使教育学呈现出多样化发展的趋势。

1861年,英国资产阶级思想家、社会学家斯宾塞出版《教育论》一书。在教育目的上,斯宾塞提出教育的任务是教导人们为完满的生活做准备。在教育内容上,他强调生理学、卫生学、数学、机械学、物理学、化学等实用学科的重要性,反对古典语言和文学的教育。

20世纪初,欧美的教育学者利用实验、统计和比较的方法研究教育问题,"实验教育学"兴起。其代表人物是德国的梅伊曼和拉伊。

19世纪末20世纪初,欧洲兴起的"新教育运动"对"传统教育"脱离实际和忽视儿童等缺点给予抨击。以美国教育家杜威为代表的实用主义教育流派,通过《学校与社会》等著作,强调"教育即生活""社会即学校""从做中学"等教育和教学原则,提出了以"儿童、活动、经验"为中心的现代教育思想,与传统教育以"教师、课堂、课本"的三中心形成鲜明的对比。"传统教育"与"现代教育"之争,是世界近代教育史上具有代表性的两种教育思想流派和教学模式的论争,对教育理论和教育实际的发展产生了巨大的影响。

**真题链接**

3.(2014年下半年选择题)"现在,我们教育中将引起的改变是重心的转移……在这里儿童变成了太阳,教育的一切措施要围绕他们而组织起来。"这一儿童中心理念出自教育家(　　)。

A. 洛克　　　　B. 康德　　　　C. 杜威　　　　D. 培根

19世纪中叶,马克思主义诞生。马克思、恩格斯、列宁等马克思主义经典作家对教育问题进行了比较系统的论述,为教育学的发展提供了重要的原理和科学的方法论基础。20世纪以来,苏联和我国的教育学家根据并运用马克思主义基本原理对现代教育的若干问题进行研究,出现了杨贤江的《新教育大纲》(1930)、凯洛夫主编的《教育学》(1939年第一版)等一系列具有影响力的著作。马克思主义的教育原理成为社会主义国家教育学学科建设的指导思想。

最近几十年,我国的教育学随着社会经济和学科建设的不断发展也取得了一些丰硕成果:第一,教育学科蓬勃发展,逐步形成了许多分支,有普通教育学、职业教育学、学前教育学、高等教育学、课程论、教学论、德育论等,并与其他学科交叉,形成了教育心理学、教育哲学、教育统计学、教育经济学、教育社会学、教育管理学以及学科教育学,还出现了教育人类学、教育技术学、教育未来学等。第二,积极、主动而深入地开展了多种教育实验,促进了教育理论与教育实践的结合。第三,在教育实践中涌现了一批学者型的教师,他们有思想、有经验,形成了许多宝贵的研究成果。第四,广泛开展相关专题研究。第五,促进了方法论的转变与更新,推动了教育理论和教育实践的发展。

# 第四节　教育与社会的发展

## 一、教育的社会制约性

### (一)生产力对教育的制约

#### 1. 生产力的发展制约教育事业发展的规模和速度

开展教育活动必须有一定的人力和物力作支撑和保障。教育事业发展的规模和速度归根到底是由生产力发展的水平和状况决定的,一定的教育必须与一定的生产力发展水平相适应,这是学校教育的发展必须遵循的规律。

### 2. 生产力的发展水平制约人才的培养规格和教育结构

不同社会阶段的生产力发展水平不同,对教育要培养什么样的人的要求也就不同。奴隶社会和封建社会的教育,不培养劳动者,而资本主义社会的学校教育则必须承担培养生产工作者的任务,明显体现了教育是受生产力的发展水平所制约的这一现实。并且,设立什么样的学校,开设什么样的专业,各级各类学校与各种专业之间的比例如何,都受到一定历史时期生产力发展水平和产业结构的制约。

### 3. 生产力的发展制约教育内容和教育手段的更新

生产力的发展促进科学技术的发展与更新,科学技术的发展与更新又要求学校教育对教育内容进行更新,如在原来古典人文知识的基础上,增加自然科学方面的内容。随着现代科学技术的发展,教育内容更新的速度也越来越快,以求及时反映生产发展、科技革新和科研的最新成果。教育方法和手段的更新也是一样,如实物、图片、实验、幻灯片、录音、录像、影视、电脑与网络等在教学中的运用,也是建立在现代生产力发展促使科学技术发展的基础之上的。

## (二) 社会政治经济制度对教育的制约

### 1. 社会政治经济制度的性质制约教育的性质

教育的性质是由当时社会的政治经济制度的性质决定的,而且教育的发展变革也受制于社会政治经济制度的发展变革。当新的社会政治经济关系代替旧的社会政治经济关系时,就会在一段时间内产生与之相适应的新教育。因此,阶级社会中占主导地位的教育反映了统治阶级的利益和需要,从属于统治阶段建构的社会政治经济制度,成为这一阶级进行统治的重要工具。

### 2. 社会政治经济制度制约教育的宗旨和目的

教育目的是社会的政治经济制度对教育所提出的主观要求的集中体现,它直接反映统治阶级的利益和需要。社会中占据统治地位的阶级,为了确保教育能够培养出他们所需要的人才,总是利用他们掌握的国家机器,为教育所要培养的人确定质量标准,选择教育内容,提出道德要求等,通过控制教育,使教育为特定的社会关系服务。

### 3. 社会政治经济制约教育的领导权

在人类社会中,谁掌握了生产资料,谁掌握了政权,谁就支配着精神生产的资料,掌握着教育的领导权。在阶级社会中,统治阶级总是利用他们的政权力量来颁布教育的方针、路线和政策;制定教育的目的和制度,规定教育的内容,派遣和任免教育行政人员和教师;控制教育的经费,决定教育发展的规模与速度;按照他们的思想政治要求去影响和控制受教育者,如通过对课程计划、教学指导纲要、教材内容,各种教育参考书、录像带、录音带的审定,规定教育工作的发展方向。

### 4. 社会政治经济制度制约受教育权

在社会中,让哪些人受教育,达到什么程度,受什么样的教育,教育的结果如何,都是由当下的社会政治经济制度决定的。

### 5. 社会政治经济制度制约教育内容、教育结构和教育管理体制

为了实现不同的教育目标,不同社会经济政治条件下的教育自然形成了不同的教育内容、尤其是社会科学方面的内容。特定社会的教育结构也是由该社会的社会结构、经济结构决定的。教育的管理体制更直接受制于社会的政治经济制度,如在经济政治上实行中央集权的国家,在教育管理体制上多强调集中统一;在经济政治上实行地方分权的国家,在教育管理体制上也多注重地方自主。

### (三) 文化对教育的制约

#### 1. 文化知识制约教育的内容与水平

文化是教育的基础,教育的内容就是从一定的科学文化知识中选择出来的。文化知识的发展制约教育内容的发展。在古代社会,教育的内容主要以人文知识为主,近代社会,随着自然科学知识的发展,教育内容也渐渐囊括了自然科学知识,不再局限于人文知识。同时,文化知识的发展水平和丰富程度也制约教育的发展水平和丰富程度。

#### 2. 文化模式制约教育环境与教育模式

首先,文化模式为人们的生活提供了特定的背景。文化模式使生活在其中的每个社会成员,无论何人,都无法逃避它的影响。文化模式因而也为教育提供了特定的背景。

其次,文化模式还从多方面制约教育模式。如东方文化模式的核心是追求和谐、崇尚德性、关注整体;西方文化模式的核心是追求征服、崇尚理性、关注个性。沿着这两种不同的文化模式发展的教育,在教育目的、教育内容及方式等各个方面都有明显差异,形成了不同的教育模式。在教育目的上,东方强调向内发展,完善自己,教育目的是"明人伦",培养出的人才应善于"克己""自省""反求诸己";西方重视向外发展,对外在世界的征服,培养的人才应该不断追求科学。在教育内容的选择上,东方重视修己治人的学问,轻视自然科学,西方则强调对自然科学知识的学习。在教育态度和方法上,东方强调"师道尊严""唯书唯上",注重思想传承、经验直觉;西方则较注重师生平等、民主对话、逻辑推理。

#### 3. 文化传统制约教育的传统与变革

各个国家有自己国家的教育传统,在教育传统上的差异与各国的文化传统紧密相关。一个国家有怎样的文化传统,就会有相应的教育传统,集中表现在教育目的、教育内容、教育方式等上。教育要进行变革不能不考虑文化传统的因素。我们今天在教育改革中所遇到的各种阻力,追根溯源都与文化传统中的消极因素有一定的关系。

**真 题 链 接**

1. (2015 年上半年简答题)简述文化对教育的制约作用。

## 二、教育的社会变迁功能

教育的社会变迁功能是指教育通过开发人的潜能、提高人的素质、促进人的社会化,

引导人的社会实践,不仅使人能够适应社会的发展,而且能够推动社会的改革与发展。

### (一)教育的经济功能

教育通过选择、传承与发展生产经验、科学技术与经济管理知识,培养能够参与各种经济活动的劳动者和专门人才,使社会生产力和经济得到发展。

**1. 教育是使可能的劳动力转变为现实的劳动力的基本途径**

劳动力是指存在于人的身体中、每当人生产某种使用价值时所运用的体力和智力的总和。个体的生命成长只构成了可能的劳动力,一个人只有经过教育和训练,掌握一定生产部门的劳动知识、技能和技巧,并参与生产某种使用价值,创造一定财富,他才能成为现实的劳动力。教育是劳动力再生产的手段和途径,它通过培养为社会所需要的各种劳动力来推动社会生产与经济发展。

**2. 现代教育是使知识形态的生产力转化为直接的生产力的重要途径**

在现代社会,科学技术是第一生产力。事实上,科学作为人们认识客观世界成果的知识体系,它仅仅是一种知识形态的生产力。只有当科学知识运用于生产过程,物化为机器、设施及技术,为扩大利用自然力和劳动对象开辟新的方法、途径和领域时,才算是真正意义上的生产力。而要实现由知识形态的潜在生产力转化为现实的生产力,除了要通过艰巨而复杂的科学研究、发明创造或革新实践外,其技术成果的推广、经验的总结与提升都需要通过教育与教学的紧密配合。

**3. 现代教育是提高劳动生产率的重要因素**

现代生产具有日益科学化、机械化、智能化的特点。社会生产率提高与古代社会不同,不再是单纯依靠增加劳动力数量和延长劳动时间来实现;而是依靠科学技术在生产中的应用、推广和不断革新,依靠提高劳动者受教育的程度与质量从而提高生产率,这都需要通过教育目的的调整、教育结构的优化、教育水平的提高等来培养各层次、各类型劳动人才和专门人才来实现。

### (二)教育的政治功能

**1. 教育通过传播一定的社会政治意识形态,完成年轻一代的政治化**

政治化是指引导人们接受一定的社会的政治意识形态,形成适应于一定社会政治制度的政治态度与政治认同感,积极参与政治、监督政治的习惯与能力的过程。政治化主要通过教育进行。教育作为传递文化、思想的重要途径,能以直接的或间接的、显性的或隐性的方式向年轻一代传播一定的社会政治意识形态,促使他们成为国家公民。

**2. 教育通过造就政治管理人才,促进政治体制的变革与完善**

为政在人。国家政治体制的变革与完善需要优秀的政治管理人才。教育正是通过对优秀政治管理人才的培养,来实现其对政治体制变革与完善的促进作用。

**3. 教育通过提高国民文化素质,推动国家的民主政治建设**

一个国家的政治是否民主,在很大程度上取决于国民的文化素质。一个国家普及教育的程度越高,国民的文化素质越高,其国民就越能认识政治民主的价值,在政治生活和社会生活中就越能履行民主的权利,从而推动国家的民主政治建设。

### 4. 教育也是形成社会舆论、影响政治时局的重要力量

学校是知识分子和青少年云集的地方,他们有知识、有见解,思想敏锐,勇于发表意见。从世界的发展史来看,在有些时候,他们对当时的政治时局起着非常重大的影响。古今中外,通过学校制造舆论影响政治的不乏其例,如我国现代的"五四运动"和"一二·九"运动,便是首先发端于学校,扩展到社会,进而形成全国性的政治运动。

### (三) 教育的文化功能

#### 1. 教育对文化的传递

教育的产生本身就是源自文化传递的需要。学校教育具有明确的目的、周密的计划、专门的场所、集中的时间、精选的内容与适宜的方法,是进行文化传递的重要途径。文化只有通过教育的传递才能承前启后、继往开来,不断发扬光大。

**真题链接**

**2.** (2014年上半年选择题)我国在世界各地创办孔子学院,向各国人民介绍中国文化,这说明教育文化具有( )。

    A. 传递功能　　B. 创造功能　　C. 更新功能　　D. 传播功能

#### 2. 教育对文化的选择

教育对文化的选择,其一体现在其对教育内容的筛选上。作为教育的一个重要因素的教育内容,是人们根据一定的教育价值观选择出来的人类文化的精华。其二体现在对教育环境、学校环境的净化上。文化环境中存在丑陋现象,必须通过教育"净化",清除其不良的内容,选择其中最优秀的部分,以达到育人的目的。

**真题链接**

**3.** (2014年下半年选择题)小学开展经典诵读活动时,对传统文化要取其精华,去其糟粕,这说明教育对文化具有( )。

    A. 继承功能　　B. 传递功能　　C. 选择功能　　D. 创新功能

#### 3. 教育对文化的发展

文化的生命不仅在于它的保存与积累,更在于它的更新与创造。教育通过把人类已有的精神财富内化为学生个体的精神财富从而培养他们对文化的浓厚兴趣,使他们不仅能够适应和参与现实社会的文化活动,而且能够根据未来社会的需要创造更美好的文化。高等学校既是优秀人才汇聚的地方,又是造就各种拥有较高素质的文化生产者的专门场所,在促进社会文化发展的过程中始终处于重要地位。随着社会与教育的日益开放,学校在加强国际文化交流中的作用也日益明显。教育通过广泛的文化交流,不断地吸收其他

**13**

民族的文化精华，补充、更新和发展本民族的文化，也是文化发展的一种重要方式。

教育的社会变迁功能随着社会的发展而变化。在原始社会，教育处于萌芽状态，其主要起着传递生产经验和生活经验的作用。在古代社会，教育依附于宗教和政治，教育的文化功能、政治功能是学校教育的核心功能。在近代，随着市场经济、科学技术、大工业机器生产的发展以及政治体制的变革，企业主、生产设计和经营管理人员、劳动者、国家公民都需经过学校培养，除了政治功能和文化功能外，学校的经济功能不断被强化与彰显。而在现代社会，社会进步越来越要求充分认识与全面发挥教育的多种变迁功能。

### 三、教育的相对独立性

一方面，教育为适应社会的生存与发展而产生、发展，受社会发展的制约，体现对社会的依存性；另一方面，教育又是一种主体性的实践活动，在能动地反作用于社会发展的过程中，具有主体自身的价值取向与行为选择，表现出自身的相对独立性。所谓教育的相对独立性，是指作为社会一个子系统的教育，它具有自身的特点和规律性，其发展呈现出连续性和继承性。

#### （一）教育是培养人的社会活动，教育主要通过所培育的人作用于社会

教育尤其是学校教育不同于生产、经济与政治的地方就在于：教育是一种有意识地促进人的身心发展的活动。教育通过对年轻一代的培养，使他们成长为社会活动的积极参与者和继承人，进而推动社会的延续和发展。因而教育社会功能的发挥，不能离开育人这一主题。如果离开了这一主题，教育不但不能发挥对社会的功能，反而会危及社会所需要的各种人才的数量与质量，严重影响社会的发展变革。

#### （二）教育具有自身活动的特点、规律与原理

教育既然是培养人的活动，就必须遵循人的身心发展规律。如果不顾教育的特点、规律与原理，企图用经济、政治的规律、原理和做法简单地取而代之，则会造成对教育工作的严重干扰或破坏，这就反而会降低教育的效率与水平，影响人才质量。

#### （三）教育具有自身发展的传统与连续性

教育一经产生，就会遵循其自身发展的规律，有自身发展的传统与连续性。包括形成由教育者、受教育者、教育内容及方法组成的特定教育结构；形成有一定教育理念、师生关系、文化内容与方法组合的活动模式；逐步建立形式化、班级化、制度化、系统化的教育组织形式；逐步构建不断分化与综合的学科课程，以及按专业、系、院、校运行的学科规则与专职业规范等方面整合的教育系统。因此，我们无论是办学校、发展教育事业，或者进行教育改革，都要重视与借鉴教育的历史经验，都应在原有的基础上积极改进、稳步前进，切不可无视教育的相对独立性，轻率地否定教育的连续性而另搞一套，否则就会造成教育的紊乱，甚至会出现质量严重下滑，导致教育改革或发展大起大落。

# 第五节　教育目的

## 一、教育目的的概念

### （一）教育目的的内涵

教育目的是把受教育者培养成为一定社会所需要的人的总要求,是学校教育所要培养的人的质量规格。

广义的教育目的是指存在于人的头脑之中的对受教育者的期望和要求。教育目的存在于任何与教育有关系的人的头脑中,包括教师、学生、学生家长、教育行政人员以及有关社会人士等。

狭义的教育目的是指由国家提出的教育总目的,是国家对把受教育者培养成为什么样的人的总的预期和设想。

教育目的是一切教育工作的出发点,教育目的的实现则是教育活动的归宿,它贯穿于教育活动的全过程,对教育活动有指导意义。

### （二）教育目的与教育方针的联系与区别

从联系的角度看,"教育方针"所提出的教育事业发展的根本方向与"教育目的"的要求是一致的,人们往往通过贯彻"教育方针"来实现"教育目的",二者具有一致性。

二者的区别在于:"教育目的"是人们对人才质量培养规格的预期设想和规定,具有理想性、不确定性,是一种理论性术语;而"教育方针"是一定历史时期内一个国家教育发展的根本指导思想或行动纲领,是教育工作当前必须落实的要求。

### （三）教育目的与培养目标、课程目标和教学目标的联系和区别

从总体上看,教育目的与培养目标、课程目标和教学目标的区别是抽象与具体的区别。

从联系上看,教育目的需要通过培养目标、课程目标和教学目标的层层具体化来实现。只有实现了教学目标,课程目标才有可能实现,只有实现了课程目标,培养目标才不会落到虚处,而只有实现了培养目标,教育目的才不会流于形式或空谈。

## 二、教育目的的作用

一是定向作用。教育目的规定了学校教育和学生发展的根本方向,是学校教育办学的根本指导思想。

二是调控作用。教育目的规定了学校教育培养人才的质量规格,对学校教育的实施起调节和控制作用。

三是评价作用。学校教育的办学质量以及学生的发展质量如何,可以有很多的标准来衡量,但评价学校教育质量的根本标准是教育目的。

### 三、教育目的的价值取向

#### （一）教育目的价值取向的含义

人们的教育目的一方面受着社会客观性的制约，另一方面也受到其主观意识的影响。所谓教育目的价值取向，是指教育目的的提出者或从事教育活动的主体依据自身的需要在对教育价值做出选择时所持有的一种倾向。

#### （二）教育目的的不同价值取向

##### 1. 个人本位论

个人本位论的代表人物有卢梭、福禄倍尔、裴斯泰洛齐等。

个人本位论认为，教育目的应当由人的本性、本能的需要来决定，教育的根本目的就是人的本性和本能的高度发展。该价值取向主要有以下观点：① 教育目的是根据个人的发展的需要制订的，教育的真谛在于使人的本性得到完善和发展。② 个人价值高于社会价值。社会价值只有在有助于个人发展时才有价值，否则，单纯地关注社会价值的实现就会压抑和排斥个人价值。③ 人生来就有健全的本能，教育的基本职能就在于使这种本能不受影响地发展。

个人本位论从当时产生的社会历史背景来看，是有一定的进步意义的。这种思潮的兴起和盛行时期，正是欧洲资产阶级进行反封建斗争的时期。当时，新兴的资产阶级为了维护自身的利益，发展资本主义，不仅要在经济上反对沉重的赋税，在政治上反对封建特权；同时，在教育上也要反对宗教神学对人的思想禁锢，要求教育从尊重个人的需要出发，倡导个人的解放和自由。从这些方面来看，个人本位论都有其积极而深远的意义，但在教育目的的价值取向上，如果只单纯强调个人的需求与个性的发展，而一味贬抑社会的需要和发展，就显示出其片面偏激的一面。

**真 题 链 接**

1. （2013年上半年选择题）主张让儿童顺其自然地发展，甚至摆脱社会影响的法国教育家是（　　）。

    A. 裴斯泰洛奇　　　　B. 洛克　　　　C. 卢梭　　　　D. 杜威

##### 2. 社会本位论

社会本位论形成于19世纪70年代以后从自由资本主义向垄断资本主义过渡的转变时期。社会本位论的主要代表人物有德国哲学家纳托尔普、法国思想家涂尔干、德国教育家凯兴斯泰纳等。

社会本位论认为，教育目的是由社会需要所决定的，培养社会所需要的人是教育要达到的根本目的。主要观点如下：① 个人的一切发展有赖于社会。② 教育除了满足社会需要以外并无其他目的。③ 教育的结果或效果是以其社会功能发挥的程度来衡量的。

社会本位论者从社会需要出发来看待和选择教育目的，无疑是看到了教育对社会的作用，在一定意义上是有借鉴意义的，特别是在今天这样一个生产高度社会化的时代。教育的社会作用在今天应该比过去的任何时候都更加突出,教育必须满足社会对受教育者所提出的要求,并培养出社会所需要的合格人才。因而社会本位论也具有片面的真理性。

个人本位论和社会本位论的冲突,反映了在一定社会历史发展时期,个人利益与社会利益的冲突和矛盾。因此,杜威说:"诸如个人的教育观(即个人本位论)和社会的教育观(即社会本位论)这类术语,一般说来,如果离开了当时的背景就毫无意义。"[①]所以,要理解个人本位论和社会本位论的观点,需要结合当时的社会背景来认识。

### 四、我国的教育目的和教育方针

#### (一) 我国的教育方针

教育方针是国家教育事业发展的总的方向和指针,因而它的变化,一方面体现出经济发展、政治方向或社会形势的新要求,另一方面意味着教育事业发展的新方向和新举措。新中国成立以来,我国的教育方针表述的变化如下:

表 1-1  新中国教育目的与教育方针的变化

| 时间 | 来源 | 关于教育方针与目的的具体表述 |
|---|---|---|
| 1949 年 | | 为工农服务,为生产建设服务。 |
| 1957 年 | 毛泽东在最高国务会议上的讲话 | 我们的教育方针,应该使受教育者在德育、智育、体育几方面都得到发展,成为有社会主义觉悟的有文化的劳动者。 |
| 1958 年 | 中共中央、国务院《关于教育工作的指示》 | 党的教育方针,是教育必须为无产阶级的政治服务,必须与生产劳动相结合。 |
| 1978 年 | 《中华人民共和国宪法》 | 教育必须为无产阶级的政治服务,同生产劳动相结合,使受教育者在德育、智育、体育几个方面都得到发展,成为有社会主义觉悟的有文化的劳动者。 |
| 1981 年 | 中共中央《关于建国以来党的若干历史问题的决议》 | 坚持德智体全面发展、又红又专、知识分子与工人农民相结合、脑力劳动与体力劳动相结合的教育方针。 |
| 1981 年 | 第五届人大第四次会议的《政府工作报告》 | 我们教育的基本方针是明确的,这就是使受教育者在德育、智育、体育等几方面都得到发展,成为有社会主义觉悟的有文化的劳动者和又红又专的人才,坚持脑力劳动与体力劳动相结合,知识分子与工人农民相结合。现在的任务是要根据现代化建设中的实际情况来进一步贯彻执行这个方针。 |
| 1985 年 | 《中共中央关于教育体制改革的决定》 | 教育必须为社会主义建设服务,社会必须依靠教育。 |
| 1993 年 | 《中国教育改革和发展纲要》 | 第一,教育是社会主义现代化建设的基础,必须坚持把教育摆在优先发展的战略地位。第二,必须坚持党对教育工作的领导,坚持教育的社会主义方向,培养德智体全面发展的建设者和接班人。第三,必须坚持教育为社会主义现代化建设服务,与生产劳动相结合,自觉地服从和服务于经济建设这个中心,促进社会的全面进步。 |

---

① 杜威.民主主义与教育[M].北京:人民教育出版社,1990:162.

（续表）

| 时间 | 来源 | 关于教育方针与目的的具体表述 |
|------|------|------------------------------|
| 1995 年 | 《中华人民共和国教育法》 | 教育必须为社会主义现代化建设服务、为人民服务，必须与生产劳动和社会实践相结合，培养德、智、体、美等方面全面发展的社会主义事业的建设者和接班人。 |
| 2001 年 | 国务院《关于基础教育改革与发展的决定》 | 坚持教育必须为社会主义现代化建设服务，为人民服务，必须与生产劳动和社会实践相结合，培养德智体美等全面发展的社会主义建设者和接班人。 |
| 2010 年 | 《国家中长期教育改革和发展规划纲要（2010—2020 年)》 | 全面贯彻党的教育方针，坚持教育为社会主义现代化建设服务，为人民服务，与生产劳动和社会实践相结合，培养德智体美全面发展的社会主义建设者和接班人。 |

总结起来，新中国成立以来，我国关于教育方针和教育目的的表述的变化体现在以下几方面：

第一，对教育性质的表述，从教育"必须为无产阶级政治服务"变为"必须为社会主义建设服务"，再到"必须为社会主义现代化建设服务"。这反映的是我国发展重心从"以阶级斗争为纲"向"以经济建设为中心"的转变。

第二，在有关培养人的性质上，从最初的"有社会主义觉悟的有文化的劳动者"，变为"有社会主义觉悟的有文化的劳动者"和"又红又专的建设人才"，再到"全面发展的社会主义事业的建设者和接班人"。关于"全面发展"的内涵也从最初的"德育、智育、体育几方面都得到发展"的不其确切的表述，调整为"德、智、体、美等方面全面发展"的科学表述。

第三，在培养人的途径上，始终坚持教育"必须与生产劳动相结合"的原则，后来增加了"与社会实践相结合"的原则。前一原则是马克思主义区分两种教育制度的重要标尺之一，充分显示了社会主义教育制度的优越性；然而，这一原则的实际内涵却不是固定不变的：从"学工""学农""学军"逐渐发展为将生产劳动贯彻在学校教育的制度设计和内容安排之中。

教育目的的实现是一个长期的过程，需要全社会的关心，需要几代人的努力，我们当前所要做的工作就是要全面贯彻党的教育方针，落实中小学教育的基本任务，为年轻一代的人生发展奠定基础。

**真 题 链 接**

2.（2015 年下半年选择题）马克思关于人的全面发展学说指出，造就全面发展的人的唯一方法是（　　）。

A. 脑力劳动与体力劳动相结合　　B. 智育与体育相结合

C. 知识分子与工人农民相结合　　D. 教育与生产劳动相结合

3.（2014 年上半年简答题）简述我国教育目的的基本特征。

# 第六节　学校教育制度

广义的教育制度指国家制定的教育目的、方针、教育经费控制、教育行政组织系统以及有组织的教学和教育的机构体系。狭义的教育制度，即学校教育制度，简称学制，指各级各类学校系统。学制规定各级各类学校的性质、任务、入学条件、修业年限及其相互之间的纵横关系。它为教育目的的实施提供了制度化的组织保证。

**真题链接**

1.（2015年上半年选择题）下列属于学校教育制度内容的是(　　)。
A. 修业年限　　　B. 教学大纲　　　C. 课程标准　　　D. 课程设置

### 一、现代学校教育制度的形成

现代学校教育制度的形成是与现代学校的产生与发展联系在一起的。现代学校最早出现于欧洲文艺复兴前后。各级学校系统是按照两条路线发展的。一种是从高级学校向低级学校下延而发生的系统；另一种是从低级学校向高级学校上伸而发生的系统。前者称为"下延型学校系统"，后者为"上伸型学校系统"。一般在教育上先行一步的国家（如西欧发达国家），先沿前一条路线建立学校系统，继而沿后一条路线逐步实现教育的普及；在教育上后起的国家（如美国），则沿着后一条路线迎头赶上甚至超过先行国家。

欧洲一些教育发展较早的国家，一般先设学校而后逐步建立学校制度，最终形成学校系统。从近代学校的出现（16世纪）到学校系统的形成，大约经历了300年时间；后起的国家（如日本）则参照外国学校系统的先例，一举建立学校系统，并使其带有制度化教育的特点。

我国教育史上第一个学制系统产生于1902年的《钦定学堂章程》，又称"壬寅学制"。这一学制虽经正式颁布，但并未全面实行。1904年1月，颁布了《奏定学堂章程》，又称"癸卯学制"，是我国第一个正式得到实施的学校教育制度。1912年中华民国成立后，针对清末教育的弊端，进行学制改革，颁布了"壬子癸丑学制"。之后，经过多年的探索，最终于1922年颁布了"壬戌学制"。这是在总结民国建立以来学校发展的经验，借鉴西方国家学制基础上制定。它是一个比较成熟的现代学校系统，一直沿用到新中国成立。该学制所制定的中小学六三三分段，至今仍被广泛使用。

### 二、现代学校教育制度的类型

现代学制主要有三种类型：双轨学制、单轨学制以及分支型学制。

#### （一）双轨学制

在18、19世纪的西欧，在社会政治、经济发展及特定的历史文化条件下，由古代学校演变来的带有等级特权痕迹的学术性现代学校和新产生的供劳动人民子女入学的群众性现代学校，同时得到了比较充分的发展，于是就形成了欧洲现代教育的双轨制。这种学制把学校系统分为两个互不相通、互不衔接的轨道，体现了等级性和阶级性。

#### （二）单轨学制

单轨制是19世纪末20世纪初在美国形成的一种学制。其特点是所有学生在同样的学校系统进行学习，从小学到大学，各级各类学校相互衔接。

#### （三）分支型学制

分支型学制是20世纪上半叶在苏联建立的一种学制形式。这是一种介于双轨学制和单轨学制之间的学制结构。这种学制在初等教育阶段和中等教育的一定阶段由单一的学校系统构成,而在之后的阶级开始由分化的多种学校系统与之衔接,既有上下级学校间的相互衔接,又有职业技术学校的横向联系,形成了上通(高等学校)下达(初等学校),左(中等专业学校)右(中等职业技术学校)畅通的立体式学制。

**真题链接**

**2.** (2016 下半年简答题)简述现代学校教育制度的类型。

### 三、现代学校教育制度的变革

#### (一)加强学前教育并重视与小学教育的衔接

许多国家都将学前教育纳入了国家教育系统,并重视与小学教育的衔接。

**真题链接**

**3.** (2016 年上半年选择题)我国制度化学校教育体系包括(　　)。
① 幼儿教育　② 初等教育　③ 中等教育　④ 成人教育　⑤ 高等教育
A. ①②③④　　　B. ①②③⑤　　　C. ①②④⑤　　　D. ②③④⑤

#### (二)强化普及义务教育并延长义务教育年限

19 世纪末,欧美一些国家开始实行初等义务教育并逐渐延长义务教育年限。现在世界上 2/3 以上的国家实行 9 年或 9 年以上的义务教育制度。我国也在 1986 年首次颁布《中华人民共和国义务教育法》,确定实施九年义务教育。

**真题链接**

**4.** (2015 年下半年选择题)我国首次颁布《中华人民共和国义务教育法》确定实施九年义务教育的时间为(　　)。
A. 1982 年　　　B. 1986 年　　　C. 2000 年　　　D. 2006 年

#### (三)普通教育与职业教育朝着相互渗透的方向发展

普通教育主要是以升学为目的,以基础科学知识为主要教学内容的学校教育;职业教育是以就业为目标,以从事某种职业或生产劳动的知识和技能为主要教学内容的学校教育。二战后出现了普通教育职业化、职业教育普通化的趋势。

#### (四)高等教育的类型日益多样化

随着社会生活的丰富多样化和高等教育的大众化,传统的以学术性为标准的单一大学逐步发生变化。在形式、内容、入学目的和考评方法上也多种多样。

#### (五)学历教育与非学历教育的界限逐渐淡化

随着一次性教育向终身教育的转变,以获得文凭为受教育目的的程度逐渐降低,通过教育补充知识、丰富人生的目的越来越强,社会教育的程度越来越高,学历教育与非学历教育的界限逐渐淡化。

### (六)教育制度有利于国际交流

交通、通信技术的发展,使得世界正在缩小,国际文化交流越来越重要,这就要求各国的教育制度有利于国际的交流,增加学制、学位、学分等的互通性。

## 巩固练习

### 一、选择题

1. 在教育目的的价值取向上,认为个人价值高于社会价值的是( )的观点。
   A. 个人本位论　　B. 社会本位论　　C. 学科本位论　　D. 知识本位论

2. 我国小学语文统编教材在中华传统优秀文化教育方面,既增加了古诗文的分量,又大量选用了反映中华优秀传统文化的课文,这是寄希望通过语文课程内容的选择实现教育对文化的( )。
   A. 传承功能　　B. 筛选功能　　C. 发展功能　　D. 创新功能

3. 提出以"儿童、活动、经验"为中心的现代教育思想的教育家是( )。
   A. 杜威　　　　B. 赫尔巴特　　C. 卢梭　　　　D. 裴斯泰洛齐

4. 1861 年英国资产阶级思想家、社会学家( )出版《教育论》一书。在教育目的上,提出教育的任务是教导人们为完满的生活做准备。
   A. 杜威　　　　B. 斯宾塞　　　C. 梅伊曼　　　D. 拉伊

5. 捷克教育家夸美纽斯在 1632 年写成的( )被认为是最早的具有比较完整体系的教育学著作。
   A.《大教学论》　　　　　　　B.《什么知识最有价值》
   C.《普通教育学》　　　　　　D.《教育学》

6. 心理起源说的主要代表是( )。
   A. 勒图尔诺　　B. 沛西·能　　C. 孟禄　　　　D. 凯洛夫

7. 教育活动区别于其他社会活动的根本所在是( )。
   A. 是否以促进人的身心发展为直接目的
   B. 是否以促进人的身心发展为间接目的
   C. 是否以促进生产力的发展为直接目的
   D. 是否以促进文化的发展为直接目的

8. 在教育活动中扮演着主导者的角色是( )。
   A. 受教育者　　B. 教育者　　　C. 教育内容　　D. 教育手段

### 二、简答题

1. 简述教育对经济发展的功能。
2. 简述社会政治经济制度对教育的制约。

# 第二章　小学教育

## 考点分析

1. 本章主要以选择题、简答题的形式进行考查,所占比重不大。
2. 考试重点集中在小学教育的特点、学校管理制度等方面。

小学教育即初等教育,通常指一个国家学制中的第一个阶段的教育,对象一般为6~12岁儿童。它是各级各类学校教育的基础。

## 第一节　我国小学教育的产生与发展

我国的小学教育发展的历史可以划分为三个阶段:第一阶段为先秦至鸦片战争前期的古代小学教育;第二阶段是鸦片战争至新中国成立前期的近现代小学教育;第三阶段为新中国成立至今的当代小学教育。

### (一)古代小学教育

我国从夏、商、周起就有小学教育。到西周,学校已有较完备的制度。学校分为两类、两级,一类是国学,一类是乡学;国学又有大学和小学两级。乡学是小学,学校有不同名称,如闾塾、党庠、州序、乡校。西周的教育内容以"六艺"为纲,"六艺"即礼、乐、射、御、书、数。小学的课程主要以书、数为主。礼、乐、射、御则是大学的课程。自春秋之后,"天子失官,学在四夷"。学术下移和士阶层的崛起使得私学勃兴起来。以孔子的办学规模和影响最大。此后,虽然各朝代都有自己的教育政策与制度,但是小学教育都分布在官学和私学两个系统之中。

### (二)近现代小学教育

据考证,我国近代正式成立的小学,当以1878年张焕纶创办的上海正蒙书院(后改称为梅溪学校)为最早。继正蒙书院之后,是1896年华亭钟天纬创办的上海沪南三等学堂。他改书院、书塾为"学堂",又以白话编撰儿童教本,在小学教育发展史上具有重要的价值。1897年,盛宣怀创办南洋小学,分为四院,其中"外院"为小学,这可视为中国公立小学的开端。

1898年,清政府下谕命各省、府、州、县开设学堂,将各地旧的书院、义学、社学一律改为中西兼习的学校。省会的大书院改为"高等学",郡的书院改为"中等学",州县的书院改为"小学",同时破格奖励私人办学。中小学应读的书籍,由官设书局编印发行。这是清政府推广新式学校的开始,也是小学教育见于公牍的开始。之后,小学教育得到快速发展,并且随着学校教育制度的不断完善,小学教育在整个教育中的基础和奠基作用越来越明显。

### （三）当代小学教育

新中国成立后,在学习苏联、继承老解放区经验和改造旧教育的过程中,制定颁发了一系列新的中小学课程与教学计划。"文化大革命"结束后,政府大力推动小学教育的普及与提高。1986年我国颁布《中华人民共和国义务教育法》,明确规定实施九年义务教育。小学教育作为义务教育的重要组成部分被正式纳入法制轨道,这极大地促进了小学教育的发展。1995年,《中华人民共和国教育法》颁布实施。它明确规定:"国家实行学前教育、初等教育、中等教育、高等教育的学校教育制度",明确了小学教育在整个教育体系中的地位。2001年开始的新一轮基础教育改革又结合时代特点对小学教育课程进行了全方位的改革。小学教育正呈现出长足的发展态势。

## 第二节 小学教育的基本特点

小学教育是一项规模宏大的教育奠基工程,除具有一般教育的特点外,还有它自身独具的基本特征。

### 一、全民性

小学教育的全民性,从广义上说,是指小学教育必须面向全体人民。这样,才能从根本上彻底扫除文盲,从整体上提高全民族的文化素质。从狭义上讲,是指小学教育必须面向全体适龄儿童。2006年修订的《中华人民共和国义务教育法》规定:"凡具有中华人民共和国国籍的适龄儿童、少年,不分性别、民族、种族、家庭财产状况、宗教信仰等,依法享有平等接受义务教育的权利。""各级人民政府及其有关部门应当履行本法规定的各项职责,保障适龄儿童、少年接受义务教育的权利。"

### 二、义务性

小学教育面向全体适龄儿童,任何未成年的公民,不论其种族、民族、性别、肤色、语言、社会经济地位的差异,只要达到一定的年龄(6~7岁),都必须接受小学教育。因此,小学教育在整个教育中具有义务教育的性质,对于每个公民来说,受教育既是一种权利,也是一种义务。"义务教育是国家统一实施的所有适龄儿童、少年必须接受的教育,是国家必须予以保障的公益性事业。"

### 三、全面性

小学教育是向儿童实施德、智、体、美等全面发展的教育。小学教育既不是就业定向的职业技术教育,也不是培养高层次专门人才的专业教育。它是面向全体儿童实施普通的基础知识和基本技能的教育。在此基础上发展他们的能力,培养他们高尚的思想道德品质和提高他们的身体心理素质,使他们具备国民应有的一些基本素质,为他们进一步深造创造条件。

# 第三节　小学的组织与运行

## 一、学校管理概述

### (一)学校管理的概念

学校管理是学校管理者在一定社会环境条件下,遵循教育规律,采用一定的手段和措施,带领和引导师生员工,充分利用校内外的资源和条件,为有效实现工作目标而进行的一种组织活动。

### (二)学校管理的基本要素

学校管理由管理者、管理手段和管理对象三个基本要素组成。

学校的管理者主要指学校的正副校长以及各个职能部门的负责人员,此外也包括学校的教职员工。

学校的管理手段主要包括学校的组织机构和规章制度。

学校的管理对象是学校的人、财、物、事(工作)、信息、时间和空间等。

### (三)学校管理的基本内容

学校管理的基本内容包括:学校人事管理、教学管理、德育管理、教务行政管理、总务工作管理等。

#### 1. 学校人事管理

学校人事管理主要包括教师管理和学生管理。

(1)教师管理。教师是学校教育教学质量的决定性因素,因而教师管理是学校管理的重要方面。加强教师管理的目的在于提高教师的积极性,充分发挥教师的作用,完成学校教育的任务。教师管理的主要内容:① 教师队伍的预测和规划;② 教师的选拔和任用;③ 教师的考核与培训;④ 教师的待遇。

(2)学生管理。主要包括:① 招生工作;② 学籍管理;③ 生活管理;④ 社团管理;⑤ 离校管理。

#### 2. 德育管理

(1)制定学生思想品德教育计划。

(2)抓好班主任工作。

(3)上好政治课,充分发挥共青团、少先队和学生会的作用。

(4)加强与学生家长及校外教育机构的联系,并要求他们密切配合。

#### 3. 教学管理

教学工作管理是学校管理工作的核心。教学工作管理主要包括:抓好教学组织工作、领导好教研组工作、督促检查和指导教学工作。

### 4. 教务行政管理

教务行政管理工作主要包括：招生、编班、排课表、学籍管理与成绩统计、管理图书仪器和编制教务手册等。

### 5. 总务工作管理

总务工作管理主要包括：校舍的建设、设备的购置与维修、生活福利工作及财务管理工作。

## 二、学校组织机构与内部机制

### (一) 学校组织机构的概念

学校组织机构是按照学校发展目标的要求，将学校组织的职责、岗位和人员进行合理的组合和分配，形成结构合理、权责清楚的协作系统。

学校组织机构建设既是学校管理的主要内容，又在学校管理中发挥着举足轻重的作用。

### (二) 学校组织机构的模式

学校组织机构模式是指学校组织中权力和职责关系的结构方式，即不同层次、不同方面的个人或部门之间的关系。学校组织机构模式包括直线型、职能型、直线—职能型、矩阵型等。

#### 1. 直线型

直线型组织机构模式是最早、最简单的一种组织机构形式。它的特点是组织中的职务按垂直系统直线排列，组织中每个人只向一个直接上级报告。其优点是结构简单、上下级关系明确，责任分明，联系简便快捷。其缺点是在组织规模较大的情况下，所有的管理职能都由一人承担，往往难于应付。

#### 2. 职能型

职能型组织机构模式是组织内除直线主管外设置相应的组织机构，分担某些职能管理的业务，该组织机构有权在自己的业务范围内向下级单位下达命令和指示。其优点是能够发挥职能机构的专业管理作用，减轻上层主管人员的负担。其缺点是容易破坏组织的集中领导和统一指挥，形成多头领导。

#### 3. 直线—职能型

直线—职能型组织机构模式的特点是设置了两套系统，一套是按命令统一原则设置的指挥系统，另一套是按专业化原则组织的职能系统。直线部门和人员在自己的职责范围内有决定权，对其所属下级的工作进行指挥和命令，并负全部责任。而职能部门和人员被称作直线主管的参谋，在特定的范围对下级机构提供建议和业务指导，或者受直线主管的委托在特许范围内享有一定的指挥权。

#### 4. 矩阵型

矩阵型组织机构模式从两个维度设置部门，一个是任务部门，另一个是职能部门。这两个维度组合起来就形成了一个矩阵。

## (三)学校组织机构主要职能部门

### 1. 校长办公室

校长办公室是校长领导下的办事机构,协助校长处理学校日常事务。

校长办公室的职责包括:负责学校的对外联络;接待和处理来访和信访;管理人事和安全保卫;管理学校文件的收发和归档;进行学校各项工作的报表统计;收集和分析教职工对学校工作的反馈信息;安排校长的重要日程;完成校长交办的其他工作等。

校长办公室直接对校长负责,一般没有直接的下级,但与学校的各职能部门,特别是教务处、政教处、总务处等都有密切的业务联系,具有综合的协调性和辅助性。

### 2. 教务处

教务处是学校教育教学的组织管理机构,主要负责协助校长组织、领导全部教学工作。

教务处的职责包括:教学组织和管理、教研室和学科组管理、教育科研、课程资源开发、教师培训、班主任管理、学生学籍管理等,同时兼管学校中与教学业务有关的科室。教务处的上级是主管教学的校长,下级是学校的基层教学实践机构,不同规模学校的具体情况不同。

### 3. 政教处

政教处是学校德育工作的组织管理机构,主要负责管理学生的思想政治工作和学校德育工作。

政教处的职责包括:组织和设计各种德育活动,指导、管理各年级组的德育工作,拓展学校德育资源等。政教处的上级是主管德育的校长,下级一般是年级组和班主任,依据学校具体情况有所不同。

### 4. 总务处

总务处是学校后勤工作的组织管理机构,主要负责为学校教育教学及其他各项工作提供经费物质保障和综合服务。

总务处的主要职责包括:安排和管理学校各项教育经费的使用;管理维护校舍和各项设施;组织和安排教职工的福利;配合校长办公室做好学校安全工作;兼管学校食堂、宿舍、医疗室和校办工厂等。总务处的上级是主管后勤的校长,下级包括所辖的各职能部门或者人员。

### 5. 教研室

教研室是由同一学科的任课教师组成的学校基层教学实践机构,主要负责本学科的教学和研究工作。

教研室的职责包括:了解教师的教学情况,组织教学交流,开展教学研究,安排教学培训等。教研室的上级是教务处,下级是各年级的学科教师。

### 6. 年级组

年级组是由同一年级各教学班的班主任和各科任课教师组成的基层教学实践机构,主要负责本年级教育教学各方面的工作。

年级组的职责包括:协调班主任与各科任课教师间的关系,组织本年级教师之间的教育教学交流活动,全面了解学生德智体美劳各方面的情况,组织本年级学生开展各项综合实践活动和文体活动等。年级组的上级是教务处或者政教处,下级是同一年级各教学班的班主任和各科任课教师。

### (四) 学校的内部机制

建立合理有效的学校内部机制,是调动广大教职工的积极性,提高学校管理效率的首要前提和保证。学校内部机制包括学校管理体制和学校规章制度等具有动力作用的系统。学校的内部管理体制是领导和管理学校的根本制度,支配着学校的全部管理工作。

#### 1. 学校管理体制

学校管理体制规定学校的管理权限、机构设置及其隶属关系,是学校内部机制的核心和灵魂,从1993年至今,校长负责制成为我国中小学的管理体制。

现行的校长负责制是由校长全面负责、党支部保证监督、教职工民主管理三个部分有机组成,相互联系和统一的管理制度,包含学校党、政、群三方面的地位、作用和职责权限。

(1) 校长负责制

校长全面负责,包括校长职位、职责、职权三个内涵。① 校长职位由上级政府或上级教育行政部门任命,校长是学校行政系统的最高领导人,是学校的法定代表人,在学校领导关系中处于中心地位。② 校长职责包括工作任务和承担相应的责任。校长的职责包括决策权、指挥权、人事权和财务权。

---

**真 题 链 接**

1. (2014年下半年选择题)根据1993年颁发的《中国教育改革和发展纲要》的相关规定,小学实行(　　)。
   A. 校长负责制　　　　　　　　　B. 党支部领导下的校长负责制
   C. 书记负责制　　　　　　　　　D. 教职工代表大会制

---

(2) 党支部保证监督

这里的监督主要是指参与讨论副校长及中层干部的提名或任免,在政治上把关,加强党的建设,发挥党员和党支部的积极作用。加强教职工和学生的思想政治工作,加强学校的精神文明建设,参与学校重大问题决策,保证监督党和国家方针政策的贯彻执行,加强对教职工代表会议、共青团、少先队等群众团体的领导,支持他们独立开展工作,充分发挥各组织在学校中的作用,支持校长独立处理教育教学和行政管理中的问题,协调各个组织之间的关系。

(3) 教职工民主管理

教职工民主管理,可以由教职工代表大会和校务委员会体现。

教职工代表大会的主要职责是听取校长报告,对学校的办学方向、学校教育改革及教育教学管理中的重大问题,对学校各级领导干部的奖惩、晋升、处分、免职有建议权,对学校领导干部的工作有监督评议权,对学校发展规划、工作计划、规章制度、财务预算有审议权,对本校教职工岗位责任制的方案、教职工的奖惩办法、与教职工切身利益有关的规章制度有决定权,对职能部门贯彻教职工代表大会决议、落实提案有检查权。

校务委员会由校长主持,人数不多,由有威信的教职工组成,除此之外,学校还可以通过学生会、家长会、专题讨论讲座会等形式,完善民主管理。

综上所述,现行的校长负责制是把党的保证监督、群众的民主管理与校长全面负责有机结合起来形成的学校管理体制。

**2. 学校规章制度**

学校规章制度,是学校依据法律、法规以及主管行政部门的授权或在其办学自主权范围内制定的学校内部管理规范的总和。学校规章制度,从广义上讲,包括国家有关教育的所有法律法规和学校的纪律章程,从狭义上仅指教育行政部门和学校制定的学校管理、教育教学等方面的规范纪律和章程,具有一定的约束力和强制力。

(1) 教育行政部门制定的学校规章制度包括:学校管理规程、课程计划、课程标准和教科书制度;各级各部门工作人员的职责及工作制度、学生守则、学生成绩考核、升留级制度、学籍管理制度、学生考勤制度、奖惩制度等。

(2) 学校制定的规章制度包括:会议制度(学校领导班子会、校务会、行政会、教研组长会、年级组长会、班主任会、家长会、教职工、学生代表大会等)、资料归档保管制度(教师资料、学生资料、学校工作资料、国家上级主管部门文件等)、教职工工作制度,及各种常规细则(课堂规则、宿舍规则、食堂规则和图书馆实验室规则)等。

# 巩固练习

**一、选择题**

1. 学校管理工作的核心是(　　)。
   A. 教学管理　　　　　　　　　　B. 德育管理
   C. 学校人事管理　　　　　　　　D. 教务行政管理

2. 从 1993 年至今,我国现阶段中小学的管理体制是(　　)。
   A. 书记领导下的校长负责制　　　B. 校长负责制
   C. 书记负责制　　　　　　　　　D. 校长和书记共同负责制

3. 主要负责校舍的建设、设备的购置与维修、生活福利工作及财务管理工作是哪个部门的职责?(　　)。
   A. 教务处　　　B. 总务处　　　C. 政教处　　　D. 校长办公室

4. 2006 年修订的《中华人民共和国义务教育法》规定:"凡具有中华人民共和国国籍的适龄儿童、少年,不分性别、民族、种族、家庭财产状况、宗教信仰等,依法享有平等接受义务教育的权利""各级人民政府及其有关部门应当履行本法规定的各项职责,保障适龄儿童、少年接受义务教育的权利。"这说明小学教育具有(　　)。
   A. 全民性　　　B. 全面性　　　C. 基础性　　　D. 不平等性

5. 《中华人民共和国义务教育法》是在哪一年颁布的?(　　)
   A. 1985　　　B. 1986　　　C. 1996　　　D. 2006

6. (　　)年颁布的《中华人民共和国教育法》明确规定"国家实行学前教育、初等教育、中等教育、高等教育的学校教育制度",明确了小学教育在整个教育体系中的地位。
   A. 1995　　　B. 1986　　　C. 1996　　　D. 2006

**二、简答题**

简述小学教育的特点。

# 第三章　小学教师专业发展

## 考点分析

1. 本章内容主要以单项选择题、简答题、材料分析题的形式进行考查。
2. 考试重点集中在《小学教师专业标准》、教师的角色、教师专业发展方面。

# 第一节　教师概述

## 一、教师的概念

从广义上讲,凡是把知识技能和技巧传授给别人的,都可称之为教师。从狭义上讲,教师指经过专业训练,在学校从事教育教学工作的专业人员。《中华人民共和国教师法》对教师是这样规定的:教师是履行教育教学职责的专业人员,承担教书育人、培养社会主义事业建设者和接班人、提高民族素质的使命。

## 二、教师的角色

在小学教育活动中,当代小学教师扮演着"学生的关怀者""知识的传授者""学习的引导者""课程的开发者""教育教学的设计者、组织者和管理者""教育的研究者""终身的学习者"和"文化的创造者"等角色。

### 1. 学生的关怀者

小学教育的一个基本特性就是养育小学生的生命,小学教师需要试试用目光、笑容等各种体态语言向小学生传递关怀的信息,需要适时发展学生的亲社会情感,并建立亲密和谐的师生关系。

### 2. 知识的传授者

在一定程度上说,学校就是为了专门系统地向学生传授人类积累的知识经验而产生的。在这个意义上,学校的起源和发展过程彰显了小学教育必然以"知识的传授和传播"为核心和基础,当代小学教师的基本角色也必然是知识的传授者。

### 3. 学习的引导者

当代教师的角色从一味强调知识的传授,转向注重组织学生的学习,成为学生学习的引导者。把学生当作学习的主体,教师是学生学习和发展的引导者。

### 4. 课程的开发者

新中国成立后,在小学教育中实行高度统一的课程管理体制,小学教师长期以来被规定为课程的被动执行者。当前,我国课程管理体制已经从中央集权走向国家、地方和学校三级分权。与此同时,小学课程可以分为国家课程、地方课程和学校课程三种类型。课程管理体制的变革赋予了当代小学教师课程开发者的角色。这一角色集中体现在教师对国家课程和地方课程进行校本化的开发以及教师对校本课程的开发两个方面。

### 5. 教育教学的设计者、组织者和管理者

教师是学校教育教学活动的组织者和管理者,需要肩负起教育教学管理的职责,包括确定目标、建立班集体、制定和贯彻规章制度、维持班级纪律、组织班级活动、协调人际关系等,并对教育教学活动进行控制、检查和评价。

### 6. 教育的研究者

当代小学教育是一个开放的复杂的系统工程,随着社会的变迁,小学教师面对的是一个不断发展变化的世界,存在许多未知的领域,这些领域尚未有人认真系统地加以思考和研究,同时,面对自己的日常教育教学行为,教师也要不断进行反思。从对各种教育教学行为的"确定无疑"走向"有所质疑",进而通过反思,实现更为合理的教育教学实践,并提升教育实践能力和自我超越能力。

### 7. 终身的学习者

教学同其他职业一样,是一种"学习"的职业。从业者在职业生涯中自始至终都要有机会定期更新和补充他们的知识、技巧和能力。当代社会的急剧变迁,更要求小学教师成为一个终身的学习者,以促进其专业的发展。

### 8. 文化的创造者

教育既是文化的组成部分,也是传承文化和创造文化的手段。现代社会更是要求教育充分发挥其创造文化的作用,这一作用的发挥,教师是主要影响因素之一。教师对文化的创造体现在以下两个方面:第一,培养具有创新精神和能力的学生;第二,创造新的教育文化。

**真题链接**

1.（2014上半年材料分析题）材料:荣获第62届美国年度国家教师大奖的瑞贝卡·米勒沃基说:"我们的学生就是我们的未来,当有一个非常热情、非常投入的老师的时候,学生们学得最好……其实学习没有捷径可走,无论用哪种方法,最终都会面对复杂的学习任务。作为老师,我们所能做的就是用笑声、用激情、用技巧、用紧迫感和爱,去实现这一切。"

问题:
(1) 谈谈你对"我们的学生就是我们的未来"的理解。
(2) 结合材料,谈谈教师在学生学习过程中的作用。

## 三、教师劳动的特点

### 1. 复杂性

首先,教师劳动的对象具有复杂性。学生一方面是未成熟、处在发展变化中的人。另

一方面,学生既有共同的生理心理特点,亦有各自不同的经历、爱好、兴趣、个性特征等。其次,教师工作的任务是多方面的,教师既要传授知识,又要发展学生的智力,促进学生德智体美劳等各方面全面发展。所以无论从哪个方面出发,教师的劳动都是复杂多样的。

### 2. 示范性

教师劳动的示范性是指教师要给学生做出示范,以自己的形象影响和感化学生。教师在学生获取知识和发展能力的道路上,发挥着主导作用,在学生心目中往往具有神圣的地位。其言论行为、道德品行和为人处世的态度,往往会成为学生效仿的对象,对学生发挥着潜移默化的影响。所以教师必须严格要求自己,以身作则,处处用自己的积极行为去影响学生的行为,用自己的良好个性去影响学生的个性,用自己的正确态度去影响学生的态度,以便取得最佳的教育效果。

### 3. 创造性

教师的劳动看似简单、平凡琐碎、没有变化,其实不然。教师工作是最富有创造性的劳动。教育必须根据学生的具体情况来进行,教师必须灵活地运用教育原则,创造性地设计教育方法,以适合学生的方式对教学内容进行加工处理。教师还要对不同学生因材施教。同时,教育情境的复杂性还需要教师具有教育机智,对各种突发情况能够做出及时而智慧的反应。

### 4. 长期性

长期性是指教师劳动培养人才的周期长,教育的影响具有迟效性、长效性。一个学生的成长往往需要教师付出长期的劳动。而教师劳动的成效,也不是马上就可以看到的,它需要很长时间才能得到验证。同时,教师的某些影响,对学生终生都会发生作用,正所谓"十年树木,百年树人"。

## 第二节　小学教师专业发展的内容及要求

### 一、专业理念

教师专业理念是指教师在对教育工作本质理解基础上形成的关于教育的观念和信念。教师的专业理念,包括专业态度、教育理念和专业道德三个方面的内容。专业态度是教师对自己从事的职业所持有的基本态度;教育理念是指教师对教育事业所持有的理想和信念;专业道德是教师在教育教学活动中,处理人际关系所要遵循的基本准则和职业操守。

2012年9月,教育部正式颁布了《小学教师专业标准(试行)》,其中明确提出了"学生为本""师德为先""能力为重""终身学习"四项基本理念。

### 1. 学生为本

尊重小学生权益,以小学生为主体,充分调动和发挥小学生的主动性;遵循小学生身心发展特点和教育教学规律,提供适合的教育,促进小学生生动活泼学习、健康快乐成长。

### 2. 师德为先

热爱小学教育事业,具有职业理想,践行社会主义核心价值体系,履行教师职业道德规范。关爱小学生,尊重小学生人格,富有爱心、责任心、耐心和细心;为人师表,教书育人,自尊自律,做小学生健康成长的指导者和引路人。

### 3. 能力为重

把学科知识、教育理论与教育实践相结合,突出教书育人实践能力;研究小学生,遵循小学生成长规律,提升教育教学专业化水平;坚持实践、反思、再实践、再反思,不断提高专业能力。

### 4. 终身学习

学习先进小学教育理论,了解国内外小学教育改革与发展的经验和做法;优化知识结构,提高文化素养;具有终身学习与持续发展的意识和能力,做终身学习的典范。

**真题链接**

**1.** (2015年下半年简答题)简述《小学教师专业标准(试行)》所提出的基本理念。

**2.** (2016年上半年简答题)简述《小学教师专业标准(试行)》中"学生为本"的基本理念。

**3.** (2016年下半年简答题)《小学教师专业标准(试行)》中提到了"终身学习"的基本概念,你如何理解?

基于以上四项基本理念,《小学教师专业标准(试行)》对教师"专业理念与师德"维度所涉领域及基本要求做出了详细的说明(见表1-2)。

表1-2 《小学教师专业标准(试行)》对教师"专业理念与师德"的规范

| 领域 | 基本要求 |
|---|---|
| (一)职业理解与认识 | 1. 贯彻党和国家教育方针政策,遵守教育法律法规。2. 理解小学教育工作的意义,热爱小学教育事业,具有职业理想和敬业精神。3. 认同小学教师的专业性和独特性,注重自身专业发展。4. 具有良好职业道德修养,为人师表。5. 具有团队合作精神,积极开展协作与交流。 |
| (二)对学生的态度与行为 | 6. 关爱小学生,重视小学生身心健康发展,保护小学生生命安全。7. 尊重小学生独立人格,维护小学生合法权益,平等对待每一个小学生。不讽刺、挖苦、歧视小学生,不体罚或变相体罚小学生。8. 信任小学生,尊重个体差异,主动了解和满足有益于小学生身心发展的不同需求。9. 积极创造条件,促进小学生的自主发展。 |
| (三)教育教学的态度与行为 | 10. 树立育人为本、德育为先的理念,将小学生的知识学习、能力发展与品德养成相结合,重视小学生的全面发展。11. 尊重教育规律和小学生身心发展规律,为每一个小学生提供适合的教育。12. 引导小学生体验学习乐趣,保护小学生的广泛兴趣、动手能力和探究精神。13. 引导小学生学会学习,养成良好学习习惯。 |

（续表）

| 领域 | 基本要求 |
|---|---|
| （四）个人修养与行为 | 14. 富有爱心、责任心、耐心和细心。15. 乐观向上、热情开朗、有亲和力。16. 善于自我调节情绪,保持平和心态。17. 勤于学习,不断进取。18. 衣着整洁得体,语言规范健康,举止文明礼貌。 |

## 二、专业知识

教师作为一个专业人员,必须具备从事专业工作所要求的基本知识。作为专业的教师,应该具备精深的学科专业知识、扎实的教育理论知识和广博的科学文化知识,而且这三个方面的知识应该是相互结合和相互融通的。

### 1. 广博的科学文化知识

教师必须具备广博的科学文化知识,以适应教学内容的多元化和教育对象的需要。教师的知识越广博,就越能满足学生的求知要求,就越能启迪学生的思维,自然地越有利于培养学生的综合素质和创新能力。

### 2. 精深的学科专业知识

学科专业知识,又称本体性知识,它包括学科基础知识和基本技能技巧、本学科的发展历史和趋势、学科认识世界的独特视角和方法以及相邻学科知识等。学科专业知识是教学活动开展的基础。

### 3. 扎实的教育理论知识

教育理论知识,又称条件性知识,指的是教师所具有的教育教学的理论知识。包括一般教育学知识和学科教育学知识两个方面。一般教育学知识,包括教育基本理论、心理学基本理论、德育论、教学论、教育心理学、中外教育史、教育科学研究方法、学校管理学、现代教育技术知识等。学科教学知识,如学科教育学、学科课程与教学论等,是教师对教育心理学学科知识、学生特征和学习背景的综合理解。教育理论知识是教师成功教学的重要保障。

《小学教师专业标准(试行)》对教师"专业知识"维度所涉领域及基本要求给予了详细的说明。

表1-3　《小学教师专业标准(试行)》对教师"专业知识"的说明

| 领域 | 基本要求 |
|---|---|
| （五）小学生发展知识 | 19. 关于小学生生存、发展和保护的有关法律法规及政策规定。20. 了解不同年龄及有特殊需要的小学生身心发展特点和规律,掌握保护和促进小学生身心健康发展的策略与方法。21. 了解不同年龄小学生学习的特点,掌握小学生良好行为习惯养成的知识。22. 了解幼小和小初衔接阶段小学生的心理特点,掌握帮助小学生顺利过渡的方法。23. 了解对小学生进行青春期和性健康教育的知识和方法。24. 了解小学生安全防护的知识,掌握针对小学生可能出现的各种侵犯与伤害行为的预防应对方法。 |

(続表)

| 领域 | 基本要求 |
|---|---|
| （六）学科知识 | 25. 适应小学综合性教学的要求，了解多学科知识。26. 掌握所教学科知识体系、基本思想与方法。27. 了解所教学科与社会实践、少先队活动的联系，了解与其他学科的联系。 |
| （七）教育教学知识 | 28. 掌握小学教育教学基本理论。29. 掌握小学生品行养成的特点和规律。30. 掌握不同年龄小学生的认知规律。31. 掌握所教学科的课程标准和教学知识。 |
| （八）通识性知识 | 32. 具有相应的自然科学和人文社会科学知识。33. 了解中国教育的基本情况。34. 具有相应的艺术欣赏与表现知识。35. 具有适应教育内容、教学手段和方法现代化的信息技术知识。 |

## 三、专业能力

教师的专业能力是教师完成一定教育教学活动的本领。现代教育要求教师具有以下方面的能力：① 教育教学设计能力；② 组织与实施能力；③ 激励与评价能力；④ 沟通与合作能力；⑤ 反思与发展能力。详见《小学教师专业标准（试行）》对教师专业能力的规定。

表1-4 《小学教师专业标准（试行）》对教师专业能力的说明

| 领域 | 基本要求 |
|---|---|
| （九）教育教学设计 | 36. 合理制定小学生个体与集体的教育教学计划。37. 合理利用教学资源，科学编写教学方案。38. 合理设计主题鲜明、丰富多彩的班级和少先队活动。 |
| （十）组织与实施 | 39. 建立良好的师生关系，帮助小学生建立良好的同伴关系。40. 创设适宜的教学情境，根据小学生的反应及时调整教学活动。41. 调动小学生学习积极性，结合小学生已有的知识和经验激发学习兴趣。42. 发挥小学生主体性，灵活运用启发式、探究式、讨论式、参与式等教学方式。43. 把现代教育技术手段整合应用到教学中。44. 较好地使用口头语言、肢体语言与书面语言，使用普通话教学，规范书写钢笔字、粉笔字、毛笔字。45. 妥善应对突发事件。46. 鉴别小学生行为和思想动向，用科学的方法防止和有效矫正不良行为。 |
| （十一）激励与评价 | 47. 对小学生日常表现进行观察与判断，发现和赏识每一个小学生的点滴进步。48. 灵活使用多元评价方式，给予小学生恰当的评价和指导。49. 引导小学生进行积极的自我评价。50. 利用评价结果不断改进教育教学工作。 |
| （十三）沟通与合作 | 51. 使用符合小学生特点的语言，进行教育教学工作。52. 善于倾听，和蔼可亲，与小学生进行有效沟通。53. 与同事合作交流，分享经验和资源，共同发展。54. 与家长进行有效沟通合作，共同促进小学生发展。55. 协助小学与社区建立合作互助的良好关系。 |
| （十四）反思与发展 | 56. 主动收集分析相关信息，不断进行反思，改进教育教学工作。57. 针对教育教学工作中的现实需要与问题，进行探索和研究。58. 制定专业发展规划，不断提高自身专业素质。 |

34

# 第三节 小学教师专业发展的基本阶段与途径

## 一、小学教师专业发展阶段

### 1. 凯兹(L.Katz)根据前人的观念概括并提出了教师发展的四个阶段

阶段一,求生期:在工作的第一年,努力适应以求得生存。

阶段二,强化期:一年后,对一般学生的情况有了基本的了解,开始把注意力放在有问题的学生身上。

阶段三,求新期:在第三和第四年时,教师开始寻求新的教育教学方法;

阶段四,成熟期:教师需花费三年、五年或更多的时间,成为一个专业工作人员,能够对教育问题进行反省性思考。

### 2. 叶澜等从"自我更新"取向把教师专业发展分为五个阶段

表1-5 "自我更新"取向教师专业发展阶段及其特征

| 阶段名称 | 时限 | 主要特征 |
|---|---|---|
| 1."非关注"阶段 | 正式教师教育之前 | 无意识中以非教师职业定向的形式形成了较稳固的教育信念,具备了一些"直觉式"的"前科学"知识与教师专业能力密切相关的一般能力。 |
| 2."虚拟关注"阶段 | 师范学习阶段(包括实习期) | 对合格教师的要求开始思考,在虚拟的教学环境中获得某些经验,对教育理论及教师技能进行学习和训练,有了对自我专业发展反思的萌芽。 |
| 3."生存关注"阶段 | 新任教师阶段 | 在"现实的冲击"下,产生了强烈的自我专业发展的忧患意识,特别关注专业活动中的"生存"技能,专业发展集中在专业态度和动机方面。 |
| 4."任务关注"阶段 | | 随着教学基本"生存"知识、技能的掌握,自信心日益增强,由关注自我的生存转到更多地关注教学,由关注"我能行吗"转到关注"我怎样才能行"。 |
| 5."自我更新关注"阶段 | | 不再受外部评价或职业升迁的牵制,自觉依据教师发展的一般路线和自己目前发展条件,有意识地自我规划,以谋求最大程度的自我发展,关注学生的整体发展,积累了比较科学的个人实践知识。 |

有关教师专业发展过程的研究表明,教师的专业性发展是一个持续不断的成长过程,其最终目标是达到专业成熟,即成为一个比较成熟的教育专业人员。所谓成熟的教育专业人员,是指能够信守教育理想,献身教育工作,以促进学生的发展成长为个人追求目标;具有教育与教学的专业知识与技能;有较强的启发性与创造性;具有从多个角度观察、分析问题和解决问题的能力,应用多种教学方法与模式进行教学的能力等。

教师的这种专业性的成熟过程,时间有长有短,少则3~5年,多则10~20年。从目前多数学者的研究成果和学校领导的实践经验来看,一般来说,教师具备分析、理解和清楚明确地讲解教材的能力约需 3～5 年;而掌握领导、组织、启发以及因势利导、因材施教的能力,则需 6～10 年,甚至更长的时间。

## 二、影响教师专业发展的因素

美国约翰霍普金斯大学的费斯勒教授认为,各种情境因素的影响对教师的发展意义重大,并将所有影响因素梳理为两大方面:个人环境因素与组织环境因素。

### (一) 个人环境因素

#### 1. 家庭因素

家庭作为内部的资源系统,可能是支持,也可能是阻碍教师发展的因素。如一个家庭中的父母,如果鼓励年轻人选择教师作为职业,那么这也许会对教师的职前与初任阶段产生积极的影响。而如果父母不满这一职业选择,则可能使得年轻教师专业发展的过程变得愈加困难。

#### 2. 关键事件与关键人物

关键事件是指个人生活中的重要事件,教师围绕着该事件担任某种关键性的角色。关键事件促使教师对可能导致某一发展方向的特定行为做出选择。关键人物在教师专业发展的早期尤为重要。初任教师在最初教学时,总会自觉或不自觉地选择某一位教师,作为认同的对象和教学行为的参照,以后,在此基础上不断改造和更新期间,还可能认同新的关键人物,代替原来的人物,直至最终摆脱关键人物的窠臼而形成自己的专业教学风格。

#### 3. 生活的危机

个人或家庭出现的危机也会对教师的发展有所影响,如亲友的故去、经济上的损失等,这些危机可能会使教师不再以工作为生活的重心,也可能会使教师感到难以应付职业期待与压力。

#### 4. 性情与意象

每个人都是独一无二的,拥有不同的行为特征,不同的阅历与经验,不同的志向与目标,以及不同的价值观念,这些因素会影响教师职业生涯的决策与方向。

#### 5. 爱好兴趣

兴趣爱好,一方面可为教师发挥才能和取得成就提供途径,同时也可弥补教师教学以外的知识,并且可提供教师在教学中所不能获得的满足需要的机会。

### (二) 组织环境因素

#### 1. 学校的规章

教师受学校的、地区的以及国家的规章制度的约束,这些规章制度通常是对学校的秩序与结构的规定,同时也反映了学校、教育系统、社区以及国家的教育目标与价值取向。

### 2. 管理风格

学校的管理风格会对教师的职业生涯发展产生重大影响,如果学校的氛围充满信任与支持,就会对教师的职业发展产生积极的影响,反之则导致教师对教学丧失热情,对工作敷衍塞责,这样教师的发展也会面临挫折。

### 3. 公共信任

在一种公共信任的氛围中,教师与学校都会表现出信心与干劲。公共信任尤其会使教师具有高度的自尊感,并把教学视为一种可追求的事业,从而对其抱有积极肯定的看法。相反,对学校长期的抨击与批评,会使得作为职业人的教师,在评价自身时受到这种不良影响的冲击,从而导致教师的教学士气低落并产生挫败感。

### 4. 社会期望

社会对于学校所寄予的期望,也会以多种方式影响教师及其专业发展,社区的目标、道德标准、价值观、期望与要求,都将影响学校及教师。

### 5. 专业组织

教师经常可从专业组织那里获得领导的职位及专业成长的机会。这些专业组织包括如国际阅读组织、国家理科教师协会、教育协会、教师专业组织以及它们在各个地区的分支机构等,这些专业组织都可以为教师的成长及升迁提供机会。

## 三、小学教师专业发展的途径

### (一) 不断学习

#### 1. 广泛阅读与观摩

教师的成长离不开广泛的阅读与观摩。广泛阅读,就是要阅读一线教师的经验性著作,如《特级教师课堂实录》《丁有宽与读写导练》《爱心与教育》等,也要阅读相关学者的理论性著作,如叶澜的《教师角色与教师发展新探》、加德纳的《多元智能》、肖川的《理想与信念》等;既要阅读经典的书籍,如杜威的《民主主义与教育》、苏霍姆林斯基的《给教师的一百条建议》、卢梭的《爱弥儿》等,也要阅读专门的报刊,如《中国教育报》《教育研究》《人民教育》等;既要熟悉我国本土的成果,也要获悉国外有关的进展。如可以浏览联合国教科文组织教育专题网站 http://www.unesco.org/en/education,美国教师联盟网站 http://www.teachers.tv 等。

在大量阅读的同时,小学教师还需要观摩教育教学现场。梅兰芳说:"不看别人的戏,就演不好自己的戏。"于永正说:"看优秀教师的课,就像读活的教育学,活的教学法,这与读书的感受是大不相同的,你走向讲台前以及走向讲台后务必抽时间听听别人的课,我要不是听了李秀珍、斯霞、王兰、李梦钤、左友仁、李吉林、张光璎、贾志敏、支玉恒、靳家彦、张树林等众多优秀老师的课,恐怕是不会把课上好的,也可以这样说:'不听别人的课,就上不好自己的课。'"小学教师不仅可以抓住和创造各种机会亲临现场观摩,还可以借助科技手段大量观摩多种类型的现场录像。

### 2. 深入思考与践行

小学教师在广泛阅读与观摩的基础上，需要结合自己的教育教学实际进行深入思考，突破自己的发展困境，找到自己的发展方向，并予以切实的践行。正如苏霍姆林斯基所说，"学习优秀经验，这并不是把个别的方法和方式机械地搬用到自己的工作中去，而是要移植其中的思想。向优秀的教师学习，应当取得某种信念。""没有个人的思考，没有对自己的劳动寻根究底的研究精神，那么任何提高教学法的工作都是不可思议的。你对年长的同事们的经验研究和观察得越多，你就越加需要进行自我观察、自我分析、自我进修和自我教育。在自我观察、自我分析的基础上，你就会逐步形成自己的教育思想。"

### （二）深入研究

苏霍姆林斯基说："如果你想让教师的劳动能够给教师一些乐趣，使天天上课不致变成一种单调乏味的义务，那你就应当引导每一位教师走上从事一些研究的这条幸福的道路上来。"他告诉我们，教师的劳动本身就是一种真正的创造性劳动，它是很接近于科学研究的。这种接近和类似之处，首先在于它们都需要分析事实和有预见性。一个教师只要善于深入思考事实的本质，思考事实之间的因果联系，他就能预防许多困难和挫折，避免那些令人苦恼的意外情况。一个学生，本来都认为他表现得很不错，忽然间发生了流氓行为。一个孩子在四年级以前学习很好，突然他开始落进不及格者的行列里去了。如果教师能对事情有预见，那么这种意外情况就会大大减少。不研究事实，就没有预见，就没有创造，就没有丰富而完满的精神生活，就不会对教师工作产生兴趣。不去研究、积累和分析事实，就会产生一种严重的缺点——缺乏热情和因循守旧。只有研究和分析事实，才能使教师从平凡的、司空见惯的事物中看出新东西。这是兴趣、灵感的源泉。如果教师没有学会分析事实和创造教育现象，那么年复一年的重复发生的事情在他看来就是枯燥的、单调乏味的，他就会对自己的工作失掉兴趣。若教师没有兴趣，那么学习对儿童来说就会变成枯燥的事情。

要注意的是，这里谈的并不是严格意义上所指的那种科学研究工作。一个教师可能在创造性地进行工作，但他并不从事那种从研究事实中引出科学结论的意义上所说的研究。我们在这里所指的是研究一些这样的问题，这些问题虽然在教育科学上已获得解决，但是当一个创造性地工作的教师一旦成为理论和实践之间的中介人，这些问题就经常以新的方式出现在他的面前。

教师研究的性质应该是"校本教育研究"。校本教育研究强调"真实问题""实践研究"和"全员参与"。其基本类型是"行动研究"。行动研究是实践者与他人一道分析已有的教育教学实践，筛选出亟须解决的典型性实际问题；设计创新性问题解决型教育教学方案，其中以创新性教育教学过程开发为核心；进行精心的研究设计并制订操作性的研究实施计划；实践者有计划地、螺旋式地至少实施两轮以上的教育教学行动，并采取有效方法与工具，对行动过程进行系统观察和资料收集；进而对研究的问题、计划、师生的实际表现进行系统反思、讨论和交流，并利用反思获得的信息及时改进紧接着的下一轮教育教学实践。

### （三）坚持写作

写作可以促进自我思考。首先,写作意味着自我存在的彰显。教师写作将使一个人的一生变得更加丰富与实在,将通过有意识地追求和生命表达,区别于一天又一天处在麻木的"虚无"的存在状态。其次,写作是一种思维训练。写作的表达媒介主要是文字,组织文字及思考表达结构的过程,就是一个思维、逻辑训练的过程。写作要求对我们的体验进行重新构思、重新思考以便能够进行更精确、更生动、更深刻的描述的进修,写作也展示了我们的视域与洞察力的局限。再次,写作深化了教师的个人知识管理。每个教师每天都有许多富有教育学意义的切身感受,但体验都是即时的、当下的,通过写作,教师就可以将当下的、流动的体验加以整理并累积下来,将日常运用的缄默性的个人实践知识显性化。同时,写作有利于反思习惯的养成。

写作也有利于与同行、他人就思想、观念等进行分享。一方面,教师写作并发表成果,有利于获得他人的反馈。另一方面,这也有利于他人借鉴学习,促进公共教育知识的增长。

## 巩固练习

### 一、选择题

1. "十年树木,百年树人",这说明教师的劳动具有(　　)。

　　A. 创造性　　　　B. 复杂性　　　　C. 示范性　　　　D. 长期性

2. 根据凯兹的教师专业发展阶段理论,当教师把注意力放在寻求新的教育教学方法上,那么他处于(　　)。

　　A. 求生期　　　　B. 强化期　　　　C. 求新期　　　　D. 成熟期

### 二、简答题

简述《小学教师专业标准(试行)》中"师德为先"的基本理念。

### 三、材料分析题

几个学生正趴在树下兴致勃勃地观察着什么,一个教师看到他们满身是灰的样子,生气地走过去问:"你们在干什么?""听蚂蚁唱歌呢。"学生头也不抬,随口而答。"胡说,蚂蚁怎么会唱歌?"老师的声音提高了八度。严厉的斥责让学生猛地从"槐安国"里清醒过来。于是一个个小脑袋耷拉下来,等候老师发落。只有一个倔强的小家伙还不服气,小声嘟囔说:"您又不蹲下来,怎么知道蚂蚁不会唱歌?"

请从"学生为本"这一角度对该教师的行为进行评析。

# 第四章 教育科学研究方法

## 考点分析

1. 本章考点主要以选择题和简答题的形式出现。
2. 本章重点考察教育研究方法的几种类型、教育科学研究的步骤等。

# 第一节 小学教育科学研究概述

## 一、教育科学研究的概念

教育科学研究是有目的、有计划地采用科学的方法，对教育现象和教育实践的事实加以系统地考察，从而探索出教育规律，揭示教育现象本质和客观规律的创新性实践活动。

## 二、教育科学研究的意义

### 1. 解决教育教学问题的需要

在教育教学实践中，教师总会面临新的问题，尤其是在当今不断发展变化的社会中，新的教育问题不断涌现出来，教师只有进行不断地研究，才能解决这些问题，保证教育教学的顺利开展。

### 2. 促进教师专业发展的需要

教师通过研究不断改进自身的教育教学方法，使自己拥有更高的专业水准。

### 3. 不断激发教师工作的热情

只有研究和分析事实，才能使教师从平凡的、司空见惯的现象中看出新问题，才能在工作中不断创新和进步，才能激发起教师的工作热情和工作兴趣。

## 三、教育科学研究的步骤

### （一）确定研究课题

一切研究始于问题。选题恰当与否直接关系到研究成果的质量水平。选择了研究课题，也就意味着确定了主攻方向，这是进行教育科学研究的第一步。

研究课题可以来源于教育实践，也可以来源于教育理论。从教育实践出发，教育研究课题产生的途径如下：① 从社会变革与发展需要中提出课题；② 从日常的教育实践活动中发现课题；③ 从教育实践的变革与发展中提出课题。从教育理论出发，教育研究课题的来源有以下几个方面：① 承袭已有的研究成果来探究新的问题；② 在理论空白处挖掘问题;③ 在理论观点的争议中寻找问题;④ 以反其道而行之来开拓问题;⑤ 在阅读理论、审视理论的过程中构思研究问题。

### (二) 教育文献检索

#### 1. 教育文献的分类

按文献的功能,可以把教育文献分为五大类。

(1) 事实性文献:指专门为教育科学研究提供事实证据的文献,包括古今中外已被发现和证实的各种形式、各种内容的事实资料,如文物、教育史学专著、各种测验量表、各类教育实验报告、教育名家的教育实录等。

**真 题 链 接**

1.(2014年上半年选择题)在教育研究文献中,各类文物、教育史专著、名师教育实录等属于(　　)。

A. 事实性文献　　B. 工具性文献　　C. 理论性文献　　D. 经验性文献

(2) 工具性文献:指专门为教育科学研究提供检索咨询的文献,包括工具书、网上检索查询、学术动态综述等。

(3) 理论性文献:指专门为教育科学研究提供理性认识的文献,包括教育专著、论文、文集、教育家评传、方法论著作等。

(4) 政策性文献:指专门为教育科学研究提供政策依据的文献,包括规章制度、政府文件与统计资料等。

(5) 经验性文献:指专门为教育科学研究提供感性认识的文献,包括调查报告、工作总结、经验、教育参考书、各级各类学校教科书、教学大纲等。

#### 2. 教育文献的分布

(1) 书籍

书籍主要包括名著要籍、教育专著、教科书、资料性工具书(如教育辞书和百科全书)及科普类书籍。它是教育科学文献中品种最多、数量最大、历史最长的一种情报源。

名著要籍是指一个时代、一个学科、一个流派最有影响力的权威著作,如马克思主义经典作家对教育的论述,古今中外教育名家的教育著作等。

专著(包括论文集)是就教育领域某一学科、某一专门问题进行系统全面深入的论述,内容专深,大多是作者多年研究的结晶。

教科书是专业性书籍,具有严格的科学性、系统性和逻辑性。

教育辞书和百科全书都属于资料性工具书。教育辞书主要提供教育科学名词术语的解释,规范、准确,以条目形式出现。

(2) 报刊

报纸和期刊都属于连续出版物。报纸发行广泛,传递信息及时、迅速,但材料分散不系统。期刊出版周期短,内容新颖,论述深入,发行量大,常反映有关学科领域研究的最新动态和最高水平,是教育科研工作者查阅专业资料最有效且最简便的主要来源。

（3）档案

教育档案包括教育年鉴、教育法令集、教育统计、教育调查报告、学术会议文件、学位论文、资料汇编、名录、表谱以及地方志、墓志、碑刻等。

年鉴是系统汇集一年内的重要时事、文献和统计资料,按年度连续出版的工具书。它博采众长、集辞典、手册、年表、图录、书目、索引、文献、表谱、统计资料、指南、便览于一身,具有资料权威、反应及时、连续出版、功能齐全的特点。

教育法令集是官方的有关教育政策法规的指令性文件汇集,通过立案归档成为资料的一部分。

学位论文是学生进行专题研究后为取得某种学位而撰写并提交的科学论文,是带有一定的独创性的一次文献,一般选题论证充分,文献综述较全面,探讨问题也往往较为专深。

**真 题 链 接**

**2.**（2016年下半年选择题）李老师为研究近年来我国小学教育的发展状况,需要收集有关数据,最可靠的信息来源是（　　）。

A. 教育论文　　　B. 教育年鉴　　　C. 教育辞书　　　D. 教育著作

### 3. 教育文献的检索

教育文献检索一般包括以下几个步骤:分析和准备阶段;搜索阶段;加工整理阶段。

教育文献检索的主要方法包括:① 顺查法。按时间范围,按照检索课题研究的发生时间、发展顺序,由远及近、由旧到新的顺序查找。② 逆查法。与顺查法相反,是由远及近,由新到旧的查找方法。③ 引文查找法。这种方法又称跟踪法,是以掌握的文献中所列的引用文献、附录的参考文献作为线索,查找相关主题的文献。④ 综合查找法,就是将各种方法综合加以使用达到检索目的的文献查找方法。

教育文献检索的基本要求是:① 全面性,放宽视野,检索内容客观全面;② 准确性,检索过程要认真细致,与主题紧密相关;③ 检索方法要多样化,善于运用多种检索方法。④ 勤于积累,建立个人资料库;⑤ 善于思考,用创造性思维综合分析文献内容。

**真 题 链 接**

**3.**（2014年下半年简答题）简述教育研究中文献检索的基本要求。

### （三）提出研究假设

理论假设也叫研究假设,它是根据已有的事实材料和科学原理,对未知事实及其规律提出的一种不完备的、尚待验证的设想与推测。如果最后的研究结果肯定了研究假设,叫作证明,如果结果否定了研究假设,叫作证伪。

一般来说,一个好的教育研究假设应具有以下特点:① 科学性;② 推测性;③ 表述的明确性；④ 可检验性。

### (四) 制订研究计划

研究计划是整个研究工作中重要的一步，研究设计是否合理完善，不仅直接影响研究的预定目的能否实现，影响研究工作的效率，而且影响结果的可靠性。制订研究计划一般要考虑的问题有：研究的目的、研究的内容、研究的方法、研究进度安排以及人员分工等。

### (五) 收集、整理和分析资料

收集研究资料，就是在查阅文献的基础上，针对所要研究的问题，重新搜集资料，最终获得结论。调查、教育实验等是获得科学资料的有效方式。

整理和分析资料指的是对所收集到的原始资料进行加工，使其逐步趋于系统化和条理化的过程，目的是对原始资料进行意义解释。整理资料包括资料的核实、资料的简单分类与汇总两项任务。

### (六) 得出结论

在得出研究结论时，应当始终以唯物辩证法为指导思想，做到全面、综合地考虑与研究有关的数据与资料，在此基础上，得出研究结果。结论要客观、科学、公正、实事求是，不能主观臆造，不能歪曲事实，同时要以正确的理论分析为指导。

### (七) 撰写成文

撰写成文是教育科学研究的最后一步。所谓撰写报告，就是把科研的全过程及取得的结果用文字完整地表述出来，一般有调查报告、总结报告及论文等几种形式。

# 第二节　小学教育研究方法

## 一、教育观察法

### (一) 教育观察法的概念

教育观察法是指人们有目的、有计划地通过感官或辅助仪器，对处于自然状态下的客观事物进行系统感知和考察，从而获取经验事实的一种科学研究方法。观察法是教育科学研究中使用广泛的基本研究方法。

**真 题 链 接**

1. （2016 年上半年选择题）有目的、有计划地对事物或现象进行感知以获取资料的研究方法是(　　)。

　　A. 历史法　　　　B. 问卷法　　　　C. 观察法　　　　D. 文献法

### (二)教育观察法的类型

**1. 自然情境中的观察与实验室中的观察**

根据观察的环境条件是否进行控制和改变,可以将研究分为自然情境中的观察和实验室中的观察。

自然情境中的观察包括自然行为的偶然现象观察和系统现象观察,能收集到客观真实的材料。

实验室观察是研究者根据研究的目的,在对观察对象发生的环境和条件加以控制或改变的条件下进行的观察。这种观察有严密的计划,有利于探讨事物内在的因果联系。

**2. 直接观察与间接观察**

根据观察时是否借助仪器设备,可以把观察分为直接观察和间接观察。

直接观察是凭借人的感官,在现场直接对观察对象进行的感知和描述,因此直观具体。

间接观察是利用一定的仪器或其他技术手段作为中介对观察对象进行考察,这类观察突破了直接观察受到人的主观能力局限这一弊端,扩展了观察的广度和深度。

**3. 参与性观察与非参与性观察**

根据观察者是否直接参与被观察者所从事的活动,可以将观察分为参与性观察和非参与性观察。

参与性观察是研究者直接参加到所观察的群体和活动中去,不暴露研究者的真正身份,在参与活动中进行隐蔽性的研究观察。它的好处是,不破坏和影响研究对象的原有结构和内部关系,因而能够获得有关深层结构和关系的材料。但由于研究者主观因素的影响,处理不当易影响观察的客观性。

非参与性观察不要求研究人员处于与被观察者同一地位,而是以"旁观者"的身份随时观察并记录其所见所闻。在实施非参与观察时,为了避免被观察者受到干扰,常在实验室设置单向玻璃观察墙,观察者可在玻璃墙的一边观察另一边被观察者的活动,而被观察者看不见观察者在观察自己。

---

**真 题 链 接**

　**2.** (2015年下半年选择题)在教育研究中,透过单向玻璃进行的隐蔽性观察属于(　　)。

　　　A. 显性观察　　　B. 参与性观察　　　C. 隐性观察　　　D. 非参与性观察

**4. 结构式观察与非结构式观察**

根据是否对观察活动进行严格的控制,可将观察分为结构式观察与非结构式观察。

结构式观察是有明确的目标、问题和范围,有详细的观察计划、步骤和合理设计的可控制性观察,能获得真实的材料,并能对材料进行定量分析和对比研究,常用于对研究对象有较充分了解的情况下的观察。

非结构式观察则是对研究问题的范围目标采取弹性态度,一般只要求观察者有一个总的观察目的和要求,或一个大致的观察内容和范围,但并没有很明确的研究假设和具体的观察内容与要求。其方法比较灵活,但获取材料不系统完整,多用于探索性研究,多用于对观察对象不甚了解的情况下的观察。

### (三) 结构性观察的步骤

(1) 明确观察目的和意义,确定观察对象、时间、地点、内容和方法。

(2) 通过检索资料、专家访谈等,为观察做好充分准备。

(3) 编制观察提纲。

(4) 实施观察。

(5) 资料收集与记录。

(6) 分析资料,得出结论。

### (四) 观察研究的记录

#### 1. 描述记录

描述记录的具体方法有:日记描述法、轶事记录法和连续记录法。

(1) 日记描述法:以日记的方式记录观察对象行为表现或教育现象的一种观察方法。分为综合日记描述和主题日记描述。

(2) 轶事描述法:将研究者认为有价值、有意义或感兴趣的事件完整地记录下来。

(3) 连续记录法:是指在特定观察时段用笔记录目标个体的所有行为或全部个体的特定行为,或用录音机、摄像机等连续录下被观察对象的行为过程。

#### 2. 取样记录

取样记录的具体方法有:时间取样法、活动取样法和事件取样法。

#### 3. 行为核对表

行为核对表是指将要观察的行为项目排列成清单式的表格,然后通过观察,检查核对该行为是否出现的一种方法。

### (五) 观察法的作用和局限

#### 1. 观察法的作用

第一,观察是获得教育信息的重要手段,全面、细致和深入的观察,有利于深入认识教育现象,总结教育经验,提出新的教育理论。

第二,观察研究也是检验教育科学理论观点是否正确的重要方法。

第三,观察是提出理论假设的基础,有利于教育研究课题的选择和形成。

第四,观察法操作简单,具有不妨碍被观察者日常生活、学生的正常发展等特点,适用于广泛的教育领域。

### 2. 观察法的局限

第一,观察法不能判断所观察的因果关系,只能说明有什么和是什么,因此,单凭观察所得的经验不能证明事物的必然。

第二,由于观察时间和观察情境的限制,在研究对象多且分散的情况下应用较困难。

第三,由于教育现象的复杂性和多变性,观察项目归类结论太多,会影响研究的信度。

第四,观察研究往往样本量小,观察资料琐碎不易系统化,普遍化程度不高。

## 二、调查法

### (一) 调查法的概念

调查法是研究者通过问卷、访谈等方式,有目的、有计划地收集研究对象的有关资料,对取得的第一手资料进行整理和分析,从而揭示事物本质和规律,寻求解决实际问题的方案的研究方法。

### (二) 调查法的基本类型

从不同的角度分析,调查法有多种不同的类型。

**1. 根据调查目的的不同,可分为现状调查、比较调查、相关调查和预测调查**

(1) 现状调查。现状调查是指对某一教育现状或某类教育对象的现状进行调查,其目的是为了了解教育的一般情况,探寻某类现象的基本特征。如小学生阅读情况的调查、小学生学习兴趣的调查等。

(2) 比较调查。其目的是比较不同类型的教育对象、不同性质的教育现象之间的相似性和差异性。如"城市小学生与农村小学生的阅读情况对比研究""不同性别儿童学习兴趣调查"等。

(3) 相关调查。相关调查是指通过对一组对象的两种或两种以上特征的调查研究,来分析判断他们之间是否存在关联,其程度和性质如何。如"家庭教养方式与小学生道德发展调查""小学生语文阅读能力与写作水平相关性的调查"等。

(4) 预测调查。预测调查是指通过对研究的某一特征或某一现象随时间的延续而发展变化的情况的调查,预测事物发展的趋势。如"小学儿童自我意识发展的调查研究""2018 年长沙市小学生入学状况的调查"等。

**2. 根据调查对象范围可分为普遍调查、抽样调查、典型调查(个案调查)**

普遍调查是根据研究课题需要对某一时间、地点、范围内的所有研究对象进行调查,旨在获得课题所涉及的所有研究对象的有关信息的一种调查方法。调查结果具有普遍性,可用于为重大决策或教育规划制定的依据。

抽样调查即从调查总体中用科学的方法抽取一部分进行调查,旨在通过获得的样本信息推断总体情况的一种调查方法。

典型(个案调查)是在对调查对象进行具体分析的基础上,有目的、有意识地从中选择一个或若干个具有代表性的典型对象进行深入、细致的调查研究的方法。典型调查有利于比较深入、细致地研究,但很难推断出总体特征。

**3. 根据调查方式的不同可分为问卷调查、访谈调查和文献资料调查**

问卷调查是指根据一定的研究目的设计问卷,以书面形式向调查对象收集资料,通过分析揭示某种教育的本质及其规律的调查方法。它既包括以提问形式让被调查者做出书面回答的形式,也包括采用测验方法进行定量化的测定,还包括使用调查表对调查对象进行调查登记。

访谈调查指根据研究目的选择一定的调查对象,就研究的有关问题进行访问、谈话等了解情况、收集资料的一种调查方法。访谈调查有利于更详细、更准确、更真实地深入了解有关细节,然而访谈过程中易掺入调查者的主观猜测或倾向,而且比较费时费力。

文献资料调查指通过已有的文字、音像等资料间接了解研究对象的一种调查法。文献资料内容非常丰富,包括档案、文件、录音、录像、统计年鉴、报表、报告等。在一般情况下,文献资料调查法不单独使用,而是作为一种补充方法配合其他方法使用。

### 三、教育实验法

#### (一)教育实验法的概念

实验法是研究者按照研究目的,合理地控制或创设一定的条件,人为地影响研究对象,从而验证假设,探讨条件和教育对象之间的因果关系的研究方法。

#### (二)教育实验法的类型

**1. 根据实验进行的场所,可分为实验室实验和自然实验**

实验室实验指研究者根据研究的需要在经过专门设计的、人工高度控制的环境中进行的实验。

自然实验也叫现场实验,是在实际的教育情境中进行的实验。

**2. 根据实验的目的可分为确认性实验、探索性实验和验证性实验**

确认性实验的目的主要在于借助实验搜集事实材料,确认所研究的对象是否具有研究假说内容的基本特征,并推动教育实践的发展,也叫试探性实验。

探索性实验是以认识某种教育现象或受教育者个性发展规律为目标,通过揭示与研究对象有关的因果关系及问题的解决,来尝试创建某种理论体系。

验证性实验是以验证已取得的实验成果为目标,对已经取得的认识成果用再实践的经验来检验、修正和完善。

**3. 根据实验控制的程度,可分前实验、真实验和准实验**

前实验是指实验中缺乏清晰的假设,缺乏控制无关因子的措施,一般不设对照组,干扰因素较多,内外效度较差的实验。

真实验是指随机分派被试,完全控制无关因子,内外效度都很高的实验。

准实验指在现成的教学班级内进行,没有随机分派被试,不能完全控制误差的来源,只能尽量减小误差的实验。

**4. 根据实验对象的分配方法,可分为单组实验、等组实验和循环实验**

单组实验指的是同一组被试分期接受施加不同实验因子的影响,然后测量不同因子产生的效果并加以比较。

等组实验指两个或两个以上小组作为被试,施以不同实验因素影响,然后对不同因素的实验效果进行比较。

循环实验又称轮组实验,是把几个实验因素循环施加于几个不同的实验组,按照各实验因素变化的总和来判定实验结果。

### (三)教育实验的实施

**1. 前测**

前测在教育实验中有极其重要的作用。其一,可以使实验者了解被试在实验之前某些特质的水平;其二,可以利用前测抽取被试;其三,可以利用前测进行分组;其四,有了前测,可以得出实验因素作用于被试所引起的变化量。

**2. 实验分组**

(1)随机分组。随机分组是指总体的每一个观察单位都有同等的机会被选入样本中来,并有同等的机会进行分组。

(2)测量分组。测量分组是根据对某些特征的测量结果进行分组。

(3)匹配分组。匹配分组是按照有关特征,将被试两两配对,然后编为两组,使被试尽量保持同质性的分组方法。

**3. 实验情境的控制**

教育实验情境的控制,就是实验者根据实验的目的和要求,来操纵实验因素,有效地消除、均衡和排除非实验因素的影响。

## 四、教育行动研究法

### (一)教育行动研究法的概念

教育行动研究是指在教育情境中,由教育实践者(通常指教师)进行,目的在改善教育教学实践,采取批判、自省、质疑的研究精神,借以实践其教育理想并获得专业发展的一种研究。

### (二)教育行动研究的分类

按照研究的侧重点,行动研究可以归纳为三种类型:行动者用科学的方法对自己的行动进行的研究;行动者为解决自己实践中的问题而进行的研究;行动者对自己的实践进行批判性反思的研究。

按照参与人员的多少来分,行动研究分为个体研究、小组研究和群体研究。

### （三）教育行动研究的实施步骤

#### 1. 确实研究课题

发现教育工作中亟待解决的实际问题，选定研究主题，并对研究问题的成因进行分析诊断与肯定。

#### 2. 撰写研究计划

明确课题研究的总目标，并围绕总目标设计研究的方法、程序、监控手段等。

#### 3. 实施行动研究

收集资料、拟定并实施有效的教育措施。

#### 4. 进行总结评价

汇集资料，做好观察记录，根据各种信息反馈认真修正行动计划，再实施新一轮行动研究，直至实现研究总目标。

## 五、教育叙事研究法

### （一）教育叙事研究的概念

教育叙事研究是指以叙事、讲故事的方式开展的教育研究，教育研究主体通过有意义的校园生活、教育教学事件、教育教学实践经验的描述与分析，发掘或揭示内隐于这些生活、事件、经验和行为背后的教育思想、教育理论和教育信念，从而发现教育本质、规律和价值意义。

**真 题 链 接**

　**3.**（2015 年下半年选择题）教育研究主体通过对有意义的教育教学事件的描述与分析，发掘或揭示内隐于其中的教育思想、理论和信念，从而发现教育的本质、规律和价值意义。这属于（　　）。

　　　　A. 经验研究法　　B. 调查研究法　　C. 行动研究法　　D. 叙事研究法

### （二）教育叙事研究的类型

#### 1. 教学叙事

教学叙事绝不是简单地"镜像"式记录教学生活，而是需要有鲜明的主题或引人入胜的问题；有解决问题的情境性、冲突性和过程性的描述；有解决问题的技巧和方法；有解决问题过程中及过程后的反思；有获得的经验和教训。

#### 2. 生活叙事

除了参与课堂教学，教师大部分处于课堂教学之外。生活叙事涉及教师的管理工作和班级管理工作。

### 3. 自传叙事

自传叙事指的是教师通过对个人成长或成长的某一方面的梳理，然后去发现这一阶段对教师教育生活的重要性，或梳理某一时间段教师对个人教育的观念性转折，并经由"自我反思""自我评价"而获得某种"自我意识"。

# 第三节　小学教育研究成果表达

## 一、教育科学研究成果的概念

教育科学研究成果是针对某种教育现象、某一教育课题或某种教育理论进行调查研究、实验或论证后得出的新的教育观点、新的教育思想、新的教育方法或新的教育理论。它是教育科研过程的高度概括和科学总结，是教育科研工作的理论升华。

## 二、教育科学研究成果的表现形式

### （一）教育科学研究报告

教育科学研究报告是小学教育科研成果最常用的表述形式，包括实证性报告和文献性报告。

#### 1. 实证性研究报告

实证性研究报告即用实证研究的方法进行研究，描述研究成果或进程的报告。这类报告都是用事实来说明问题，以直接研究所得的材料为基础，对研究的方法和过程加以分析，找出规律性的东西，提出经验、方法、建议及存在问题，得出相应的结论。

#### 2. 文献性研究报告

文献性研究报告即用文献法进行研究的报告，如文献考证报告。这类研究报告以对文献的分析、比较、综合为主要内容，并展示文献的考证过程，说明文献的来源与可靠程度等。

### （二）教育科学研究论文

教育科学研究论文是教育科研工作者对某类教育对象或某一教育现象、问题进行比较系统、专门的研究和探讨，提出新观点、新结论或以新视角做出新解释和论证的一种理论性文章。教育科研论文分为经验性论文、评述性论文、研讨性论文和学术性论文。

## 三、教育科学研究成果的撰写

### （一）撰写的基本要求

#### 1. 客观性

客观性是科研成果的生命所在。研究者必须具备严谨、实事求是的科学态度以实施研究,表述研究成果。观点要正确,材料要可靠,论证要以事实为依据,推理要合乎逻辑,不可无根据地主观臆断。

**2. 创造性**

创造性是衡量教育科研成果质量高低的重要依据。研究者在实事求是的基础上,提出新问题,探求新的解决策略,寻求新的教育规律,从新的角度去表述研究结果,同时要处理好"新"与"真"的关系,既要求新,更要求真。

**3. 规范性**

研究成果的表述要按照一定的格式,符合最基本的规范要求,要有严密的逻辑结构和正确的论证方法。论点要明确,论据要充分,论证方法要科学。要有规范的学术语言和朴实的文风。

**(二) 撰写格式**

**1. 教育观察报告**

教育观察报告一般包括以下几个部分:

(1)题目。题目应简明扼要,要反映观察的对象和观察的内容。如"小学生课堂注意特点""小学高年级学生课堂表现情况"等,如有必要,可以加副标题补充说明主标题未能包含的信息,如观察的范围、背景等。

(2)引言。位于观察报告的开头。一般应阐明:进行观察的原因、目的与意义,观察所采用的方法,运用的观察手段,观察时限等。

(3)正文。这是观察报告的主体部分。这部分详细描述观察内容,列举了经过筛选的能够说明问题的观察记录。观察记录要分类整理,并做出必要的统计分析。

(4)观察结果。在对大量观察记录的资料进行分类整理、统计分析的基础上得出的结论,或提出的意见和建议。

(5)附录。包括各种观察记录表、原始数据、参考文献等。

**2. 教育调查报告**

教育调查报告一般由以下几部分组成:

(1)题目。题目要以确切、中肯、鲜明、简练、醒目的语言概括全篇的内容,点明调查范围、调查对象。常用的写法有三种:一种是类似文章标题的写法。如"小学环境教育的现状分析与对策建议"。二是公文标题的写法,如"农村九年义务教育情况的调查报告"。三是用正副标准的写法,如"'明星与孤雁'——小学生人际关系的调查与思考"。

(2)引言。简明地阐述调查的目的、意义、任务、时间、地点、对象、范围、取样等。要强调调查的目的性、必要性和价值,使读者了解全貌,引起对这一问题的关注。要详细说明调查方法等。

(3)正文。正文是调查报告的主体部分,是详细的调查内容。通过对调查获得的大量资料的分析整理归纳出若干项目,逐项加以阐述,做到数据确凿,事例典型,材料可靠,观点鲜明。调查数据一般要采用图表形式表示,使人一目了然;如能应用统计分析,则可提高数据分析的科学性,增强问题的说服力。

(4) 结论与建议。在对调查内容进行总体的定性、定量分析的基础上,归纳、概括出事物的内在联系,对调查结果做理论上的进一步阐述,摆出自己的观点,提出意见和建议。

(5) 附录。包括调查工具和部分原始材料,以及参考文献,即在调查研究过程中参考、引用了哪些资料,要注明材料的出处、名称、作者、卷期、页码、出版单位及出版日期、版次等。

### 3. 教育实验报告

(1) 题目。题目是研究报告的主题思想。应以简练、概括、明确的语言反映出教育实验的对象、领域、方法和问题,使读者一目了然。题目尽量避免冗长,可以加副标题,使主标题更加简练。

(2) 引言。也称前言、导语,是研究报告正文的开头部分。要简明扼要地说明实验课题的来源、背景、实验进展情况、实验对象和规模等,表明解决该课题的价值和意义。表述要具体、明确、一语破的。

(3) 实验方法。说明实验方法是为了让人了解研究结果是在什么条件下,通过什么方法,根据什么事实得出的,从而判断实验研究是否科学,实验结果的真实性及可靠性如何,并可据此进行重复验证。

(4) 实验结果。是实验报告的主要部分。要简要说明每一结果与研究假设的关系,将研究结果作为客观事实呈现给读者。

(5) 讨论。讨论是对研究结果的含义和意义评价。研究者根据研究的客观事实和结论,结合自己的认识与了解,通过分析思考,讨论和分析与实验结果有关的问题,对当前教育理论或实践的发展提出自己的认识、建议和设想。

(6) 参考文献和附录。报告的末尾,应说明研究报告中所直接提到的或引用的资料的来源。

### 4. 经验总结报告

(1) 题目。题目的确定有两种方式。一是既定的科研项目;二是在对某一阶段工作的回顾总结的基础上,理出其中成效较大、印象较深且富有新意的部分,以此来确定总结的题目。

(2) 前言。没有固定的表达方式,但一般说来,前言要简洁明了,说明本篇经验总结的背景(时间、地点、单位、人物),写作的目的、意义、指导思想、取得的主要成果等。

(3) 正文。是本篇经验总结报告的主体部分,是作者围绕经验总结的主题组织材料的过程。在组织材料时,作者可以按时间顺序,逐步展开叙述;也可以分成若干小问题,逐一说明。

(4) 结尾。依据正文的典型材料、事实和理论依据,进行深入细致的分析,概括出结论。撰写结论时,措辞要严谨,逻辑要严密,结论要明确、科学,以达到画龙点睛的作用。

### 5. 教育科研论文

(1) 题目。题目是论文内容的高度概括,是整篇论文的核心。

（2）内容提要。内容提要（摘要）是规范的科研论文不可缺少的环节。指作者用简短的文字扼要地概括出文章内容，使读者了解论文的概貌，确定其有无阅读价值。

（3）序言。序言指作者研究课题的动机、目的、意义和主要方法的概述。

（4）正文。正文是作者表达研究成果的主要部分，是学术论文的主体部分。它包括论点、论据、论证过程等三部分。

（5）结论与讨论。对研究的全部内容进行分析、比较、归纳、综合、概括而得出的结论，是整个课题的答案。

（6）引文注释与参考文献。在文章的最后要注明论文的参考文献。

## 巩固练习

**一、选择题**

1. 在教育情境中，由教育实践者（通常指教师）进行，目的在于改善教育教学实践，采取批判、自省、质疑的研究精神，借以实践其教育理想并获得专业发展的研究是（　　）。

　　A. 经验研究法　　B. 调查研究法　　C. 行动研究法　　D. 叙事研究法

2. 根据实验进行的场所，可以将教育实验分为（　　）

　　A. 实验室实验和自然实验　　　　　B. 确认性实验、探索性实验和验证性实验

　　C. 前实验、真实验和准实验　　　　D. 单组实验、等组实验和循环实验

3. 从调查总体中用科学的方法抽取一部分进行调查，旨在通过获得的样本信息推断总体情况的一种调查方法称为（　　）。

　　A. 普遍调查　　　B. 抽样调查　　　C. 典型调查　　　D. 个案调查

4. 有明确的目标、问题和范围，有详细的观察计划、步骤和合理设计的可控制性观察，能获得真实的材料，并能对材料进行定量分析和对比研究，常用于对研究对象有较充分了解的情况下的观察称为（　　）。

　　A. 结构式观察　　B. 非结构式观察　　C. 参与性观察　　D. 非参与性观察

5. 按时间范围，按照检索课题研究的发生时间、发展顺序，由远及近、由旧到新的顺序的查找方法称为（　　）。

　　A. 顺查法　　　　B. 逆查法　　　　C. 引文查找法　　　D. 综合查找法

6. 王老师在进行教育科学研究时，需要查找一些教育科学名词的确切概念，他需要查找的文献是（　　）。

　　A. 名著要籍　　　　　　　　　　B. 教育专著

　　C. 教科书　　　　　　　　　　　D. 资料性工具书（如教育辞书和百科全书）

**二、简答题**

1. 简述教育科学研究的步骤。

2. 简述研究课题的来源。

# 第五章　课　程

## 考点分析

1. 本章考点主要以选择题和简答题的形式出现。

2. 本章考点主要集中在课程类型、课程的表现形式、课程资源以及新基础教育课程改革的变化(包括课程结构的变化、学习方式的变化、课程内容的变化等)。

# 第一节　课程概述

## 一、课程的概念

在广义上,课程指的是一种有规定数量和内容的工作或学习进程;在狭义上,课程则专指学校课程,其基本含义是教学的内容及其进程安排。

## 二、课程的表现形式

### (一)课程计划

课程计划是课程设置与编排的总体规划,是根据一定教育目的和学校的性质,由教育行政部门或学校机构制定的关于学校教学和教育工作的一种规范性、指导性文件,重点是规定学校开设的课程门类、各门类课程的学时数量以及开设的顺序。它对学校的教育教学活动做出总体安排,是编制课程标准和编写教科书的基本依据,是课程实施、评价和管理的基本准则,也是督导、评估学校教育教学工作的依据,其实质是基于培养目标对课程设置进行整体规划。

### (二)课程标准

课程标准是关于课程科目的学科性质、目标、内容构成、教学与评价建议等的纲领性规定,是关于一个课程科目的内容选择组织及其教学进程安排的指导性文件。它发挥着教学工作的"组织者"作用,可以确保不同的教师有效地、连贯地、目标一致地开展教学工作。

真题链接

1.(2016年下半年选择题)教育行政部门制定小学教学质量评价标准应依据（　　）。

　　A. 教学计划　　　B. 课程标准　　　C. 教学模式　　　D. 考试成绩

### (三) 教学材料

教学材料分为教学正式材料、辅助材料以及补充材料三类。教学正式材料一般就是课本,又称为教科书。课本是教师教授、学生学习的最重要的依据和资源。辅助材料包括学习引导或练习册,是用于指导教师和学生阅读、理解和掌握课文正式内容的各种材料。

补充材料是在教学的常规资料之外,另外设计与开发的丰富活动、扩展内容和增添设备与用品的那些特殊材料。如与课本内容有关的学科领域的书籍、期刊和报纸、广播、电影、电视等。

### (四) 课程表

课程表表示的是所安排的教学课程、各种各样的教育活动以周为单位的时间分配表。课程表一般包括标题、日期、课序、课程四个方面。

## 三、课程资源

课程资源是指每个学科按照课程标准制作的供师生教学使用的课程材料。

### (一) 课程资源的类型

课程资源的类型是把众多的课程资源按一定的标准和根据进行分类。

以功能特点为标准,可以把课程资源分为素材性资源和条件性资源。素材性资源的特点是作用于课程,并且能够成为课程的素材或来源。条件性资源如资金、时间、场地、媒介、设备、设施和环境等属于条件性课程资源。

以空间分布为标准,把课程资源划分为校内资源和校外资源。

以载体为标准,可以把课程资源分为文字资源、实物资源、活动资源和信息化资源。

以存在方式为标准,可以把课程资源分为物质形态的课程资源和精神形态的课程资源。

以建设主体为标准,可以把课程资源分为国家课程资源、地方课程资源和学校课程资源。

以学生需求为标准,可以把课程资源分为基础性资源和拓展性资源。

如果从课程资源在教学中发挥作用的重要性来看,又可分为以教科书为核心课程资源,以及教科书以外的其他课程资源。

**真 题 链 接**

2. (2014 年上半年选择题)根据载体不同,可以把课程资源划分为(　　)。

    A. 校内课程资源与校外课程资源

    B. 教授化课程资源与学习化课程资源

    C. 条件性课程资源与素材性课程资源

    D. 文字性课程资源与非文字性课程资源

### （二）不同课程资源间的关系

教科书是基于课程标准编写的供师生教学使用的基础课程资源。它是课程标准的系统落实和整体体现，是学科基本结构的现实展开，是教学设计与教学活动开展的核心资源和基础资源。而其他课程资源是围绕教科书开发的。即使教科书的形态日益丰富多样（包括电子教科书），但这一基本规定性并没有根本改变。

在课程实施中，教师要将教科书作为核心资源创造性地使用，不能拘泥于教材而照本宣科，也不能完全脱离教科书而任性施教。教师要学会充分利用统一提供的课程资源，增强开发、获得、整合、利用个性化课程资源的专业能力。

### （三）课程资源的开发与利用

第一，开展当代社会调查，不断地跟踪和预测社会需要的发展动向，以便确定或揭示有效参与社会生活和把握社会所给予的机遇而应具备的知识、技能和素质。

第二，审查学生在日常活动中以及为实现自己目标的过程中能够从中获益的各种课程资源，包括知识与技能、生活经验与教学经验、教与学的方式和方法、情感态度和价值观等方面的各种课程素材，以及开发和利用相应的实施条件等。

第三，研究一般青少年以及特定受教学生的情况，以了解他们已经具备或尚需具备哪些知识、技能和素质，以确定制定课程教学计划的基础。

第四，鉴别和利用校外课程资源，包括自然与人文环境，各种机构、各种生产和服务行业的专门人才等资源，不但可以而且应该加以利用，使之成为学生学习和发展的财富。

第五，建立课程资源管理数据库，拓宽校内外课程资源及其研究成果的分享渠道，提高使用效率。

## 四、课程类型

### （一）活动课程与学科课程

"学科课程"是指从各门科学领域选择部分内容、分门别类地组织起来的课程体系，由于它是分门别类地设置，所以又被称作"分科课程"。"活动课程"是指儿童自己组织的一系列的活动，儿童通过活动学习，经验得到丰富和增长，解决问题的能力得到提高。

学科课程的优点是符合认知的规律，能够保证学生掌握系统的科学文化知识，更好地认识世界，更有效地完善个人的知识结构，为其身心发展奠定十分扎实的知识基础。缺点是课程内容较为抽象和理论化，和学生的现实生活有一定的距离，不太容易引起学生的学习兴趣和积极性。活动课程的优点是符合学生的兴趣和需要，容易激发学生学习的动机，使学生充分发挥学习的自主性和积极性。对技能学习和儿童个性发展有积极作用。缺点是学生不能系统地掌握知识，易导致学生在向学科领域更高层次发展的时候力不从心。

### （二）分科课程与综合课程

一般认为，分门别类设置的课程，就叫"分科课程"。将两门或两门以上学科综合设置为一个学科的课程,就叫"综合课程"。根据目前对综合课程的研究,综合课程又可分为学科本位综合课程、社会本位综合课程与经验本位综合课程(儿童本位综合课程)。

学科本位的综合课程又叫综合学科课程,是传统学科课程的一个变种。根据学科知识的融合程度,可将它分为关联课程、融合课程、广域课程。其中,关联课程强调学科间的关联,注重寻找学科间的联系点。融合课程是一种由若干相关的课程融合成一门新课程。广域课程比融合课程整合的领域更宽广,如可将历史、地理、社会学、经济学、政治学、法学、心理学、人类学等学科整合在一起,形成一种社会学科。

**真 题 链 接**

3.(2016年下半年选择题)小学《科学》课程整合了自然科学各学科的内容,这种课程属于(　　)。

  A. 融合课程  B. 广域课程  C. 核心课程  D. 合并课程

社会本位的综合课程,典型的例子是"STS"课("科学、技术、社会"课程),它是20世纪80年代以来国际上颇为流行的一种综合课程。经验本位的综合课程以杜威的经验课程为典型代表。

人们曾一度把综合课程与分科课程视为对立的两种课程类型。现有研究则表明,二者的区分是相对的。综合课程必须以分科的形式设置,而分科课程的内容又总是综合的。现实中没有绝对的综合课程和分科课程,二者都是科学研究发展的必然,是课程发展的必然。不断地分化、综合、再分化、再综合,这是科学研究的基本特点。

### (三)必修课与选修课

这是从对学生的学习要求的角度而划分的两类课程。所谓必修课,就是要求学生必须学习的课程;选修课是指学生可以根据自己的情况来选择学习的课程。

开设必修课与选修课是课程现代化的重要表现。必修课体现了现代课程大众化、民主化的价值取向。它是所有受教育者享有平等受教育权利的保证。而选修课则体现了现代课程对个体学习兴趣和需要的尊重,为学生个性的自由发展提供了空间,二者是相互依存的关系。只有必修课没有选修课,学生个体的兴趣需要就难以得到关照;只有选修而没有必修,将难以保证教育的基本质量,会造成教育质量的巨大差距。因此,合理地设置必修课与选修课,是现代课程论和课程改革实践十分关注的一个课题。

**真 题 链 接**

4.(2016年下半年选择题)从实现学校培养目标来看,必修课和选修课之间具有(　　)。

  A. 层次性  B. 等量性  C. 等价性  D. 主次性

### (四)国家课程、地方课程与校本课程

从课程设计、开发和管理主体来区分,可将课程划分为国家课程、地方课程和校本课程。国家课程是根据所有公民基本素质发展的一般要求设计的,它反映了国家教育的基

本标准,体现了国家对各个地方、社区的中小学教育的共同要求。国家课程的主导价值在于通过课程体现国家的教育意志,确保所有国民的共同基本素质。它对政治方向的把握、教育方针的贯彻、培养目标的落实,起着决定性的作用。

地方课程是地方教育主管部门以国家课程标准为基础,在一定的教育思想和课程观念的指导下,根据地方经济、特点和文化发展等实际情况而设计的课程,它是不同地方对国家课程的补充,反映了地方社会发展状况对学生素质发展的基本要求。同时,地方课程对该地方的中小学课程实施具有重要的导向作用,它的主导价值在于通过课程满足地方社会发展的现实需要。

校本课程实质上是一个以学校为基地进行课程开发的民主决策的过程,即校长、教师、课程专家、学生以及家长和社区人士共同参与学校课程计划的制定、实施和评价活动。校本课程开发的主体是教师。校本课程的主导价值在于通过课程展示学校的办学宗旨和特色。

**真题链接**

**5.**(2015年下半年选择题)小学开设的综合实践活动课程属于(　　)。
① 国家课程　② 地方课程　③ 必修课程　④ 选修课程
A. ①③　　　　　　B. ①④　　　　　　C. ②③　　　　　　D. ②④

### (五)显性课程与隐性课程

从课程的呈现方式来划分,课程可分为显性课程与隐性课程。

显性课程亦称公开课程,是指在学校情境中以直接的、明显的方式呈现的课程。显性课程的主要特征是计划性,这是区分显性课程和隐性课程的主要标志。

隐性课程亦称潜在课程、自发课程,是学校情境中以间接的、内隐的方式呈现的课程。

隐性课程的主要表现形式有:① 观念性隐性课程。包括隐藏于显性课程之中的意识形态,学校的校风、学风,有关领导与教师的教育理念、价值观、知识观、教学风格、教学指导思想等。② 物质性隐性课程。包括学校建筑、教室的布置、校园环境等。③ 制度性隐性课程。包括学校管理体制、学校组织机构、班级管理制度等。④ 心理性隐性课程。主要包括学校人际关系状况,师生特有的心态、行为方式等。

**真题链接**

**6.**(2014年下半年选择题)学校中的"三风"是指校风、教风和学风,是学校文化的重要构成,就其课程类型而言,它主要属于(　　)。
A. 学科课程　　　B. 活动课程　　　C. 显性课程　　　D. 隐性课程

### 五、课程评价

### (一)课程评价的含义

课程评价是指依据一定的评价标准,通过系统地收集有关信息,采用各种定性、定量的方法,对课程的计划、实施、结果等有关问题做出价值判断并寻求改进途径的一种活动。

## （二）课程评价的主要模式

### 1. 目标评价模式

目标评价模式首先由被称为"当代课程评价之父"的美国课程评价专家泰勒提出。泰勒认为，教育的目的在于改变学生的行为，评价就是要衡量学生行为实际发生变化的程度。这一评价模式以目标为中心而展开的。

### 2. 目标游离评价模式

目标游离评价模式是由美国教育家和心理学家斯克里文提出来的。他认为，评价者应该注意的是课程计划的实际效应，而不是其预期效应，即原先确定的目标。在他看来，目标评价模式只考虑到预期效应，忽视了非预期的效应。斯克里文主张采用目标游离评价的方式，即把评价的重点从"课程计划预期的结果"转向"课程计划实际的结果"。

### 3. CIPP 评价模式

CIPP 是由背景评价（content evaluation）、输入评价（input evaluation）、过程评价（process evaluation）及成果评价（product evaluation）这四个方面组成的。

背景评价既要确定课程评价实施机构的背景；明确评价对象及其需要；明确满足需要的机会，诊断需要的基本问题，判断目标是否已反映了这些需要。背景评价强调，首先应根据评价对象的需要对课程目标本身做出判断，看两者是否一致。

输入评价主要是为了帮助决策者选择达到目标的最佳手段，而对各种可供选择的课程计划进行评价。

过程评价，主要是通过描述实际过程来确定或预测课程计划本身或实施过程中存在的问题，从而为决策者提供如何修正课程计划的有效信息。

成果评价，即要测量、解释和评判课程计划的成绩。它要收集与结果有关的各种描述和判断，把它们与目标、背景、输入和过程方面的信息联系起来，并对它们的价值和优点做出解释。

# 第二节　我国基础教育课程改革

## 一、基本理念

第一，倡导全人教育。该点强调课程要促进每个学生身心健康发展，培养良好品德，培养终身学习的愿望和能力，处理好知识、能力以及情感、态度、价值观的关系，克服课程过分注重知识传承和技能训练的倾向。

第二，重建新的课程结构。处理好分科与综合、持续与均衡、选修和必修的关系，改革目前课程结构过分强调学科独立、纵向持续、门类过多和缺乏整合的现状，体现课程结构的综合性、均衡性与选择性。

第三，体现课程内容的现代化。淡化每门学科领域内的"双基"，精选对学生终身学习与发展必备的基础知识和技能，处理好现代社会需求、学科发展需求与学生发展需求在课程内容的选择与组织中的关系，改变目前部分课程内容繁、难、多、旧的现象。

第四，倡导建构性学习。注重学生的经验与学习兴趣，强调学生主动参与、探究发现、交流合作的学习方式,改变在课程实施过程中过分依赖课本、被动学习、死记硬背、机械训练的现象。

第五,形成正确的评价观念。建立评价项目多元、评价方式多样、既关注结果更加重视过程的评价体系,突出评价对改进教学实践、促进教师与学生发展的功能,改变课程评价方式过分偏重知识记忆与纸笔考试的现象以及过于强调评价的选拔与甄别功能的倾向。

第六,促进课程的民主化与适应性。改变课程管理过于集中的状况,尝试建立国家、地方、学校三级课程管理制度,增强课程对地方、学校及学生的适应性。

**真题链接**

1. (2015年上半年选择题)学生在小组或团队中,通过任务分解,责任分工,协同互助,已完成共同的学习任务。这种学习方式属于(　　)。

A. 掌握学习　　　　B. 合作学习　　　　C. 探索学习　　　　D. 发现学习

2. (2013年上半年简答题)我国第八次基础教育课程改革倡导自主学习、合作学习和探究学习,简述你对这三种学习方式的理解。

## 二、总体目标

新课程的培养目标应体现时代要求,培养学生具有爱国主义、集体主义精神,热爱社会主义,继承和发扬中华民族的优秀传统和革命传统;具有社会主义民主法制意识,遵守国家法律和社会公德;逐步形成正确的世界观、人生观、价值观;具有社会责任感,努力为人民服务;具有初步的创新精神、实践能力、科学和人文素养以及环境意识;具有适应终身学习的基础知识、基本技能和方法;具有健壮的体魄和良好的心理素质,养成健康的审美情趣和生活方式,成为有理想、有道德、有文化、有纪律的一代新人。

## 三、具体目标

第一,改变课程过于注重知识传授的倾向,强调形成积极主动的学习态度,使获得基础知识与基本技能的过程同时成为学会学习和形成正确价值观的过程。

第二,改变课程结构过于强调学科本位、科目过多和缺乏整合的现状,整体设置九年一贯的课程门类和课时比例,并设置综合课程,以适应不同地区和学生发展的需求,体现课程结构的均衡性、综合性和选择性。

第三,改变课程内容“难、繁、偏、旧”和过于注重书本知识的现状,加强课程内容与学生生活以及现代社会和科技发展的联系,关注学生的学习兴趣和经验,精选终身学习必备的基础知识和技能。

第四,改变课程实施过于强调接受学习、死记硬背、机械训练的现状,倡导学生主动参与、乐于探究、勤于动手,培养学生搜集和处理信息的能力、获取新知识的能力、分析和解决问题的能力以及交流与合作的能力。

第五,改变课程评价过分强调甄别与选拔的功能,发挥评价促进学生发展、教师提高和改进教学实践的功能。

第六,改变课程管理过于集中的状况,实行国家、地方、学校三级课程管理,增强课程对地方、学校及学生的适应性。

**真题链接**

**3.** (2014年上半年选择题)为了适应不同地区学校和学生的特点和需要,各地可以对国家统一规定的中小学课程结构进行相应的调整,这体现了课程结构的(　　)。

　　A. 可操作性　　　B. 可替代性　　　C. 可转换性　　　D. 可度量性

**4.** (2014年下半年选择题)我国基础教育课程改革要求设置九年一贯制的义务教育课程,通过课时比例调整使其保持适当的比重关系。这强调了课程结构的(　　)。

　　A. 均衡性　　　　B. 综合性　　　　C. 选择性　　　　D. 统一性

**5.** (2014年上半年选择题)小学《品德与生活》的教学目标,应随着儿童生活及活动过程的变化和需要不断调整。教学内容应从教科书扩展到儿童生活的各个方面,课堂从教室扩展到家庭、社会以及儿童的其他生活空间。这段话说明该课程具有(　　)。

　　A. 生活性　　　　B. 综合性　　　　C. 开放性　　　　D. 活动性

## 巩固练习

### 一、选择题

1. 从课程类型上看,我国小学阶段开设的科学、艺术等课程属于(　　)。

　　A. 分科课程和选修课程　　　　　　B. 综合课程和必修课程

　　C. 分科课程和必修课程　　　　　　D. 综合课程和选修课程

2. 学校的建筑物、设备、景观和空间的布置等本身也是一种课程,这种课程属于(　　)。

　　A. 学科课程　　　B. 活动课程　　　C. 隐性课程　　　D. 显性课程

3. 课程资源按功能特点进行分类,可以分为(　　)。

　　A. 校内课程资源与校外课程资源

　　B. 素材性资源与条件性资源

　　C. 文字性资源与非文字性资源

　　D. 物质形态的课程资源与精神形态的课程资源

4. 下列选择中关于基础教育课程改革目标的说法不正确的是(　　)。

　　A. 改变课程过于注重知识传授的倾向,强调形成积极主动的学习态度

　　B. 改变课程实施过于强调接受学习、死记硬背、机械训练的现状,倡导学生主动参与、乐于探究、勤于动手

　　C. 改变课程评价过分强调甄别与选拔的功能,发挥评价促进学生发展、教师提高和改进教学实践的功能

　　D. 改变课程管理过于集中的状况,实行国家、学校两级课程管理

5. 我国目前开展的语文课程、数学课程、体育课程等属于(　　)。

　　A. 学科课程　　　B. 活动课程　　　C. 隐性课程　　　D. 综合课程

6. 在课程计划中,国家预留了一定比例的、由学校自主开发的课程属于(　　)。

　　A. 学科课程　　　B. 校本课程　　　C. 国家课程　　　D. 地方课程

### 二、简答题

简述基础教育课程改革的具体目标。

**模块二**
# 学生指导

答案与解析
相关拓展学习

## 备考指南

### 一、考纲要求

1. 了解心理学的基础知识和小学生身心发展的一般规律和特点。

2. 了解小学生的认知特点以及培养学习兴趣、养成良好学习习惯的一般方法。

3. 了解小学生思想品德发展的基本规律和特点。

4. 了解小学生医疗、保健、传染病预防和意外伤害事故的相关知识。

5. 掌握指导小学生学习的主要方法。

6. 掌握小学生德育、美育和心理辅导的基本策略和方法。

7. 能够根据小学生学习规律和个体差异,有针对性地指导学生学习。

8. 能够遵循小学生身心发展规律,有条不紊地开展德育、美育和心理辅导工作,促进小学生全面、协调发展。

### 二、考点分析

通过往年教师资格考试真题的分析,总结发现本模块的命题主要体现在两大部分:第一大部分主要考查心理学知识,包括第一章、第二章和第五章。第一章涉及考纲要求中对心理学基本知识的掌握,要求每个知识点都要达到理解并能应用的程度。从历年真题来看,主要是选择题和简答题。第二章是本模块的考查重点,涉及考纲要求的1、2、5、7、8点。从历年的真题来看,涉及选择题和简答题。学习者除了掌握小学生身心发展及学习的基本知识以外,应该重点关注如何联系实际材料进行学习和掌握。第五章内容涉及考纲的3、4、6、8点,这部分内容着重于理解,从历年真题看,涉及选择题。第二大部分主要包括德育和美育内容,其中德育是本模块的考查重点。本章内容基本都是以选择题和简答题的形式呈现,所占总分值为25分,所占分值比例约为17%。

### 三、学习建议与备考策略

1. 本模块的考题涉及范围比较广,知识点琐碎;复习时首先对整体有所掌握,然后再对细小的内容各个击破。

2. 在全面复习的基础上,重点把握心理学基础知识、小学生身心发展的一般规律和特点、小学生心理辅导和小学生德育部分。

　　3. 结合具体的教育问题对相关理论及原理加以应用。

## 知 识 树

　　　　　　　　　　　　　　　　　　　　心理学概述
　　　　　　　　　　　　　　　　　　　　认知过程
　　　　　　　　　　　　　心理学基础知识 ┤ 情绪、情感过程
　　　　　　　　　　　　　　　　　　　　意志过程
　　　　　　　　　　　　　　　　　　　　个性心理

　　　　　　　　　　　　　　　　　　　　　　　　　小学生身心发展的特点及一般规律
　　　　　　　　　　小学生身心发展与学习心理 ┤ 学习理论
　　　　　　　　　　　　　　　　　　　　　　　　　个体差异与学习指导

　　　　　　　　　　　　　　　　　　德育概述
　　学生指导 ┤　　　　　　　　　　道德发展理论及小学生德育发展特点
　　　　　　　　　　　小学德育 ┤ 小学德育过程
　　　　　　　　　　　　　　　　小学德育的原则、途径与方法

　　　　　　　　　　　小学美育 ┤ 美育的概述
　　　　　　　　　　　　　　　　美育的实施

　　　　　　　　　　　　　　　　　　　　　　小学生的医疗保健常识
　　　　　　　　　　小学生安全与心理健康教育 ┤ 小学生的安全防范常识
　　　　　　　　　　　　　　　　　　　　　　小学生心理健康与心理辅导

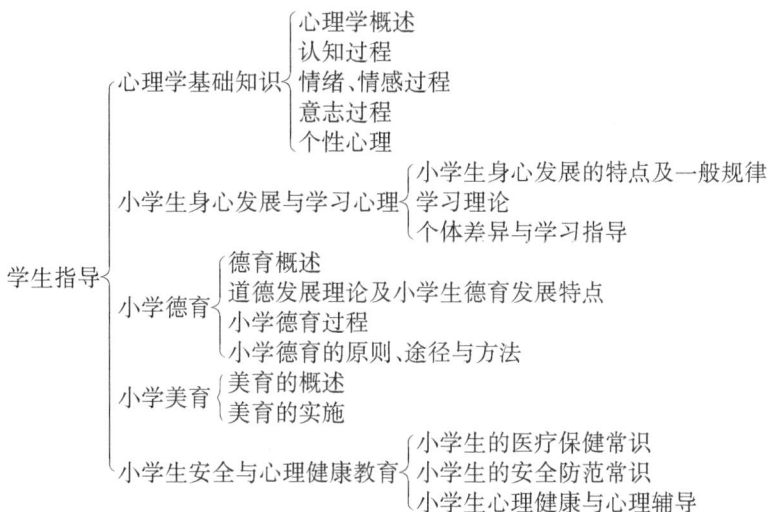

# 第一章　心理学基础知识

## 考点分析

　　1. 了解感知觉的特性和注意的分类及品质;了解记忆的分类,掌握遗忘规律和原因,应用记忆规律促进小学生的有效学习;了解思维的种类和创造性思维的特征,以及影响问题解决的因素。

　　2. 掌握情绪和情感的分类。

　　3. 掌握意志品质和动机冲突。

　　4. 掌握气质和性格的特征。

## 第一节　心理学概述

### 一、心理学的概念

　　心理学是一门研究心理现象及其发生发展规律的科学。早期的心理学研究是属于哲学的范畴,称为哲学心理学。1879 年,德国心理学家冯特在莱比锡大学建立心理学实验室,这标志着科学心理学的诞生,冯特因此被称为"心理学之父"。

## 二、心理学的分类

根据心理现象的独特性程度,可将心理现象区分为心理过程和个性心理两方面。

心理过程是人们共有的心理现象,是个体心理形成与活动表现的一般过程,它包括认知过程、情绪与情感过程和意志过程。个性心理,是个体在心理过程中的基础上所形成的独特的心理面貌,包括个性心理倾向和个性心理特征。我们可以把心理活动的要素用一个图示来呈现(如图2-1),人的心理活动各要素相互影响,共同构成了个体的心理活动过程。

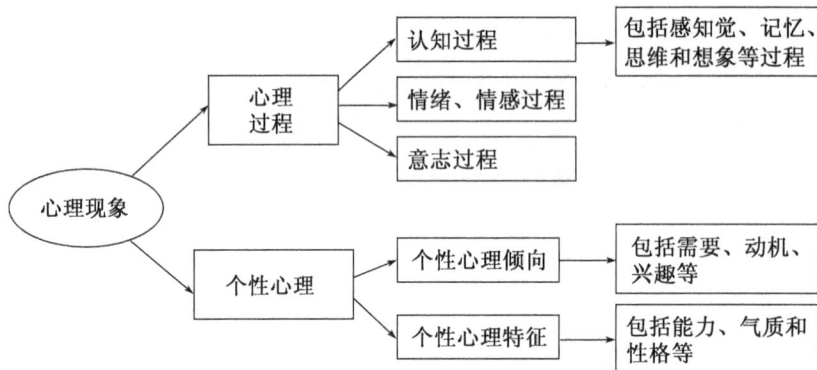

图2-1　个体的心理活动因素

# 第二节　认知过程

## 一、注意

### (一)概念

心理活动是对一定对象的指向和集中。注意是一切心理过程的开端,并伴随着心理过程的始终。但它本身不是一种独立的心理过程,而是伴随心理过程的一种心理现象,是所有心理过程特别是认识活动的共同特性。根据有无目的和意志努力程度,可以把注意分为三种(见表2-1)。

表2-1　注意的三种类型

| | 定义 | 举例 |
|---|---|---|
| 无意注意 | 事先没有预定目的、无须意志努力、不由自主地对一定事物发生的注意。 | 学生们正在安静地听老师讲课时,突然有人推门进来,大家不约而同地转头去看。 |
| 有意注意 | 有预定目的、并经过一定意志努力的注意。受人的意识的自我调节和支配,它为人类所特有。 | 学生们认真地听老师讲课。 |
| 有意后注意 | 有预定目的、但不需要经过意志努力的注意,它是有意注意转化而来的一种特殊形态。 | 刚学数学时不太感兴趣,需要有意注意,但通过学习后喜欢上数学,学生的注意自然集中于数学上,此时是有意后注意。 |

### （二）注意的品质

注意的品质是衡量注意水平高低的标准,包括四个方面。

（1）注意的广度。即注意的范围,是指瞬间被人的意识所把握的客体的数目。如有些学生看书时一目十行。

（2）注意的稳定性。即注意的持久性,是指注意在一定时间内保持在某一对象上的品质。如一个学生能把自己的注意长时间地保持在与教学活动有关的对象上。

与注意的稳定性相反的状态是注意的分散,又叫分心。注意的分散是指注意离开了应该指向的对象,而被无关的事物所吸引。例如,正在上课时,教室突然飞进一只小鸟,学生的注意就分散了。

（3）注意的分配。是指在同一时间内把注意力集中于两种及以上的对象或活动上,简单来说也就是同时做多件事,如教师一边讲课一边板书一边观察学生的参与情况。

（4）注意的转移。是指人有意识地把注意力从一事物转到另一事物上去,即先后对多件事物的分别注意,如学生数学课后上语文课。

特别提醒的是,注意的转移不同于注意的分散。注意的转移是有目的地把注意转向新的对象,使一种活动合理地为另一种活动所替代,是注意的积极品质;而注意的分散是在注意稳定时,由于受无关刺激物的干扰而使注意不由自主地离开了需要注意的对象,背离了注意的目标和任务,是注意的消极品质,应该极力加以克服。

---

**真 题 链 接**

1.（2016年上半年选择题）当你注视面前这个棱台框架时,一会儿觉得小方框平面位于大方框平面的前方,一会儿又觉得小方框平面位于大方框平面的后方。这种反复变化的现象属于(　　)

A. 注重分散　　　　　　　　　B. 注重起伏

C. 注重分配　　　　　　　　　D. 注重转移

## 二、感觉

### （一）概念

感觉是指人脑对直接作用于感觉器官的客观事物个别属性的反映。感觉是认识过程的开端,是一切认识过程的基础。人的感官只能对一定范围的刺激做出反应。感觉器官对刺激的感觉能力即为感受性,能够引起某种感觉的最小刺激量即为感觉阈限。

### （二）常见的视觉现象

（1）色觉缺陷。包括色弱和色盲。

（2）视觉后像。视觉后像是视觉的暂留现象,即当作用于视觉感受器的刺激停止或消失以后,感觉并不马上消失,还能在头脑中将感觉印象保留一个短暂的时间。如注视发光的白炽灯 3~4 秒后,闭上眼睛,这时头脑就会出现灯丝的影像。

(3)闪光融合。断续的闪光由于频率的增加会使人们得以融合的感觉。如电灯每秒续断 50 次,但我们看到的却是连续的灯光。

### (三)感受性的变化

(1)感觉的适应。是指在刺激物的持续作用下所引起的感受性的顺应性变化。适应既可以引起感受性的提高,也可以使感受性降低。如"入芝兰之室,久而不闻其香;入鲍鱼之肆,久而不闻其臭",就是嗅觉适应。

(2)感觉对比。是指同一感受器接受不同的刺激从而引起感受性变化的现象,如吃了糖后再吃橘子,会觉得橘子更酸了。

(3)感觉补偿。丧失了某种重要感觉的感觉缺陷者,在长期的生活实践中经过锻炼,可以用其他健全的感觉器官的能力来补偿自身的感觉缺陷,这种现象称之为感觉的机能补偿。如盲人虽然看不见,但却听力很好,他们能以耳代眼来弥补视觉上的缺陷。

### (四)联觉

联觉是指各种感觉之间产生相互作用的心理现象,即对一种感官的刺激作用触发另一种感觉的现象。例如,看到红色会觉得温暖,看到蓝色会觉得清凉,听到节奏鲜明的音乐会觉得灯光也和音乐节奏一样在闪动。

**真 题 链 接**

2.(2018 年上半年选择题)悦耳美妙的轻音乐能使人产生春风拂面之感。这种心理现象属于(　　)。

A. 直觉　　　　B. 错觉　　　　C. 幻觉　　　　D. 联觉

## 三、知觉

### (一)概念

知觉是指人脑对直接作用于感官的客观事物整体的综合反映。知觉以感觉为前提,但它不是感觉的简单集合,而是在综合了多种感觉的基础上形成的整体映象。根据知觉对象的性质,可以分为空间知觉、时间知觉和运动知觉。(见表 2-2)

表 2-2　知觉的类型

| 类型 | 定义 | 举例 |
|---|---|---|
| 空间知觉 | 人脑对物体的空间特性的反映。 | 孩子能够分辨两个苹果的大小。 |
| 时间知觉 | 人脑对客观现象的延续性和顺序性的反映。 | 孩子能够根据太阳的升落来判定早上还是晚上。知觉具有相对性,如酣睡时"春眠不觉晓",但失眠时"长夜漫漫"。 |
| 运动知觉 | 人脑对物体空间位移及移动速度的知觉。 | 看见飞机在天上飞,火车在铁轨上跑。 |

## （二）知觉的基本特性

在我们的生活中,单纯的感觉是不存在的。感觉是知觉的基础,感觉一旦产生,就会上升为知觉。如我们走入校园,看到教室、听到音乐,闻到花香都是知觉的现象。因此,知觉比感觉要复杂得多,具有四个方面的特性:

（1）知觉的选择性。在感知事物的过程中,会选择一定事物作为对象,而选择其他的事物作为背景,这就是知觉的选择性。如在"万绿丛中一点红"中易把红作为优先知觉;再如下图花瓶和人脸侧影双关图。

图 2-2 花瓶和人脸侧影双关图

（2）知觉的整体性。是指对当前事物的各种属性和各个部分的整体反映,而不是个别属性的反映。如我们阅读文章时,当我们强调对文章的整体感知时,往往很难发现错字和漏字。

（3）知觉的理解性。是指人们根据已有的知识经验去理解和解释事物,并用语词加以标志的知觉特性。例如,当你看到右图时,你会认为是什么? 鸡蛋、鸭蛋还是盘子? 不同的人面对同一事物时,会有不同的理解。

（4）知觉的恒常性。是指当知觉条件在一定范围内发生变化时,知觉映像仍然保持相对不变的知觉特性,称之为知觉的恒常性。如白天看煤炭是黑的,即使月光下煤炭泛着白光,但是我们仍然认为煤炭是黑的。

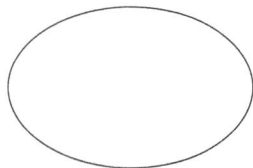

图 2-3 椭圆形的物体

**真题链接**

3. （2017 年下半年选择题）周老师在教生字的时候,把容易写错的笔画,用彩笔标出来,这是利用( )。

A. 知觉整体性 B. 知觉选择性 C. 知觉理解性 D. 知觉恒常性

## 四、记忆

### （一）概念

记忆就是过去经历过的事物通过识记、保持、回忆或再认的方式在人脑中的反映。它包括识记、保持、再认或回忆三个基本环节。

### （二）种类

根据记忆过程中储存容量大小和储存时间的长短，可将记忆分为瞬时记忆、短时记忆和长时记忆。

瞬时记忆是指当客观刺激停止作用后，感觉信息在一个极短的时间内保存下来。特点：保持时间很短；贮存的方式具有鲜明的形象性；贮存的容量很大。

短时记忆是感觉记忆和长时记忆的中间阶段，保持时间一般为 1 秒钟到 1 分钟。短时记忆的容量有限，大约是 $7\pm2$ 个组块。

长时记忆的保存时间长，超过一分钟，甚至 1 天、1 年乃至整个终生。记忆的容量是无限的。

### （三）记忆过程

记忆的基本过程包括识记、保持、再认或回忆三个环节。

#### 1. 识记

（1）概念：识记是记忆过程的开端环节，是一种反复认识某种事物并在脑中留下印象，积累知识经验的过程。

（2）种类：第一，根据识记前有无明确的目的分为无意识记和有意识记；第二，根据识记是否建立在理解的基础上分为机械识记和意义识记。

（3）影响识记效果的因素：识记的目的和任务、材料的性质和数量、识记方法。

#### 2. 保持和遗忘

保持是指已获得的知识经验在头脑中储存并得到巩固的过程。遗忘是指对过去曾经识记过的事物不能再认或回忆，或者是产生了错误的再认或回忆。

（1）遗忘规律

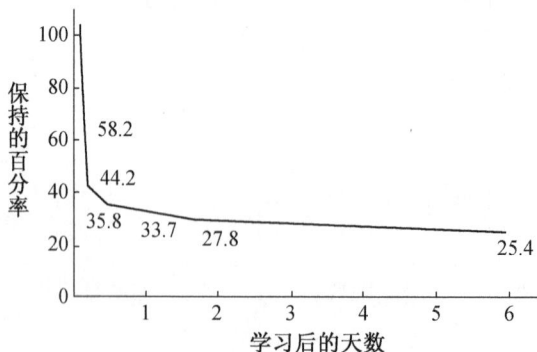

图 2－4　艾宾浩斯(德国)遗忘规律曲线

上图中的曲线表明了遗忘进程的规律：遗忘的进程是不均衡的，其速度是先快后慢，随后渐渐趋于平稳。

（2）影响遗忘进程的因素

第一，识记材料的性质和数量。

第二，识记材料的意义和作用。

第三，学习的程度：150％的学习程度是最好的。

第四，材料的系列位置：材料的首尾容易记住，而中间部分则容易遗忘。

（3）遗忘的原因

干扰说认为，遗忘是因为在学习与回忆之间受到其他刺激的干扰所致。可以用前摄抑制和倒摄抑制来说明。

前摄抑制是指先前学习的材料对识记和回忆后学习的材料起干扰作用。如先前学习了汉语拼音字母表中的"a"，当学习英语字母"a"时容易识记成汉语中的"a"。

倒摄抑制是指后学习的材料对保持和回忆之前学习的材料起干扰作用。如学了英语字母"a"后，当需要学生回忆之前所学的汉语拼音"a"时，很多学生会读成英语字母"a"。

### 3. 再认与回忆

（1）再认：过去经历过的事物再次出现，感到熟悉并能识别确认的过程。

（2）回忆：过去经历过的事物不在面前时，人们在头脑中把它重新呈现出来的过程。回忆是以联想为基础的。

### （四）运用记忆规律，提高学习效率

### 1. 科学地识记

明确识记的目的与任务；充分利用无意识记；在理解的基础上进行识记；合理地安排识记材料；适当运用记忆术。

### 2. 有效地组织复习

（1）合理安排复习时间。

及时复习：识记后不久很快大量发生的学习。

分布复习：分布集中复习（集中一段时间内连续反复地进行复习）和分布间隔复习（识记材料分散在若干相间隔的时间内复习）。一般来说，分布间隔复习的效果要优于分布集中复习效果。

（2）恰当地安排复习材料。

（3）反复阅读与试图回忆相结合。

（4）复习方法的多样化。

### 3. 培养追忆的能力

明确追忆的目的任务；选择恰当的追忆方法；培养意志力，排除追忆过程中的干扰。

### 4. 创造有利于记忆的条件

保持身体健康，合理用脑；培养完善的个性。

## 五、思维

### （一）概念

思维是人脑对客观事物的本质及规律的间接、概括的反映。概括性和间接性是思维的两个基本特征。

### （二）种类

#### 1. 根据思维过程中的凭借物划分

直观动作思维：通过实际操作解决问题时的思维。如低年级小学生读课文时用手点读。

具体形象思维：通过具体事物的形象和表象进行思维。如小学生学习 10 以内的加法时，往往借助于图片来完成。

抽象逻辑思维：运用语言符号进行的思维。如学习 10 以内的加法时，直接列算式来学习。

#### 2. 根据思维的逻辑性划分

直觉思维：未经过逐步分析就迅速对问题答案做出合理的猜测、设想或突然领悟的思维。

分析思维：严格遵循逻辑规律，逐步分析和推导对问题解决做出明确结论的思维。

#### 3. 根据思维的创新程度划分

常规性思维：又称再造性思维，是指人们运用已获得的知识经验，按现成的方案和程序，用惯常的方法，固定的模式来解决问题的思维方式。如学生运用已学会的公式来解决同一类型的问题。

创造性思维：是指以新异、独创的方式来解决问题的思维。如小学生的科学小发明。

#### 4. 根据思维的指向性划分

聚合思维：又称求同思维、集中思维，把问题所提供的信息集中起来得出一个正确答案或最好答案的思维。

发散思维：又称求异思维，从一个目标出发，沿着不同的途径寻求各种答案的思维。

### （三）影响问题解决的心理因素

#### 1. 动机强度动机

它是促进人们解决问题的内部推动力。动机强度与解决问题的效果呈倒 U 型曲线关系。

#### 2. 原型启发

原型启发是指从其他事物或现象中获得的信息受到启发，找到解决问题的途径或方法。例如,鲁班从被丝茅草割破手这一事件中受到启发,发明了锯子。

### 3. 问题的特征(知觉情境)

在解决有关问题时,个体经常受到问题的类型、呈现的方式与情境等因素的影响。

### 4. 定势

定势,也叫心向,是指心理活动的一种准备状态,它使人对刺激情境以某种习惯的方式进行反应。如著名的"船长年龄问题":一艘船上有 23 头牛,28 只羊,问船长年龄是多少? 很多学生直接用 23+28=51 求船长年龄,原因就是学生习惯于以加法的方式计算。

### 5. 功能固着与变通

功能固着是指个体在解决问题时只看到某个事物的常用功能,而看不到它的其他方面功能的现象。如钥匙只是用来开锁,箱子只是用来盛东西等,均属于功能固着现象。克服功能固着需要人们灵活机智地使用已有的工具或材料来解决问题,即为变通。

除了上述因素外,个体的智力水平、性格特征、情绪状态、认知风格和世界观等个性心理特性也制约着问题解决的方向和效果。

**真 题 链 接**

**4.** (2017 年下半年简答题)简述思维过程中问题解决的影响因素。

## (四)创造性思维

### 1. 概念

创造性思维是指以新颖、独创的方法解决问题的思维。

### 2. 创造性思维的培养

(1)激发学习动机,培养学习兴趣或求知欲。
(2)改变传统的评定学习成就的观念,鼓励学生的创造性行为。
(3)培养学生的发散思维和集中思维的能力。
(4)引导学生积极参加创造性活动。

## 六、想象

## (一)概念

想象是对头脑中已有的表象进行加工、改造而形成新形象的过程。

## (二)种类

(1)根据有无预定目的,可将想象分为无意想象和有意想象
无意想象:没有预定目的,在某种刺激物的影响下不由自主地进行的想象。如晚上做梦。
有意想象:它是根据一定的目的,自觉努力进行的想象。

（2）根据想象的独立性和新颖程度,可将想象分为再造想象和创造想象

再造想象:根据他人的语言或非语言的描述,在人脑中形成相应的新形象的过程。如学生阅读"桂林山水"一文时,在头脑中想象桂林的山水美景。

创造想象:不依赖于现有的描述独立创造出新形象的过程。如学生写作文。

（3）幻想

与个人愿望结合并指向未来的想象。如学生畅谈"我的理想"。

### （三）想象的心智操作

#### 1. 粘合

即把两种以上事物中从未结合过的某些属性、特征部分在头脑中结合在一起而形成新的形象。如学生想象美人鱼。

#### 2. 夸张

又称强调,它是通过改变事物的正常特点,或把客观事物的某种品质、部分、属性或与其他事务的关系加以突出、强调,从而形成新的形象。如天上九头鸟。

#### 3. 典型化

典型化是把某类事物共同的、最有代表性的特征集中在某一具体事物上,从而形成新的形象。如鲁迅笔下的祥林嫂的形象。

# 第三节　情绪、情感过程

## 一、情绪、情感的定义

情绪、情感就是个体对客观事物是否符合需要、观点和愿望而产生的体验。

## 二、情绪和情感种类

### （一）情绪的种类

（1）根据情绪发生的强度、持续时间和紧张度可分为:

心境:是一种比较微弱而持久的、使人的所有情感体验都感染上某种色彩的情绪状态,构成了人的心理活动的背景。

激情:是一种强烈的、爆发式的、时间短暂的情绪状态。

应激:是出乎意料的紧迫情况所引起的高度紧张的情绪状态。

（2）人类原始的或最基本的情绪有四种:快乐、愤怒、恐惧、悲哀。

### （二）情感的种类

按情感的社会内容可将其分为道德感、理智感、美感。

## 1. 道德感

道德感是人们运用一定的道德标准评价自身或他人行为时所产生的情感体验。

## 2. 理智感

理智感是智力活动过程中,在认识和评价事物时产生的情感体验。如对自己不能理解的问题表现出疑问。

## 3. 美感

美感是人们在感知欣赏事物时体验到的优美的情感。

# 第四节　意志过程

## 一、意志的概念

个体自觉确定目的并根据目的支配、调节行动,经过克服困难以实现预定目的的心理过程。意志是人类特有的心理现象,是个体意识能动性的表现。

## 二、意志的基本品质

表 2-3　意志的基本品质类型

| 基本品质类型 | 含义 | 相反品质 |
|---|---|---|
| 自觉性 | 指对行动的目的有深刻的认识,能自觉支配自己的行动,使之服从于活动目的的品质。 | 盲目性和独断性。 |
| 坚定性 | 指坚持不懈地克服各种苦难,把决定贯彻始终的意志品质。 | 动摇性:表现为见异思迁、朝三暮四、虎头蛇尾。 |
| 果断性 | 善于明辨是非,迅速合理地采取决定和执行的意志品质。 | 优柔寡断、草率冒失。 |
| 自制性 | 指善于控制和调节自己言行和情绪的品质。 | 任性或冲动。 |

## 三、意志行动中的动机冲突

根据勒温的观点,按趋避行为将动机冲突分为四大基本类型:

### 1. 双趋冲突

指同时并存两种能满足需要的目标,他们具有同等的吸引力,但由于条件限制,个体只能选其一时所产生的动机冲突。如"鱼与熊掌不可兼得"。

### 2. 双避冲突

指个体同时遇到两种力图回避的具有威胁性的目标,但由于条件和环境的限制,只能避其一时所产生的心理冲突。如"前遇大河,后有追兵"。

73

### 3. 趋避冲突

指同一目标对个体既有吸引力,又有排斥力,个体既想接近,又想避开时产生的心理冲突。如"想吃鱼又怕鱼刺"。

### 4. 多重趋避冲突

指个体对同时含有吸引力与排斥两种力量的多个目标予以选择时所产生的心理冲突。

**真 题 链 接**

1.(2018年上半年选择题)小英想当班干部为同学服务,又怕当不好被同学嘲笑。这种心理现象属于(    )。

　　A. 双趋冲突　　　B. 双避冲突　　　C. 趋避冲突　　　D. 多重趋避冲突

# 第五节　个性心理

## 一、概念及结构

个性心理可以理解为一个人的整个精神面貌,即具有一定倾向性的各种心理特征的总和。个性的心理结构包含两大部分(见图2-5),其中个性心理倾向是推动人进行活动的动力系统,是个性结构中最活跃的因素。它集中地反映了人与人之间的精神面貌稳定的类型差异。

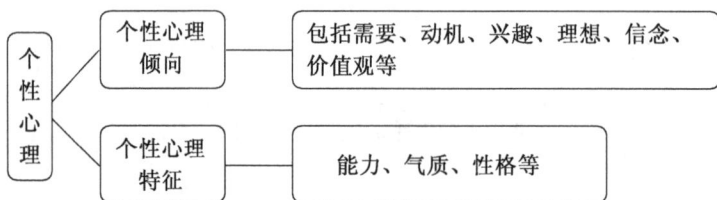

图 2-5　个性的结构

## 二、能力

### (一)概念

能力是直接影响人的活动效率,使活动任务顺利完成的个性特征。

### (二)分类

根据能力所影响的活动范围的大小,可以分为:

一般能力:在各种活动中均会表现出来的能力。如观察力、记忆力、思维力等特殊能力:在某种专门活动中表现出来的能力。如音乐能力、机械操作能力等。

## 三、气质

### (一)概念

气质是心理活动表现在强度、速度、稳定性和灵活性等方面的心理特征。

### (二)类型

人的气质类型大致可以分为四类(见表2-4),在实际生活中,大多数人的气质在接近于某种气质类型的同时常有其他气质类型的一些特点。

表2-4　个体的气质类型

| 气质类型 | 高级神经活动类型 | 特点 |
| --- | --- | --- |
| 胆汁质 | 兴奋型 | 精力旺盛、胆大好动、直率热情,好冲动、易爆易怒、脾气急,言语动作迅速难以自制,但容易冒失鲁莽。 |
| 多血质 | 活泼型(灵活型) | 反应性高、活泼好动、行动敏捷,热爱交际、能说会道、适应性强,情感外向、注意力容易转移。 |
| 粘液质 | 安静型 | 反应性低、情感不易发生和外露,稳重踏实、交际适度、自制力强,话不多、可塑性差、灵活性不足。 |
| 抑郁质 | 抑郁型 | 行为孤僻、不善交往、多愁善感,反应迟缓、适应能力差、处事优柔寡断。 |

## 四、性格

性格是指人对现实的稳定态度和习惯化了的行为方式中所表现出来的个性心理特征。如有学生坚持认真学习,有学生对学习一直抱有无所谓的态度。

性格具体标志着一个人的品德和世界观,具有直接的社会影响和道德评价的意义。

## ✎巩固练习

1. 下列心理现象中,属于个性心理特征的是(　　)。
　　A. 兴趣　　　　B. 信念　　　　C. 理想　　　　D. 性格

2. 4岁的小兰知道小明是自己的哥哥,但当问她小明有没有妹妹时,她却回答没有。这体现了小兰的(　　)思维特征。
　　A. 可逆性　　　B. 不守恒性　　C. 自我中心性　D. 守恒性

3. (　　)是一切知识和经验的基础,是正常心理活动的必要条件。
　　A. 感觉　　　　B. 直觉　　　　C. 知觉　　　　D. 思维

4. "入芝兰之室,久而不闻其香;入鲍鱼之肆,久而不闻其臭。"这是(　　)。
　　A. 嗅觉适应的结果　　　　　　B. 嗅觉对比的结果
　　C. 嗅觉补偿的结果　　　　　　D. 嗅觉统合的结果

5. 学生用红笔在重点内容下边做标记。这是利用知觉的(　　)。

A. 选择性　　　　B. 整体性　　　　C. 理解性　　　　D. 恒常性

6. "外行看热闹,内行看门道"体现了知觉的(　　)。

A. 选择性　　　　B. 整体性　　　　C. 理解性　　　　D. 恒常性

7. 一名教师在安静的教室门口故意咳嗽两声,目的是引起学生的(　　)。

A. 无意注意　　　B. 有意注意　　　C. 有意后注意　　　D. 随意注意

8. "余音绕梁,三日不绝于耳"属于(　　)。

A. 形象记忆　　　B. 动作记忆　　　C. 情绪记忆　　　D. 逻辑记忆

9. "人逢喜事精神爽"这种情绪属于(　　)。

A. 激情　　　　　B. 应激　　　　　C. 心境　　　　　D. 热情

10. (2014年真题)小斌既想得高分又不愿意努力学习,这种心理冲突属于(　　)。

A. 双趋式冲突　　B. 双避式冲突　　C. 趋避式冲突　　D. 多重趋避冲突

11. "明日复明日,明日何其多? 我生待明日,万事成蹉跎。"教师经常用这首诗鼓励学生珍惜时光,努力学习。这种行为属于意志品质的(　　)。

A. 自觉性　　　　B. 果断性　　　　C. 坚韧性　　　　D. 自制性

12. "江山易改,禀性难移"说明人格具有(　　)。

A. 稳定性　　　　B. 独特性　　　　C. 整合性　　　　D. 功能性

二、简答题

1. 简述注意的品质。

2. 简述思维的类型。

# 第二章 小学生身心发展与学习心理

## 考点分析

1. 了解小学生身心发展的特点;身心发展的一般规律;皮亚杰的认知发展阶段论。

2. 了解学习理论;了解个体的差异和因材施教;小学生学习兴趣的形式;小学生学习习惯的特点。

## 第一节 小学生身心发展的特点及一般规律

### 一、个体身心发展概述

#### (一)个体身心发展的概念

个体身心发展是指个体从生命开始到生命结束整个过程中,生理和心理不断发生积极变化的过程。个体身体的发展与心理的发展是紧密相连、不可分割的统一体。这种变化与发展是逐渐、连续且有规律的,包括量的积累和质的变化。

#### (二)影响个体身心发展的因素

##### 1. 遗传因素

遗传素质是指从上代继承下来的生理解剖上的特点,如机体的结构、形态、感官和神经系统等特点。遗传素质是个体身心发展的前提条件,为个体的发展提供了物质前提,但不能决定个体的发展。

##### 2. 环境因素

环境泛指影响个体身心发展的一切外在因素,包括自然环境和社会环境。环境是个体身心发展的客观条件,为个体的发展提供了多种可能,对个体的影响有积极和消极之分。

##### 3. 学校教育因素

学校教育因素在性质上是属于环境因素,一种特殊的环境因素。因为学校教育是专门化、系统化和计划性的,相比其他环境因素,学校教育在影响人的发展上具有独特的功能:第一,具有指导个体发展方向的作用;第二,具有加速个体发展的特殊功能;第三,对个体的发展具有即时和延时双重价值;第四,具有开发个体特殊才能和发展个性的功能。

##### 4. 个体的主观能动性

个体在发展的过程中,不是完全被动地接受影响,而是可以主动选择发展的方向和内容。

### （三）个体身心发展的动因理论

#### 1. 内发论（遗传决定论）

内发论强调个体的发展力量主要源于人自身的内在需要，身心发展的顺序是由身心成熟机制决定的，主要代表人物及观点见表2-5。

表2-5　遗传决定论的主要代表人物及观点

| 代表人物 | 主要观点 |
| --- | --- |
| 孟子 | 性善论：人之初，性本善。 |
| 弗洛伊德 | 人的本能是最基本的自然本能，它是推动人发展的潜在的、无意识的、最根本的动因。 |
| 格塞尔 | 个体身体成熟机制对人的发展起决定作用，如"双生子爬楼实验"。 |
| 霍尔 | "一两的基因胜过一吨的教育。" |
| 高尔登 | 优生论。 |

#### 2. 外铄论（环境决定论）

外铄论认为个体的发展主要依靠外在的力量，包括环境的刺激和要求、学校教育与训练、他人影响等，主要代表人物及观点见表2-6。

表2-6　环境决定论的主要代表人物及观点

| 代表人物 | 主要观点 |
| --- | --- |
| 荀子 | 性恶论：人之初，性本恶。 |
| 洛克 | "白板说"：人的心灵如同白板，观念和知识都来自后天。"人类之所以千差万别，便是由于教育之故。" |
| 华生 | 环境决定论："给我一打健康的婴儿和一个由我支配的环境，不管他们父母的状况如何，我都可以把他们培养成从领袖到小偷等各种类型的人。" |
| 斯金纳 | 继承华生的观点，认为人的行为乃至人格都可以通过外在的强化手段来加以改变。 |

## 二、小学生心理发展的特点

### （一）感知觉的发展特点

感知觉是儿童认知过程中最早发展的。小学生的感知觉发展特点表现在：
（1）小学生的视觉、听觉、运动觉发展很快。
（2）感知的有意性、目的性逐渐加强。
（3）感知的分析综合能力不断提高。
（4）空间知觉和时间知觉有很大的发展，但还很不完善。

### （二）注意的发展特点

小学生注意力的发展主要表现在注意的自觉性和注意品质的完善程度上。具体来说表现在：

（1）有意注意逐渐发展，无意注意仍起作用。

（2）注意的范围依然有限。

（3）注意的集中性和稳定性较差。

（4）注意的分配和转移能力较弱。

### （三）记忆的发展特点

（1）记忆能力提高，包括短时记忆能力的增强、记忆量的增加、记忆策略的使用等。

（2）根据记忆的目的看，从无意记忆向有意记忆发展。

（3）根据记忆的方法看，从机械记忆向意义记忆发展。

（4）根据记忆的内容看，从形象记忆向抽象记忆发展。

### （四）思维发展特点

小学生的思维是其智力的核心部分，小学生思维的发展，是其智力发展的标志和缩影。小学生思维发展的基本特点表现在：

（1）从以具体形象思维为主要形式向以抽象逻辑思维为主要形式过渡，四年级左右是发生质变的关键年龄。

（2）逻辑思维发展不平衡。具体到不同思维对象、不同学科和不同教材时发展不平衡。

（3）抽象逻辑思维从不自觉到自觉。

（4）辩证逻辑思维初步发展。

### （五）想象力的发展特点

（1）有意想象迅速发展。

（2）想象中的创造成分日益增多。

（3）想象的内容逐渐接近现实。

### （六）情绪情感发展特点

（1）情绪情感的丰富性不断扩展。

（2）情绪情感的稳定性逐渐增强。

（3）情绪情感的深刻性不断增加。

## 三、小学生身心发展的一般规律与教育启示

### （一）小学生身心发展的顺序性及其对教育的启示

具体表现：个体身心发展是一个由低级到高级、简单到复杂、由量变到质变的过程。

教育启示：教师应按照个体身心发展的序列进行施教，循序渐进，一切"拔苗助长"、

"陵节而施"的教学都是有违身心发展顺序性规律的。

### （二）小学生身心发展的阶段性及其对教育的启示

具体表现：个体在不同的年龄阶段表现该年龄段身心发展的总体特征及主要矛盾，面临该阶段特有的发展任务。

教育启示：教师应该从小学生的实际出发，针对不同年龄段的学生，采取不同的教育内容和教学方法，也要注意各阶段的衔接和过渡。

### （三）小学生身心发展的不平衡性及其对教育的启示

具体表现：同一方面的发展在不同的年龄阶段表现不一样；身心发展的不同方面在发展速度上是有快慢的。

就儿童的发展整体而言，生理成熟要先于心理成熟。个体的发展存在关键期，所谓关键期，是指身体或生理的某一方面机能和能力最容易形成的时期。在关键期内施加教育影响，会起到事半功倍的效果。

教育启示：教师要遵循儿童身心发展的不均衡性，要适时而教，即要在儿童发展的关键期或最佳期及时进行教育。

### （四）小学生身心发展的互补性及其对教育的启示

具体表现：一方面指机体某一方面的机能受损甚至缺失后，可通过其他方面的超常发展得到部分补偿，如失明者通过听觉、触觉等方面的超常发展补偿其对外的感知能力；另一方面，互补性也存在于心理机能和生理机能之间。如身患重病或有残缺的人，如果他有顽强的意志和战胜疾病的信心，身心依然可以得到发展。

教育启示：教师应结合学生实际，扬长避短，注重发现学生的自身优势。

### （五）小学生身心发展的差异性及其对教育的启示

具体表现：个体之间的身心发展存在差异，这种差异不仅存在于整体身心，也存在于某一方面；不仅存在于男女两性之间，也存在同性之间；不仅表现在发展水平上，也存在于生理或心理的功能方面。

教育启示：教师必须因材施教，长善救失，充分发挥每个学生的潜能和积极因素，有的放矢地进行教学，使每个学生都得到最大的发展。

### 四、皮亚杰的儿童认知发展理论

瑞士心理学家皮亚杰提出了认知发展阶段理论。他认为，认知发展是一个建构的过程，是个体在与环境的相互作用下实现的。他将个体的认知发展分为四个阶段：

### （一）感知运动阶段（0～2岁）

婴儿使用感知和运动来探索环境并获得关于环境的基本知识。在刚出生时，他们只能做到一些简单的反射活动；到了后期，他们能够做一些较复杂的协调动作，能够区分自己和客体；知道了"客体永久性"（即使自己看不到某样东西，但它依然存在）；开始内化一些能够产生表象和思维活动的行为图式。

### (二)前运算阶段(2～7岁)

儿童凭借表象来思维，并开始使用符号来表现和理解环境中的事物。这个阶段儿童思维的特点表现在：泛灵论（万物都是有生命的）、自我中心（认为自己看到的世界和其他人看到的世界是一样的）、思维不可逆、没有守恒概念（儿童不能在心理上反向思考他们见到的行为，不能回想起事物变化前的样子）、不能进行抽象的运算思维。

### (三)具体运算阶段(7～12岁)

儿童已经获得了长度、体积、重量和面积的守恒概念，思维具有可逆性；认知结构中有了抽象的概念，但离不开具体事物的支撑；去自我中心主义。

### (四)形式运算阶段(12～15岁)

儿童思维已超越了对具体的可感知事物的依赖，使形式从内容中解脱出来，进入形式运算阶段。能够认识命题的关系，进行假设—演绎推理，具有抽象逻辑思维。能够理解符号的意义、隐喻和直喻，能对事物做一定的概括，其思维发展水平已接近成人，思维具有可逆性。

教育启示：① 根据皮亚杰的认知发展理论，小学生思维正处于具体运算阶段，因此，教学中要重视学生思维能力的培养；② 小学生思维具有很强的具体形象性，低年级教学应重视直观教学，到了高年级阶段可适当减少教具的使用，多使用语言引导学生思考，逐步发展抽象思维能力；③ 重视活动的开展，在活动中让学生体验知识的产生和获取知识。

## 五、埃里克森的人格发展理论

美国心理学家埃里克森认为，人的一生可分为八个相互联系又相互区别的发展阶段（见表2－7）。每一个阶段都存在着某种危机或冲突。这些危机是每一个发展阶段的标志。

表2－7　埃里克森的人格发展阶段理论

| 大致年龄 | 心理危机(冲突) | 发展的主要任务 |
|---|---|---|
| 0～1岁 | 信任——怀疑 | 满足生理上的需要，发展信任感，克服不信任感。 |
| 1～3岁 | 自主——羞怯 | 获得自主感，克服羞怯和疑虑，体验意志的实现。 |
| 3～6岁 | 主动——内疚 | 获得主动感，克服内疚感，体验目的的实现。 |
| 6～12岁 | 勤奋——自卑 | 获得勤奋感，克服自卑感，体验能力的实现。 |
| 12～20岁 | 自我同一性——同一性混乱 | 建立自我同一感，防止同一性混乱，体验忠诚的实现。 |
| 20～40岁 | 亲密——孤独 | 获得亲密感，避免孤独感，体验爱情的实现。 |
| 40～65岁 | 繁殖——迟滞 | 获得繁殖感，避免停滞感，体验关怀的实现。 |
| 65岁以后 | 自我完善——绝望 | 获得完善感，避免失望和厌恶，体验智慧的实现。 |

根据埃里克森的发展阶段理论,小学生所面临的主要危机是"勤奋与自卑"之间的冲突。这个时期,孩子常常会将自己与同伴进行比较,如果孩子足够勤奋,他们在这个时期能够掌握大量的交往和学习技能,并将因此而感到自信,如果不能掌握这些技能,孩子就会感到自卑。老师和同伴是个体的重要他人。

教育启示:小学阶段,教师要重视培养学生的勤奋刻苦的学习态度,引导他们体验通过艰辛努力而获得好成绩后的幸福感和成就感。

# 第二节　学习理论

## 一、学习的概述

### (一)概念

广义的学习是人和动物在特别情境下,由于练习或反复经验而产生的行为、能力或倾向上的比较持久的变化及其过程。从广义的学习的来看,学习是人类和动物共有的行为。判断一种行为是不是学习行为可从三个方面进行:一是这种行为发生了变化;二是这种变化是相对持久的;三是这种行为变化是通过练习或反复经验的获得而产生的。

狭义的学习是指学生的学习,学生在教师的指导下,有目的、有计划、有组织地进行的、在较短的时间内系统接受前人积累的文化经验,以此来充实自己的过程。

### (二)学习(知识)的分类

#### 1. 加涅的学习结果分类

加涅根据不同的学习结果,将学习分为五种类型。它们分别是:

(1)言语信息:即我们通常所说的"知识"。它表现为学会陈述观念的能力,学习"是什么"的问题。

(2)智慧技能:即学生应用言语信息与环境相互作用的能力,是学习解决"怎么做"的问题。如"运用长方形的面积公式求出具体菜地的面积"。

(3)认知策略:即学会如何学习。它表现为用来调节和控制自己学习过程的能力,是学习者应付环境事件的过程中对自身认知活动的监控。如为了记住某个英语单词,采用边读边写、反复朗读的方式。这里运用了读写结合和复述的策略。

(4)动作技能:指运用规则调控自身肌肉协调的能力。如学习跳广播体操。

(5)态度:指通过后天学习形成的影响个体行为选择的内部倾向。如某些学生喜欢阅读,有些学生喜欢做实验。

#### 2. 信息加工理论的学习分类

信息加工心理学家认为,人类后天所习得的能力都可以用习得的知识来解释,可以分为两类:

（1）陈述性知识：根据某人会说什么推知某人所具有的知识，即可以用言语表达的知识。

（2）程序性知识：根据某人会做什么推知某人所具有的知识。程序性知识又可以分为两类：一类是对外办事的知识（包括动作技能和智慧技能），另一类是对内起调控作用的知识（策略性知识）。

### 3. 奥苏伯尔的学习分类

美国心理学家奥苏伯尔根据学习主体所得经验的来源不同，将学习分为接受学习和发现学习，依据经验的性质与内容深度不同，分为有意义学习和机械学习。

（1）接受学习：学习的全部内容以定论的形式呈现给学习者的一种学习方式。

（2）发现学习：是指不将学习主要内容直接呈现给学生，而是向学生提供一定的背景材料，由学生独立操作而习得知识的一种学习方式。

（3）有意义学习：它要求学生能理解新知识及其实际内容，要对符号所代表的意义与头脑中已有的旧知识建立非人为的、实质性（非字面）的联系，并能融会贯通。

（4）机械学习：指学生对所学的知识并未真正理解，而只是仅仅记住相关知识或可以进行简单性地模仿。

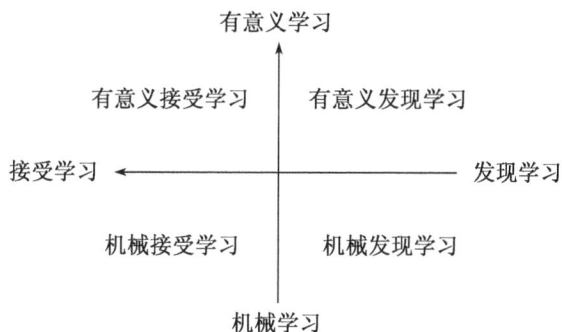

图 2-6　奥苏伯尔的学习分类

注意：不能把接受学习等同于机械学习，发现学习等于有意义学习。事实上，学习可分为机械的接受学习、机械的发现学习、有意义的接受学习和有意义的发现学习四种。

### 4. 基于学习内容的学习分类

我国学者一般从学习内容的角度把学习分为：知识的学习、技能的学习以及道德品质和行为习惯的学习。

## 二、学习理论

学习理论是探究人类学习本质及其形成机制的心理学理论。它重点研究学习的性质、过程、动机以及方法和策略等。学习理论主要有：行为主义学习理论，认知主义学习理论，建构主义学习理论，人本主义学习理论。

### (一)行为主义学习理论

行为主义理论的核心观点认为,学习过程是有机体在一定条件下形成刺激与反应的联系从而获得新经验的过程。强化在刺激—反应联结的建立中起着重要作用。

**1. 桑代克的尝试错误说**

认为学习的过程是刺激与反应之间建立联结的过程,联结是通过"盲目尝试—逐步减少错误—再尝试"而形成的,因此他把自己的观点称为试误说。桑代克根据自己的实验研究得出了三条主要的学习定律。

(1)准备律。在进入某种学习活动之前,如果学习者做好了与相应的学习活动相关的预备性反应(包括生理和心理的),学习者就能比较自如地掌握学习的内容。

(2)练习律。对于学习者已形成的某种联结,在实践中正确地重复这种反应会有效地增强这种联结。

(3)效果律。学习者在学习过程中所得到的各种正或负的反馈意见会加强或减弱学习者在头脑中已经形成的某种联结。效果律是最重要的学习定律。

**2. 巴甫洛夫的经典性条件作用理论**

巴甫洛夫通过研究狗的进食行为发现,如果在狗每次进食时发出铃声,一段时间后,狗只要听到铃声也会分泌唾液,这是作为中性刺激的铃声与无条件刺激联结而成了条件刺激,由此引起的唾液分泌就是条件反射,后人称之为"经典性条件作用"。

反射是神经系统活动的基本方式,是有机体通过神经系统对体内外刺激产生有规律的应答活动。反射一般分为两大类:无条件反射和条件反射。无条件反射:是人和动物先天遗传的,不学而能的反射,也称为本能。条件反射是人和动物后天获得的,经过学习才有的反射。

**3. 斯金纳的操作性条件作用理论**

斯金纳把有机体反应之后出现的、能增强反应概率的手段或措施称为强化。强化物是指能够提高反应概率的刺激物。如学生举手回答问题后,老师表扬学生积极举手的行为,那么学生举手回答问题的行为会增加,这里教师的表扬就是一种强化。斯金纳认为,操作性行为主要受强化规律的制约。

操作条件反射的基本规律如下:

(1)强化。强化有正强化与负强化之分:

正强化:给予一个愉快刺激(如某种奖励、奖品等),从而增强其良好行为出现的概率。

负强化:主要是让孩子摆脱厌恶刺激(如撤销惩罚),从而增强其良好行为的出现的概率。

(2)惩罚。当有机体做出某种反应以后,呈现一个厌恶刺激(如体罚、谴责等),以消除或抑制此类反应的过程,称作惩罚。惩罚与负强化有所不同,负强化是通过厌恶刺激的排除来增加反应在将来发生的概率,而惩罚则是通过厌恶刺激的呈现来降低反应在将来发生的概率。

（3）消退。有机体做出以前曾被强化过的反应,如果在这一反应之后不再有强化物相伴,那么,此类反应在将来发生的概率便降低,称为消退。消退是一种无强化的过程,其作用在于降低某种反应在将来发生的概率,以达到消除某种行为的目的。因此,消退是减少不良行为、消除坏习惯的有效方法。

### 4. 班杜拉的社会学习理论

班杜拉认为个体的认知、环境和行为三者及其交互作用对人的行为产生影响。它们彼此之间的影响都是相互的。

班杜拉认为人的学习主要是观察学习。观察学习,又称替代学习,是指通过对他人及其强化性结果的观察,一个人获得某些新的反应,或者矫正原有的行为反应,而在这一过程中,学习者作为观察者并没有外显的操作。

班杜拉把强化分为三种形式,分别是外部强化、替代性强化和自我强化。

（1）外部强化:指观察者因表现出观察行为而受到强化。如某学生昨天认真写作业得到了老师的表扬,今天也很认真写作业。

（2）替代性强化:指观察者因看到榜样的行为被强化而受到强化。如某学生看到小组长在认真地写作业并得到了老师的表扬,他也开始认真写作业。

（3）自我强化:指人能观察自己的行为,并根据自己的标准进行判断,由此强化或处罚自己。如某学生认为自己认真写作业,那么所完成的作业质量更好,这个学生就会努力认真地完成。

## （二）认知主义学习理论

认知学习理论认为,学习不是在外部环境的支配下被动地形成刺激—反应联结,而是主动地在头脑内部构造认知结构;学习不是通过练习与强化形成反应习惯,而是通过顿悟与理解获得期待;有机体当前的学习依赖于他原有的认知结构和当前的刺激情境,学习受主体的预期所引导,而不受习惯所支配。苛勒的完形—顿悟说、布鲁纳的认知—结构学习论以及奥苏伯尔的有意义接受学习论是认知主义学习理论的主要代表。

### 1. 苛勒的完形—顿悟说

（1）学习是通过顿悟过程实现的

苛勒认为,学习是个体利用本身的智慧与理解力对情境及情境与自身关系的顿悟,而不是动作的累积或盲目的尝试。

（2）学习的实质是在主体内部构造完形

完形是一种心理结构,它是在机能上相互联系和相互作用的整体结构,是对事物关系的认知。苛勒认为,学习过程中问题的解决,都是由于对情境中事物关系的理解而构成一种"完形"来实现的。

### 2. 布鲁纳的认知—结构学习论

布鲁纳认为,学习的目的在于以发现学习的方式,使学科的基本结构转变为学生头脑中的认知结构。因此,他的理论常被称为认知—发现说或认知—结构论。

（1）学习观

第一，学习的实质是主动地形成认知结构。学习者主动地获取知识，并通过把新获得的知识和已有的认知结构联系起来，积极地建构其知识体系。

第二，学习包括获得、转化和评价三个过程。布鲁纳认为，获得了新知识以后，还要对它进行转化，运用各种方法将它们变成另外的形式，以适合新任务，并由此获得更多的知识。评价是对知识转化的一种检查，通过评价可以核对我们处理知识的方法是否适合新的任务，或者运用是否正确。

（2）教学观

第一，教学的目的在于理解学科的基本结构。所谓学科的基本结构，是指学科的基本知识、基本方法与基本态度。布鲁纳认为，学生理解了学科的基本结构，就容易掌握整个学科的具体内容，就容易记忆学科知识，就能促进学习迁移，促进学生智力和创造力的发展，并可以提高其学习兴趣。

第二，掌握学科基本结构的教学原则。

动机原则：所有学生都有内在的学习愿望，内部动机是维持学习的基本动力。学生具有三种最基本的内在动机，有好奇内驱力（即求知欲）、胜任内驱力（即成功的欲望）和互惠内驱力（即人与人之间和睦相处的需要），教师应善于激发学生的内在动机。

结构原则：任何知识结构都可以用动作、图像和符号三种表象形式来呈现。

程序原则：通常每门学科都存在着各种难易不同的程序，因此教材的编排应该依据学生的心智水平及认知表征方式做适当的安排，以使学生的知识经验前后衔接。

强化原则：教师在教学过程中应通过恰当的反馈使学生知道自己的学习结果，并逐步提高学生自身的评价反馈能力。

### 3. 奥苏伯尔的有意义接受学习论

奥苏伯尔认为，学习是否有意义，不取决于学习的方式是发现的还是接受的，而是取决于意义学习的条件，只要符合条件就是有意义的学习。

（1）有意义学习的实质和条件

第一，有意义学习的实质就是将新知识与学习者认知结构中已有的适当观念建立起非人为的（内在的）和实质性的联系。例如，学生认知结构中已经有了"哺乳动物"的概念，再学习"鲸"这一新概念时，就与"哺乳动物"概念之间产生了逻辑上的关系，这种关系不是人为的，是符合一般与特殊关系的。

第二，有意义学习的条件有三点：意义学习的材料本身具有逻辑意义；学习者认知结构中必须具有能够同化新知识的适当的认知结构；学习者具有积极的联结新知识与已有认知结构的心向。

（2）先行组织者

奥苏伯尔认为，影响接受学习的关键因素是认知结构中适当的起固定作用的观念的可利用性，提出了"先行组织者"的教学策略。

"先行组织者"是先于学习任务本身呈现的一种引导性材料，它的抽象、概括和综合水平高于学习任务，并且与认知结构中原有的观念和新的学习任务相关联。

（3）有意义学习的基本类型

第一，表征学习。即符号的学习，学习单个符号或一组符号的意义，或者说，学习它们代表什么。如学习汉字或英文。

第二，概念学习。概念是一类事物的共同"本质"属性，而概念学习就是要掌握概念所反映的一类事物的共同"本质"属性。例如，学习三角形的概念，就是要理解三角形是"由三条线段围成的平面图形"这一本质属性。

第三，命题学习。指学习若干概念之间的关系，或者是学习由几个概念联合所构成的复合意义。命题可以分为两类：概括性命题（如圆的半径都相等）和非概括性命题（如 3 是奇数）。前者往往揭示几个概念之间的关系，表示某种规律、定理、规则或原理等，而后者则仅仅表示一个事实。

**真题链接**

**1.** （2018 年上半年选择题）小学生学习"三角形的内角和是 180 度"，这在奥苏伯尔有意义学习分类中属于（    ）。

　　A. 概念学习　　　B. 符号学习　　　C. 表征学习　　　D. 命题学习

### （三）人本主义学习理论

人本主义心理学是 20 世纪 50 年代在美国兴起的一种心理学思潮，其主要代表人物是马斯洛和罗杰斯。人本主义学习理论强调人的潜能、个性与创造性的发展，强调人的自我实现。主要的观点有：

**1. 有意义的自由学习观**

（1）有意义学习的概念

与奥苏伯尔的有意义的接受学习论不同，人本主义学习理论认为，有意义学习不仅是一种增长知识的学习，而且是一种与每个人的经验融合在一起的学习，是一种使个体的行为、态度、个性等发生变化的学习。

（2）有意义学习的条件

学习是学习者自我参与的过程，包括情感与认知都投入到学习活动中。

学习是学习者自我发起的，内在动力在学习中起主要作用。

学习是渗透性的，它会使学生的行为、态度及个性都会发生变化。

学习是由学生自我评价的。

（3）有意义学习的主要特征

全身心投入、自我发起、渗透性和自我评价。

**2. 学生中心的教学观**

教师的任务不是教学生学习知识（这是行为主义者关注的），也不是教学生如何学习（这是认知主义者重视的），而是为学生提供各种学习资源，提供一种促进学习的气氛，让学生自己决定如何学习。人本主义学习理论主张废除"教师"这一角色，代之以"学习的促进者"。

### (四) 建构主义学习理论

建构主义心理学兴起于 20 世纪 80 年代,是当代学习理论的一场革命,是认知主义的进一步发展所形成的完整体系,主要观点如下:

#### 1. 知识观

建构主义认为知识并不是对现实的准确表征,它只是一种解释、一种假设,它并不是问题的最终答案,知识并不能精确地概括世界的法则,在具体问题中,需要针对具体情境进行再创造。因此,知识并不以实体的形式存在于具体个体之外,而是个体基于自己的经验背景建构起来的。

#### 2. 学习观

学习不是由教师向学生传递知识,而是学生建构自己认知结构的过程。学生是主动的信息建构者。

#### 3. 学生观

学生是意义的主动建构者,而不是知识的被动接受者和被灌输的对象;教学不能无视学生的经验,而是要把其现有知识经验作为新知识生长点,引导其从原有的知识经验中"生长"出新的知识经验。

#### 4. 教学启示

在建构主义学习理论的指导下,出现了探究教学、支架式教学、情境教学、合作学习等多种新型的教学和学习策略方法。

## 三、学习迁移

学习迁移也称训练迁移,是指一种学习对另一种学习的影响,或习得的经验对完成其他活动的影响,如通常所说的"举一反三""触类旁通"。迁移不仅表现为先前的学习对后来学习的影响,而且表现为后继学习对先前学习的影响。

### (一) 学习迁移的类型

根据不同的分类标准,分为以下几种类型

#### 1. 正迁移、负迁移和零迁移

根据迁移的性质和结构不同,即迁移的影响效果不同划分,迁移分为正迁移、负迁移和零迁移。正迁移是指一种学习对另一种学习起积极的促进作用,产生触类旁通的学习效果,如学会骑自行车更易学骑摩托车。负迁移是指两种学习之间相互干扰、阻碍,如学会汉语拼音对学习英文国际音标的干扰现象。零迁移是指一种学习对另一种学习既不产生积极影响,也不产生消极影响。

#### 2. 水平迁移和垂直迁移

根据迁移内容的抽象和概括水平的不同,可以把迁移分为水平迁移和垂直迁移。水平迁移,也称横向迁移,是指处于同一抽象和概括水平的经验之间的相互影响。如学过电子琴的人,再学弹钢琴就会比较容易。电子琴和钢琴是处于同一抽象概括水平的学习。垂直迁移,又称纵向迁移,是指处于不同抽象、概括水平的经验之间的相互影响。如学了"角"的概念之后,再学习"直角""锐角"等概念。垂直迁移表现为自下而上的迁移和自上而下的迁移。

### 3. 顺向迁移和逆向迁移

根据迁移发生的方向可以分为顺向迁移和逆向迁移。顺向迁移是指先行学习对后续学习产生的影响,如前摄抑制。逆向迁移是指后续学习对先前学习产生的影响,如倒摄抑制。

### 4. 一般迁移和具体迁移

根据迁移内容的不同可以分为一般迁移和具体迁移。一般迁移,也称普遍迁移,是指在一种学习中所习得的一般原理、原则和态度对另一种具体学习内容的影响,即原理、原则和态度的具体应用。如数学学习中形成的认真审题的态度及其审题方法会影响到化学、物理等学习的审题态度和方法。具体迁移是指一种学习中习得的具体的、特殊的经验直接迁移到另一种学习中去或者经过某种要素的重新组合,以迁移到新情境中去。如学生学会写"石"字,有助于写"磊"字。

### 5. 同化性迁移、顺应性迁移和重组性迁移

根据迁移过程中所需的内在心理机制的不同,分为同化性迁移、顺应性迁移和重组性迁移。同化性迁移是指不改变原有的认知结构,直接将原有的认知经验应用到本质特征相同的一类事物中去。顺应性迁移是指原有的认知经验应用于新情境时,需调整原有的经验或对旧经验加以概括,形成一种能包容新旧经验的更高一级的认知结构,以适应外界的变化。重组性迁移是指重新组合原有认知系统中某些构成要素或成分,调整各成分间的关系或建立新的联系,从而应用于新情境。如将已经掌握的字母进行重新组合,形成新的单词。

## (二)学习迁移的基本理论

早期对迁移的研究理论,大多对迁移发生的条件、过程等进行了描述,其中具有代表性的有形式训练说、相同要素说、经验类化说、关系转换说。后来随着现代认知心理学的兴起,开始重视用认知观点与术语,从认知结构等方面研究学习的迁移。

### 1. 形式训练说

形式训练说是一种最早对迁移现象进行系统解释的学说。形式训练说的理论基础是官能心理学。基本观点有:

(1)迁移是通过训练各种官能以提高其能力实现的。如古典拉丁文能训练记忆能力,几何是改善逻辑推理的极好科目,体育可锻炼人的意志。

(2)官能训练注重训练的形式而不注重学习内容。

### 2. 共同要素说

该理论的代表人物是教育心理学的创始人桑代克。桑代克通过"形状知觉"的迁移训练实验研究发现:只有当两种学习因素中有相同的要素时,一种学习才能影响到另一种学习,即产生了迁移。当一个情景与另一个情景中相同元素越多,迁移越大。基于实验研究,桑代克提出了相同要素说。

### 3. 经验类化说

该理论的代表人物是贾德。他认为,两种学习活动中存在的共同成分只是产生迁移的必要前提,产生迁移的关键是学习者在两种活动中概括出它们之间的共同原理。概括化的知识是迁移的本质,已有知识经验的概括水平越高,迁移的范围和可能性越大。所以,这一理论又称为概括化的理论。

### 4. 关系转换说

这一学说是格式塔心理学家提出的。格式塔心理学家认为,迁移的产生并不取决于是否存在某些共同要素,也不取决于对原理孤立的掌握,而是取决于能否理解各个要素之间形成的整体关系,能否理解原理与实际事物之间的关系。迁移的根本是顿悟情境中的一切关系,特别是对"手段—目的"之间关系的觉察。

迁移的出现是由于学习者突然发现两种学习之间存在着某种关系,学习者对两种学习情境之间关系的顿悟是学习迁移的一个决定因素。关系转换说强调学习者的认知因素在迁移中的作用,这是具有积极意义的。

### 5. 迁移研究的新发展

随着迁移研究的进展,现代认知心理学把迁移的研究深入到了教材的知识结构和学生的认知结构中去。现代认知心理学家认为,迁移是以认知结构为中介进行的,先前学习所获得的经验,并不直接与后续学习发生相互作用,而是通过影响原有认知结构的有关特征间接地影响新学习。因此,在新知识的学习中,原有认知结构的三个变量影响着学习迁移。这三个变量就是认知结构在新知识学习中的可利用性、可辨别性和稳定性。

## (三)影响小学生学习迁移的因素

### 1. 相似性

相似性的大小主要是由两个任务中含有的共同成分决定,较多的共同成分将产生较大的相似性,并导致迁移的产生。相似性可以表现在三个方面:
第一,学习材料之间的共同要素或相似性。
第二,学习目标与学习过程的相似性。
第三,学习情境的相似性。

### 2. 原有认知结构

在学习中,原有认知结构的特征直接决定了迁移的可能性及迁移的程度。
第一,学习者是否具有相应的背景知识(迁移产生的基本前提条件)。已有的知识背景越丰富,越有利于新的学习,迁移越容易。

第二,原有知识经验的概括程度(概括水平)。一般而言,经验的概括水平越高,使用范围就越广,迁移的可能性也就越大,迁移效果越好。基本概念的掌握和学生的概括能力是分不开的,学习者要透彻地掌握概念、原理和原则,在类似的学习中灵活地运用,提高分析问题和解决问题的能力。

第三,认知技能或认知策略。学习者是否具有相应的认知技能或策略以及对认知活动进行调节、控制的元认知策略对迁移产生影响。掌握必要的认知策略,是提高迁移发生可能性的有效途径。

### 3. 学习心向与定势

心向与定势常常指的是同一种现象,即先于一定的活动而又指向该活动的一种动力准备状态。定势对迁移的影响表现为两种:促进和阻碍。

除前面所涉及的影响迁移的一些基本因素外,如年龄、智力、学习者的态度、教学指导、外界的提示与帮助等都在不同程度上影响着迁移的发生。

**真题链接**
**2.** (2018年上半年选择题)简述学习迁移的影响因素。

# 第三节　个体差异与学习指导

## 一、个体差异与因材施教

### (一) 小学生的认知方式差异及教育含义

#### 1. 认知方式的含义

认知方式又称认知风格,是个体在知觉、思维、记忆和解决问题等认知活动中加工和组织信息时所显示出来的独特而稳定的风格。

#### 2. 认知方式的类型

(1) 场独立型与场依存型

场独立型:对客观事物做出判断时,常常利用内部的参照,不易受外来的因素影响和干扰,独立对事物做出判断。

场依存型:对客观事物做出判断时,倾向于以外部参照作为信息加工的依据,容易受到周围人们,特别是权威人士的影响和干扰,善于察言观色。

(2) 沉思型与冲动型

冲动型:往往以最快的速度形成自己的看法,在回答问题时很快就做出反应。

反思型:不急于回答,这类学生在做出回答之前,倾向于先评估各种可替代的方案,然后给出较有把握的答案。

（3）辐合型与发散型

辐合型：个体在解决问题过程中常表现出辐合思维的特征，表现为搜集和综合信息与知识，运用逻辑规律，缩小答案的范围，直至找到最合适的唯一的正确答案。

发散型：个体在解决问题过程中常表现为辐合思维的特征，表现为个体的思维沿着许多不同的方向扩展，使观念发散到各个有关的方面，最终产生多种可能的答案，因而容易产生有见地的新观念。

### 3. 认知方式差异的教育意义

认知方式主要影响学生的学习方式，并没有优劣好坏之分。在教学过程中，教师应该选择适应学生认知差异的教学组织形式、教学方式和教学手段。

### （二）小学生的能力差异及教育启示

能力一般分为一般能力和特殊能力。智力是在认识活动中表现出来的一般能力，是个体能顺利从事某项活动所必需的各种认知能力的有机结合。能力的差异主要体现在智力差异上，主要表现在以下方面：

（1）智力水平的差异。智力分布近似正态分布，大多数人的智力属于中等水平，只有少部分人处于高智力（商）或低智力（商）水平。

（2）能力类型差异。指构成能力的各种因素存在质的差异，主要表现在知觉、记忆、想象、思维的类型和品质方面。如加德纳提出了多元智能理论，他认为，人的智能可分为九种：语言智能、数理逻辑智能、空间智能、身体运动智能、音乐智能、人际智能、内省智能、自然智能和存在智能。每个人都在不同程度上拥有上述九种基本智力，智力之间的不同组合构成了个体间的智力差异。

（3）能力表现早晚的差异。主要体现在能力早期的显露和大器晚成两个方面。

（4）智力的性别差异。第一，男女智力的总体水平大致相等；但男性智力分布的离散程度比女性大，即很聪明的男性和很笨的男性比女性多，智力中等的女性比男性多；第二，男女的智力结构存在差异，各具有其优势领域。

教师对学生学习的指导，应该针对不同的能力水平学生施以不同的教学方式，提出不同的教学要求，并引导学生长善救失，发展学习的能力。

### （三）小学生的性格差异及其教育含义

性格差异主要表现在性格的特征差异和性格的类型差异两个方面。

### 1. 性格的特征差异

（1）对现实态度的性格特征。个体对社会、集体、他人的态度和对学习、劳动、工作的态度以及对自己的态度等方面表现出来的特点。

（2）性格的理智特征。个体在感知、记忆、思维、想象等认知过程中所表现出来的习惯化的行为方式。

（3）性格的情绪特征。个体在情绪活动时的强度、稳定性、持续性以及主导心境等方面表现出来的个别差异。

(4) 性格的意志特征。个体对自己行为的控制和调节方面的性格特征,如自觉性、果断性、自制力以及坚韧性等方面的特征。

### 2. 性格的类型差异

性格类型是指一类人身上所共有的性格特征的独特组合。依据不同的分类标准,有不同的类型。如依据个人心理活动倾向于外部还是内部,把个体的性格分为外倾型与内倾型两类;依据一个人独立或顺从的程度,把个体的性格分为独立型和顺从型。

### 3. 性格差异的教育含义

性格影响学生的学习方式,同时也作为动力因素影响学习的速度和质量。性格的性别差异会影响学生对学习内容的选择,而且还会影响学生的社会性学习和个体社会化。因此,教师对学生的指导,应关注和参考学生的性格特征。

## 二、学习兴趣的激发与培养

### (一) 学习兴趣概述

学习兴趣是指学生对学习对象的一种力求认识或趋近的倾向。学习兴趣在学习活动中起着十分重要的作用。大量事实证明,有广泛兴趣的孩子产生厌学情绪的极少。他们一般都有较高的积极性,善于思考发问,知识学得活,能举一反三,触类旁通,智力发展也快。

### (二) 小学生学习兴趣的特点

(1) 在学习的过程中,小学生最初对学习过程和学习的外部活动更感兴趣,以后逐渐对学习的内容、对需要独立思考的作业更感兴趣。有研究材料表明,约从三年级起,学生更喜欢比较新颖的、困难的、需要动脑筋的、独立思考的学习作业。例如,宁愿演算应用题,也不愿演算计算题;宁愿默写也不愿习字或抄写;宁愿讲解也不愿读书。

(2) 在对待学科上,学生的学习兴趣最初是不分化的,以后逐渐产生对不同学科内容的不同兴趣。低年级的学生对读、写、算都同样感兴趣。从中年级起,随着他们知识的丰富、能力的发展和教师的教学影响,学生才表现出对某一学科的兴趣。但这种兴趣仍然不稳定,容易受教师和家长的影响。

(3) 对有关具体事实和经验的知识较有兴趣,对有关抽象的、因果关系的知识的兴趣在初步发展。低中年级的学生最感兴趣的是具体的活动和事例。例如,阅读故事、从事技术活动、体育活动等。四年级后,开始对自然现象和社会现象的因果关系、初步计算规律的应用、语法结构的变化等感兴趣。

(4) 游戏因素在儿童学习兴趣上的作用逐渐降低。低年级学生对玩中学的方法更感兴趣,如通过摆弄学具的直观动手活动来学习数学。从中年级起,这些因素下降,而日渐对新颖的教材本身更感兴趣,喜欢动脑筋,独立思考。

(5) 在阅读兴趣方面,一般是从课内读物发展到课外阅读,从阅读童话故事发展到阅读文艺作品和通俗读物。在读物内容上,低年级的学生非常喜欢童话故事,从中年级起,学生对描写英雄人物的战斗故事、带有惊险意味的读物、科普读物更感兴趣。

### （三）学习兴趣的激发与培养

学习兴趣的培养和激发是既有联系又有区别的。学习兴趣的培养，是使学生把社会和学校向他提出的客观要求变为自己内在的兴趣。学习兴趣的激发，是把已经形成的、潜在的学习兴趣充分调动起来。培养是激发的前提，而在激发学习兴趣时，又能进一步加强已有的学习兴趣。很多教育措施往往同时兼有培养和激发学习兴趣的作用。

#### 1. 建立积极的心理准备状态

兴趣是可以由自己产生的，兴趣产生的关键是自己要有积极的态度。教师要善于运用教学方法，增加学习内容的趣味性，使学生建立积极的心理准备状态。

#### 2. 充分利用本学科的优势，激发学生学习兴趣

教师要充分挖掘本学科的特点与优势，让学生感受到学科的内在美或者增加对所学内容的趣味性，使学生们对所学学科内容产生兴趣。

#### 3. 创设问题情境，激发学生学习兴趣

问题情境可以激发学生对学习内容的好奇心，进而对学习产生兴趣。教师创设问题情境需要教师善于把握教学规律，了解学生已有的知识基础，通过提出启发性的问题，引发学生的好奇心和求知欲。因此，教师要了解学生的基础，明确知识的来龙去脉，创设具体的、有趣的、新颖的、适当难度的、具有启发意义的问题。

#### 4. 改进教学方法，增强学生学习兴趣

教师在教学和指导学习的过程中，要注重教学方法的合理运用，让一些枯燥难懂的学科知识以有趣形象的方式呈现，引起学生的学习兴趣并进一步深化对知识的理解。

#### 5. 依据学习结果反馈，激发学生学习兴趣

学生及时了解自己的学习结果，如解题的正确率、学习成绩的好坏等，可以强化其学习的动机和兴趣，进一步激发学习的愿望。另外，通过积极的激励和适当的竞赛也可以提高学生的学习兴趣。

## 三、良好学习习惯的养成

学习习惯是一种高度自觉的、主动的、持久的学习行动方式。学习习惯包括动作性学习习惯和智慧型学习习惯，涉及学生学习的各个方面，如阅读习惯、书写习惯、记忆习惯、思考习惯等。教师应采取适当的方式，促进学生良好学习习惯的形成，具体来说，表现在：

#### 1. 发挥课堂主渠道作用

课堂教学是教育的基本途径，课堂是培养学生良好习惯的主渠道。教师一定要利用课堂教学中的每个环节对学生的学习习惯进行教育与培养。

#### 2. 重视及时评价，注重对学生进行正强化教育

教师应该及时评价学生的学习行为，让学生明白什么是好的学习习惯，对好的学习行

为习惯要给予表扬和激励。

### 3. 开展丰富多彩的活动,在活动中培养学生良好的学习习惯

学习习惯是一种行为方式,其养成有赖于行为过程中学习行为的反复练习与强化。因此,通过有趣的活动来帮助学生培养良好的学习习惯是重要的教育途径。

### 4. 发挥家长的作用,形成家庭与学校共同培养学生学习习惯的合力

家长自身的学习行为习惯以及家长对学生学习习惯的教育意识和教育方式,都是影响小学生学习习惯的重要因素。因此需要家校合作共同关注和培养学生学习习惯以发挥教育的最大合力。

### 5. 分层渐进,注重对学生进行个别辅导

每位小学生的实际情况不同,学习习惯培养的重点与方法也不同。教师在具体操作中,应在统一要求、全面规划的前提下,对个别学生进行辅导,从而使不同层次、不同类型的学生循序渐进,养成良好的学习习惯。

## ✏️ 巩固练习

### 一、单项选择题

1. "近朱者赤,近墨者黑"这句话反映了(　　　)对人的身心发展的影响。
　　A. 遗传因素　　　B. 环境因素　　　C. 学校教育　　　D. 个体因素

2. 小学生在识字的初级阶段,容易把一些笔画相近或相似的字读错,如把"入口"读成"八口",这说明小学生(　　　)。
　　A. 感知能力不成熟　　　　　　B. 注意能力不健全
　　C. 记忆能力不深刻　　　　　　D. 思维能力有欠缺

3. 小学生根据课文描述想象出雷锋叔叔的模样,这属于(　　　)。
　　A. 幻想　　　　B. 再造想象　　　C. 创造想象　　　D. 空想

4. 在儿童的认识能力中,最先发展且速度最快的领域是(　　　)。
　　A. 感知觉　　　B. 注意　　　C. 记忆　　　D. 思维

5. "揠苗助长"违背了人的身心发展的(　　　)。
　　A. 阶段性　　　B. 顺序性　　　C. 不平衡性　　　D. 个别差异性

6. "当其可之谓时,不陵节而施之谓孙;相观而善之谓摩。此四者,教之所由兴也。发然后禁,则扞格而不胜;时过然后学,则勤苦而难成。"《学记》中的这句话表明儿童的身心发展具有(　　　)。
　　A. 差异性　　　B. 可变性　　　C. 稳定性　　　D. 不平衡性

7. 小学生的思维方式以具体形象思维为主过渡到抽象逻辑思维为主的时期是(　　　)。
　　A. 6～7 岁　　　B. 10～11 岁　　　C. 7～8 岁　　　D. 12～13 岁

### 二、简答题

小学生注意的发展特点有哪些?

# 第三章　小学德育

## 考点分析

1. 了解小学生德育的内容。
2. 掌握道德发展理论及小学生德育发展的特点。
3. 识记品德的结构;德育过程的基本规律。
4. 识记小学德育的原则、途径及方法。

# 第一节　德育概述

## 一、德育的含义

德育即思想品德教育,是指将社会道德转化为学生个体思想品德的教育活动。德育有广义和狭义之分。

广义的德育泛指所有有目的、有计划地对社会成员在政治、思想与道德等方面施加影响的活动,包括社会德育、社区德育、学校德育和家庭德育等方面。

狭义的德育则指学校德育。学校德育是指教育者依据一定社会或阶级的要求和受教育者的思想品德形成规律,有目的、有计划地对受教育者施加系统的影响,把一定社会的思想和道德转化为学生个体的思想意识和道德品质的教育。

学校德育内容主要包括政治教育、思想教育、道德品质教育和法纪教育等,其中政治教育是方向,思想教育是基础,道德品质教育是核心,法纪教育是保障。

## 二、小学德育的任务

小学德育的任务就是以共产主义思想和道德规范教育小学生,引导他们主动积极地进行社会实践,逐步养成高尚的社会主义品德,成为全面发展的社会主义国家的公民。具体来说,小学德育包括以下三方面的任务:

(1) 逐步提高小学生的道德修养能力,形成社会主义和共产主义的道德观。

(2) 培养小学生坚定的政治立场和高尚的道德情操。

(3) 养成小学生良好的道德行为习惯。这是小学德育最基本的任务。

## 三、小学德育的内容

依据 1993 年颁布的《小学德育纲要》的规定,小学德育主要是向学生进行以"爱祖国、爱人民、爱劳动、爱科学、爱社会主义"为基本内容的社会公德教育和有关的社会常识教育(包括必要的生活常识、浅显的政治常识以及同小学生有关的法律常识),着重培养和训练学生良好的道德品质和文明行为习惯,教育学生心中有他人,心中有集体,心中有人民,心中有祖国。

具体来说,小学德育有几方面的内容:

### 1. 爱国主义教育

主要内容包括:

第一,帮助小学生从小培养热爱祖国的深厚感情。

第二,帮助小学生初步理解民族和国家两者的内涵以及民族与国家间的相互依存关系,逐步建立起民族和国家意识。

第三,帮助小学生初步了解我国各民族和社会发展现状,引导儿童自觉地将自己乃至本民族的利益同国家的利益结合起来,帮助小学生逐步树立为民族与国家强盛而努力奋斗的意识。

第四,教育小学生在热爱本民族与国家的基础上正确地理解其他民族与其他国家的利益,帮助小学生逐步树立起尊重、友爱与合作意识。

第五,重视各民族的传统美德教育。

### 2. 理想教育

主要内容包括:

第一,教育者应充分理解尊重并正确对待小学生所具有的理想的现实性与丰富性。

第二,帮助小学生理解理想对于人生发展所具有的重要意义,并对其进行正确引导,逐步提高他们分辨正确理想与错误打算的能力;帮助他们自觉地将个人的理想与民族和国家的利益与发展结合起来,逐步地树立起为民族利益和国家利益而奋斗的远大理想。

第三,教育者应结合传统与现实,对小学生进行革命传统教育,以使其更好地继承和发扬革命传统。

### 3. 集体主义教育

主要内容包括:

第一,教育小学生关心、热爱集体,积极成为集体的一员。

第二,用集体主义精神来规范言行。

第三,初步了解个人在集体中的地位和作用,正确认识个人与他人、个人与集体之间的关系,并在此基础上培养小学生尊重他人与服从集体的意识。

### 4. 劳动教育

主要内容包括:

第一,培养小学生树立正确的劳动观点。

第二,帮助小学生逐步养成热爱劳动的习惯。

第三,注意培养小学生爱护公共财物和尊重他人劳动成果的意识。

第四,安排劳动时,应充分考虑小学生的身体与心理特点和规律。

### 5. 人道主义与社会公德教育

主要内容包括:

第一，引导小学生学会善意对人，热情待人，乐于助人。

第二，培养小学生的文明行为。如讲规矩，有礼貌、爱整洁、修边幅，尊敬师长，说话和气，举止文雅、大方，注意语言美、仪态美和行为美等。

第三，养成良好的品质。培养小学生形成诚实、热情乐观、谦虚朴素、勇敢果断、沉着耐心、踏实肯干等优秀品质。

## 第二节　道德发展理论及小学生德育发展特点

### 一、道德发展的基本理论

#### （一）皮亚杰的道德发展理论

皮亚杰通过"对偶故事法"研究道德判断，把儿童的道德分为他律道德和自律道德两种水平，并把儿童的品德发展划分为四个阶段：

#### 1. 自我中心阶段（2~5岁）

这个阶段为"无道德规则"阶段。

主要特征：儿童还不能把自己同外在环境区别开来，规则对他来说不具有约束力。皮亚杰认为，儿童在5岁以前还是"无律期"，顾不得人与我的关系，而是以"自我中心"来考虑问题。

#### 2. 权威阶段（5~8岁）

这个阶段为"他律期"。

主要特征：儿童服从外部规则，接受权威指定的规范，把人们规定的准则看作是固定的、不可变更的，而且只根据行为后果来判断对错。例如，妈妈不在家，某小孩为了帮助妈妈做事，打碎了多个玻璃杯；另一个为了偷柜上的糖果吃，打碎了一个玻璃杯。让这时期的儿童做判断，他往往认为前者错误更大，因为前者打碎了很多的玻璃杯，他不考虑行为动机。

#### 3. 可逆阶段（8~10岁）

这一时期称作"自律期"或者"道德相对主义或合作道德"时期。

主要特征：儿童已不把准则看成是不可改变的，而把它看作是同伴间共同约定的。儿童一般都形成了这样的概念：如果所有的人都同意，那么规则是可以改变的。规则已经具有了一种保证他们互相行动、互惠的可逆特征。同伴间可逆关系的出现，标志着品德由"他律"开始进入"自律"阶段。道德发展到这个时期，不再无条件地服从权威。但是这个时期判断还是不成熟的，要到十一二岁后才能独立判断。

#### 4. 公正阶段（10~12岁）

主要特征：儿童的道德观念开始倾向于公正。儿童不再刻板地按固定的规则去判断，在依据规则判断时隐含考虑到同伴的具体情况，从关心和同情的角度出发去判断。

**真题链接**

**1.**（2015 年下半年选择题）儿童道德发展是一个从他律到自律的过程。提出这一理论的心理学家是（　　）。

　　A. 罗杰斯　　　　B. 皮亚杰　　　　C. 埃里克森　　　D. 弗洛伊德

**2.**（2017 年上半年选择题）根据皮亚杰的道德发展阶段理论，小学低年级儿童常常认为听父母和老师的话就是好孩子。这是因为其道德发展处于（　　）。

　　A. 权威阶段　　　B. 公正阶段　　　C. 可逆性阶段　　D. 自我中心阶段

## （二）科尔伯格的道德发展理论

科尔伯格把皮亚杰的"对偶故事法"改为"道德两难故事法"，在道德判断的发展方面划分成三种道德水平：前习俗水平、习俗水平和后习俗水平。每一水平又包括两个阶段，形成"三水平六阶段"的道德发展阶段论（见表 2-8）。

表 2-8　科尔伯格的道德发展阶段论

| 三种水平 | 六个阶段 | 主要特征 |
| --- | --- | --- |
| 前习俗水平（大多数 9 岁以下的儿童处于该水平） | 惩罚与服从定向阶段 | 儿童根据行为的后果来判断行为的好与坏及严重程度，他们还没有真正的道德概念。服从权威或规则只是为了避免惩罚，认为受赞扬的行为就是好的，受惩罚的行为就是坏的。 |
| | 相对功利定向阶段 | 他们不再把规则看成是绝对的、固定不变的，评定行为的好坏主要看是否符合自己的利益。 |
| 习俗水平 | 寻求认可定向阶段，也称"好孩子"定向阶段 | 儿童的道德价值以人际关系的和谐为导向，谋求大家的赞赏和认可。总是考虑他人和社会对"好孩子"的要求，并尽量按这种要求去思考和行动。 |
| | 遵守法规和秩序定向阶段 | 儿童的道德价值以服从权威为导向，他们服从社会规范，遵守公共秩序，尊重法律的权威，以法制观念判断是非。 |
| 后习俗水平（20 岁以后才能出现，而且只有少数人能达到） | 社会契约定向阶段 | 个体认为法律和规范是大家商定的，是一种社会契约，法律可以帮助人维持公正。但同时认为契约和法律的规定并不是绝对的，可以应大多数人的要求而改变。 |
| | 原则或良心定向阶段（道德判断的最高阶段） | 能以公正、平等、尊严这些最一般的原则为标准进行思考。在根据自己选择的原则进行某些活动时，认为只要动机是好的，行为就是正确的。在这个阶段上他们认为人类普遍的道义高于一切。 |

## （三）艾森伯格的亲社会道德理论

艾森伯格的亲社会道德理论是在批判科尔伯格道德发展研究方法的基础上提出的，采用亲社会道德两难情境来研究儿童的亲社会道德判断。该理论认为，一个人做出道德判断的实质就是在满足自己的需要与满足他人的需要之间做出选择。因为助人者的个人利益和接受帮助者的利益之间存在着不可调和的矛盾，因此会出现亲社会道德的两难情境，但与科尔伯格的"两难情境"是不同的。在此基础上，他提出了儿童亲社会道德判断发展的五阶段理论（见表 2-9）。

表 2-9　艾森伯格的儿童亲社会道德发展阶段论

| 亲社会道德发展的阶段 | | 主要特征 |
|---|---|---|
| 阶段 1:享乐主义的、自我关注的推理 | | 是否帮助他人的理由是:个人的直接得益、将来的互惠,或者是由于自己需要或喜欢某人才去关心他。 |
| 阶段 2:需要取向的推理 | | 当他人的需要与自己的需要发生冲突时,儿童仅仅是对他人的需要表示简单的关注,并没有表现出自我投射性的角色特征和同情的言语等。 |
| 阶段 3:赞许和人际取向、定型取向的推理 | | 是否帮助他人的理由是:好人或坏人,善行或恶行的定型形象、他人的赞许和认可等。 |
| 阶段 4 | 4a 阶段:自我投射性的移情推理 | 儿童的判断中出现自我投射性的同情反应或角色特征。 |
| | 4b 阶段:过渡阶段 | 是否帮助他人的理由涉及内化了的价值观、规范、责任和义务,对社会状况的关心,或者是提到保护他人权利和尊严的必要性等,但儿童并没有清晰而强烈地表述出这些思想来。 |
| 阶段 5:强有力的内化推理 | | 是否帮助他人的依据是:他们内化了的价值观、规范或责任,尽个人和社会契约性的义务、改善社会状况的愿望、与实践自己价值观相联系的否定或肯定情感等。 |

## (四) 班杜拉的德育理论

班杜拉在道德教育问题上,提出了社会学习理论。主要观点有:

### 1. 强调观察学习在人的行为形成中的作用

他认为人的多数行为是通过观察别人的行为和行为的结果而学得的,依靠观察学习可以迅速掌握大量的行为模式。

### 2. 重视榜样的作用

班杜拉认为人的行为可以通过观察学习获得,但是获得什么样的行为以及行为的表现如何,则有赖于榜样的作用。榜样是否具有魅力、是否拥有奖赏、榜样行为的复杂程度、榜样行为的结果和与观察者的人际关系都将影响观察者的行为表现。

### 3. 强调自我调节的作用

他认为人的行为不仅受外界行为结果的影响,而且更重要的是受自我引发的行为结果的影响,即自我调节的影响。自我调节主要是通过设立目标、自我评价,从而引发动机来调节行为。

### 4. 主张建立较高的自信心

他认为一个人对自己应付各种情境能力的自信程度,在人的能动作用中起着重要作用,它将决定一个人是否愿意面临困难的情境,应付困难的程度以及个人面临困难情境的持久性。

## (五) 涂尔干的德育思想

### 1. 个体品德社会化和道德内化过程

涂尔干认为教育对促进人的社会化有特殊作用。他认为德性由纪律精神、牺牲精神、意志自由三要素组成。道德内化就是由道德价值观、道德规范转化为道德行为习惯,这是由"纪律"发展到"自主"的过程,即由他律到自律的过程。

### 2. 道德教育的原则与方法

首先,根据儿童习惯性和暗示接受性的心理特征进行教育。

其次,启发自觉,要求适当,切忌苛求和压制。

再次,奖惩结合,切忌体罚。

最后,学校教育力量要协调统一。

## (六) 马卡连柯的德育思想

### 1. 尊重信任与严格要求相结合的德育原则

尽可能多地要求一个人,也要尽可能多地尊重一个人。这是马卡连柯的基本教育原则。

### 2. 集体教育思想

集体主义教育是其思想的核心。他的集体教育体系简单地说,就是"在集体中,通过集体,为了集体"的教育体系,他提出了前景教育原则和平行教育影响原则。

前景教育原则:通过经常在集体和集体成员面前呈现出美好的"明天的快乐"的前景,推动集体不断向前运动、发展,永远保持生气勃勃的旺盛的力量。

平行教育影响原则:每当我们给个体一种影响的时候,这种影响必定同时应当是给予集体的一种影响。

### 3. 劳动教育思想

即人的劳动品质的培养,他认为劳动教育与品德教育相结合,强调在对儿童开展劳动教育时应当进行相应的劳动观念、劳动态度和劳动习惯的教育,让儿童通过劳动感受对错、美丑、善恶,促进儿童精神的成长。

### 4. 纪律教育思想

纪律既是集体教育的结果,也是集体教育的手段。在对学生进行纪律教育时,教育谈话和教育者的以身作则是重要的方法,同时又要正确合理使用惩罚与奖励。他认为,惩罚应体现对人的尊重、热爱与严格要求相结合的原则;反对滥用惩罚,坚决反对体罚。

## 二、几种主要的德育模式

德育模式是指在德育实施过程中德育理念、德育内容、德育手段、德育方法、德育途径等的有机组合方式。当代影响较大的德育模式主要有:

### (一) 认知模式

代表人物:皮亚杰、科尔伯格。

主要观点:认知模式是当代最具影响的德育模式,重视道德认知的发展。它假定人的道德判断力按照一定的阶段和顺序从低到高不断发展,道德教育的目的就在于促进儿童道德判断力的发展及其与行为的发生。

### （二）体谅模式——"学会关心"的道德教育模式

代表人物：彼得·麦克费尔。

主要观点：把道德情感的培养置于中心地位。假定与人友好相处是人类的基本需要，满足这种需要是教育的职责。道德教育重在提高学生的人际意识和社会意识，引导学生学会关心，学会体谅；教师在道德教育中对学生要多关心、少批评。

### （三）社会模仿模式

代表人物：班杜拉。

主要观点：需要通过观察他人在相同环境中的行为，从他人行为获得强化的观察中进行体验学习，所以观察学习是人类学习的重要形式，是品德教育的主要渠道。

### （四）价值澄清模式

代表人物：拉思斯、哈明。

主要观点：这种模式着眼于价值观教育，强调个人价值选择的自由。教师德育任务在于帮助学生澄清已有价值观，而非强加教师认可的观念。

## 三、小学生道德发展的特点

通过对小学生道德发展的研究表明，6～12岁的小学生的道德发展涉及道德认识、道德情感、道德意志和道德行为四个方面，呈现出的主要特点有：

### （一）道德认识的发展特点：和谐的道德认识能力逐步形成

小学生的道德认识主要表现在道德概念的掌握、道德判断能力的发展及道德信念的形成三个方面：

（1）对道德概念的理解能力从直观、具体、较肤浅的理解逐步过渡到较为抽象、本质的理解，但整体理解水平不高。

（2）道德判断逐渐由他律向自律，由只注意行为后果逐渐过渡到全面地考虑动机和后果的统一关系。

（3）道德信念初步形成，但不稳定。研究表明，学生道德信念的确立要经历长期的发展过程。学龄初期的儿童还没有形成道德信念。到11岁左右，道德信念开始萌芽，但它是不自觉、不坚定的。

### （二）道德情感的发展特点：从不稳定到稳定

道德情感是道德认识与道德行为之间的媒介，是促使道德认识转化为道德行为的强大推动力。很多研究认为，小学阶段是儿童道德情感发展的重要时期甚至是关键期，其中小学三年级是道德情感发展的转折期。小学生道德情感的表现形式是：以直觉的和与形象相联系的道德情感体验为主；而抽象的道德情感和与道德信念相联系的情感体验则随年龄的增长而有所发展。这表明,小学生的道德情感还具有很大的情境性、主观性和任意性。

### (三)道德意志的发展特点:主要依靠外部力量影响行为,自觉纪律逐渐形成

小学生的道德意志主要表现在坚持性和自制力方面。从坚持性的动力来源看,小学生完成任务主要依靠外部的影响。小学生的自制力也处在初步发展的阶段,初入学的儿童自制力很差,经常发生违反纪律、捣乱等行为。从三年级起,儿童的自制力有了显著发展。但由于小学生道德意志薄弱、坚持性差,因而常"明知故犯""言行不一"。

### (四)道德行为的发展特点:从言行比较一致到逐步分化

在整个小学阶段,学生在道德发展上,认识与行为、言与行基本上是协调的。年龄越小,言行越一致,随着年龄的增长,逐步出现了言行不一致的现象。

小学低年级学生的道德认识和言行往往直接反映教师和家长的要求。因此,从表面上看,他们的言行是一致的,但实际上这种一致性的水平是较低的。小学高年级学生,逐渐开始学会掩蔽自己的行为。在品德反馈系统中,开始对他人的评价进行一定的分析,他们的行为与教师和家长的指令会出现一定的差异。

总体来说,小学时期是学生品德发展从一个低级向高一级发展的过渡期。在小学生品德发展的过程中,存在着一个转折期——儿童道德发展的"关键年龄"。研究结果认为,这个关键期大致在小学三年级下学期前后,但由于学生个体的差异,前后有一定的出入。

# 第三节　小学德育过程

## 一、品德的结构——品德四要素

一般认为,个体的品德是由道德认知、道德情感、道德意志和道德行为四个要素构成,四者缺一不可。

### (一)道德认知(认识)

它是指个体对于道德规范和道德范畴及其意义的认识。道德认知是品德形成的基础。

### (二)道德情感

它是指个体对自己或他人的行为是否符合道德规范和道德需要而产生的一种内心体验,如憎恨、喜欢、讨厌等。

当道德认知和道德情感成为推动个体产生道德行为的内部动力时,它们就构成了道德动机。

### (三)道德意志

它是指个体自觉调节道德行为,克服内外困难,以实现一定道德目的的内部过程。它是调节道德行为的内部力量。

### (四) 道德行为

它是指在一定的道德认知的支配下个体实施的对他人、对社会有道德意义的活动,它是个体道德认知的外部表现和品德的重要标志,也是衡量学生品德水平高低的根本标志。

## 二、小学德育过程的基本规律

德育过程是教育者依据德育目标,借助于相应的德育内容和方法,对儿童的政治意识、思想观点和道德品质等方面施加影响,并引导儿童进行自我教育,从而促进儿童品德发展的过程。小学德育过程的本质是个体品德社会化的过程。

小学德育过程的基本特征主要有:

### (一) 德育过程是对学生知、情、意、行的培养提高过程,具有多开端性

(1) 知(道德认知)、情(道德情感)、意(道德意志)和行(道德行为)是构成学生思想品德的要素。知情意行四个要素是相互联系、互为条件、相互转化、缺一不可的。其中知是基础,行是关键。

(2) 道德过程具有多开端性。在知情意行四要素的培养过程中,一般遵循从知—情—意—行的培养顺序。但由于社会生活的复杂性,德育影响的多样性,特别是四要素在不同个体中具有不平衡性,在德育具体实施过程中,其培养顺序则具有多端性,需要教师从薄弱环节入手,或晓之以理开始,或动之以情开始,或导之以行开始,或从锻炼品德意志开始,最后达到学生品德四要素的和谐发展。

### (二) 德育过程是促使学生思想内部矛盾斗争变化的过程

(1) 学生思想品德的任何变化,都必须依赖学生个体的心理活动。任何外界的教育和影响,都必须通过学生思想状态的变化,经过学生的思想内部的矛盾斗争才能发生作用,促使学生品德的真正形成。

(2) 在德育过程中,学生思想内部的矛盾斗争,实质上是对外界教育因素的分析、综合过程。教育者应当自觉利用矛盾运动的规律,促进学生思想矛盾向社会需要的方向转化。

(3) 青少年学生的自我教育过程,实际上也是他们思想内部矛盾斗争的过程。这个斗争的过程也是学生品德不断发展的过程,这要求教育者高度重视培养学生的自我教育能力,发挥学生在德育过程中的主观能动性。

### (三) 德育过程是组织学生的活动和交往,对学生施加多方面教育影响的过程

#### 1. 活动和交往是学生品德形成的基础

学生的品德是在活动和交往的过程中,接受外界教育影响,逐渐形成和发展,并通过活动和交往的过程表现出来的。教育类的活动和交往是德育过程的基础。因此,教师精心设计和组织教育活动和交往,能加快学生品德的发展速度,对学生品德发展方向起规范和保证作用。

### 2. 学生品德的发展是学生在活动中能动地实现的,并受多方面的影响

品德形成是学生能动地接受多方面教育影响的过程。多方面教育影响广泛多样,既有校内的正式影响,又有校外的非正式影响;既有积极正面的影响,也有消极负面的影响。学校德育应在多方面影响中发挥主导作用,将多方面教育影响统一到教育目的上来,形成学校与家庭、社会教育的合力,促使学生良好品德的形成和发展。

### (四)德育过程是一个长期的、曲折前进的过程

#### 1. 德育过程是个长期的过程

由于社会对个体的要求在不断变化发展,儿童自身的道德心理能力也是一个不断发展成熟的过程。因此德育实施需要教师充分的耐心,持之以恒地展开。

#### 2. 德育过程是一个曲折反复的过程

小学生正处于成长时期,世界观还没有形成,思想很不稳定,学生的品德发展会出现反复。当然,这种反复不是重复,而是不断深化的过程。这也就要求教师要正确认识和对待这种现象,耐心细致地教育学生,引导学生在反复中逐步前进。

#### 3. 德育过程是一个不断前进的过程

学生的思想品德,随着心智的逐渐成熟和知识的积累以及不断的实践,一般都会不断向前发展。行之有效的德育经验是:动之以情,晓之以理,导之以行,持之以恒。

## 第四节　小学德育的原则、途径与方法

### 一、小学德育原则

德育原则是根据教育目的、德育目标和德育过程规律提出的指导德育工作的基本要求。教师在德育中必须依据德育原则实施德育。我国小学常用的德育原则主要有以下几种:

### (一)导向性原则

#### 1. 基本含义

德育须有一定的方向引导学生向正确的方向发展。我国学校德育应该坚持社会主义方向,坚持以马克思主义为指导,加强社会主义核心价值观教育,抵制各种错误思想影响。导向性原则是我国学校教育的根本原则。

#### 2. 贯彻要求

(1)坚定正确的政治方向。
(2)德育目标必须符合新时期的方针政策和总任务的要求。
(3)要把德育的理想性和现实性结合起来。

## （二）疏导原则

### 1. 基本含义

疏导原则也叫正面诱导原则，是指进行德育要循循善诱，以理服人，从提高学生认识入手，调动学生的主动性，使他们积极向上。

### 2. 贯彻要求

（1）讲明道理，疏导思想。

（2）因势利导，循循善诱。

（3）以表扬激励为主，坚持正面教育。

## （三）尊重学生与严格要求学生相结合原则

### 1. 基本含义

在进行德育时要把对学生的思想和行为的严格要求与对学生的尊重和信赖结合起来，使教育者对学生的影响与要求易于转化为学生的品德。

### 2. 贯彻要求

（1）爱护、尊重和信赖学生。

（2）要求要具体、正确、合理、适度。

（3）要求要认真执行，坚定不移地贯彻到底，督促学生切实做到。

## （四）教育的一致性与连贯性原则

### 1. 基本含义

这一原则是指进行德育应当有目的、有计划地把来自各方面对学生的教育影响加以组织、调节，使其相互配合，协调一致，前后连贯地进行，以保障学生的品德能按教育目的的要求发展。

### 2. 贯彻要求

（1）要统一学校内部各方面的教育力量。

（2）要统一社会各方面的教育影响，争取家长和社会的配合，逐步形成以学校为中心的"三位一体"德育网络。

（3）要做好衔接工作，保持德育工作的经常性、制度化、连续性和系统性。

## （五）因材施教原则

### 1. 基本含义

该原则是指进行德育要从学生的思想认识和品德发展的实际出发，根据他们的年龄特征和个性差异进行不同的教育，使每个学生的品德都能得到发展。

### 2. 贯彻要求

（1）深入了解学生的个性特点和内心世界。

（2）根据学生个人特点有的放矢地进行教育，努力做到"一把钥匙开一把锁"。

（3）根据学生的年龄特征有计划地进行教育。

### （六）知行统一原则

#### 1. 基本含义

这一原则是指进行德育既要重视思想道德的理论教育，又要重视组织学生参加实践锻炼，把提高认识和行为养成结合起来，使学生做到言行一致、表里如一。

#### 2. 贯彻要求

（1）加强思想道德的理论教育，提高学生的思想道德认识。

（2）组织和引导学生参加各种社会实践活动，促使他们在接触社会的实践活动中加深情感体验，养成良好的行为习惯。

（3）对学生的评价和要求要知行统一。

（4）教育者要以身作则，言行一致。

### （七）依靠积极因素，克服消极因素的原则

#### 1. 基本含义

本原则是指进行德育必须依靠和发扬学生自身的积极因素，调动学生自我教育的积极性，克服消极因素，长善救失，因势利导，促进学生品德的健康发展。

#### 2. 贯彻要求

（1）要一分为二地看待学生，全面分析并客观地评价学生的优点和不足。

（2）要提高学生自我认识、自我评价能力，启发他们自觉思考，发扬优点，克服缺点。

（3）要根据学生的特点，创造条件将学生思想中的消极因素转化为积极因素。

### （八）正面教育与纪律约束相结合的原则

#### 1. 基本含义

该原则是指德育工作既要正面引导、说服教育、启发自觉，调动学生接受教育的内在动力，又要辅之以必要的纪律约束，并使两者有机结合起来。

#### 2. 贯彻要求

（1）坚持正面教育。

（2）坚持以理服人。

（3）建立健全学校规章制度并且严格执行。

## 二、小学德育途径

德育途径是指学校教育者对学生实施德育时可供选择和利用的渠道，又称为德育组织形式。主要途径有：

## (一)学科教学

这是小学德育中运用最广泛、最基本的途径。学科教学,包括品德课程的教学和其他学科的品德渗透教学,是学校有目的、有计划、系统地对学生进行教育的基本途径。教师要充分挖掘教材本身所固有的德育因素,把教学的科学性和思想性统一起来,在传授和学习文化科学知识的同时,使学生受到教育熏陶,从而形成良好的品德。

**真 题 链 接**

1. (2018年上半年选择题)小学德育基本途径是( )。
   A. 课外活动和校外活动　　　　　B. 少先队活动
   C. 品德课和各科教学　　　　　　D. 班主任工作

## (二)课外、校外活动

课外、校外活动具有丰富多彩的内容和灵活多样的形式,可以让学生根据兴趣、爱好自愿选择参加。因此,通过这个途径进行的德育符合小学生的特点和需要,能够充分调动他们的积极性,深受他们的喜爱。

## (三)少先队活动

少年先锋队是少年儿童的群众组织,通过少先队组织进行德育,有利于调动学生的积极性和创造性,培养主人翁的意识以及自我管理的能力。

## (四)班会、校会与周会、晨会

班会、校会与周会、晨会是全班所有同学都参加的活动。教师要借助于这些活动开展德育工作,及时地、有针对性地教育学生。

## (五)社会实践活动

通过社会实践活动有助于培养学生各种良好的品德和弘扬良好的道德风尚。社会实践活动一般包括三种类型:一是社会生产劳动;二是社会宣传和服务活动;三是社会调查,包括参观、访问、考察等。

## (六)班主任工作

这是学校德育的特殊途径。班级是学校教育工作的基本单位,班主任是班级教育系统的主导力量。严格地说,这个途径与上述途径不能平列,它通过班主任的自觉能动作用,能够对其他途径起调节作用,对学生品德的发展产生巨大的影响。

## 三、小学德育方法

德育方法是为达到德育目的,在德育过程中采用的教育者和受教育者相互作用的活动方式的总和。它包括教育者的施教传道方式和受教育者的受教育方式。我国小学德育常用的方法有：

### （一）说服教育法

基本含义：通过摆事实、讲道理，使学生提高认识、形成正确观点的方法。说服教育是德育工作的基本方法。说服教育的方式主要有语言说服和事实说服。

基本要求：① 目的明确；② 富有知识性和趣味性；③ 注意时机；④ 以诚待人。

### （二）榜样示范法

基本含义：用榜样人物的高尚思想、模范行为、优异成就来影响教育学生的方法。它包括树立典范、做好示范、评优等。

基本要求：① 选好学习的榜样；② 激起学生对榜样的敬慕之情；③ 引导学生用榜样来调节行为，提高修养。

### （三）陶冶教育法

基本含义：陶冶教育法又称情感陶冶法，是指教师利用环境和自身的教育因素，对学生进行潜移默化的熏陶和感染，使其在耳濡目染中受到感化的方法。它包括人格感化、环境陶冶和艺术陶冶等。

基本要求：① 创设良好的情境；② 与启发说服相结合；③ 引导学生参与情境的创设。

### （四）实践锻炼法

基本含义：有目的地组织学生进行一定的实际活动以培养他们良好品德的方法。具体包括：练习、委托任务和组织活动等。

基本要求：① 坚持严格要求；② 调动学生的主动性；③ 持之以恒；④ 重视检查。

### （五）品德修养指导法

基本含义：也称自我教育法，是指教师指导学生自觉主动地进行学习、自我反省，以实现思想转化及行为控制。如孔子的"自省"、孟子的"自反""自强"、荀子的"君子博学而日参省乎己，则知明而行无过也"。品德修养法包括学习、座右铭、立志、自我批评、慎独等方式。品德修养指导法对学生的自觉意识和自制力提出较高要求，适合高年级学生使用。

基本要求：① 培养学生自我修养的兴趣和自觉性；② 指导学生掌握修养的标准；③ 引导学生积极参加社会实践。

### （六）品德评价法

基本含义：又称奖惩法，是指通过对学生品德做出肯定或否定的评价予以激励或抑制，促使其品德健康形成和发展。它包括奖励、惩罚、评比和操行评定等方式。

基本要求：① 要目的明确、公正合理、实事求是；② 要适度，不可滥用；③ 发扬民主，让学生积极参与进来;④ 要注重宣传与教育结合;⑤ 以表扬、奖励为主,批评、惩罚为辅。

**真题链接**

2.(2014年上半年选择题)三(1)班现在"每月一星"评比活动中,将本月乐于助人的同学的照片张贴在光荣栏上。这种德育方法属于(　　　)。

    A. 说服教育法　　　　　　　　　B. 实践指导法

    C. 陶冶教育法　　　　　　　　　D. 品德评价法

## 巩固练习

### 一、单项选择题

1. 某儿童开始认识到规则不是绝对的、一成不变的,而是可以协商或修改的,按照皮亚杰的道德发展阶段论,该儿童道德发展处于(　　　)。

    A. 他律阶段　　　　B. 前习俗阶段　　　　C. 自律阶段　　　　D. 寻求认可取向阶段

2. 科尔伯格认为,儿童道德判断的前习俗水平包括的两个阶段是(　　　)。

    A. "好孩子"定向阶段、权威定向阶段

    B. 权威和维护社会秩序定向阶段、原则定向阶段

    C. 原则定向阶段、良心定向阶段

    D. 惩罚和服从取向阶段、相对功利取向阶段

3. 在思想品德教育过程中,如果只看到学生差的地方,认为无药可救,这违背了(　　　)的原则。

    A. 统一要求与从实际出发相结合　　　　B. 对学生严格要求与尊重信任相结合

    C. 正面教育与纪律约束相结合　　　　　D. 发扬积极因素与克服消极因素相结合

4. 教师在进行德育工作时,采用"晓之以理、动之以情"的方法。这是因为(　　　)。

    A. 德育过程是对学生知、情、意、行的培养提高过程

    B. 德育过程是一个促进学生思想内部矛盾斗争的发展过程

    C. 德育过程是组织学生的活动和交往,统一多方面教育影响的过程

    D. 德育过程是一个长期的、反复的、逐步提高的过程

5. 提出"要尽量多地要求一个人,也要尽可能多地尊重一个人"的教育学家是(　　　)。

    A. 夸美纽斯　　　　B. 杜威　　　　　C. 赫尔巴特　　　　D. 马卡连柯

6. "亲其师,信其道"体现了(　　　)的作用。

    A. 道德认知　　　B. 道德情感　　　C. 道德动机　　　D. 道德行为

7. "让学校的每一面墙会说话"、"让学校的一草一木都能发挥教育影响"体现了(　　　)的德育方法。

    A. 榜样示范法　　　B. 说服教育法　　　C. 陶冶教育法　　　D. 品德评价法

### 二、简答题

简述德育过程的规律。

# 第四章　小学美育

**考点分析**

1. 掌握蔡元培的美育观；美育的概念及任务。
2. 掌握小学实施美育的基本策略与方法。

## 第一节　美育的概述

### 一、美育的内涵

美育,也叫审美教育,是通过文学艺术、社会生活和大自然美的教育,培养学生正确的审美观,使他们具有感受美、鉴赏美、表现美和创造美的能力,发展他们的高尚情操和文明素质的教育。美育不仅仅是美术教育,而是美感的教育,是全面发展教育理念的重要组成部分。

美育思想最早发源于古希腊和古罗马,我国古代美育的最初形态是孔子的"诗教"和"乐教"。1793年,德国著名古典文学和美学家席勒在《美育书简》中首次提出并使用了"美育"概念,建立了独立的研究理论。而在我国,王国维第一个把"美育"概念引入中国,并对美育的独特性质和地位做了进一步的阐述。蔡元培是我国近代美育思想的集大成者,他在1912年的《对于教育方针之意见》一文中提出"以美育代宗教"。他把美育纳入教育方针,使体、智、德、美四育并列。新中国成立后,提出德智体美劳五育并举。

**真题链接**

1.（2016年下半年选择题）我国最早主张"以美育代宗教"的教育家是（　　）。
A. 陶行知　　　　B. 徐特立　　　　C. 杨贤江　　　　D. 蔡元培

### 二、美育的意义

美育既是全面发展教育中不可缺少的组成部分,同时渗透于人的全面发展教育的各个方面,对整个身心发展起着催化作用。具体而言,表现在:

（1）美育具有净化心灵、陶冶情操、培育品德的教育功能,促进小学生思想品德的形成与提高。

（2）美育的实施:美育就是用艺术的方式去认识世界,因而美育可以扩大小学生的知识视野,加深他们对客观世界的认识,促进小学生智力的发展。

（3）美育能够提高小学生对体育活动的兴趣,促进小学生身体健康发展,起到怡情健

**111**

身的作用;同时可以促进学生语言美、行为美、形体美。

（4）美育可以充实小学生的精神生活,使他们心情舒畅,促进小学生个性的形成与发展。

（5）美育有助于小学生劳动观点的树立和技能的形成。

### 三、美育的任务

#### (一)提高小学生感受美的能力

美育的基本任务是提高小学生感受美的能力。感受美是审美活动的起点,可以提高审美感受能力,有助于提高学生的整体精神素养。此外,学生在感受美的过程中,能够发现生活的美好,产生热爱生活、建设美好生活的积极的人生态度。

#### (二)培养小学生欣赏美的能力

美育应培养学生欣赏美的能力,使学生具有分辨美丑、优劣的能力,达到一定的审美境界。必要的审美知识传授和艺术修养水平的培养与提高是美育的基本任务之一。健康而有个性的审美能力是学校美育的重要目标。

#### (三)培养小学生创造美的能力

美育应培养学生创造美的能力,即能把自己独特的美感用各种各样的形式表达出来的能力。因此要组织学生参加各种艺术实践活动,激发他们创造艺术美的才能,尤其要发展有艺术才能特长的学生。形成学生创造美的能力是美育的最高层次的任务。

# 第二节　美育的实施

## 一、小学美育的实施内容

学校美育内容主要包括三个方面:形式教育、理想教育和艺术教育。

### (一)形式教育

从美学的意义上来看,形式教育包括形式美和美的形式两类。形式美指事物的自然属性及其组合规律蕴含的美。形式美的教育是美育的基础。形式美教育可以提高人们美化生活的能力。美的形式是审美对象的外部美的表现形式和内部美的结构方式。美的形式的教育除了具有形式美教育的功能外,还是培养学生想象力的最佳途径,是培养情感对象化的能力的教育。

### (二)理想教育

理想教育是对理想中的美的意识和价值的启迪。理想是人们在世界观、人生观和价值观在奋斗目标上的集中体现,是人们在实践中形成的、有可能实现的、对未来社会和自身发展的向往与追求。理想教育主要包括社会理想教育、道德理想教育、人生理想教育和爱情理想教育。

### (三) 艺术教育

艺术教育是美育的主体部分,是美育最重要和最主要的内容和手段。依据美学原理可以将艺术教育划分成表演艺术、造型艺术、语言艺术和综合艺术等教育类型。

小学艺术教育是让学生初步了解各种艺术形式,从中学习艺术知识,参加小学组织的艺术活动,感受艺术的美,培育美的意识和创造美的能力。

## 二、小学美育的实施原则

### (一) 思想性和艺术性相统一

美育内容既要是健康的、积极的;同时,表现内容的艺术形象要生动、鲜明,富有感染力,有较高的审美价值和艺术气息。

### (二) 情绪体验和逻辑思维相结合

个体对美的感受既是情感的,也有认识和理解的成分。因此,应该让小学生在掌握审美知识的基础上去感受美,才能充分发挥美育以美感人、以情动人的作用。

### (三) 感受艺术和学习艺术相结合

在小学阶段,应该让学生初步地学习艺术的表现形式和手段。因此,艺术的学习中既要让学生感受歌曲和绘画中的美,也要让学生学习如何唱歌和画画。

### (四) 内在美和外在美相统一

内在美,即心灵美,是事物蕴含的内在思想和精神的美,外在美是事物外部形式的美。外在美不能离开内在美而单独存在,内在美必须通过外在美得以表现。因此,美育须使外在美与内在美相统一,让学生对美的事物有完整的感受。

## 三、小学美育的实施途径

### (一) 课堂教学

课堂教学是实施美育的重要途径。不仅音乐、美术、舞蹈等艺术教育能以美的感染作用直接对学生实施美育,同时数学课、语文课、自然课、手工课、劳动课等其他学科也都包含了丰富的美育因素,需要教师去挖掘。如语文中的诗歌、寓言、童话等都以典型的形象、生动的语言给学生以美的感受;数学中对数字、图形、规则、定律的精确表达,表现出一种形象的美、对称的美。因此,任何学科的教师都应有意识地将美育渗透到各科教学中。

### (二) 课外活动

课外活动是各门课程美育的继续。课外活动的形式是丰富多样的,如各种兴趣小组、讲座、文艺演出或欣赏会、参加文化艺术展览等。由于小学生在课外活动中具有更多的自主性,因此更有利于其发挥创造性,更有利于其个性的形成和全面发展。所以教师对课外活动的指导切忌流于形式,以免美育的任务不能落到实处。

### (三) 校园环境的美化功能

校园是学生生活、学习的场所,对于学生的思想情感、审美意识的发展具有一定的影响。优美的校园环境是学生接受美的陶冶的重要途径之一。环境的美化是多种多样的,如绿化、美化和净化校园环境,对教室进行美化布置等。小学校长和教师要合理有效地利用学校环境的美化作用,激发学生美的感受,产生美的愉悦,从而培养其创造美、珍惜美的观念。

### (四) 教师的示范作用

教师的活动带有强烈的示范性,教师的言行举止是学生模仿和学习的榜样。小学生具有向师性的特点,教师高尚的人格、良好的职业形象、优美的语言和行为、良好的思想和道德等都对学生具有耳濡目染、潜移默化的作用,所以通过教师的示范作用对学生进行美育是美育实施的一条途径。

## 四、小学美育实施的方法

### (一) 美育教学

美育教学就是教师直接向学生传授美育方面的知识,这点在音乐课、美术课上表现得比较突出。通过小学美育的教学,可以让学生学习和初步掌握感受美、欣赏美和创造美的知识与技能。

### (二) 美育欣赏

美育欣赏即通过欣赏美育对象,培养学生对事物的美感欣赏的意识和能力。

### (三) 美育活动

美育活动就是组织各种活动,尤其是艺术活动,让学生在活动中感受美、欣赏美,发展创造美的意识和能力。

### (四)美育渗透

美育渗透即是在学校教育教学的各种活动中渗透美育,尤其是各科教学中教师要善于挖掘美育因素,让学生感受学科中的美的内容,激发其对学科美的兴趣。

## 🖊 巩固练习

### 一、单项选择题

**1.** 我国小学美育的基本任务是( )。

　　A. 提高小学生感受美的能力　　　　B. 提高小学生表现美的能力

　　C. 提高小学生创造美的能力　　　　D. 提高小学生鉴赏美的能力

**2.** 美育最高层次的任务是( )。

　　A. 提高学生感受美的能力　　　　B. 培养学生鉴赏美的能力

　　C. 形成学生创造美的能力　　　　D. 培养学生审美观

**3.** 下列不属于学校美育内容的是( )。

　　A. 形式教育　　　　　　　　　　B. 理想教育

　　C. 艺术教育　　　　　　　　　　D. 审美教育

**4.** 西方首先提出美育这一概念的是 18 世纪的德国人( )。

　　A. 维纳　　　　　　　　　　　　B. 席勒

　　C. 洛克　　　　　　　　　　　　D. 乔金斯

### 二、简答题

　　简述小学美育的实施途径。

# 第五章　小学生安全与心理健康教育

**考点分析**

1. 了解小学生的医疗保健常识、传染病的预防和意外伤害事故的预防与处理。
2. 根据小学生心理健康的特点开展心理辅导和心理健康教育。

## 第一节　小学生的医疗保健常识

### 一、小学生常见非传染病的预防

在小学阶段,由于孩子的身心正处于快速发展的阶段,因此这个阶段小学生在生理发展过程中比较容易出现以下疾病,需要教师和家长提前做一些预防。

**(一)近视**

随着电子科技技术的逐渐发展,小学生近视的人数越来越多。预防近视可从以下方面着手:

(1)保持正确读写姿势。坚持"三个一"原则:读书写字身体要坐正,保持眼睛与书本距离为一尺(33～35厘米左右)、胸前与桌子距离应约一拳、握笔的手指与笔尖距离应一寸(3厘米左右)、不歪头或躺着看书、不走路看书、不在晃动的车船上看书。

(2)选择良好的用眼视觉环境。不要在过亮、过暗的光线下看书;用来书写的铅芯要软硬适中,作业用纸要洁净;选择适宜的桌椅读书写字,书桌高度以到上腹部附近为宜。

(3)养成良好的用眼卫生习惯。连续近距离用眼时间不能过长,应控制在40～50分钟左右;课间休息时要注意放松眼睛,应到教室外活动或凭窗远眺或闭目养神。

(4)坚持做眼保健操。

(5)日常生活注意保养。小学生每天应睡眠10小时;均衡饮食,保证营养全面;多到户外活动,多参加球类运动。

(6)定期检查视力,配戴合适的眼镜。

**(二)龋齿**

龋病,俗称蛀牙、虫牙,是细菌性疾病,可以继发牙髓炎和根尖周炎等其他牙齿炎症。预防龋齿最好的办法是保持口腔卫生。龋齿的预防要遵循以下几点:

(1)保持口腔卫生。这是预防龋齿最好的办法,因此要督促小学生养成早晚刷牙,饭后刷牙的习惯。

(2)儿童要养成少吃零食的习惯。

（3）定期进行口腔检查。早期发现及时治疗，更应作为防龋重点对象。对患有龋齿的学生，要通知家长带学生到医院进行相应治疗。

（4）对小学生进行口腔卫生保健知识的教育，让学生们了解龋齿的危害，主动树立对牙齿进行保护的意识。

### （三）贫血

小学生常见的贫血分为缺铁性贫血和营养不良性贫血两种，其中最常见的是缺铁性贫血。预防缺铁性贫血可从以下方面着手：

（1）平时应多吃含铁丰富的食物。例如，瘦肉、猪肝、蛋黄及豆类等。

（2）要注意饮食的合理配合。例如，餐后适当吃些水果，而餐后饮用浓茶会影响铁的吸收。

（3）劳逸结合。进行适当的体育锻炼，按时进行身体检查，若确认贫血要积极配合医生治疗。

### （四）小学生脊柱弯曲异常

小学生的骨骼尚未骨化完成，容易发生变形，脊柱弯曲异常会影响小学生体态、体力和体内脏器的正常发育。预防脊柱弯曲异常的措施有：

（1）培养小学生具有正确的姿势（站、坐、立、行、卧等）和端庄的体态。

（2）使用双背带式书包，书包不宜过重。小学生书包重量一般要求在1～1.5公斤之间。

（3）加强体育锻炼，活动筋骨。

（4）摄入足够的营养，保证骨的正常生长。

（5）定期进行检查，如果发现异常，要及时进行相应的治疗。

## 二、小学生肥胖症的预防

肥胖症是一种慢性病，我国少儿肥胖症的发病率是比较高的。肥胖不仅会影响孩子的身体健康，也会导致儿童心理的不适。预防肥胖症的措施主要有：

（1）养成良好的饮食习惯。饮食强调多元化，均衡营养，补充多种人体所需营养元素；少吃油腻、煎炸以及甜食；进食量适中；吃饭要细嚼慢咽；两餐间的零食可以用水果和粗粮一类的小食品来代替糖果糕点。

（2）积极进行体育锻炼。每天需保证一定的运动时间，最好每天坚持运动半小时以上。

（3）合理安排作息时间。睡眠时间不要过多，饭后不要马上看书或看电视，晚饭与上床睡觉之间最好有3小时的间隔。

（4）切忌急速减肥。减肥是一个长期和渐进的过程。如果已发胖，千万不要强行采取饥饿疗法或减肥药物来降低体重，这样容易导致身体内分泌功能紊乱。

（5）注重儿童的心理变化，给儿童进行积极正确的引导，避免儿童出现自卑等情绪。

### 三、小学生常见传染性疾病的预防

#### (一) 沙眼

沙眼是由沙眼衣原体引起的一种慢性传染性结膜角膜炎。预防沙眼的重点是做好群防群治。具体来说包括:

(1) 向儿童普及眼病的预防知识。

(2) 培养良好卫生习惯,保持面部清洁,不用手揉眼。

(3) 学校应进行分隔和通风,做到一人一巾或流水洗脸,毛巾用完后通风晾干。

(4) 严格执行毛巾、脸盆等的消毒制度。

(5) 保持水源清洁和合理处理垃圾,以阻断沙眼传播的途径,防止沙眼的感染流行。

#### (二) 流行性感冒

流行性感冒是小学生发病率较高的上呼吸道疾病,对儿童的身体危害很大,严重时甚至能致人死亡。预防流感的方法有:

(1) 提高自身抵抗力。加强体育锻炼,保证充足的睡眠,避免过度劳累。

(2) 流感期间避免去人多的地方,出门时应佩戴好口罩。

(3) 教室、食堂、宿舍等场所应进行消毒,可用醋酸熏蒸,要注意通风。

(4) 发现流感症状要迅速通知家长、立即治疗,等康复完全后再开始学习。对患病学生的物品要进行消毒,防止大范围的传染。

#### (三) 水痘

水痘在冬春两季多发,其传染力强,水痘患者是唯一的传染源。预防水痘的办法有:

(1) 注意空气流通。在学校等场所中,应加强教室的通风、换气。

(2) 注意隔离。水痘病人在出疹期要严格隔离,至皮疹全部结痂为止(自发病起21天左右),同时要防止水痘患者再次与易感儿童接触。

(3) 接种疫苗。接种水痘疫苗是预防和控制水痘的有效手段。

(4) 培养良好卫生习惯。做到勤洗手,保持皮肤清洁,尽可能减少皮肤的破溃,防止继发感染。

#### (四) 手足口病

手足口病是由肠道病毒引起的传染病,表现口痛、厌食、低热,手、足、口腔等部位出现小疱疹或小溃疡。预防手足口病要注意:

(1) 做好晨间检查。流行期可每天晨起检查儿童的皮肤(主要是手心、脚心)和口腔是否有异常,注意儿童体温的变化。

(2) 发现疑似病人,要及时送诊、居家休息,及时隔离治疗,对患儿所用的物品进行消毒处理。

（3）流行季节,教室和场室等要保持良好通风。

（4）在传染病流行时,应做好环境卫生、食品卫生和个人卫生。

### （五）细菌性痢疾

痢疾是一种由痢疾杆菌引起的肠道传染病。根治肠道传染病的关键是切断传染源,因此早期发现,诊断和隔离病人是控制痢疾流行的关键。若发现有儿童患痢疾,最好应住院隔离治疗。

> **真 题 链 接**
>
> **1.** （2016年下半年选择题）当学校出现传染病时,控制病情传播的首要措施是（    ）。
>
> A. 查找传染病原　　　　　　　B. 救治传染病人
>
> C. 切断传播途径　　　　　　　D. 保护易感人群

## 第二节　小学生的安全防范常识——意外事故的预防和处理

小学生比较容易出现意外事故,因此对他们进行安全教育就显得非常重要。本节主要介绍一些小学生容易遇到的安全状况及预防和处理的办法。

### 一、中暑

#### （一）预防措施

（1）避免在高温的环境下进行剧烈运动。

（2）适当调节作息时间,夏季延长午睡时间。

（3）夏天在进行户外体育活动时,准备好充足的降暑饮料。

（4）在活动过程中,一旦发现学生有中暑的现象,应立即终止活动,让学生到阴凉通风处休息。

#### （二）处理方法

当发现学生中暑时,教师首先应该停止该活动,及时将其抱至阴凉通风处让其躺下,抬高下肢15～30 cm;然后脱去多余或紧身的衣服,用湿的凉毛巾或冰袋敷其头部和躯干部,用凉水反复擦身,并配合扇风以降温;最后,若未出现恶心呕吐现象可服用人丹、藿香正气水等中药。严重者应及时送往医院救治。

### 二、溺水

溺水是夏天经常发生的意外事故,学校周围的池塘水库、江河湖泊等都是容易发生溺水事故的场所。

### (一)预防措施

（1）学校要加强安全教育和组织纪律，让学生了解溺水事故的危害性，防止溺水事件的发生。

（2）下水前做好准备活动，小学生不宜在水中长时间停留或停止不动。

（3）同伴不慎落水时应大声呼救，寻找成人前来营救，尽量不要擅自下水营救。

### (二)处理方法

（1）迅速清除口、鼻中杂物，确保呼吸道通畅，将衣服和腰带解开。

（2）将溺水者俯卧，腰部垫高，头部下垂，用手压其背部；或者抱住溺水者的两腿，将其腹部放在急救者的肩部，快步走动使积水倒出。

（3）人工呼吸；若溺水者心跳停止，要同时进行胸外心脏按摩法。

## 三、骨折

骨折是指骨结构的连续性完全或部分断裂。经及时恰当处理，多数病人能恢复原来的功能。对骨折病人的现场急救遵循以下原则：救命在前，防止休克；及时固定，避免随意移动；先止血再包扎固定，包扎固定后立即送往医院处理。处理时还要注意几点：对骨折病人不要勉强解脱衣服，若受伤肢体肿胀严重或活动受限时，应剪开衣服，尽量避免不必要的搬动。骨折后发生的肢体弯曲、扭转等畸形不可勉强复原。切忌用不干净的物品填充伤口。应尽快就地取材，如用薄木板、竹板、硬纸板、木棍等制作夹板，固定患部。

## 四、电击

### (一)预防措施

（1）注意电线的老化情况，防止绝缘皮的脱落和电线裸露。学校要定期检查电气设备，发现问题及时解决。

（2）教师要对小学生进行安全用电教育以及触电急救教育，防止学生出于好奇而私自接触电源。

（3）在进行用电操作时，穿绝缘胶鞋。

### (二)处理方法

（1）遇到被电击，应当立即切断电源或用不导电的物体（如干燥的竹竿、木棍、衣服等）将导电体与触电者分开。

（2）切不可在未切断电源的情况下直接接触触电者，以防自身触电。

（3）对于呼吸及心跳停止的触电者则应立即进行人工呼吸或心脏胸外挤压，并及时拨打急救电话，向医疗单位求救。

### 五、烫伤烧伤

#### (一) 预防措施

(1) 将过热物品放置于小学生拿不到的地方。

(2) 冬季使用火炉应用铁网围住,使用电器取暖时应有成人在场。

(3) 教师应对小学生进行安全教育,避免其因好奇玩弄明火导致受伤。

#### (二) 处理方法

儿童发生烫伤后,不要急于脱去贴身衣服,应立即用大量冷水冲淋烫伤或烧伤部位,减低其严重程度,等冷却后再小心地将贴身衣服脱去,必要时可用剪刀剪开,以免撕破后形成水泡。若伤势较轻,可用红花油等药物涂抹患处,若伤势较重,经简单处理后,应立即送往医院救治。

### 六、中毒

#### (一) 预防措施

(1) 保证儿童食物的清洁、新鲜无毒,过期腐败食物不可食用。

(2) 培养儿童良好的饮食习惯,教育小学生不要随便采集野生植物及野果。

(3) 规范放置药品,防止儿童误服,喂药前要认真核对,对变质和标签不明的药物切不可服用。

(4) 冬季室内使用煤炉时注意通风,避免引起一氧化碳中毒。

(5) 日常使用的灭虫害药品及农药更要妥善保管好,避免儿童接触。

#### (二) 处理方法

(1) 清除毒物,口服中毒者可根据病情采取催吐、洗胃、导泻或灌肠等方法迅速排出毒物。

(2) 皮肤接触者,立即脱去已污染的衣物,用清水反复冲洗皮肤;化学药品中毒者可先用干布擦干药品再冲洗。

(3) 吸入中毒者应立即撤离现场,吸入新鲜空气,保持呼吸道畅通。

(4) 腐蚀性中毒,可饮用鸡蛋清、牛奶,以起到保护胃粘膜、延缓毒物吸收的作用。

### 七、常见外伤及其处理

儿童天生活泼好动,自我保护意识差,极易发生意外伤害。儿童常见的外伤有:擦伤、刺伤、扭伤、割伤等。

#### (一) 擦伤

用干净的生理盐水或清水清洗伤口,清除杂物,盖上消毒纱布,按压止血;外用创可贴或云南白药,保持伤口通风,避免其感染。

## (二)刺伤

用高锰酸钾溶液清理伤口,用过氧化氢进行消毒,并送医院进一步处理。

## (三)扭伤

24小时内用冰敷,用冰块或毛巾反复多次冷敷,每次20~30分钟,间隔10~20分钟进行一次,并检查皮肤温度;24小时后用热敷,促进血液循环,若出现骨折应去医院检查治疗。

## (四)割伤

用清水清洗伤口并消毒,盖上消毒纱布,包扎固定。若情况严重可采取:

(1)压迫止血法。即用纱布、手帕等按住伤口,再用力把伤口包扎起来。

(2)止血点止压法。即找到止血点用力按住,让心脏流出的血液不能顺畅地流向伤口。止血点指伤口附近靠近心脏的动脉点。

(3)止血带止血法。严重流血不止时,可用止血带绑在止血点上扎紧,每隔15分钟略松开一次,避免组织坏死,最好在40分钟以内送至医院救治。

## (五)鼻出血

由于天气干燥、小学生不良的抠鼻行为以及无意之间打闹碰到鼻子等原因,小学生容易出现流鼻血的情况。遇到小学生流鼻血,可采取以下措施:一般采取坐位或前倾坐位,同时做前额部冷敷,这是利用末梢血管遇冷收缩的原理以期达到止血的目的。

(1)保持冷静。过度紧张会引起血压升高,进而导致出血量增加。

(2)稍微低头。如果高仰着头,血液由于重力倒流到咽喉甚至呛入到气管,这样不利于呼吸和观察出血量,所以出血时稍微低头。

(3)局部压迫。即用食指和拇指紧压两侧鼻翼5~10分钟利用鼻翼压迫鼻中隔易出血区止血。

(4)冷敷额颈。由于头颈部有大血管,通过冷敷,可以收缩血管减缓出血。

---

**真题链接**

1. (2015年上半年选择题)学生上体育课时很容易不小心骨折,下列对骨折病人的现场急救措施有误的一项是(　　)。

    A. 若受伤肢体肿胀严重或活动受限时,应剪开衣服,尽量避免不必要的搬动

    B. 骨折后发生的肢体弯曲、扭转等畸形要及时复原

    C. 切忌用不干净的物品填充伤口

    D. 尽快就地取材,如用薄木板、竹板、硬纸板、木棍等制作夹板,固定患部

**2.** (2014 年上半年选择题)当学生摔倒后出现头疼、恶心等轻微脑震荡症状时,教师不宜采取以下哪种方式?(　　　)

    A. 电话通知家长,具体告知情况

    B. 送校医务室或附近医院就诊

    C. 卧床休息,适当减少饮水和进食量

    D. 按摩并热敷受伤的部位

**3.** (2013 年下半年简答题)请看下图,并回答问题。

(1) 图中学生在安全用电方面犯了哪些常识性错误?

(2) 你认为小学教师应从哪些方面进行安全教育?

# 第三节　小学生心理健康与心理辅导

## 一、小学生心理健康

### (一) 心理健康的概念

心理健康是一种良好的、持续的心理状态和过程,表现为个体具有生命的活力、积极的内心体验和良好的社会适应能力,能够有效地发挥个人的身心潜力以及作为社会一员的积极的社会功能。心理健康是个人心理活动在自身和环境条件允许的范围内所能达到的最佳功能状态,它至少包括两层含义:一是无心理疾病;二是有积极发展的心理状态。

### (二) 小学生心理健康的目标

2012 年教育部出台的《中小学心理健康教育指导纲要(修订)》中明确提出小学生心理健康的目标是:提高全体学生的心理素质,培养他们积极乐观、健康向上的心理品质,充分开发他们的心理潜能,促进学生身心和谐可持续发展,为他们健康成长和幸福生活奠定基础。

**真 题 链 接**

1. (2013 年上半年选择题)小学心理健康教育的总目标是( )。
   A. 提高学生的心理素质
   C. 矫正学生的问题行为
   B. 发展学生的能力
   D. 提高学生的成绩

### (三)小学生常见的心理障碍

#### 1. 儿童多动综合症

儿童多动综合症是一种比较常见的以注意力缺陷和活动过度为主要特征的行为障碍综合症。患病儿童多在七岁前就有异常表现。从总体上看,男孩多于女孩。

多动症儿童智力是正常或基本正常的,其主要的行为特征有:活动过度、注意力不集中、行为冲动和学习困难。

#### 2. 学习困难综合症

学习困难综合症是一种学习技能的发展障碍。这类儿童并非呆傻或者愚笨,而是从发育的早期阶段起,获得技能的正常方式受损,在小学生中比较多见。其主要行为表现有:缺少某种学习技能,包括朗诵阅读、计算困难、绘画困难和交往困难等。

在诊断学习困难综合症时,应注意与儿童多动症的区别。多动症儿童一般也会有学习困难的症状,但这种学习困难主要是由注意力缺陷、好动冲动和行为障碍造成的;而患有学习困难综合症的学生,则没有上述多动症的表现,他们在个性发展上是健康的,不存在多动症儿童表现出来的情绪和行为问题。

#### 3. 儿童过度焦虑反应(焦虑症)

儿童过度焦虑反应是儿童情绪障碍的一种表现。在小学生中,常见的焦虑反应是考试焦虑,其主要表现是:随着考试临近,心情极度紧张,考试时不能集中注意力,无法发挥正常水平,考试后又不能持久地放松下来。学生焦虑症产生的原因主要是学校的考试以及升学的持久的、过度的压力,使学生缺乏内在的自尊心和价值感;家长对子女过高的期待;学生个人过分地争强好胜,学业上多次失败的体验;某些儿童具有容易诱发焦虑反应的人格基础等。

#### 4. 儿童强迫症

强迫症是焦虑症的一种,包括强迫观念和强迫动作。强迫观念是个体身不由己地思考他不想考虑的事情,明知不合理和没必要,但无法摆脱。如强迫回忆、强迫疑惑。强迫动作是强迫观念在行为上的反应,是指个体按照一定的规则或刻板的做出重复的动作,如强迫洗手、强调计数、反复检查和强迫性仪式动作等。大多数的人都有过强迫症状,但只有当它干扰了我们的正常生活时,才是强迫症。

#### 5. 儿童厌学症

儿童厌学症又称学习抑郁症,是指学生消极对待学习活动的行为反应模式,是由于人为因素造成的儿童情绪上的失调状态,也是小学生中最为常见的心理疾病之一。儿童厌学症主要表现有:对学习不感兴趣,讨厌学习。一提到学习就头痛,看到作业就心烦意乱、焦躁不安。他们对教师或家长有抵触情绪,学习成绩较差,有的还兼有品德问题。儿童厌学情绪严重或受到一定诱因影响时,往往会发生旷课、逃学或辍学现象。

## 二、小学生心理辅导

心理辅导是指在一种新型的建设性的人际关系中,心理辅导教师运用其专业知识和技能,给学生以合乎其需要的协助与服务,帮助学生正确地认识自己,认识环境,依据自身条件,确立有益于社会进步与个人发展的生活目标,克服成长中的障碍,增强与维持学生心理健康,使其在学习、工作与人际关系各个方面能够适应。心理辅导的一般目标归纳为两个方面:一是学会调适,包括调节和适应;二是寻求发展。

### (一)小学生心理辅导的基本要求

第一,面向全体学生,为全体学生服务。

第二,以预防心理疾病为主,开展普及心理健康教育知识为主的辅导活动。

第三,尊重和理解学生。这是心理辅导最基本的条件。

第四,尊重学生的主体地位。心理辅导过程中,应激发和调动学生自我心理发展的自觉性和积极性。

第五,个别化对待每个学生。要根据学生的心理特点,采取因材施教的方法,有针对性地进行辅导。

第六,以发展的眼光看待学生的心理状况,不能歧视学生。

### (二)小学生心理辅导的方法

#### 1. 行为改变的疗法

(1)强化法。又称正激励,主要用来培养新的适应行为。根据学习原理,一种行为发生后,如果紧跟着一个强化刺激,这种行为很可能再一次发生。例如,一个上课不敢发言的学生,一旦在某次课上发言后得到了教师的表扬和肯定,那么该学生以后可能会更敢于在课堂上发言。

(2)代币奖励法。代币是一种象征性强化物,如筹码、小红星、盖章的卡片、特制的塑料币等都可作为代币。当学生做出教师所期待的良好行为后,教师可发给学生相应数量的代币作为强化物。该方法在治疗学生上课注意力不集中、做小动作及其他不良行为等方面都取得很好的疗效,可广泛用于学生不良行为的矫正。

(3)行为塑造法。行为塑造法是指通过不断强化逐渐趋进目标的反应,来形成某种较复杂的行为。有时教师所期望的行为在某学生身上很少出现或很少完整地出现,此时可以依次强化那些渐趋目标的行为,以最终达到塑造行为的目的。例如,用行为塑造法可让缄默无语的孩子开口说话。

(4)暂时隔离法。当小学生有不良行为发生后,将他立即置于一个单调、乏味的地方,使其对新的环境产生厌恶情绪来矫正不良行为。该方法可以使用定时器,定时器响后,方可离开,隔离结束,同时询问小学生被隔离的原因,但不要求学生道歉或保证。暂时隔离意味着奖励、强化、关注、有趣活动的终止。

(5)示范法。通过观察和模仿榜样行为来影响自身行为。示范有各种形式:辅导教师的示范、媒介提供的示范、角色的示范等。模仿学习的机制是替代强化。替代强化指学习者因榜样受强化而使自己也间接受到强化。

(6)惩罚法。又名负激励,其作用是消除不良行为。惩罚有两种:一种是在不良行为出现后,呈现一个厌恶刺激,如否定评价,给予处分;另一种是在不良行为出现后,撤销一个愉快刺激,如让一个犯错的学生失去休息或者玩的机会。

(7)自我控制法。是指让当事人自己运用学习原理,进行自我分析、自我监督、自我强化、自我惩罚,以改善自身行为。其优势是强调了学生个人的责任感。教师应引导学生进行自我分析,培养其自我控制的能力。

### 2. 行为演练疗法

(1)全身松弛训练。全身松弛法,或称松弛训练,是通过改变肌肉紧张,减轻肌肉紧张引起的酸痛,以应对情绪上的紧张、不安、焦虑和气愤。

全身松弛法有不同的操作方式,紧张、松弛对照训练是最常见的一种。其要点是,训练者要学会接受自身生理状态的信息,辨认肌肉紧张、放松的感觉,对肌肉做"紧张—坚持—放松"的练习,从紧张与放松的感觉对比中学会放松;对全身多处肌肉按固定次序依次放松,每日练习,坚持不断。

(2)系统脱敏法。是指某些人对某物或某事些事物和环境产生敏感反应时,可以在当事人身上发展起一种不相容的反应,使其对本来可引起敏感反应的事物,不再发生敏感反应。脱敏法可分为系统脱敏和现实脱敏,适用于以焦虑为主导症状的行为障碍。例如,对于一个过分怕猫的学生,可以先让他看猫的照片,谈论猫,再让他远远地观看猫,靠近猫,最后让他摸猫,消除对猫的惧怕反应。

---

**真 题 链 接**

**2.** (2016年下半年选择题)在下列矫正学生行为的方法中,不属于行为疗法的是(　　)。

　　A. 强化法　　　　B. 暂时隔离法　　C. 系统脱敏法　　D. 合理情绪疗法

---

### 3. 来访者中心疗法

(1)特点:教师以来访者为中心,重复调动他们的潜能,从而进行自我治愈;采用一种非指导性的咨询方式,不能操纵和支配来访者,尽量少提问题,避免代替求助者做出决定;心理咨询是来访者逐步自我调整、自我成长、自我控制的过程。

(2)咨询师的基本治疗态度:真诚地交流、无条件的积极关注、促进共情。共情又称作同感、同理心;共情是一种咨询师能够感受来访者感受的能力。如换位思考就是一种共情。

与之相近但并不相同的一个概念是"移情"。移情是指来访者对咨询师产生的一种强烈的情感,使来访者将自己过去对生活中某些重要人物的情感投射到咨询师身上的过程。如小学生在咨询过程中非常信赖心理咨询的老师,就是一种移情。移情也可以反向产生,出现反移情。所谓反移情是指咨询师把对生活中某个重要人物的情感、态度和属性转移到了来访者身上。

**真题链接**

**3.** (2018年上半年选择题)教师经常会采用"换位思考"的方式进行心理辅导,其背后的心理机制是( )。

    A. 激情          B. 共情          C. 热情          D. 反移情

**4.** (2017年下半年选择题)接受心理辅导后,小欣非常信任和依赖刘老师,内心里已把她当成妈妈,这属于( )。

    A. 移情          B. 共情          C. 同情          D. 反移情

### 4. 理性(合理)情绪疗法

心理学家埃利斯提出理性情绪辅导方法。他认为,错误的思维方式或非理性信念是情绪和行为问题产生的根本原因,消除不合理认知是解决求助者心理问题的关键。也称合理情绪疗法。操作步骤如下:

(1) 找出不合理信念及思维方式。通过与来访者之间的交流,找出来访者所关注与困扰的问题及问题背后不合理的信念及思维方式,帮助他们弄清楚为什么会变成这样,怎么会发展到目前这样,讲清楚不合理的信念与他们的情绪困扰之间的关系。这一步要注意以理解、关注、尊重、同情、积极的态度与来访者交谈,与来访者建立良好的咨访关系,帮助来访者树立自信心。

(2) 找出不合理信念的影响。坦白和真诚地向来访者提出他们自身存在的不合理信念对其生活的影响,使来访者明确情绪困扰的真实原因在于自身的不合理认知,他们自己应当对自己的情绪状态及事态发展负责任。

(3) 与不合理信念辩论。通过以与不合理信念辩论方法为主的治疗技术,帮助来访者认清其信念的不合理性,改变其头脑中固有的不合逻辑与现实的认知,进而做到放弃这些不合理的信念,并要防止新的不合理信念的产生。这是治疗中最重要和最关键的一环。

(4) 治疗者要保持耐心。治疗者要保持耐心和毅力,不仅要帮助求治者认清并放弃某些特定的不合理信念,而且要从改变他们常见的不合理信念入手,帮助他们学会以合理的思维方式进行思维,代替不合理的思维方式,以避免不合理信念对其情绪的干扰。

心理辅导的方法还有很多,如讨论法、游戏法、价值澄清、心理训练等。心理辅导教师应根据辅导的目标、内容、辅导的形式与途径采用最恰当的心理辅导方法,取得最佳辅导效果。

### (三)小学生心理辅导的途径

第一,开设专门的心理教育和心理辅导活动课。

第二,在各学科的教学中渗透心理辅导的内容。

第三,结合班级、少先队活动开展心理辅导活动。

第四,开展个别心理辅导活动。如老师单独对一个学生进行沟通交流辅导。

第五,开展小组辅导,可进行小组心理剧或游戏辅导。

第六,开展对小学生家庭的心理辅导教育。

**真 题 链 接**

**5.** (2012年上半年简答题)简述学校心理辅导的含义及途径。

## 巩固练习

### 一、单项选择题

1. 通过不断强化逐渐趋近目标的反应,来形成某种复杂的行为这是(  )。
    A. 示范法　　　B. 系统脱敏法　　C. 惩罚法　　　D. 行为塑造法

2. 持久性心境低落为(  )。
    A. 焦虑症　　　B. 抑郁症　　　C. 强迫症　　　D. 恐惧症

3. 鼻出血时,可以(  )。
    A. 用热毛巾敷前额　　　　　　B. 用冷毛巾敷前额
    C. 用纸张堵鼻孔　　　　　　　D. 头往后仰

4. 小学生在学校发生轻微烫伤后,教师应及时处理,可采取的措施有(  )。
    ① 在烫伤处冲冷水降温　　　　② 脱去烫伤处的衣服
    ③ 送医院处理　　　　　　　　④ 通知家长来学校处理
    ⑤ 直接包扎烫伤处　　　　　　⑥ 涂抹烫伤药物
    A. ①④⑤　　　B. ①②⑥　　　C. ②③⑤　　　D. ③④⑤

5. 小明的手很干净,但他却总是禁不住反复洗手,明知这种做法不对,可就是控制不住,这说明他患有(  )。
    A. 抑郁症　　　B. 焦虑症　　　C. 强迫症　　　D. 恐惧症

6. 教师如发现学生中有人出现流感症状,应(  )。
    A. 迅速通知家长,立即治疗,待完全康复后再返回学校
    B. 观察一段时间,如果学生病情稳定且有好转可继续上课,如果病情恶化,再送医治疗
    C. 建议学生购买感冒药进行治疗
    D. 将该学生进行隔离

7. 水痘是儿童的常见病,若班上有儿童出水痘,教师应该(  )。
    A. 立即采取隔离,教室消毒　　B. 要对全校教室和操场消毒
    C. 向校领导汇报坚持上课　　　D. 通知家长带孩子去医院就诊

8. 肥胖症发生的主要诱因是(  )。
    A. 遗传因素　　　　　　　　　B. 过食、缺乏适当的体育锻炼

C. 内分泌疾患                    D. 精神因素

9. 营养性贫血是因缺乏造血所必需的(      )、叶酸等营养物质所致。

    A. 碘              B. 磷              C. 锌              D. 铁

10. 小学生游戏时摔倒扭伤并有少量出血,教师的正确做法是(      )。

    A. 止血带绑在伤口上方,注意保暖

    B. 纸巾盖上伤口,电话通知家长

    C. 冷毛巾敷伤口,立即送往医院

    D. 清洁水冲洗伤口,消毒纱布包扎


## 二、材料分析题

阅读下列材料,回答问题。

小星是一名五年级学生,学习认真、刻苦,成绩一直不错。在一次期中考试时由于感冒发烧没有考好,结果成绩下滑,受到了老师的批评(老师不知她带病考试)。此后,每当面临考试时小星都很紧张。在考试前几天就开始担心,害怕考试失败,为了能考好,她考前每天都复习得很晚。考试时,小星经常感到注意力很难集中,脑子里也一片空白,明明掌握的知识也都忘记了。同时还伴随着紧张、心慌、手发抖、出汗、小便急、全身绷紧等症状。可考后她发现这些题目都会做,只是由于没发挥好而失败,因而更加害怕考试。为此,小星非常痛苦,不知道如何摆脱。

问题:

(1) 小星的这种症状是一种什么心理问题?

(2) 本案例中,造成这一心理问题的主要原因有哪些? 针对她的问题应该采取什么方法进行治疗?

# 班级管理

答案与解析
相关拓展学习

## 备考指南

### 一、考纲要求

1. 了解小学班级管理的一般原理。

2. 了解小学班主任的基本职责。

3. 了解小学班队活动的基本类型。

4. 了解小学课外活动的基本知识。

5. 掌握小学班级管理的基本方法。

6. 掌握组织小学班级活动的基本途径和方法。

7. 能够针对班级实际和小学生特点,分析班级日常管理中的现象和问题。

8. 能够整合各种教育资源,组织有效的班队活动,促进小学生健康成长。

### 二、考点分析

1. 本模块知识点在历年考试中大多以选择题、简答题和材料分析题的形式进行考查。客观题(单项选择题)有 0~1 个,分值为 0~2 分;简答题有 0~1 个,分值为 0~10 分;材料分析题为 0~1 个,分值为 0~20 分。总分值约占 10%~20%。

2. 考试重点集中在:① 班级与班级管理;② 班主任工作;③ 班级活动;④ 班队活动;⑤ 课外活动。

### 三、学习建议与备考策略

1. 研习考试大纲,把握考试重点。

2. 识记理解有关概念、原理。

3. 结合具体教育现象对原理加以运用。

## ★ 知识树

```
                          ┌ 班级与班级管理 ┌ 班级与班集体
                          │               └ 班级管理概述
                          │               ┌ 班主任的职责与任务
                          ├ 班主任工作概述 ┤ 班主任的基本素养
                          │               └ 班主任工作的内容
                          │               ┌ 班队活动 ┌ 班队活动的含义
                          │               │          └ 班队活动的基本类型
                          │               │          ┌ 课外活动的含义与特点
                          │               │          │ 课外活动的任务与作用
  班级管理 ┤              ├ 班级与班队活动 ┤ 课外活动 ┤ 课外活动的内容
                          │               │          │ 课外活动的组织形式
                          │               │          └ 课外活动的指导
                          │               │          ┌ 班级活动的意义
                          │               └ 班级活动 ┤ 组织班级活动的基本途径
                          │                          └ 小学班级活动的方法
                          │                    ┌ 班主任与家长
                          └ 教育资源的整合与协调 ┤ 整合社区教育资源
                                               └ 校内教育力量协调一致
```

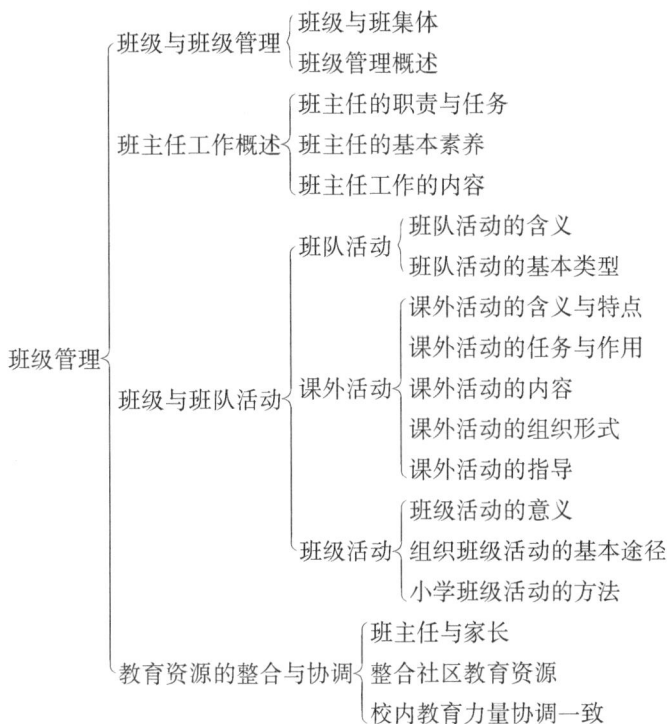

# 第一章　班级与班级管理

## 考点分析

1. 本章知识点在历年考试中大多以选择题、简答题和材料分析题的形式进行考查。

2. 考试重点集中在班集体的形成阶段、班级管理的模式、突发问题的处理等,尤其要掌握突发问题的处理原则和方法。

### 一、班级与班集体

#### (一) 班级

班级是学校为实现一定的教育目的,将年龄相仿、文化程度大体相同的学生按一定的人数规模建立起来的教育组织。

### (二)班集体

#### 1.班集体的概念

班集体是按照班级授课制的培养目标和教育规范组织起来的,由具有明确的奋斗目标、坚强的领导核心及良好纪律和舆论的班级学生所组成的活动共同体。

#### 2.班集体的基本特征

一个成熟的班集体,一般具备以下四个基本特征:

(1)明确的共同目标。当班级成员具有共同的目标定向时,群体成员在实现目标的过程中便会在认识上、行动上保持一致。这是班集体形成的基础。

(2)一定的组织结构。班级中的每个成员都是通过一定的班级机构组织起来的。按照组织结构建立相应的机构,控制着班级成员之间的关系,从而完成共同的任务和实现共同的目标。

(3)一定的共同生活准则。健全的集体不仅要有一定的组织结构,而且受到相应的规章制度的约束,并取得集体成员认同的、大家自觉遵守的行为准则作为完成学生共同任务和实现共同目标的保证。

(4)集体成员之间平等、心理相容的氛围。在集体中,成员之间在人格上应处于平等的地位,在思想情感和观点上比较一致;成员个体对集体有自豪感、依恋感、荣誉感等肯定的情感体验。

**真题链接**

**1.**(2014年上半年简答题)简述建立良好班风的基本措施。

## 二、班级管理概述

### (一)班级管理的概念

班级管理是教师根据一定的目的要求,采用一定的手段措施,带领班级学生,对班级中的各种资源进行计划、组织、协调、控制,以实现教育目标的组织活动过程。班级管理是一种有目的、有计划、有步骤的社会活动,体现了教师与学生之间的双向活动。班级管理的对象是班级中的各种资源,主要对象是学生,管理的主要手段有计划、组织、协调和控制。

### (二)班级管理的功能

第一,有助于实现教学目标,提高学习效率。

第二,有助于维持班级秩序,形成良好的班风。

第三,有助于锻炼学生能力,让学生学会自治自理。

### （三）班级管理的内容

#### 1. 班级组织的建设

班级组织建设主要包括班级组织机构的建立和班级组织规范体系的建立。其中班级组织分为班委会制度、值周班长制、各种类型的小组、班级学生会议制度；班级组织规范体系的建立包括班级组织制度、行为规范、集体舆论和班风。班级组织建构的首要原则是有利于教育。

#### 2. 班级日常管理

班级日常管理的内容包括思想管理、纪律管理、学习常规管理等内容。思想管理是指对学生的基本思想进行引导、教育和规范。纪律管理是班级常规管理中最重要的内容。学习常规管理包括学习态度的管理及教育和学习活动的常规管理。

#### 3. 班级活动的管理

班级活动是学校教育活动的重要组成部分，是班级教育的重要形式，也是发展学生素质的基本途径。班级的教育管理是通过各种活动实现的，组织开展相关活动是班级管理的重要内容。

#### 4. 班级教育力量的管理

班级的主要管理者是班主任。班级教育力量的管理主要是指班主任对影响班级发展的各种教育力量的协调，主要包括学校教育力量、家庭教育力量以及社会教育力量。

### （四）班级管理的模式

#### 1. 常规管理

常规管理是指通过制定和执行规章制度去管理班级的经常性活动。班级常规管理是建立良好班集体的基本要素。

#### 2. 平行管理

平行管理是指班主任通过对集体的管理去间接影响个人，又通过对个人的直接管理去影响集体，从而把对集体和个人的管理结合起来的管理方式。平行管理的提出者是马卡连柯。

#### 3. 民主管理

民主管理是指班级成员在服从班集体的正确决定和承担责任的前提下，参与班级管理的一种管理方法。

#### 4. 目标管理

目标管理是指班主任与学生共同确定班级总体目标，然后转化为小组目标和个人目标，使其与班级总体目标融为一体，形成目标体系，以此推动班级管理活动，实现班级目标的管理方法。

### (五) 班级管理的原则

#### 1. 方向性原则

方向性原则就是指班级管理工作必须坚持正确的方向,用正确的思想引导学生。这是班级工作受社会政治、经济制约的客观规律的反映,也是我国社会主义教育的性质、目的、任务及其特点所决定的。

#### 2. 全面管理原则

学生管理与一般管理活动相比有其独特性,它要实现全体学生德、智、体、美全面发展的教育目标。因此,学生管理必须面向全体,从整体着眼。

#### 3. 自主参与原则

自主参与原则是指班级成员参与管理,发挥其主体作用。学生自主意识较强,他们是班级的被管理者,也是管理者,一旦他们真正参与管理,班级管理效率将会成倍提高,班级的发展将获得强大的原动力。

#### 4. 教管结合原则

教管结合原则是指把班级的教育工作和对班级的管理工作辩证地统一起来。具体地说,就是班级管理者对学生既要坚持正面引导,耐心教育,又要凭借必要的规章制度要求学生,约束其行为,实行严格地教育管理。只有这样,才能获得教育的实际效果。

#### 5. 全员激励原则

全员激励原则指的是激励全班每个学生,充分发挥他们的智力、体力等各方面的潜能,实现个体目标和班级总目标。

#### 6. 平行管理原则

平行管理原则是指管理者既通过对集体的管理去间接地影响个人,又通过对个人的直接影响去影响集体,从而把对集体和个人的管理结合起来,以收到更好的管理效果。

### (六) 班级管理的方法

#### 1. 调查研究法

调查研究法是班级教育管理者了解班级学生和班级整体情况,把握班级特点,解决班级教育管理问题的方法,一般可以通过访问、座谈会、问卷等具体方式。

#### 2. 目标管理法

目标管理法是班级教育管理者和班级学生根据社会发展要求、学生任务和班级实际情况,共同规划班级或个体在一定时间内要达到的目标,并将目标分解成一定的层次,逐级落实,通过采取一定的措施,努力实现目标的一种管理办法。

#### 3. 情境感染法

情境感染法是班级教育管理者利用或创设各种教育情境,以境育情,使学生在情感上受到感染的方法。

### 4. 规范制约法

规范制约法是用规范、制度等约束学生行为，促使学生逐步形成良好行为习惯的方法。在运用规范制约法时，要注意：第一，引导学生共同制定班规，从而使班规得到一致的认同；第二，注意加强指导和监督，防止规范软化现象；第三，适当运用奖惩手段，优化规范法运用效果；第四，教师要起榜样作用。

### 5. 舆论影响法

舆论影响法是班级教育管理者通过健康向上的集体舆论，营造积极的、浓厚的班级学习与生活的环境氛围，从而对身处其中的每个学生产生潜移默化的影响的方法。健康的班级舆论是良好集体形成的重要标志之一。

### 6. 心理疏导法

心理疏导法是班级教育管理者运用心理学知识、方法，对学生给予辅导、疏导或进行沟通，解开学生心理症结，使学生保持心理平衡，促进其心理发展的方法。心理疏导法的常用方式有心理换位法、宣泄疏导法和认知疏导法三种。

### 7. 行为训练法

行为训练法是指在学生的日常学习、生活、劳动等实践活动中，班级教育管理者运用心理学的行为改变技术对学生的错误行为进行矫正，使其知行统一，形成良好的行为习惯的方法。

## （七）班级管理中的问题应对

### 1. 当前班级管理存在的问题

（1）班主任对班级实施管理的方式偏重于专断型。班级管理无形中受到分数与教师权威的双重制约。由此形成班级管理的极为简单的因果关系：学得好的，受到鼓励并越来越好；学得差的，受到批评并越来越差；受到鼓励的，不断进步为"好学生"；受到批评的，逐渐退化为"双差生"。班级管理成为教师实施个人专断管理的活动过程。

（2）班级管理制度缺乏活力，学生参与班级管理的程度较低。在班级中设置班干部，旨在培养学生的民主意识与民主作风，学会自治自理。而当今的中小学却存在这样一些问题：班级干部相对固定，使一些学生养成了"干部作风"，不能平等地对待同学，而多数学生希望能为班级做点事，却缺少机会。这说明在班级管理中，班干部特殊化、多数学生在班级管理中缺乏自主性是普遍存在的问题。

### 2. 建立以学生为本的班级管理机制

（1）以满足学生的发展需要为目的。班级活动中最主要的要素是学生。在这一实践活动中，学生既是对象，又是目的。因此，满足学生发展的需要既是班级活动的出发点，又是班级活动的最终归宿。班级管理的实质就是要让学生的潜能得到尽可能地开发。

（2）确立学生在班级中的主体地位。现代班级管理强调以学生为核心，建立一套能

**135**

够持久地激发学生主动性、积极性的管理机制,确保学生的持久发展。

(3) 训练学生自我管理班级的能力。以训练学生自我管理能力为主的班级管理制度改革的重点是:适当增加"小干部"岗位,同时进行"小干部"轮换;按照民主程序选举干部;使小干部从"教师的助手"变成"学生的代表";把学生的注意力,从当干部引向当"合格的班级小主人";把以教师为中心的班级教育活动转变为学生的自我教育,即把班级集体作为学生自我教育的主体。

**真题链接**

2. (2012年上半年简答题)小学班级管理的基本方法。

3. (2014年下半年材料分析题)为让班会开得更成功,我选了一篇课文改成剧本,准备排演课本剧。第二天,我在班上说了这一想法,很多同学都表示赞同。这时,我听到小雯和同桌小声议论:"老师怎么选这篇课文,又长又不好读。""你管呢,让你演什么就演什么呗。""我可不想演。"听到这儿,我心一沉。下课后,我请小雯来办公室,让她谈谈自己的想法。她说:"老师,我觉得您选的课文不好。而且每次您都是写好的剧本让我们演,能不能让我们自己试一试?"她的话让我突然意识到他们长大了,并不希望老师什么都"包办代替"。于是,我把这项任务交给了小雯,她高兴地接受了。接下来,她就忙着和同学选课文、编剧和做道具……其间还请我做参谋。班会如期召开,课本剧表演非常成功。

问题:

(1) 谈谈本案例在班级管理方面给你的启示。

(2) 作为班主任,应树立怎样的学生观?

4. (2017年下半年材料分析题)一天中午,六年级学生正在操场上打篮球,突然,小海和小冰扭打在一起。吴老师看到了这一幕,迅速走上前去,严厉地看着他俩,一言不发,看到吴老师,他俩停止了打斗,吴老师说:"瞧你俩刚才的样子,好像恨不得把对方吃了,打球时发生碰撞是很正常的,你们竟然大打出手,这样做你们觉得合适吗? 我现在不追究谁对谁错,只想问一句,这件事是你们自己处理呢,还是我来处理?"他们相互看了看,说:"我们自己处理。"几分钟后,他俩言归于好,并向吴老师承认了错误。

问题:

(1) 评析吴老师对学生冲突的处理方式。

(2) 结合材料简述教师处理学生冲突的基本要求。

# 第二章 班主任工作概述

## 考点分析

1. 本章知识点在历年考试中大多以选择题、简答题和材料分析题的形式进行考查。

2. 考试重点集中在班主任的角色定位和工作内容等,尤其要理解并识记班主任的工作内容。

### 一、班主任的职责与任务

班主任产生于班级授课制。《中小学班主任工作规定》指出:班主任是中小学日常思想道德教育和学生管理工作的主要实施者,是中小学生健康成长的引领者,班主任要努力成为中小学生的人生导师。

《中小学班主任工作规定》中提到的班主任的职责与任务是:

第八条 全面了解班级内每一个学生,深入分析学生思想、心理、学习、生活状况。关心爱护全体学生,平等对待每一个学生,尊重学生人格。采取多种方式与学生沟通,有针对性地进行思想道德教育,促进学生德智体美全面发展。

第九条 认真做好班级的日常管理工作,维护班级良好秩序,培养学生的规则意识、责任意识和集体荣誉感,营造民主和谐、团结互助、健康向上的集体氛围。指导班委会和团队工作。

第十条 组织、指导开展班会、团队会(日)、文体娱乐、社会实践、春(秋)游等形式多样的班级活动,注重调动学生的积极性和主动性,并做好安全防护工作。

第十一条 组织做好学生的综合素质评价工作,指导学生认真记载成长记录,实事求是地评定学生操行,向学校提出奖惩建议。

第十二条 经常与任课教师和其他教职员工沟通,主动与学生家长、学生所在社区联系,努力形成教育合力。

### 二、班主任的基本素养

#### 1. 思想品德素养

对班主任来说,需要具备良好的思想道德素质主要有三个方面:第一,正确的政治方向、鲜明的政治观点和辨别是非的能力;第二,坚定教育信念,热爱全体学生;第三,团结协作,为人师表。

#### 2. 知识素养

对班主任知识结构总的要求是要有雄厚的基础知识,精深的专业知识,相关的科学知识和必备的教育学、心理学理论知识。其中,基础知识是根本,专业知识是核心,相关的科学知识是条件,教育学、心理学理论知识是动力,从而构成合理的知识结构。

### 3. 能力素养

能力素养包括思想教育能力、组织管理能力和果断决策的能力。

### 4. 身体素养

身体素养不仅会影响班主任工作的深度和广度,也会影响班主任才能的发挥,影响工作效果。

### 5. 心理素养

现代教育对班主任的心理素养要求越来越高,班主任应该具备稳定的情绪、良好的性格和坚强的意志。

## 三、班主任工作的内容

班主任工作的内容主要有八个方面:了解学生、组织和培养良好的班集体、建立学生档案、个别教育工作、开展班会活动、协调各种教育影响、操行评定、写好工作计划与总结。

### (一) 班主任的常规工作

#### 1. 了解和研究学生

了解和研究学生是班主任做好班级工作的前提和基础。班主任了解学生包括对学生个体的了解和对学生群体的了解两部分。班主任了解和研究学生的方法主要有四种:第一,观察法。这是班主任了解学生最基本的方法。第二,谈话法。通过集体谈话和个别谈话深入了解真实可靠的情况。第三,书面材料和学生作品分析法。班主任通过问卷调查、心理测试等书面材料以及学生的作业(如作文、试卷、图画等)了解学生。第四,调查访问。这是一种间接了解学生的方法,可以通过家访、走访学生前任班主任或任课老师等,了解学生个体或群体的成长经历,深入了解有关情况。

**真题链接**

**1.** (2012年下半年选择题)保证班主任工作科学性、针对性和实效性的前提是( )。

    A. 教导学生     B. 指导学生     C. 辅导学生   D. 研究学生

**2.** (2014年下半年选择题)小学班级管理中,既是做好班主任工作的基础条件,又是决定班主任工作成效的主要因素是( )。

    A. 班主任工作职责        B. 班主任自身素质

    C. 班级学生的质量        D. 对班级学生的了解

**3.** (2018年上半年选择题)班主任李老师常常与学生协同处理各项班级事务,并鼓励学生积极参与对话互动交流,敢于质疑,这种班级管理方式属于( )。

    A. 专制型     B. 民主型     C. 放任型     D. 对抗型

**4.** (2017年上半年简答题)简述班主任了解、研究学生主要内容。

#### 2. 组织和培养良好的班集体

组织和培养班集体是班主任工作的中心环节。具体来说,要做好四个方面:确立班集体的发展目标;建立班集体的核心队伍;建立班集体的正常秩序;组织形式多样的教育活动。

### 3. 建立学生档案

班主任在全面了解学生的基础上,对掌握的材料进行分析处理,并将整理结果分类存放,即建立学生的档案。建立学生档案一般分为四个环节:收集—整理—鉴定—保管。

学生档案有集体档案和个体档案两种。集体档案是指班主任将全体学生在各个时期各方面的表现,班级的历史、现状、趋势分析等记录下来作为今后教育集体的依据或参照的档案。个体档案是指将学生德、智、体、美、劳等方面的表现和发展动态收集起来作为个体教育依据的档案。学生档案中最常见的是学生个人档案。学生档案的内容最常见的形式有文字表述式和表格调查两种。

### 4. 班会活动

班会活动是班主任进行教育活动的重要手段,是培养优良班集体的重要方法,也是养成学生活动能力的基本途径。

班会主要包括班级例会和主题班会两大类。班级例会有晨会、周会、民主生活会和班务会四种基本形式。主题班会是班会在班主任指导下,围绕一个主题对学生进行教育的班会活动形式。主题班会从活动类型来分,可以分为体验型、讨论型、表演型、叙事型及综合型等;从主题来划分,可以分为日常主题、政治主题、阶段性主题及节日主题等。

### 5. 协调各种教育影响

个体的发展受到多种因素的影响,家庭、社会、学校等都对学生的发展产生各自的影响。班主任应协调校内外各种因素的影响,具体而言,一要统一科任教师的影响;二要统一学校领导的影响;三要统一班委会的教育影响;四要统一少先队的影响;五要统一家庭的教育影响;六要统一社会的教育影响。

### 6. 操行评定

操行评定是以教育目的为指导思想,以"学生守则"为基本依据,对学生一个学期内在学习、劳动、生活、品行等方面的小结与评价。主要由班主任负责,小学生的操行评定在低年级一般由班主任来做,到高年级可以先由学生小组互相讨论,然后由班主任写出评语。

小学教师在撰写操行评语时要注意:全面了解,实事求是,抓住主要问题,突出重点;针对性强,写出个性,语言精练、贴切;积极鼓励,饱含期待,指明努力方向。

### 7. 班主任工作计划与总结

班主任工作计划一般分为学期计划、月或周计划以及具体的活动计划。

学期计划一般包括基本情况,班级工作的内容、要求和措施,本学期主要活动与安排三个部分。班主任工作总结,是对整个班主任工作过程、状况和结局做出全面的、恰如其分的评估,进行质的评议和量的估算。班主任工作总结一般分为全面总结和专题总结。

### (二)个别教育工作

班主任要使每个学生都得到最大限度的发展就必须深入了解每一个学生,根据学生的个别特点进行教育。

### 1. 先进生教育工作

在一个班中那些思想好、学习好、纪律好、劳动好、身体好的学生一般被称为先进生。他们一般有如下心理特点:自尊好强,充满自信;强烈的荣誉感;较强的超群愿望与竞争意识。要做好先进生的教育工作,需注意:严格要求,防止自满;不断激励,弥补挫折;消除嫉妒,公平竞争;发挥优势,全班进步。

### 2. 后进生教育工作

后进生通常指那些学习积极性不高,学习成绩暂时落后,不太守纪律的学生。后进生是一个相对概念,运用时应谨慎。他们一般具有如下心理特点:不适度的自尊心;学习动机不强;意志力薄弱。要做好后进生的教育工作,应该注意:关心爱护后进生,尊重他们的人格;培养和激发学习动机;提供范例,增强是非观念;根据个别差异,采取不同的教育措施。

### 3. 中等生教育工作

中等生,又叫"中间生",是指那些在班级中各方面都表现平平的学生。中等生有两个共同点:信心不足和表现欲不强。主要分为三类,一类是思想基础较好、想干而又干不好的学生;一类是甘居中游的学生;还有一类是学习成绩不稳定的学生。要做好中等生的教育工作,班主任需要注意:重视对中等生的教育;根据中等生的不同特点有的放矢地进行个别教育;给中等生创造充分展示自己才能的机会,增强他们的自信心。

**真题链接**

5.(2013年下半年简答题)简述班主任工作的主要内容。

6.(2015年上半年简答题)简述小学教师撰写操行评语的注意事项。

7.(2016年下半年材料分析题)小辉个子矮小,家境又不好,常常受到同学们的歧视,班主任王老师多次对同学们进行教育,但收效甚微,无奈之下,王老师只好另辟蹊径。

小辉生日的早晨,同学们走进教室,惊奇地发现小辉的课桌上有一个漂亮的盒子,上面写着"天使的礼物",小辉小心翼翼地打开盒子,惊喜地看到一个生日蛋糕,在同学们生日快乐的歌声中,她愉快地和同学们一起分享蛋糕,同学们边吃蛋糕边猜测这位送礼物的天使是谁,望着同学们那一双双充满期待的眼睛。王老师说道:"天使代表着圣洁、善良,专门为人们传播真善美,她是不愿意披露自己姓名的,但她确实生活在我们中间,小辉是咱们班第一个收到天使礼物的人,我相信天使不但会把爱带给小辉,也会带给别的同学,而我们每一个同学也可以成为别人的天使,用自己的爱心,去关心需要温暖的人。"

从那以后,班里的"天使的礼物"经常出现,同学间都能相互关心,平等相处。

问题:

(1)请对王老师设计的这一活动进行评析。

(2)作为班主任,如何引导学生形成良好的班级氛围。

# 第三章　班级及班队活动

## 考点分析

1. 理解班队活动的各种类型。
2. 理解课外活动的特点,能区分不同组织形式的课外活动类型。
3. 掌握班级活动的类型和功能。

# 第一节　班队活动

## 一、班队活动的含义

班队活动是指为了实现教育目的,在教育者的引导下,班级学生或少先队员共同参与,在课堂教学以外组织开展的教育活动。新课程背景下的班队活动要以学生的全面发展为出发点和归宿,尊重学生的主体地位,激发学生的主体潜能,关注学生个性发展,关注学生对人生的认识和态度,使学生通过自身的独立思考、自主选择和参与体验探究活动,获得体验、提高认识、养成习惯、提高能力,形成良好的道德品质。

## 二、班队活动的基本类型

### (一)班会活动

班会是以班级为单位,在班主任的指导之下,一般由学生干部主持进行的全班性会务活动。班会有集体性、自主性和针对性三个特点。班会活动一般有三类:常规班会、生活会和主题班会。

#### 1. 常规班会

又称班务会,如晨会、周会等。

#### 2. 生活会

生活会是班主任根据教育目标结合班级实际,定期或不定期地组织学生讨论德、智、体等方面的长处与不足,引导学生发扬优点、纠正缺点的班会活动。

#### 3. 主题班会

主题班会是班主任依据教育目标,指导学生围绕一定主题,由学生自己主持、组织进行的班会活动。主题班会是班级活动的主要形式。

主题班会的形式有:主题报告会、主题汇报会、主题讨论会、主题竞赛、主题晚会、科技小制作成果展评会等。组织主题班会一般要经过确定主题、精心准备、具体实施、效果深化等几个阶段。

组织班会应注意：① 主题不能过于繁杂，一次班会应以解决 1～2 个问题为目的；② 要有的放矢，立足于本班实际，要有鲜明的针对性；③ 班主任要做好"导演"而不是"演员"。主题班会应以学生为主，教师不能包办。

### （二）少先队活动

少先队活动作为少先队组织最基本和最主要的工作及教育方式，就其表现形态和功能来说，它一般是指少先队根据组织目标及一定的社会需要和少年儿童特点进行的有计划、有目的的社会实践。它是少先队组织领导的，以队员为主体的群众性活动。少先队活动具有教育性、自主性、组织性、趣味性、实践性和创造性等特点。

#### 1. 少先队活动的内容

少先队活动按照教育内容来划分，有德育活动、智育活动、体育活动、美育活动；按照活动的规模来划分，有大队活动、中队活动、小队活动、区域性活动。

#### 2. 少先队活动的类型

少先队活动一般可以分为主题性活动、系列性活动、公益性活动、自治性活动、季节性活动、传统性活动、阵地性活动、小组和社团性活动、创造性活动、随意性活动等。

#### 3. 少先队活动主题的选择

① 结合节庆活动确定活动主题；② 根据队员的身心特点，引导他们走向社会，走向大自然，从精彩纷呈的大千世界中捕捉活动主题；③ 注意研究学校教育教学工作的规律和特点，顺应学校教学工作的规律，确定活动主题；④ 从少先队员的日常生活和思想中发现活动主题；⑤ 从提高能力、强健体魄、丰富知识入手，从时代前进的步伐里捕捉活动主题；⑥ 从少先队的基础工作、日常工作中寻找活动主题。

---

**真题链接**

**1.** （2012 年下半年选择题）少先队员自己确定活动形式并组织开展活动，体现少先队活动的（    ）。

　　A. 创造性　　　　B. 组织性　　　　C. 自主性　　　　D. 兴趣性

**2.** （2016 年下半年选择题）白老师在班会上声情并茂地讲述了钱学森经历艰辛回到祖国、投身科学的故事，激发起学生强烈的爱国热情。这种班会活动类型属于（    ）。

　　A. 叙事型　　　　B. 讨论型　　　　C. 表演型　　　　D. 体验型

# 第二节 课外活动

## 一、课外活动的含义与特点

### (一)课外活动的含义

课外活动是指学校在课堂教学任务以外有目的、有计划、有组织地对学生进行的多种多样的教育活动。它是学校教育的重要方面,是学生课余生活的良好形式。学校教育必须包括一定的课外活动。课外活动自身的特点对学生有强烈的吸引力,可以开阔学生的视野,促进他们的快速全面发展。

### (二)课外活动的特点

课外活动是实现教育目的的重要途径,与课堂教学相比,课外活动有其自身的特点,能够起到独特的教育作用。

#### 1. 学生参加课外活动的自愿选择性

课外活动是学生自愿选择、自愿参加的活动。课外活动符合学生的需要和特点,基本上是个别化、个性化的,有利于发展学生的爱好、特长,使学生具有参加活动的积极性。

#### 2. 课外活动内容和形式的灵活多样性

从内容上来看,课外活动不受课程计划、课程标准的限制,它的内容深度、广度,以及学习的进展速度,是以参加者的愿望、爱好、特长和接受水平来确定的。从组织形式上来看,课外活动不受班级教学的限制,它的形式十分灵活,讲求实效。

#### 3. 学生在课外活动组织上的自主性

与课堂教学相比,学生在课外活动中具有更大的自主性。富有成效的课外活动,大多是学生在教师和有关方面的指导和帮助下独立自主开展的。活动由学生自己组织、自己设计、自己动手,具有很强的实践性。课外活动是学生自己的活动,学生是课外活动的主体,教师只是活动的指导者,对学生活动的组织起辅助作用。

## 二、课外活动的任务与作用

### (一)课外活动的任务

课外活动是实现教育目的的重要途径。它的任务在于根据学生的特点组织和指导学生的课余生活,积极促进学生的全面发展,培养学生的独创性。

### (二)课外活动的作用

第一,充实学生的生活,扩大学生活动的领域,密切学生与社会的联系。

第二，激发学生的兴趣爱好，发展学生特长。

第三，培养学生的自主能力、探索意识和创造才能。

### 三、课外活动的内容

课外活动的内容，是根据教育的培养目标、课外活动的具体要求、儿童身心发展特点以及校内外实际来安排的。按照其性质可以分为：

#### （一）科技活动

科技活动是学习现代科学技术知识，进行各种科技实践性作业的活动。科技活动的主要目的是培养学生的观察、实验、设计、发明、制作等能力，以形成某一定向或某几个方面的兴趣与特长，扩大学生知识视野，激发学生学科学、爱科学、用科学的兴趣和良好作风，培养科学的态度和创新精神。科技活动内容很广泛，具体的活动内容包括制作科技小模型、采集标本、动物小观察、小饲养、小种植等，还包括举办科技知识讲座和科学家故事会、科技表演、竞赛等。

#### （二）学科活动

学科活动是一种学科性的课外学习和研究活动，一般按学科分别组织活动。这类活动是课堂教学活动的有力补充，是学校课外活动的主体部分。学科活动与课堂教学联系紧密，它以课堂讲授的知识为基础，对学科中某一领域进行拓展，注重学生学科兴趣的培养。活动的内容主要是各学科的知识性作业和对某一学科领域中的某些专题进行比较深入的探讨与研究。如语文学科课外活动，可以开展朗读、阅读交流、演讲、演课本剧比赛及书法、作文比赛等活动，以提高学生的自学能力和表达能力。数学学科可以开展口算比赛、解题比赛、实际测量、商品调查等活动，以提高计算能力和对现实生活的认知。

#### （三）文学艺术活动

文学艺术活动种类多样，以寓教于乐，活跃学生的业余文化生活，培养学生的兴趣爱好和发展他们鉴赏美、表现美、创造美的能力为主要目的。同时调剂学生的身心，保证他们精神饱满地投入学习和生活。小学文艺活动主要有歌咏、乐器演奏与欣赏、舞蹈、观看影视剧等，还可以成立写作兴趣小组、评论小组、出板报、壁报等，以生动活泼和富有感染力的形式来吸引学生。

#### （四）体育活动

体育活动是以发展学生的健康体魄，增强学生的体质，训练和提高运动技能技巧，传授科学的锻炼方法以及提高学生的体育文化修养为目标，根据学生的年龄特点，因地制宜地组织丰富多彩的活动。

#### （五）社会活动

社会活动是让学生走出学校，接触社会，了解科学技术的发展，了解社会生活、经济建设实际状况的教育活动,一般包括社会调查、参观、考察、访问以及各种无偿的社会服务和公益劳动等。适当的社会实践活动可以使学生了解民情国情,培养学生热爱祖国、热爱人民的思想情感和社会责任感,提高其实际工作的能力和社会适应能力,增强社会意识。

### (六)传统的节假日活动

传统的节假日活动是对学生进行爱国主义教育和革命传统教育的良好载体,国庆节、儿童节、校庆日、校园文化节、暑假的夏令营等活动都属于传统的节假日活动。

**真 题 链 接**

**1.** (2013年上半年选择题)小学生在课外开展的气象观察和标本制作等活动属于( )。

    A. 科技活动    B. 学科活动    C. 社会活动    D. 技能活动

**2.** (2017年上半年选择题)在小学课外活动中,学生摄影小组举办的摄影赛属于( )。

    A. 游戏活动    B. 学科活动    C. 科技活动    D. 文学艺术活动

## 四、课外活动的组织形式

课外活动的组织形式是多种多样的,按活动的人数和规模可分为群众性活动、小组活动和个人活动三类。

### (一)群众性活动

群众性活动是由教师、学校等教育机关针对某一年级或某种程度的学生的需求而组织的,由多数或全体学生参加的一种带有普及性质的活动。群众性活动是课外教育活动中较为普遍的一种形式。群众性活动主要包括:

#### 1. 报告和讲座

这是普及科学技术、文化艺术知识和进行思想政治教育常用的一种形式。根据情况和需要,学校可以开展关于国内外形式的事实报告,庆祝革命节日、纪念日的专题报告,学习英雄模范人物先进事迹报告,科普讲座,文艺讲座等。开展这些活动要求事先做好各项准备工作,会场的布置要注意艺术性,能突出主题,做到既简朴严肃又新鲜,具有吸引力。报告或讲座的内容应该通俗易懂,生动活泼,切合学生实际,主题要明确、单一,富有教育意义。还需要注意,报告或讲座的时间不宜过长,以免学生产生疲劳或厌倦情绪而影响效果。

#### 2. 各种集会

群众性集会能迅速有效地传播知识,形成一定声势,给学生留下深刻印象。学校的集会一般有:革命假日、传统节日、重大事件的群众性集会;与科学家、作家、英雄模范的见面会;文史、数理、科技等各种晚会;纪念性的、知识性的、娱乐性的诗歌朗诵会、文艺表演会等。集会的内容和形式要适合学生的身份和年龄，且不宜过多，不能打乱学校的正常教学秩序。

### 3. 各种比赛

比赛是利用学生的好胜心和竞争意识，激发他们的学习兴趣的竞赛活动，以开发学生的智力、发展学生的能力为目的。体育竞赛、学科竞赛、智力竞赛、书法比赛等都是深受学生欢迎的群众性活动。这些活动最能引发学生的积极性，体现集体荣誉感和奋发向上的精神。

### 4. 参观、访问、调查、旅行

这是组织学生进行群众性实地学习的良好形式，也是深受学生普遍欢迎的一种活动。这些活动能使学生增长见识和才干，扩展阅历，陶冶情操，使之在潜移默化中得到现实的、生动的教育。

### 5. 社会公益活动

社会公益活动是实施教育与生产劳动相结合的一种方式，也是一种重要的课外教育活动。通过这些活动，能使学生扩大与社会、群众的接触面，树立为社会尽职尽责的愿想，养成良好的劳动习惯。现在的孩子大多是独生子女，学校更应该注意经常组织他们参加这些活动。

## （二）小组活动

小组活动是学校课外活动的基本组织形式。小组活动是以自愿结合为主，根据学生的兴趣爱好和学校的具体条件而组成的，进行有目的、有计划的经常性活动。小组活动的特点是小型分散，便于开展多种多样的活动，满足不同学生的兴趣、爱好，发展学生的才能，使学生得到更多的学习和锻炼的机会。小组活动主要包括：

### 1. 学科小组

按照学科建立的各种兴趣小组，是学生课外活动的重要形式。它对学生学习和运用某门学科的知识有重要作用。学科小组一般按年级组织，便于开展活动；随着年级的升高，程度可随之加深但也要灵活掌握，不能"一刀切"；有的小组根据其活动内容的特点，也可吸收其他年级的学生参加。

### 2. 技术小组

这是以实践作业为主的兴趣小组，对发展学生的兴趣爱好，培养他们成为科技队伍的后备力量具有重要作用。技术小组的活动要结合国民经济发展的需要，结合本校本地区的实际情况，因地制宜。技术小组活动最为重要的就是组织学生进行实践作业，小组活动的任务主要通过学生的实践作业来体现。

### 3. 艺术小组

艺术小组通过艺术欣赏、艺术观摩以及自身的艺术实践，能使学生获得审美知识，树立正确的审美观点，发展对艺术的兴趣和创作才能。艺术小组的活动不仅使小组成员受到教育,还能活跃全校的氛围,丰富大家的课余生活。

### 4. 体育小组

体育小组是把对体育活动有特别兴趣和爱好的学生组织起来进行体育技巧训练的组织。体育小组一方面可以锻炼身体,增进健康;另一方面又满足了学生对某项运动的爱好,提高其运动成绩。

## (三)个人活动

个人活动是学生在课外进行单独活动的形式。个人活动往往与小组或群众性活动相结合,由小组或班级分配任务,根据个人的兴趣、才能,由个人单独进行。个人活动的主要内容有:阅读各种书籍,写读书心得,记日记,进行某种观察或小实验,采集制作标本,唱歌,体育锻炼,小发明,小制作,小论文等,这些活动可以充分发挥每个学生的积极性和创造性,丰富学生的个人生活,培养独立工作的能力,扩大和加深知识,养成读书的兴趣和习惯,提高独立从事艺术创作的能力。个人活动是课外活动的基础,充分体现了因材施教的特点。组织和指导好学生的课外个人活动,是课外活动不可忽视的重要形式和方法。

## 五、课外活动的指导

### (一)开展好课外活动的基本要求

#### 1. 要有明确的目的性和计划性

组织小学课外活动必须从全面贯彻教育目的,落实小学培养目标的高度确定每一项课外活动的具体目标要求,要仔细周到地考虑每一具体活动可以使学生受到哪一方面思想品德教育,要使学生掌握何种类型的知识与技能,发展什么样的智力与非智力因素。加强课外活动的计划性是保证课外活动目标实现的重要手段之一。根据课程计划要求,对小学阶段课外活动要有整体设想与安排,然后要将这个整体设想与安排分解到每个学年、每个学期、每个月,还要落实到部门和具体人的身上。

#### 2. 活动要丰富多彩,富有吸引力

要使学生自愿参加课外活动,就要使活动本身具有吸引力。吸引力来自活动符合学生的各种兴趣和需要,来自活动内容的丰富多彩和方式的变化多样。因此,课外活动本身应具有知识性、趣味性、新颖性。

#### 3. 充分发挥学生的积极主动性和创造精神

课外活动是学生的自主性活动,因此要充分依靠和发挥学生的自主性、积极性和主动性。要让学生以自主的姿态来组织和参加活动,使他们从中学会自治、自理和培养独立思考、独立工作的能力。教师不宜发号施令、包办代替,在活动中,教师处于辅助的地位,给予引导启发、指点、帮助,为学生参加活动提供条件,帮助学生把握活动的方向,制定活动计划,在活动的关键所在给予必要的提示,在遇到困难时给予及时的指点和帮助,在学生有创见的地方给予肯定和表扬,鼓励他们进一步探索。

### （二）课外活动的组织对教师的要求

教师若要出色地完成组织和指导课外活动的任务，必须做多方面的准备和努力。

第一，教师至少要在某一方面具有特长和兴趣爱好，有能使学生叹服的"绝招"，这是指导教师的地位能否在学生心目中真正确立的保证。

第二，教师要对自己指导的活动领域有足够的、超出学生的了解，包括历史与现实、知识与人物，这样才能发挥咨询的作用。

第三，教师要调整与学生的关系。在课外活动中，师生间的关系更具平等、合作、相互尊重的特点，学生的年级越高就越是如此。

第四，课外活动要求教师有比课堂教学更强的组织能力。教师不仅要了解学生兴趣爱好的一般倾向，而且要掌握学生的个体差异。不仅要组织好学术型、科技型、艺术型的学生及相应的活动，而且更要关注那些没有突出才能和明显的兴趣爱好的学生。要善于发现和培养他们某一方面的兴趣，并安排富有欣赏性、收藏性、实用性、服务性的活动小组，吸引他们参加。

第五，为了丰富课外活动的内容和经验，深入开展有关课外活动的教育研究，教师还需注意收集有关资料和认真记录、总结自己所指导的课外活动，不断提高课外活动质量。由此可见，课外活动对于提高教师自身的素质具有重要作用。

### （三）小学课外活动计划的制订与实施

#### 1. 小学课外活动计划的制订

制订小学课外活动计划，既要考虑小学课外活动的一般规律与特点，又要考虑上级机关有关的指示建议和本校的实际情况。计划确定的目标要有实现的可能，活动内容要具体而不空泛，采取的措施要有针对性和可行性。

#### 2. 小学课外活动计划的实施

为保证小学课外活动计划的实施，要做好以下几个方面的工作：

（1）做好计划实施的发动工作。计划顺利实施的基础是使参加者充分认识开展课外活动的意义，了解所要实施计划的特点、实施计划的具体步骤方法以及自己所要承担的工作任务与应当达到的目标要求。发动工作的具体做法有：领导者的权威发动，教师之间有效地平行沟通以及个别谈话等。

（2）加强计划实施中的检查与指导。计划实施中，学校领导要经常定期进行检查，要有目的、有计划地抓好一些典型项目，用典型人、典型事来推动课外活动的开展。对直接组织学生课外活动的教师来说，同样需要抓好典型，用典型带动更多同学参加课外活动，接受更深刻的教育。

（3）搞好计划实施的总结工作。课外活动计划实施的终结性环节是总结。要搞好课外活动的总结，在工作过程中就要不断积累正面与反面教材，不仅要积累具体的数据与事实，还要积累平时对材料的分析与体会。这样，到计划实施的最后阶段，总结就会顺利完成。课外活动总结的一般表现形式是写出总结报告。为使总结具有说服力,还应该注意活动成果的登记和展出。

# 第三节 班级活动

## 一、班级活动的意义

### 1. 班级活动是促进学生全面发展的重要形式和途径

班级活动为学生思想品德的成长提供了实践的条件和生活经验的积累;班级活动能拓展学生的学习领域,有效激发学生的求知欲;班级活动能够促进学生良好个性的形成。

### 2. 班级活动对班集体建设起着积极而有效的作用

班级活动有助于班集体的形成;班级活动有助于形成正确的集体舆论和良好的班风;班级活动有助于培养学生的集体主义精神。

### 3. 班级活动是落实学校教育宗旨的重要途径

学校的教育思想通过班级活动得以实现;学生的自我教育能力通过活动得以增强。

## 二、组织班级活动的基本途径

### 1. 设置多样化小组,让学生自主参加

按活动内容的不同,建立班务管理小组(如板报小组、图书管理小组、卫生监督小组等)、学习小组、各种课外兴趣小组等,每一个学生都可以加入一至几个小组,扮演各种角色。

### 2. 设置多种岗位,帮助学生实现自我价值

为了使每个学生都有展示才能,获得成功的机会,根据学生兴趣、爱好、能力、特长、需要,把班级内的各种管理职能分解为一个个具体明确的岗位,如学习互助岗、板报宣传岗、图书管理岗、环境保护岗等。在岗位设置上打破常规甚至可以让学生自己提出要求,班级讨论通过,从而设立特殊岗位。由于学生选择岗位大多是根据自己的特长进行的,在完成任务时往往比较出色,能获得好评,继而能激发学生的自尊心和创造激情。

### 3. 定期变换角色,让学生体验成就感

采用角色动态分配制,即采用轮换、轮值的方法,让每个学生都能参与班集体不同层次的管理。

### 4. 开展富有创新特色的班级主题活动

引导学生对以前开展过的主题班会活动进行反思总结,选择性地吸收一些精华,鼓励学生推陈出新、标新立异,设计出新颖、构思奇特的活动方案。

### 三、小学班级活动的方法

#### 1. 活动的选题

确定活动选题是组织班级活动最初的也是最重要的工作之一。选题需要经过以下三个层次的工作：一是班主任的充分思考；二是班委会的充分讨论；三是由班委会向同学征求意见。

#### 2. 制订活动计划

活动计划应该包括以下内容：活动的内容和目的、活动的基本方式、活动的组织方式、活动的时间和地点、活动的具体准备工作等。

#### 3. 具体准备工作

准备工作的关键是抓重点，主要负责人要检查每一项任务的落实情况。有些任务难度较大，要多花精力，否则难以保证质量。

#### 4. 班级活动展示

活动展示需要考虑以下三点：第一，是否发动每个同学出来展示成果，并不是每个同学都必须成为展示的主角，但是应当给予配合与合作；第二，是否借助多种媒体来展示成果，可以借用录像、电脑等多媒体手段，也可通过学生表演来展示成果；第三，展示会场布置的情况直接关系到活动的气氛和效果。

#### 5. 班级活动实施

活动实施是班级活动的关键步骤，也是活动全过程的高潮。为了保证活动的成功，需要注意全班同学的精神状态以及处理好活动过程中的偶发事件。

#### 6. 班级活动总结

班级活动总结的方法多种多样，如开小范围的座谈会、写活动总结、广泛征求意见、开全班总结大会等，不管选择什么方式，班委会的总结是必须进行的。

# 第四章　教育资源的整合与协调

## 考点分析

1. 本章知识点在历年考试中大多以简答题和材料分析题的形式进行考查。
2. 考试重点集中在家校合作的方式、整合各种教育资源等方面。

## 一、班主任与家长

### （一）班主任与家长沟通的原则

#### 1. 尊重性原则

家长与班主任在人格上是平等的，是一种十分重要的合作伙伴的关系。因此，班主任与家长一起研究学生的教育问题时，必须尊重家长，学会倾听，虚心听取意见。

#### 2. 理解性原则

班主任要理解家长对孩子的关爱之情，与家长沟通时，应多站在家长的角度去关心孩子，理解家长的心情，以一颗真诚、善良、理解的心，去表现对孩子的关爱之情，以此换来家长的理解和信赖。

#### 3. 信任性原则

对孩子漠不关心的家长并不多，作为班主任，不仅要让孩子亲其师信其道，也要让家长受到感染。在与家长的接触中，班主任要用热情的工作态度和耐心的工作方法，来打动家长的心，让他们相信老师、理解老师、支持老师。

#### 4. 灵活性原则

班主任与家长沟通时，也要注意"因人而异"。不同的家长对学校教育及子女教育问题的认识不同、教育方法不同，班主任还需对学生家长的文化修养、职业背景以及他们对子女的期望水平有所了解，根据这些信息，及时、客观、全面地向家长反映其子女的在校表现情况。同时，班主任在与家长交流时，还需注意表达的方式方法。

### （二）家校合作的方式

#### 1. 家长会

召开家长会与家长沟通，是家校合作中最常用的方法。它为班主任认识家长及让家长了解学校教育状况和孩子的发展状况提供了快捷的平台。

家长会可以采用不同的形式：交流式、对话讨论式、展示式、专家报告式、联谊式、参观游览式、总结式等。

### 2. 班级家长委员会

班级家长委员会是由班级学生家长代表组成的、协助班级管理和学生教育的组织。它可以由班主任倡导组建,也可由家长倡导、邀请班主任参与而形成。为保证家长委员会工作的有效开展,班主任应该建议家长委员会制定规章制度和活动计划,邀请家长委员会共同参与班级教育计划的制定、班级活动的策划,共同组织或参加班级的各项活动,借助家长委员会的主动性和集体力量使班级学生的教育伸向更广阔的空间。

### 3. 家访

家访是班主任和个别家长之间交流的一种形式,它有助于班主任直接感受学生的生活环境、广泛接触学生的家庭成员,使交流更加深入而有针对性。做好家访工作,应注意以下技巧:明确目的,精心准备;预约时间,把握时机;三方互动,留给家长和学生发表自己观点的时间和机会,沟通心灵。

### 4. 请家长到校交流

随着教师的工作节奏加快及压力增加,当个别学生经常出现某些问题或者出现后果比较严重的问题时,"请家长"成为班主任用来解决个别学生问题的最常用方式。使用这一方式时,要注意:努力营造良好氛围,缩短家长与班主任之间的心理距离;要有的放矢,提前了解家长的教育方式和脾气秉性,准备相应的谈话地点和谈话方式,以避免冲突的产生;评价学生要公正客观,就事论事,用理解、积极的语气向家长说明;班主任与家长谈话时,情绪要饱满,态度要诚恳,语气要委婉,动之以情,多采用建议性口吻。

### 5. 书面交流

书面交流的形式有很多,如通知、便条、表扬信、报喜单、家校联系本等。如家校联系本就是家校联系的一个有效载体,是教师与家长之间就孩子的全面成长进行联系的一条纽带。设计时需注意:在联系的时间上,应遵循定期与不定期相结合的原则;在联系的内容上,应遵循共性与个性相结合的原则;在信息的传递上,要具有双向性;在语言表达上,要注重学生的感受。

### 6. 电子信息交流

随着时代的进步,电子信息交流越来越多地被运用到家校沟通上,主要形式有手机短信、电子邮件、微信、微博、QQ 群等,这些方式使信息交流更加快捷、方便和直观。

**真 题 链 接**

1. (2014 年下半年简答题)简述家校联系的基本方式。

2. (2016 年上半年材料分析题)唐老师布置学生回家用泥巴做手工,要求留意制作的过程和感受,给作文累计素材。不久,小强的爸爸就气势汹汹来找唐老师,质问唐老师为什么小强一回家就玩泥巴,不学习。唐老师就将小强的作文读给家长听。作文中提到小强曾经做过一个坦克模型,但是他爸爸非常生气,就一脚给踩坏了。家长听完小强的作文,表示理解了孩子的行为。

问题:

(1) 评析唐老师与家长的沟通方法。

(2) 试述家校合作,应遵守的基本要求。

## 二、整合社区教育资源

### (一)依托社区教育委员会

社区教育委员会是在当地政府的领导下,由学校、家庭、社会团体、企事业单位等组成,旨在发挥教育导向作用,整合社区教育力量,创设有利于青少年成长的社会环境。其功能是增强学校与社会的联系,为学生的社会实践提供广阔的天地,改善办学条件,发动社会力量来关心和支持学校教育,为学生的健康发展创造一个良好的社会环境。

### (二)建立校外教育基地

校外教育基地是学校对学生在校内实施一切教育手段、途径和渠道的延伸和拓展,是帮助学生学知识、长技能的场所。校外教育要与学校教育有效衔接、实现资源共享。

## 三、校内教育力量协调一致

教育力量协调一致是指为实现班级工作目标,班主任组织协调班级各方面教育力量,互相配合,通力合作做好班级的教育与管理工作。

### (一)班主任要协调和师生之间的关系

通过建立民主、平等、合作的师生关系,创造宽松的育人环境,使学生自觉、自愿地接受班主任的教诲,并培养良好的自我教育能力。同时,充分发挥班干部在班级工作中的主动性、积极性、创造性,关心、指导、帮助他们独立地开展工作,通过他们的有效工作,带动全班同学的进步和发展。

### (二)班主任要协调班级与学校领导及主管部门之间的关系

首先,要加强与领导之间的沟通,主动汇报自己的工作,倾诉自己的困惑,通过积极、良好的沟通达成与领导之间的相互理解和信任;端正工作态度,将敬业、认真放在第一位,始终保持对工作的热情;适当提出一些创新性的想法和建设性的意见,用出色的成绩说服领导,赢得领导最大程度的支持;班主任在保持个性、勇于创新的同时,还要服从和顾全大局,经常换位思考,站在领导的全局管理角度去思考问题,理解领导的决策,减少牢骚。

### (三)班主任要协调与科任教师之间的关系

科任老师是班级教育的重要力量,优秀班集体的建设离不开科任教师的密切配合。班主任应主动邀请科任教师共同进行班级管理,与科任教师结成亲密的教育联盟,让学校教育中最重要的两股力量拧成一股绳。首先,班主任要带领学生为科任教师创造出一个整洁、温馨的教学环境,并将每个科任教师在教学上的成就、个性上的优点等向学生进行宣传,并经常主动地向科任教师和学生了解教学方面的情况,有意识地将他们对彼此的赞扬及时传达给双方;其次,班主任还需主动把自己的班级管理思路和计划与科任教师沟通,主动征求意见,共同协商如何加强班级的管理和学生的教育,真正使科任教师体会到他们在班级管理中的重要作用;再次在工作中产生矛盾时,班主任需要从大局出发,虚心诚恳地直面自己在工作中的失误,主动承认错误,求得谅解和支持;最后,当科任教师与学生之间发生矛盾时,班主任一定要站在公正的立场上,及时了解事情的来龙去脉并化解矛盾,有效消除误会。

## ✎ 巩固练习

### 一、选择题

1. 与课堂教学联系最紧密的课外活动是(　　)。
   A. 科技活动　　　B. 学科活动　　　C. 体育活动　　　D. 社会活动

2. 班主任教育工作的重点应该放在(　　)。
   A. 阶段性班级活动　　　　　　B. 日常性班级活动
   C. 课外班级活动　　　　　　　D. 校外班级活动

3. 班主任以教育目的为指导思想,以"学生守则"为基本依据,对学生一个学期内在学习、劳动、生活、品行等方面进行小结与评价,这项工作是(　　)。
   A. 建立学生档案　　　　　　　B. 班主任工作总结
   C. 班主任工作计划　　　　　　D. 操行评定

4. 少先队员在社会现代化建设中得到锻炼与成长,这体现了少先队活动的(　　)。
   A. 组织性　　　B. 教育性　　　　　C. 实践性　　　D. 创造性

5. 下面(　　)不是班级的特点。
   A. 集权性　　　B. 学习性　　　　　C. 教育性　　　D. 社会性

6. 小明开始出现沉迷于网吧的迹象,班主任刘老师立即进行家访,关心小明的思想状况,组织开展"远离网吧"的主题班会。这体现了刘老师(　　)。
   A. 自律精神　　　B. 知识素养　　　C. 心理素质　　　D. 思想教育能力

7. 开展班级活动需要(　　),以及活动总结。
   A. 具体准备工作、确实活动的选题、制订活动计划、活动实施
   B. 确定活动的选题、具体准备工作、制订活动计划、活动实施
   C. 确定活动的选题、制订活动计划、具体准备工作、活动实施
   D. 制订活动计划、确定活动的选题、具体准备工作、活动实施

### 二、材料分析题

美国心理学家曾做过一项有趣的试验:把两辆一模一样的汽车分别停放在两个不同的街区,把其中的一辆摆在一个中产阶级集聚社区,而另一辆,他把车牌摘掉了,并且把顶棚打开停在相对杂乱的街区。放在中产阶级集聚社区的那一辆,摆了一个星期还完好无损,而打开顶棚的那一辆车,一天之内就给人偷走了。后来,该研究者把完好无损的那辆车的玻璃敲了个大洞。结果刚过了几个小时,它就不见了。因此,有研究者以该试验为基础,提出了著名的"破窗理论"。

(1)基于上述材料,请从教育学、心理学视角谈谈你对"破窗理论"的理解。(8分)

(2)试述"破窗理论"对班级管理的启示。(12分)

**模块四**
# 学科知识

答案与解析
相关拓展学习

## 备考指南

### 一、考纲要求

1. 了解小学有关学科的基础知识、基本理论和学科发展的重大事件。

2. 了解小学有关学科课程标准的主要内容和特点。

3. 掌握小学有关学科课程标准的内容领域所涵盖的核心知识及其关联。

4. 能够针对小学生综合学习的要求,适当整合小学有关学科内容,开展学科教学活动。

### 二、考点分析

1. 本部分涵盖各个学科的专业知识,一般不单独出题,通常在教学设计题中进行考查。

2. 需要深刻理解各学科的学段目标、学段要求,结合学科特点掌握相关知识点。

### 三、学习建议与备考策略

1. 领会各学科课程标准中的相关理念。

2. 在掌握小学生的学习认知规律的基础上,理解各学科的目标要求及教学实施的合理性。

# 第一章　小学语文学科教学知识

## 备考指南

### 一、考纲要求

1. 了解小学语文学科的基础知识。

2. 了解小学语文课程标准的主要内容及相关要求。

3. 掌握小学语文课程标准的内容所涵盖的核心知识及其联系。

4. 能够针对小学生语文学习的要求,整合小学语文相关内容,开展语文教学活动。

## 二、考点分析

1. 本节知识在历年考试中一般不单独出题,而是渗透在教学设计题中进行考查。

2. 深刻理解小学语文课程的学段目标,以之为依据确立适当的教学目标;理解语文课程的基本理念,掌握语文各领域教学的基本策略和主要方法,运用这些知识合理设计的教学过程。

## 三、学习建议与备考策略

1. 领会语文课程标准中的基本理念。

2. 以小学语文核心知识点为联结点,绘制小学语文相关知识点思维导图。

3. 遵循小学生语文认知规律,理解本课程各分级目标设置的合理性。

## ★ 知 识 树

```
                        ┌ 小学语文课程的性质
           小学语文课程概述 ┤
                        └ 小学语文课程的基本理念
                                          ┌ 识字教学策略
                                          │ 写字教学策略
                           小学语文教学策略 ┤ 阅读教学策略
                                          │ 习作教学策略
小学                                       └ 口语交际教学策略
语文                                        ┌ 识字教学方法
学科   小学语文教学的基本理论                  │ 写字教学方法
教学                         小学语文教学方法 ┤ 阅读教学方法
知识                                        │ 习作教学方法
                                          └ 口语交际教学方法
                        ┌ 课程标准的含义及作用
           小学语文课程标准概述 ┤
                        └ 现行语文课程标准的主要内容
```

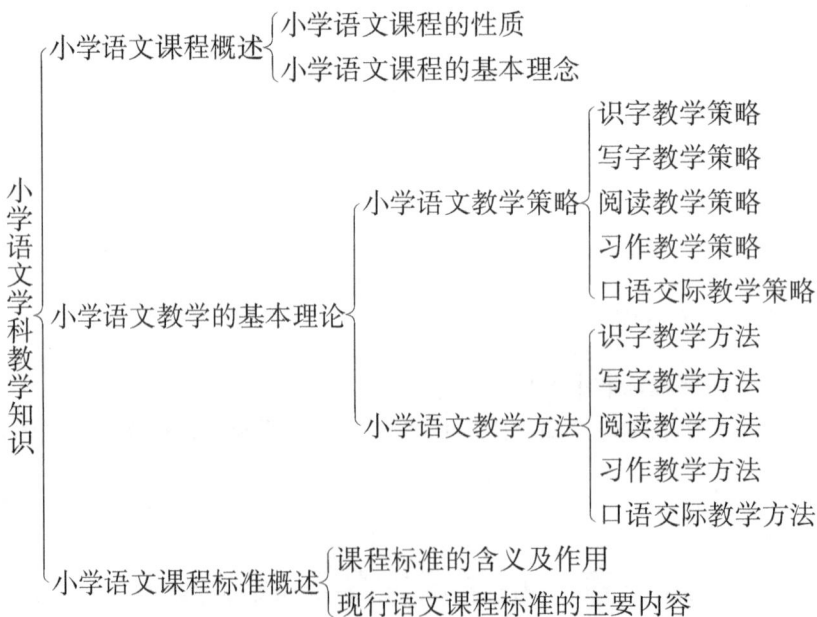

# 第一节  小学语文课程概述

## 一、小学语文课程的性质

针对语文课程的性质,2011 年《义务教育语文课程标准》指出:"语文课程是一门学习语言文字运用的综合性、实践性课程。义务教育阶段的语文课程,应使学生初步学会运用祖国语言文字进行交流沟通,吸收古今中外优秀文化,提高思想文化修养,促进自身精神成长。工具性与人文性的统一,是语文课程的基本特点。"这突破了以往关于语文课程工具性或思想性争论的窠臼,更科学地揭示了语文课程综合性与实践性两大性质。

### 1. 语文课程具有综合性

这是指语文课程应当着重培养学生运用祖国语言文字进行交流沟通的能力,同时在中间渗透人文教育。这是因为语言是形式与内容的统一体,言语活动既是语言文字的运用过程,也是信息沟通、知识建构、思想情感表达或领会的过程。前者把语言文字当作工具加以使用,具有工具性;后者是对古今中外优秀文化吸收,思想文化修养提高,自我精神成长的过程,具有人文性。因此,课程标准指出"工具性与人文性的统一,是语文课程的基本特点",即语文课程具有综合性。

### 2. 语文课程具有实践性

这是指语文课程的核心任务是"培养学生的语文实践能力",语文课程的主要内容也应是语文实践,"培养语文实践能力的主要途径也应是语文实践"。即语文课程主要是让学生进行大量的语文实践,让学生"在大量的语文实践中体会、把握运用语文的规律",从而切实提高语文实践能力。这是因为言语行为本质上是运用语言文字进行交流沟通的实践活动(实践活动是旨在改造世界的活动),而不是缺少实践目的、脱离具体语境的听说读写训练。

## 二、小学语文课程的基本理念

语文课程的基本理念就是对语文课程基本的、理性的判断与看法。以下主要分析现行语文课程标准中关于语文课程的基本理念。

### 1. 全面提高学生的语文素养

这是对语文课程任务的高度概括。其要点主要包括两个方面,一是"面向全体学生",体现的是义务教育、大众教育的精神;二是"使学生获得基本的语文素养",体现的是素质教育的要求。其中,"语文素养"是新课程改革以来才使用的一个概念,其含义很丰富。我们可以将之分为三个层次。第一个层次是语文素养最直观的表现,包括"识字写字能力""阅读能力""写作能力""口语交际能力"。第二个层次是语文素养中的构成要素群,包括"语言积累""语感""智力(包括思维能力、观察能力、记忆能力等一般性的精神能力)""思想道德修养和审美情趣""良好的个性和健全的人格"等。第三个层次是语文素养中的形成要素群,包括"热爱祖国语文的思想感情""语文学习方法""良好的语文学习习惯",它们决定了学生的语文能力能否持续获得发展。

### 2. 正确把握语文教育的特点

这是对语文课程实施方式、途径等的总体要求。课标列出了语文教育的三个特点。一是重视语文课程对学生思想情感所起的熏陶感染作用,二是主要通过语文实践培养学生的语文实践能力;三是关注汉语言文字的特点对学生识字写字、阅读、写作、口语交际和思维发展等方面的影响。

需要强调的是,关于第一个特点,重点是把握"熏陶感染"的内涵——因长期浸润而得到同化。这就是说,当我们的语文课程内容有积极正面的价值取向,学生对这些课程内容进行语文学习时,其思想情感会自然而然地受到影响直至同化。从教学的角度看,这个过程的实质是教师引导、指导学生进行语文学习——有关听说读写知识的学习和听说读写能力训练,在语文学习的同时思想情感受到潜移默化的影响,而不是偏离语文学习的中心直接进行思想情感教育。

### 3. 积极倡导自主、合作、探究的学习方式

转变学习方式是基础教育课程改革的重点之一。对于语文课程而言,以新的方式开展的学习活动,可以是自主阅读、自由表达,也可以是围绕一定问题的探究性阅读、研究性写作,还可以是围绕一定任务的合作性会话或表演等。除此以外,综合性学习这个新开辟出来的语文学习领域,实际上主要以自主、合作、探究的学习方式开展。所以,课标强调"综合性学习既符合语文教育的传统,又具有现代社会的学习特征,有利于学生在感兴趣的自主活动中全面提高语文素养,有利于培养学生主动探究、团结合作、勇于创新的精神,应该积极提倡"。

### 4. 努力建设开放而有活力的语文课程

这条理念有两个要点:第一,拓展语文课程的内容,由局限于书本、甚至教科书拓展至社会生活中的语文活动,由局限于纯粹的语文学习拓展至跨学科学习活动,由局限于传统的交流方式拓展至现代数字化、网络化交流方式等。第二,语文课程的具体目标、课程资源、实施机制应是个性化、多样化的。课程标准规定的只是面向全体学生的基准线,以及大致的实施建议,具体课程目标的确立,课程资源的开发以及实施机制的形成,应因地制宜、因校制宜、因人制宜。从这个角度讲,每个学校及教师都需要积极、创造性地参与语文课程的开发活动,而不是被动地、机械地实施课程。

## 第二节 小学语文教学的基本理论

### 一、小学语文教学策略

#### (一)识字教学策略

##### 1. 识写分开,多认少写

这就要求教学设计时明确"会认"与"会写"两种不同的教学目标,对只要会认的字,坚决不进行写字教学。

##### 2. 自主识字,开放识字

自主识字策略就是识字教学中尽量创造条件让学生自行选择、确定要识的字;利用各种识字工具和识字方法自行识字,而不是完全由教师决定要识哪些字,以及完全由教师教授这些字如何读、是什么意思、怎么写、怎么用。

开放识字策略指不仅要求学生识教科书上的字、利用教科书识字,而且引导学生识日

常生活中的字、识课外读物中的字、利用生活中的资源识字。

### 3. 引导学生发现汉字的规律

汉字的字音、字形、字义之间是有规律性联系的,掌握这些规律,有利于识字效率的提高。这些规律主要体现在象形、指事、形声、会意等四种造字方法上。教师在教学设计时,要重点引导学生发现所学汉字音、形、义之间的规律性联系,掌握象形字、指事字、形声字、会意字等不同类型汉字的构字特点。

### 4. 根据汉字和学生特点,突出教学重点

这条策略指对生字音、形、义的教学不是平均着力,而是突出学生难以掌握或容易弄错的。譬如,对于江淮方言区的学生,遇到有平、翘舌音的生字时,可以突出字音教学;对于形似字,则可以突出字形教学。又如,对于已经熟练掌握拼读及字形分析方法的高学段学生而言,识字教学的重点往往由以前的字音、字形转为字义。

### 5. 多种感官识字,寓识字于游戏之中

识字教学设计的活动要尽量让学生做到口到、眼到、耳到、心到、手到,即仔细观察字形,认认读读,认真听老师讲解和同学的发音,用心想想记记,并要动手写一写。既不能只看不读、只看不写或只听不读、只听不写,也不能只读不记或只写不想。识字的关键在于用心的同时多种感官参与。

识字教学,特别是针对低年级学生的识字教学应尽量游戏化、趣味化。这是由小学生的身心特点决定的。实践表明:设计竞赛性或情节性的识字游戏,可以极大地激发学生的识字兴趣,提高识字的效率。

### (二)写字教学策略

#### 1. 重视培养习惯

良好的写字习惯主要有:

(1)正确使用文具,细心保管好和爱护书写工具的习惯。

(2)认真写字的习惯。包括正确的书写姿势和握笔姿势;书写前要看清楚,想明白;写字时要专心,不粗心;写字后要检查正误,辨别优劣。

(3)坚持不懈的学习习惯。写字贵在坚持。要做到天天练字,持之以恒,逐步提高。

(4)讲究卫生的习惯。教育学生不用舌头舔笔尖。不滥用橡皮,不用唾液擦写错的字,经常保持手指、纸张和课桌的整洁卫生。

#### 2. 遵循儿童写字的心理规律

根据语文教学心理学研究,学生书写学习大致可分为三个阶段:

(1)要素阶段。学生主要注意写字的诸要素,如坐的姿势、执笔的方法、练习本放的位置以及字本身的组成因素,一笔一画地写。这时还没有能力顾及整个字各部分之间的结构比例关系。

(2)结构阶段。能注意整个字的结构,逐个地书写。这时不是看一笔,写一笔,而是

通观整个字的布局,了然于目。在这一阶段上,对所要写的字属于哪一种结构,做到心中有数,意识清楚。

(3)连贯书写阶段。这时书写比较流畅,书写技能已达到自动化,以此能写整个句子,甚至几个句子,写字时能照顾到字与字之间的排列是否整齐,间隔是否适中,大小是否匀称。低学段的小学生大多处于第一和第二这两个阶段,到中学段至高学段以后,才逐步过渡到第三阶段。因此,写字的教学设计应该先教学生练习正确的写字姿势和执笔姿势;再练习书写横竖撇捺等基本笔画,同时结合写字练习,认识笔画形体、名称,掌握笔顺规则,学会使用田字格;最后过渡到专门的写字教材,进行循序渐进的写字学习。

遵循由简单到复杂的学习心理规律,写字教学的顺序应该是:先写独体字,后写合体字;先练习结构简单的字、搭配匀称整齐的字,后写结构复杂、搭配不太匀称、不太整齐的字。

硬笔字练习的方式应该先临写,再抄写,然后听写、默写,逐步提高要求。

毛笔字练习的方式应该先描红,再访影,然后临写,逐步提高要求。

### 3. 重视写字基本功的训练

写字的基本功包括基本笔画书写、基本笔顺掌握和把握汉字的间架结构三个方面。写字教学的首要任务是使学生写好基本笔画,做到横平竖直,打好汉字书写的基础。写字教学的另一项重要任务是使学生掌握汉字书写的基本笔顺。基本笔顺的指导既要结合识字教学进行,又要在写字时加以提醒。写字教学还要使学生掌握汉字的间架结构(即汉字的各个部分之间相互配合的一定比例)。要使学生的字写得匀称端正、疏密得当,需要让学生掌握一些结构的规律。如写独体字时,中横要长,中竖要短;写上下结构、上中下结构的字,要横长竖短;写左右结构、左中右结构的字要横短竖长;此外,还有左少上升,右少下降等。

### 4. 重视示范和指导

教学写字,教师的示范作用很重要。教师首先要练就一手规范的字,能用钢笔、圆珠笔、毛笔、粉笔进行范写。无论作为写字教学中的范字书写,还是课堂板书,或批改作业时写字,都要做到字迹清楚、正确、端正、工整。只有这样,才能起到示范作用。在重视示范的同时,还要重视指导作用。要结合范字,讲清要领,指导学生掌握每个字的笔画、笔顺、间架结构,了解每个字各组成部分的位置及比例关系;对难写或易错的笔画要加以指导,以引起学生的注意;对写字的姿势,执笔、运笔的方法,书写的格式及文具使用方法都要交代清楚。特别是在低年级开始写字时,每一笔要讲清要领,边讲边范写。范写时,动作要慢一点,范字位置要高一些,字要放大一些,要让全班学生都能看清楚。学生写字时,教师要巡回检查、个别指导。

### 5. 经常练习,持之以恒

写字是一种技能。技能必须通过一定的练习次数才能形成。因此学生在掌握写字要领之后,还需要反复练习,在练中学,在练习中逐步掌握书写规律。要课内练,课外练。还要练得精,即对练习的内容要有所选择,对练习的方法要加以指导,对练习的时间有所分配。

研究表明,分散的练习胜于集中练习。练习的次数要多,但每次练习的时间不宜过长。

### (三) 小学语文阅读教学策略

#### 1. 意文兼顾策略

"意文兼顾"策略是语文课程工具性与人文性统一特点在阅读教学领域的具体体现。其中,"意"指的是文章表达的思想、情感、道德、文化等,简言之,就是文章的思想内容。"文"指的是文章的语言形式。所谓"意文兼顾",就是教学时不仅让学生从书面语言中获取思想、情感、道德、文化等信息,也让学生认识课文如何运用语言来负载信息,从中内化语言材料,掌握语言表达技巧,积累语言感性经验,提高语文能力。这是语文阅读教学与一般的文章阅读最大的不同之处。后者往往是"披文得意""得意妄言"的过程,即只需要透过文字把握其表达的意蕴,而不是既要把握意蕴又要内化语言材料、领悟表达技巧的"意文兼顾"过程。

"意文兼顾"策略反映在阅读教学流程上,就是张志公先生所说到"要带学生在课文中走一个来回"。教师先引导学生借助文字形式的表层,把握文章传达的意蕴,体会文章蕴含的情感,这是"披文得意""走进课文"的过程;然后在此基础上,进一步引导学生思考、体悟文章的文字形式是如何传达其情感意蕴的,这是"因意缘文"的过程,也是"走出课文"的过程。

#### 2. 强化阅读方法策略

不管是"意",还是"文",都是阅读的结果。阅读教学不仅应该重视这些结果的获得,更应重视这些结果获得的过程和方法。阅读方法具有普遍的可迁移性,是阅读能力的重要构成因素,应该成为阅读教学的重要内容。不过,迄今为止,学界对到底有哪些阅读方法,还缺少明确、统一的认识。笔者认为,阅读方法其实是被读者,特别是熟练读者广泛使用而行之有效的策略性知识,只是由于它们具有内隐性和个人性特征,对它们的研究和认识显得比较缺乏。因而往往需要教师在教学设计时自己予以提炼和概括。一般而言,从阅读方法所针对的文本对象,阅读方法有字词理解的方法、语言品味的方法和结构脉络把握的方法等三类;从阅读方法所追求的阅读效果,阅读方法有主动阅读的方法(如提问、预测、复述、批注等方法)、精读的方法、诵读的方法、速读的方法、浏览或略读的方法,等等。此外,还有处于反省认知水平的监控理解的方法。上述每一类阅读方法中都包含若干具体的阅读方法、阅读技巧。如主动阅读的方法就有提问、预测、复述、批注等方法,而提问、预测、复述、批注等方法又包含更具体的方法或技巧。教师需要根据阅读课程目标、阅读材料及学生的水平,提炼具体的方法和技巧,作为阅读教学的重要内容。

#### 3. 平等对话策略

现行语文课标指出:"阅读教学是学生、教师、教科书编者、文本之间对话的过程。"可以说,对话是处理阅读教学中学生、教师、教科书编者、文本等多主体之间关系的最佳方式。对话相对于独白、告知,它是多主体的相互交流过程;对话也相对于教授、教导、教训,它强调多主体之间关系的平等。在对话中,每一个主体都在表达,都在被理解(被自己理

**161**

解、被他人理解);也都在倾听,都在理解(理解他人、理解自己)。通过表达与倾听,对话最终要实现的不是一方说服另一方,而是理解的加深、提升或拓展,是多主体"视阈的融合"。

首先,在阅读教学中,学生、教师、教科书编者都应作为读者与文本进行交流对话。不但课前预习,课堂教学,要给学生的自主自由阅读留以足够时间和空间,而且任何教学互动都应以学生的阅读感受与体会,而不是教师自己的阅读感受与体会为中心,教学评价也应尊重学生阅读的独特体验、个性化解读及创造性解读。

其次,在阅读教学中,学生、教师之间也应是平等的对话主体。教师更多的是理解学生对文本的独特体会,进而引导学生的体会加深、提升或扩展;而不是用自己的解释强行代替学生的体会或解释。这里,教师的"引导"是通过对话实现的,是借助对学生的理解,以及促进学生的理解实现的。如果不是真正俯下身来理解学生,不是在学生原有理解的基础上予以点拨、提示、指导,就只能算直接教授甚至灌输了。

最后,阅读教学的对话主要旨在实现学生对文本理解或体会的加深、提升或拓展。学生确实是与文本对话的主体,但这不意味着学生对文本所有的理解和体会都是可接受的(可理解,不等于可接受);相反,学生与文本最初的对话往往存在诸多不合理、不深入、不全面之处。这些不合理、不深入、不全面之处的存在,正是以后的教学互动存在的理由,也是教学互动所应着力之处。

### 4. 感性与理性并重策略

现行语文课程标准指出:"阅读教学应注重培养学生感受、理解、欣赏和评价的能力。这种综合能力的培养,各学段可以有所侧重,但不应把它们机械地割裂开来。"从各学段的阅读课程目标可以看出,低年级更多强调感受与欣赏,中高年级则逐步增加阅读的理性成分。这体现的是"各学段有所侧重"的原则。此外,先感受再理解,理解后更深地感受;先欣赏再评价,评价后更好地欣赏;教学设计要尽量两者并重,使感性的感受、欣赏与理性的理解、评价相结合。否则,片面的只重理解、评价的阅读教学会流于乏味、枯燥、琐碎;片面的只重感受、欣赏的阅读教学也只能是浮于表面、难以深入。

### 5. 扩大阅读面策略

现行语文课标要求阅读教学"重视培养学生广泛的阅读兴趣,扩大阅读面,增加阅读量,提高阅读品位"。为此,课堂阅读教学一方面要努力提供丰富的课堂阅读材料或资源,尽可能扩大课堂阅读的容量。即由所教单篇课文拓展、延伸开去,或者寻找主题相同的阅读材料,让学生进行主题阅读;或者寻找写法相似的文章,让学生进行迁移阅读,触类旁通,学会读同一类型的作品;或者寻找题材相近的作品,让学生进行比较阅读,体会不同作者独具的匠心。另一方面,课堂阅读教学还要注意由课内向课外拓展、延伸,引导和指导学生的课外阅读活动。如由节选、改编性的课文引导学生课外阅读原著。在课堂教学设计时,把课外阅读兴趣的激发与课外阅读方法的指导,巧妙融合起来。

### (四)习作教学策略

### 1. 密切写作与生活联系的策略

写作从根本上说,源自每个人所经历的生活;写作反映的是主体观察、体验生活,以及反思、感悟生活的广度和深度。因此,习作教学始终应围绕生活这一中心,引导学生观察、体验、反思、感悟生活,进而把自己的发现用文字、用笔表达出来。现行《义务教育语文课程标准》建议:"写作教学应贴近学生实际,让学生易于动笔,乐于表达,应引导学生关注现实,热爱生活,积极向上,表达真情实感。"这就是说,一方面,在布置习作任务时,我们要尽量从学生的生活实际出发,选择学生熟悉的人、事、物或领域让学生去写;另一方面,在指导学生写作时,我们要鼓励学生从自己经历的现实生活中取材,写自己熟悉的人、事、物,同时,指导学生依托自己的生活构思和立意,表达源自生活的真情实感。这样才能真正避免学生"说假话、空话、套话"等不良现象。

**2. 培养习作兴趣和自信心的策略**

写作是语文学习中最复杂的精神劳动,如果没有兴趣、不喜欢甚至害怕写作文,就必然写不好作文。因此,要着重培养写作的兴趣和自信心。注意要降低学生写作起始阶段的难度,要严格按照课程标准的要求教学,而不要任意拔高教学要求。比如,中心明确、条理清楚、详略得当等都不应当作为小学习作教学的重点或评价的硬性标准。应让学生放手去写自己所见、所闻、所思、所感,而不受条条框框的限制。这也是中国传统作文教学的经验之一,即对初学者,要强调大胆写;到养成了用笔表达和思考的习惯之后,再学习文法的规则和要求,使写作依法合度。

培养写作的兴趣和自信心,更要在创设交流的情境上着力。就作文题目的设计而言,是要明确交流的目的、对象、场合等。就作文的去处而言,是要提供发布或交流的平台,让学生了解自己作文所引起的真实反响,而不仅仅是教师一个人评判的对象。教师应利用班级墙报、文集或网络论坛、QQ群等平台,让学生发布自己的作文,同时接受同学的反馈或评价;教师还可以指导学生把自己指向明确、读者对象明确的作文真正传递给相应对象,如把优化社区环境的建议书交给社区负责人,把写童年误会的文章改成书信后送给当事人,等等。这些举措能够极大地激发学生表达、交流的兴趣,使学生真正"懂得写作是为了自我表达和与人交流"。

**3. 体验完整的写作流程的策略**

在小学习作教学中,教师应当由扶到放让学生经历、体验完整的写作流程,进而掌握这一流程。一般而言,完整的写作流程应该包括取材、构思、起草、加工(即修改)、发布等环节。

对于取材环节,教师要指导学生认真观察、有效搜寻、积极回忆。如果写眼前的事物,教师应指导学生观察什么、怎么观察;如果写的不是亲身经历的事物,就要指导学生明确搜寻什么材料、通过什么途径搜寻以及怎么搜寻;如果要写过去经历的事物,就要指导学生需要回忆哪些东西,以及怎么利用线索获得尽量可能全面的回忆。此外,对于命题或半命题作文,教师尤其要指导学生根据题目要求,选取恰当的写作素材。

对于构思环节,教师要着重培养学生想清楚了再动笔的习惯;尤其要使学生掌握列提纲的方法。在写作的起始阶段,教师要启发学生的写作思路,帮助学生构思——比如弄清楚"为什么写""写什么"和"怎么写"的问题;懂得"为什么写"决定了"写什么"和"怎么写";

想明白"写什么"和"不写什么""先什么""再写什么""最后写什么"等问题。

起草环节既是构思的延续,又是用正确恰当的字词句表达思想的过程。对于遣词造句尚未达到自动化水平的中低年级小学生而言,教师尤其要重视起草环节的指导。一方面,教师可以在课堂上留给学生足够的起草时间,同时予以巡视和个别指导;另一方面,教师可以向全班学生示范起草文章的部分内容,或者和学生一起起草文章,从而教授遣词造句的方法和技巧,培养学生起草的习惯。

对于加工、修改环节,教师要将之作为教学的重点,反复强调和训练;要经由教师示范评改、师生共同评改,逐渐过渡到学生互相评改和学生自我评改。作文修改的教学要点包括:① 明确修改文章的重要意义。要让学生懂得,写作是一种脑力劳动,需要经过不懈追求和反复努力才能获得较好的效果。好文章不仅是写出来的,更是改出来的。学会修改文章,才能使自己的写作能力不断提高。② 了解修改文章的基本步骤。要提醒学生,作文写完以后多读几遍,出声朗读,边读边改,反复读、改几遍,直到自己比较满意为止。③ 掌握修改文章的主要方法,了解和熟练运用修改文章的符号。

对于发布环节,教师一般是比较忽视的。而实际上,发布不但是大部分写作活动中不可或缺的环节,而且深刻影响着写作的过程和结果。为了激发学生的写作兴趣,培养学生为特定对象和目的写作的意识,教师应当重视发布这一环节。如拓宽发布的渠道——建立班级习作QQ群、创立班级习作园地等,让学生都有发布习作,与同学、教师甚至家长就习作持续沟通和讨论的机会;再如培养学生为发布而写作的意识,指导学生为特定媒体和读者而写作,鼓励学生积极投稿,等等。

### 4. 指导写作方法的策略

习作教学要减少对学生的束缚,使学生能够自主写作、自由表达;但这不意味着放任自流,不给学生的习作以必要的帮助。笔者认为,既要保证学生写作的自由,又要提供必要的帮助,最好的做法就是指导写作的方法。这些方法按写作的过程划分,主要有积累的方法、审题的方法、选择材料的方法、组织材料的方法、修改的方法;按作文的体裁或形式划分,主要有记叙文的写作方法、说明文的写作方法、看图作文的写作方法、扩写的方法、续写的方法,等等。

### 5. 由说到写的策略

对于小学生写作而言,语言表达是一大问题。他们即使已经明确了要表达的意思,也会因遣词造句、段落构造上的困难而不能顺利完成习作任务。因此,对语言表达的切实指导,在小学习作教学中居于重要位置。

小学生的口头言语先于书面言语发展,且对书面言语发展具有奠基作用。口头言语中的独白相对于对话而言,往往句子间联系紧密,句子完整。在小学习作教学中,教师可以着手训练学生独白式的说,使学生在原有口语的基础上向表达更完整、更丰富的层面发展。经过独白式的说,再将说的内容整理、书写下来,从而使学生的书面言语能力可以得到有效发展。

### （五）口语交际教学策略

#### 1. 以学生的口语交际实践为中心

口语交际教学必须以学生自主的口语交际实践为中心，教师的所有行为都应紧紧围绕这个中心。首先，教师应当创设口语交际情境，布置口语交际任务，引发学生的口语交际需要和行为。因此，教师要努力研究学生的生活实际，从中提取典型的、学生驾驭不好的口语交际情境和任务，使学生真正感受到教学与生活的紧密联系，感受到教学对生活的助益作用。同时，教师要明确具体的口语交际对象、目的、场合，让学生在这些规定条件下进行有意义的口语交际实践，进而懂得口语交际对交际情境的依赖性。

其次，教师应当通过交际知识教授、示范、评议等手段，努力提高学生口语交际实践素养。口语交际教学不应停留于学生说得热闹，而应在学生原有的交际水平上，将之向上提升。为之，教师要敏锐地抓住学生口语交际素养中的不足之处，制定有针对性的口语交际教学目标，布置有挑战性的口语交际实践任务，使学生在口语交际实践中获得交际知识、能力、态度等方面的增长、提高或改善。

#### 2. 在实践活动中渗透口语交际知识教学

口语交际教学必须以学生自主的口语交际实践为中心，而不是以口语交际原则、要领等知识教学为中心。现行《义务教育语文课程标准》特别强调口语交际教学"不宜采用大量讲授口语交际原则、要领的方式"，这显然是针对以往口语交际教学的弊端而言的。不过，"不大量讲授口语交际知识"不意味着不进行必要的口语交际知识教学。对此，笔者的观点是，一则合用、适量的口语交际知识教学必不可少；二则口语交际知识教学必须有机地融入、渗透在口语交际实践中。

首先，必须要有合用、适量的口语交际知识教学。只有掌握了具有一定普遍性的交际知识，学生才能举一反三，运用它们灵活自如地应对新的口语交际情境。比如，使学生掌握"赞美他人需要具体、真诚、适度"等交际原则和要领，不仅能帮助学生很好地完成课堂训练的几个"赞美他人"的交际任务，更有利于他们智慧、得体地应对生活中各种复杂多样的"赞美他人"的交际情境。

其次，口语交际知识的教学必须有机融入、渗透在口语交际实践中。教师可以在布置口语交际任务时，一并提出有关的交际原则与要领，使学生借助它们更好地完成交际任务；最后，还要以这些原则与要领为标准对学生的交际实践加以评议。教师也可以先不明确指出交际原则与要领，而让学生在交际实践中自己发现和总结；学生在反思交际实践的过程和效果时，会概括出使交际过程更顺畅、交际效果更佳的交际原则和要领。上述两种做法都把交际知识与交际任务、交际实践紧密结合起来，做到了口语交际知识源于口语交际实践、用于口语交际实践。

#### 3. 口语交际实践多样化、序列化

口语交际实践有不同的类型，其要求各不相同；口语交际教学应尽量提供各种口语交际实践的机会，让学生能够掌握不同类型口语交际的特点和要求。

**165**

（1）日常对话类。这类口语交际是为实现日常生活中各种交往需要而进行的双向或多向的对话活动,具有不正规,随意性强,非常依赖语境,语言通俗、明快、多省略等特点。根据交际的目的,可具体分为道歉、做客、待客、转述、劝阻、请教、赞美、解释、批评、安慰、借物、购物、指路、问路、看病、自我介绍等。

（2）辩论、讨论类。这类口语交际是为深入交流思想,围绕特定问题、主题或话题而开展的双向或多向的交流活动。按照交流的形式,可分为主题辩论、时事评论、问题讨论,等等。

（3）正式交流类。这类口语交际最大的特点是正规,往往遵循特定的交际礼仪或规则,要求使用特定的语体。正式交流类口语交际不仅有对话性的,也有独白性的;不过,即使是独白,也充分考虑交际目的、对象和场合的规定性,因而同样具有很强的交际性。根据交流的目的与场合,可分为主持、采访、演讲、致辞、导游、新闻报道,等等。

在教学设计时,要尽量通盘考虑整个小学阶段口语交际实践的安排,由易到难,由简单到复杂,有序安排各种类型的口语交际活动,使训练效果最大化。

#### 4. 口语交际教学途径多元化

口语交际教学的途径有三条:第一,专门的口语交际课;第二,语文阅读、习作课;第三,语文综合性活动课。每一条途径教学的侧重点应该有所不同。对于专门的口语交际课而言,其侧重点在于系统的口语交际技能训练,与交际内容相关的教学不是重点。对于阅读、习作课中的口语交际教学而言,其侧重点往往在交际的内容方面,而不是交际的形式。比如,在教学《虎门销烟》时,针对以"我站在林则徐塑像前……"为题发表演讲的口语交际任务。教师除了提示演讲的一般要求以外,往往应更多把重点放在引导学生表达阅读体验以及合理展开联想方面。对于语文综合性活动课中的口语交际教学而言,其侧重点在于指导学生根据需要明智地选择口语交际的类型或形式,以及在一个更为宏观的背景下自主确定口语交际的目的、对象和情境。比如,当学生确定了"环境保护你我他"的主题时,他们就需要进一步决定如何具体运用演讲、辩论、采访、访谈等口语交际方式,为自己搜集信息或表达思想服务。通过多元的口语交际教学途径,学生的口语交际素养才能得到全面提升。

## 二、小学语文教学方法

### （一）识字教学方法

#### 1. 字音教学方法

字音教学的主要任务是使学生读准字音,进而在头脑中建立字音与字形的联系并加以巩固;所采用的教学方法主要有示范法、比较法、练习法等。

示范法指教师自己(也可指定某学生)拼读生字,给出生字正确、标准的读音,为学生提供模仿学习的对象。

练习法指让学生自主拼读或直呼生字读音,并通过他人或自我反馈使读音趋于正确、标准的教学方法。

比较法指教学音近字、多音字等容易读错的字的读音时，将不同字的字音加以比较，以把握它们的细微差别，从而准确地掌握所学生字的读音的方法。比如，"北京"中"京"与"天津"中"津"的比较，"和平"中"和"与"暖和"中"和"的比较。

### 2. 字形教学方法

字形教学的主要任务在于帮助学生准确掌握字形并牢固记忆字形。其常见的方法如下：

笔画变化法。即在熟字的基础上对笔画加以增减或变形，以学得生字的方法。如"王"加一点，变成"主"，将"开"字的第一笔加以变形，变成"升"。

笔画分析法。初学时使用，可一边唱笔画名称一边书空。如"人"——"撇、捺"。在分析合体字时，有些笔画不组成部件，也要数笔画。如"吮"——右上方是"点、横"。

部件分析法。学合体字时，一般不用笔画分析，而是将独体字、偏旁部首作为部件进行分析。如"数"——左右结构，左上是"米"，左下是"女"，右边是"反文旁"。

图解识字法。即利用图画（简笔画、贴画等）帮助识记字形的一种方法。此方法主要适用于象形字。用此法识字，既有趣，又能培养学生的想象力。如"日、月、水、火、山、石、田、土"等最简单的象形字，都是实物的象形，笔画简单，与图画接近。教师可以自己画，也可以让学生画这些字的简笔画，以帮助识记字形，并感受象形字的构字特点。

猜谜识字法。即利用编谜语和猜谜语的方法，帮助学生识记字形的一种方法。此方法适用于间架结构相对比较简单，每个部件之间有一定联系的汉字。通过猜谜语来巩固已学的知识，既可调动积极性，又可以培养学生的逻辑思维能力。如"一口咬掉牛尾巴"（告）；"一点一横，叉叉顶门。"（文）等。

编儿歌或顺口溜识字法。即利用编儿歌或顺口溜来帮助学生识记字形的一种方法。如"一个人，他姓王，口袋里装着两块糖"（金）；"一人胆子大，敢把大王压"（全）；"两个小儿土上坐"（坐）；"两人为从""三人为众""三木为森""不正为歪""小土为尘""上小下大为尖"。

编故事识字法。即把汉字的几个部件利用故事巧妙地联系起来，帮助学生识记字形的一种方法。此方法适用于识记字形复杂的字。如"灭"字（发生火灾时，用水去浇灭）；"游"字（有一个戴着泳帽的小孩子正在方形的泳池里游泳）；"左"字（左边的人在认真工作）；"右"字（右边的人在大口吃东西）。

构字法分析法。即指导学生根据生字的造字方法分析其字形特点，从而识记字形的方法。比如，对于象形字"日""月""水""田"等，可以指导学生将字形与实物加以对照；对于指事字"刃""上""下"等，可以指导学生还原其造字的思维过程；对于会意字"林""森"等，可以指导学生分析若干部件组合的意义；对于形声字"请""情""清"等，指导学生利用其形旁表义、声旁表音的规律识记。

### 3. 字义教学方法

字义教学的任务是教会学生了解字（词）的意思，逐步会用。其中，了解字（词）的意思主要指掌握字（词）在课文的语言环境里的意思；因而字义教学主要以"连词解义，依文解

字"为原则。具体而言,字义教学的主要方法如下:

直观法。通过实物、图片、模型、动画、视频、形体动作等,让学生直接感知生字词所指的对象,从而了解字词含义的方法。如看塔图或观塔理解"塔"义;通过动作演示理解"追""迎"的区别。

举例法。对某些比较抽象的字词不作注释,而是用举例的方法,从实际运用方面理解,如不去解释什么叫"关心",而是举例说明谁关心谁,怎么关心的。

组词造句法。用组词造句的方法帮助了解字词的含义,这也是从实际运用方面理解字词含义。

注释法。用通俗易懂的语句对字词做出解释。常常以字典、词典的解释做参考。在使用注释法时,要正确把握"精确度"。如"祖国"一词,私下老师经过与学生共同讨论,解释为"我们自己的国家"。其中"我们自己的"这一定语十分精确地说明"国家"并没有展开,带有模糊性。这样的解释反倒是符合学生实际的。

### (二)写字教学方法

#### 1. 观察法

即指导学生观察字形,加深对字形的整体印象,了解字形各个部分的位置,培养学生的观察能力的教学方法。教师要指导学生仔细观察每个字的构字特点及在田字格中的位置,并指导观察字形结构,如独体字占田字格的部位,上下结构、左右结构的字各部分的比例,半包围、全包围结构的字所处的位置,以及笔画的变化,等等。

#### 2. 示范演示法

即教师在黑板的田字格中展示写字的全过程的教学方法。教师边演示边讲述:这个字是什么结构,第一笔在田字格的哪个部位落笔,每一笔画的名称、运笔方法以及笔顺等。如教写"人"字,要讲清楚:"人"是个独体字,第一笔是"撇",应在田字格竖中线上中部落笔,先向右按,然后向左下格中部撇出;第二笔是"捺",在田字格横线上部靠"撇"的地方落笔,向右下格中部运笔,稍作停顿,然后向右平捺出锋,做到"撇"中有尖,"捺"中有角,点画分轻重。示范指导要突出重点、难点,如横、竖的长短与直斜,撇、捺的平斜与长短,点的向背与大小。

#### 3. 操作练习法

即学生的写字练习。练习法一般在教师示范指导后使用。练习时,教师应当提醒学生注意自己坐姿、握笔的姿势及方法,纠正学生不正确的姿势和方法。教师还要巡回指导,随时提醒学生每个字每一笔在田字格中的位置、运笔方法,与上一个笔画的间距,其长短如何,整个字的结构特点及各部分的比例。

#### 4. 总结评价法

总结评价可以提供学生写字练习以客观的反馈,对学生提高写字水平,提升写字兴趣有重要作用。总结评价要具体,如不要笼统地说"写得好""写得正确",而是具体地评价"某同学写字点画到位""某个字写得结构严谨"等。此外,评价还应具有及时性和鼓励性。

**真题链接**

1. (2016年下半年简答题)请认真阅读下列材料,并按要求作答。

请根据上述材料完成下列任务:

(1) 如指导小学二年级学生学习上述内容,试拟定教学目标。

(2) 分析"饥"、"贫"二字的构字特点。

(3) 分析学生写"暖"字时可能会出现的错误及其原因,并说明理由。

### (三)阅读教学方法

#### 1. 串讲法

"串"是连接、贯穿,"讲"是教师的讲解。串讲法就是教师按照课文的结构顺序,逐字、逐句、逐段地讲解学生不易理解的词语,并贯穿上下文、疏通语句文意的教学方法。

串讲法是我国传统语文教育最常用的教学方法,也被现在的文言文教学经常使用。当然,对于比较现代外文中比较复杂、难以理解的语句也可以采用这种方法。传统上,串讲法一般是教师讲,学生听,学生的主动性发挥不够;在强调学生自主学习的背景下,教师可以改造传统的串讲法,组织、引导学生自行串讲难解的语句,随后给予及时反馈。

### 2. 诵读法或朗读指导法

诵读法是基本的传统语文教育方法,包括朗读和背诵,强调的是学生自读自悟。如古人所说,书读百遍,其义自见。朗读指导法则更多体现现代教学的特色,即强调教师对学生朗读的指导——点拨朗读技巧或课文蕴含的思想情感,以促使学生朗读入情入境,"用恰当的语气语调朗读,表现自己对作者及其作品情感态度的理解"。

### 3. 讲读法

讲读法是新中国小学语文学科普遍采用的教学方法。其实质是师生围绕课文的谈话、讲解、问答与课文朗读的有机结合。因而,讲读法算是比较适合语文学科的功能全面的综合性教学方法。

对于讲读法的认识有经历了一个过程:一开始人们机械地将之分割为教师讲与学生读两个部分,后来则认识到不管是讲,还是读,都应该是师生互动、共同参与的过程。

### 4. 语言品味法

这种方法就是引导学生揣摩品味课文的重点词句,领悟其意蕴和表达技巧。品味语言实质上是读者利用相关经验,进行联想、想象,在头脑中再造作品所表现情境的过程。教学中可以提示相关经验,引导学生的联想、想象。比如,对于《荷花》一课中"白荷花在这些大圆盘之间冒出来"中"冒"字的品味,就可以让学生回忆"我们游泳时,从水里冒出来"的经验,想象白荷花从挨挨挤挤的大圆盘之间冒出来的景象,从而感受到"冒"字所蕴含的白荷花生机勃勃生长、开放的意味,以及满池碧绿荷叶中白荷花挺立绽放的美丽图景。

除了直接要求联想、想象,教师也可以让学生进行词句增、删、调、换的比较,间接地促进联想、想象,情境再造。比如,教学《曼谷的小象》一课,对其中描写小玲表情时多次使用的"笑眯眯"一词,可要求学生将之与结构相同、意义相近的词——笑哈哈、笑呵呵、笑嘻嘻等进行比较,看看哪一个更适合;由此引导学生感受小玲热情友善、含蓄端庄的美好形象。要注意的是,不但可以引导学生比较不同语言的不同表达效果,也可以引导学生比较相同语言的不同表达效果。

### 5. 直观法

阅读教学中的直观法主要指利用实物、音响、图片、影像等资料,复现课文内容或课文相关背景,以帮助学生形成直观形象,提高学习课文的兴趣、深入理解课文内容的教学方法。例如,有教师在教学《梅兰芳学艺》一课时,先给学生欣赏了梅兰芳的京剧演唱片断及演出剧照,既让学生直观地了解梅兰芳其人及高超的艺术水平,又自然引出梅兰芳如何学习以致获得如此高的艺术水平的问题,激发学生探索、学习课文的兴趣。

在阅读教学中使用直观法应该有度,不能把课文所描写、说明的都转换成形象呈现给学生,因为这会抑制学生自身文字解码能力和联想、想象能力的发挥。一般而言,直观法应该用在课文内容远离学生经验、学生难以凭借自己的经验联想、想象课文内容的情况之下。并且,使用直观法时,也不需要追求原原本本、毫无遗漏地再现课文内容,而只要部分地、艺术地呈现,以给学生的创造性联想和想象留下空间。

### 6. 表演法

表演法就是让学生(有时教师也参与其中)表演课文内容,以促使其感受语言的含义,深入或者创造性地理解和掌握课文的教学方法。这种教学方法有利于提高学生阅读的质量,培养学生的阅读理解能力和审美创造能力。

阅读教学中的表演有复现性的,其目的主要是引导学生深入品味语言,入情入境。如有教师教学《小猴子下山》时,设计了学生表演的环节——让学生到讲台上表演小猴子"掰玉米""捧桃子""抱西瓜""扛着往前走"等一系列动作,也促使学生感受、领悟每个动词使用的准确性。阅读教学中的表演也有创造性的,其目的不但可以促使学生理解和掌握课文内容,更能锻炼学生的创造性表现能力、想象能力。较为常见的有:要求学生表演课文中的一段对话,其中可以创造性地加上表情、动作等;要求学生将课文所写的故事改编成课本剧(改编时,教师可以给予具体指导或者帮助)加以表演。

### 7. 复述法

复述法是要求学生在理解课文内容和记忆课文语言材料的基础上,自己组织语言,叙述课文内容的一种阅读教学方法。这种方法不但可以促进学生把握课文脉络、掌握课文内容、积累课文的语言材料,而且能有效锻炼学生的口头表达能力以及思维能力。复述主要有详细复述、简要复述、片段复述、创造性复述等四种。详细复述是用接近课文的语言,将课文的内容原原本本、尽量没有遗漏地呈现出来。它有利于课文语言的内化,也能促进对课文内容的理解和掌握。简要复述是对原文内容作概括性的口头叙述。它要求删繁就简,把握课文的基本结构和主要内容,有利于锻炼分析、概括课文内容的能力。片段复述是对课文重点段落或精彩段落的内容加以详细叙述。它有利于学生掌握课文重点或精彩部分的语言及内容。创造性复述是以不同人称或顺序、从不同角度,或为不同目的,对课文的表达方式做一定调整,但又准确、全面呈现课文内容的复述方式。四种复述方式应该根据课文、学生及教学目标的不同加以灵活选择。

### 8. 语言表达训练法

语言表达训练法是指导学生以课文语言为范本或以课文内容为依据进行造句、说话、写话、习作等活动的阅读教学方法。这种方法充分体现了阅读教学的综合性,反映了听、说、读、写能力之间紧密联系、相互促进的语文教学原则,有利于学生综合性语文能力的培养;也有利于增强学生阅读的主动性、创造性,提高学生阅读的效率。

阅读教学中的语言表达训练有单项的词句训练。如于永正老师教学《梅兰芳学艺》时设计了用"经过勤学苦练,梅兰芳终于成为世界闻名的京剧大师"中的"终于"造句的练习。这种造句练习除了能够增加学生的语言积累,提高语言运用能力,更能使学生在运用中加深对词语意蕴的理解,加深对课文主题——梅兰芳勤学苦练精神的理解。语言表达训练也有综合性的——整段话的表达、甚至整篇文章的写作。比如,教学《虎门销烟》时设计的语言训练可以是"以'我站在林则徐塑像前'为题,写一段话"。这种训练对学生综合性的写作能力是一种挑战;当然,也对学生阅读理解及体验的深刻性、独特性提出相当高的要求。

### (四)习作教学方法

#### 1. 设境法

设境法一般用于作文任务布置之前,是教师通过语言、音乐、画面等形象直观的媒介创设交流、表达的情境,激发学生交流、表达的欲望,给予交流、表达的目的、对象、场合等信息提示的习作教学方法。

#### 2. 活动法

活动法就是在学生写作之前,组织学生从事相关活动,使学生获得亲身体验,积累写作素材,形成写作内驱力;教师顺势布置写作任务,要求学生就活动的观察、感受、体验、思考等进行写作。活动法是为学生获得写作素材和写作动机服务的;在过程中往往需要穿插对学生观察的指导、对学生思考的点拨。

比如,有老师先让学生"闭上眼睛,数一数全班同学的名字","看一口气能数多少个",然后要求学生把测试的经过和感受原原本本地写下来,怎么做就怎么写,怎么想就怎么写,不需要虚构,不需要因为其他因素而掩饰自己。这种活动虽然规模小且是内隐的,但可以引发学生多方面的感受,从而积累丰富的习作素材。

#### 3. 示范法

示范法主要是给学生提供写作范例。写作范例可以是教师亲自写的"下水文",也可以是教师"借"别人写的例文。写作范例可以是整篇文章,也可以是文章片段。

采用示范法,要注意提供的范例与学生的写作任务有适当的联系,便于学生模仿,又不至于限制学生的自由发挥。此外,提供写作范例的同时,教师还要指导学生分析、揣摩其中的写法,从而灵活地迁移、运用于自己的作文。

最后,示范法还可以向学生示范如何修改习作。如选取学生有代表性的习作或习作片段,分析其中存在的问题,向学生示范如何修改。

#### 4. 讲评法

讲评法是教师指出、分析学生习作中的优点和不足,并给出修改、完善或继续努力的意见。讲评法一般用于全班集中教学,也可以用于个别辅导。

讲评法有综合讲评,即从思想内容到写作表现形式,对全班学生作文做全面概括性讲评,讲述和分析学生本次作文的优缺点,值得注意的共性问题。也有专题讲评,即聚焦于本次作文中的一两个主要问题,结合讲授有关写作知识的讲评。讲评时,一是要注意抓住典型。选出本次习作中一两篇优秀的、有明显进步的,或者代表本次习作共性问题的习作进行讲评,用以指导全班。二是注意进行对比。如不同选材立意的习作的对比,不同谋篇布局的习作的对比,不同表现方法的习作的对比,修改前后习作的对比,等等。

### （五）口语交际教学方法

#### 1. 情境创设法

这是小学语文口语交际教学最常用的教学方法。为了引发学生自主的口语交际实践，教学设计必须首先着力于创设恰当的口语交际情境，可以是真实的口语交际情境，也可以是模拟的口语交际情境。

#### 2. 示范法

示范法就是教师亲自或请优秀的学生演示特定交际情境下如何应用交际原则和要领进行相应的口语交际活动，为全班学生的口语交际练习提供模仿的样例。不仅如此，教学实践还表明：示范法往往会消除学生口语交际的害羞、畏难等心理，激发学生模仿、表现的欲望。

#### 3. 小组合作练习法

为了给所有学生提供口语交际实践的机会，教师往往组织学生以小组为单位合作开展口语交际练习。

#### 4. 评价法

为了促进学生口语交际素养的提升，需要对学生的口语交际实践展开师生评议。因而，评价法也是小学语文口语交际教学常用的教学方法之一。

应用评价法教学，一是要明确评价标准（往往是特定情境下的交际原则和要领）；二是要引导学生自评和互评。

## 第三节　小学语文课程标准概述

### 一、课程标准的含义及作用

所谓课程标准，就是对学生在经过一段时间的学习后应该知道什么和能做什么的界定和表述。如我国的《基础教育课程改革纲要（试行）》（以下简称《纲要》）指出国家课程标准"应体现国家对不同阶段的学生在知识与技能、过程与方法、情感态度与价值观等方面的基本要求"。课程标准一般由国家或地区的教育主管部门发布，实际上反映了这个国家或地区对学生学习结果的期望，具有权威性和强制性。课程标准通常包括了几种具有内在关联的标准，主要有内容标准（划定学习领域）和表现标准（规定学生在某领域应达到的水平）。

正因为课程标准是一个国家或地区对学生学习结果的强制性规定，所以它实质上是该门课程开发与实施主要和直接的依据。《纲要》指出：国家课程标准是教材编写、教学、评估和考试命题的依据，是国家管理和评价课程的基础。

对于小学语文教师而言，现行《义务教育语文课程标准》是开展教学工作最直接、最重要的依据。这主要表现为制定教学目标时必须参照课程标准中的总目标和学段目标；设计和开展教学活动必须体现课程标准中的基本理念,灵活采纳课程标准中的"教学建议";进行教学评价必须反映课程标准中"评价建议"的要求。

## 二、现行语文课程标准的主要内容

指导当前小学语文教学活动的语文课程标准是《义务教育语文课程标准》(2011年版)。该课程标准主要由"前言""课程目标与内容""实施建议"等三个部分组成。其中,"前言"阐述了语文课程的性质、基本理念、设计理念;"课程目标与内容"部分先阐述了义务教育语文课程所要达成的总目标,然后具体阐述四个学段的语文课程目标与内容;"实施建议"则具体阐述了教学、评价、教材编写、课程资源开发与利用等方面的建议。

总目标的设计着眼于语文素养的整体提高,包括了知识与能力、过程与方法、情感态度与价值观三个方面的目标。尽管这三个方面的目标主要是分开来阐述的,但实际上它们"相互渗透,融为一体"。一方面,语文课程人文性与工具性统一的特点,决定了情感态度与价值观目标应该与语文的知识与能力、过程与方法目标紧密结合,"融为一体"体现在课程内容以及教学活动中。另一方面,语文的知识与能力目标和语文学习的过程与方法目标也应该是紧密联系的。因为恰当的语文学习方法和过程不但能够保证语文知识掌握的效果,而且能够促使语文知识顺利转化为语文能力。因而,教师确立语文知识与能力目标时,也要同时考虑相关的语文学习方法与过程目标,保证结果性目标与过程性目标。

学段目标与内容分识字与写字、阅读、写话或习作、口语交际、综合性学习等领域阐述;各学段目标与内容相互联系,螺旋上升,最终全面达成总目标,体现了语文课程的整体性和阶段性。

### 真题链接

**1.** (2017年上半年选择题)学习了《坐井观天》一课,学生学会"信、抬、蛙、答"等生字,理解并熟记"无边无际""坐井观天"等词。按照三维目标的要求,这主要达成的教学目标是(　　)。

A. 知识与能力　　　　　　　B. 过程与方法
C. 认知与实践　　　　　　　D. 情感态度与价值观

### 巩固练习

1. 请认真阅读下文,并按要求作答。

#### 翠　鸟

翠鸟喜欢停在水边的苇秆上,一双红色的小爪子紧紧地抓住苇秆。它的颜色非常鲜艳。头上的羽毛像橄榄色的头巾,绣满了翠绿色的花纹。背上的羽毛像浅绿色的外衣。腹部的羽毛像赤褐色的衬衫。它小巧玲珑,一双透亮灵活的眼睛下面,长着一张又尖又长的嘴。

翠鸟鸣声清脆,爱贴着水面疾飞,一眨眼,又轻轻地停在苇秆上了。它一动不动地注视着泛着微波的水面,等待游到水面上来的小鱼。

小鱼悄悄地把头露出水面,吹了个小泡泡。尽管它这样机灵,还是难以逃脱翠鸟锐利的眼睛。翠鸟蹬开苇秆,像箭一样飞过去,叼起小鱼,贴着水面往远处飞走了。只有苇秆还在摇晃,水波还在荡漾。

我们真想捉一只翠鸟来饲养。老渔翁看了看我们说:"孩子们,你们知道翠鸟的家在哪里?沿着小溪上去,在那陡峭的石壁上。它从那么远的地方飞到这里来,是要和你们做朋友的呀!"我们的脸有些发红,打消了这个念头。在翠鸟飞来的时候,我们远远地看着它那美丽的羽毛,希望它在苇秆上多停一会儿。

(1) 具体分析课文抓住事物特点描写的写作特点。

(2) 如指导高年段的小学生学习上述内容,试拟定教学目标和教学重点。

(3) 根据拟定的教学目标和教学重点,设计课堂教学环节并简要说明理由。

2. 请认真阅读下文,并按要求作答。

### 富饶的西沙群岛

西沙群岛是南海上的一群岛屿,是我国的海防前哨。那里风景优美,物产丰富,是个可爱的地方。

西沙群岛一带海水五光十色,瑰丽无比:有深蓝的,淡青的,浅绿的,杏黄的。一块块,一条条,相互交错着。因为海底高低不平,有山崖,有峡谷,海水有深有浅,从海面看,色彩就不同了。

海底的岩石上长着各种各样的珊瑚,有的像绽开的花朵,有的像分枝的鹿角。海参到处都是,在海底懒洋洋地蠕动。大龙虾全身披甲,划过来,划过去,样子挺威武。

鱼成群结队地在珊瑚丛中穿来穿去,好看极了。有的全身布满彩色的条纹;有的头上长着一簇红缨;有的周身像插着好些扇子,游动的时候飘飘摇摇;有的眼睛圆溜溜的,身上长满了刺,鼓起气来像皮球一样圆。各种各样的鱼多得数不清。正像人们说的那样,西沙群岛的海里一半是水,一半是鱼。

海滩上有拣不完的美丽的贝壳,大的,小的,颜色不一,形状千奇百怪。最有趣的要算海龟了。每年四五月间,庞大的海龟成群爬到沙滩上来产卵。渔业工人把海龟翻一个身,它就四脚朝天,没法逃跑了。

西沙群岛也是鸟的天下。岛上有一片片茂密的树林,树林里栖息着各种海鸟。遍地都是鸟蛋。树下堆积着一层厚厚的鸟粪,这是非常宝贵的肥料。

富饶的西沙群岛,是我们祖祖辈辈生长的地方。随着祖国建设事业的发展,可爱的西沙群岛必将变得更加美丽,更加富饶。

(1) 简要分析课文结构上的特点。

(2) 如指导中年段的小学生学习上述内容,试拟定教学目标和教学重点。

(3) 根据拟定的教学目标和教学重点,设计课堂教学环节并简要说明理由。

# 第二章　小学数学学科教学知识

## 备考指南

### 一、考纲要求

1. 了解小学数学学科教学的基础知识。
2. 了解小学数学课程标准的主要内容和特点。
3. 掌握小学数学课程标准的内容领域所涵盖的核心知识及其关系。
4. 能够针对小学生数学学习的要求，整合小学数学相关内容，开展数学教学活动。

### 二、考点分析

1. 本节知识在历年考试中一般不单独出题，而是渗透在教学设计题中进行考查。
2. 确定课题教学目标是教学设计的基本要求，复习时要结合本章学习，深刻理解小学数学课程的学段目标，并熟练掌握数学课程内容标准中的内容目标。

### 三、学习建议与备考策略

1. 领会数学课程标准中的基本理念。
2. 以小学数学核心知识点为联结点绘制小学数学相关知识点逻辑图。
3. 遵循小学生数学认知规律，理解本课程各学段目标设置的合理性。

## 知 识 树

小学数学学科教学知识
- 小学数学课程概述
  - 小学数学课程
  - 传统小学数学课程的特点
  - 新课程理念下小学数学课程的特点
  - 小学数学课程标准概述
    - 基本理念
    - 课程设计思路
    - 课程目标及内容
- 小学数学学习过程
  - 小学数学学习及其特点
  - 小学生构建数学认知的一般过程
  - 数学概念的学习过程
  - 数学规则的学习过程
  - 数学技能的学习过程
  - 数学问题解决的学习过程
  - 小学数学学习方式
- 小学数学课堂教学
  - 小学数学教学过程与原则
  - 小学数学教学方法
  - 小学数学教学实施
    - 数学课程教学语言
    - 教师的讲述与提问
    - 小学数学教学中的练习
  - 小学数学教学中应注意的问题

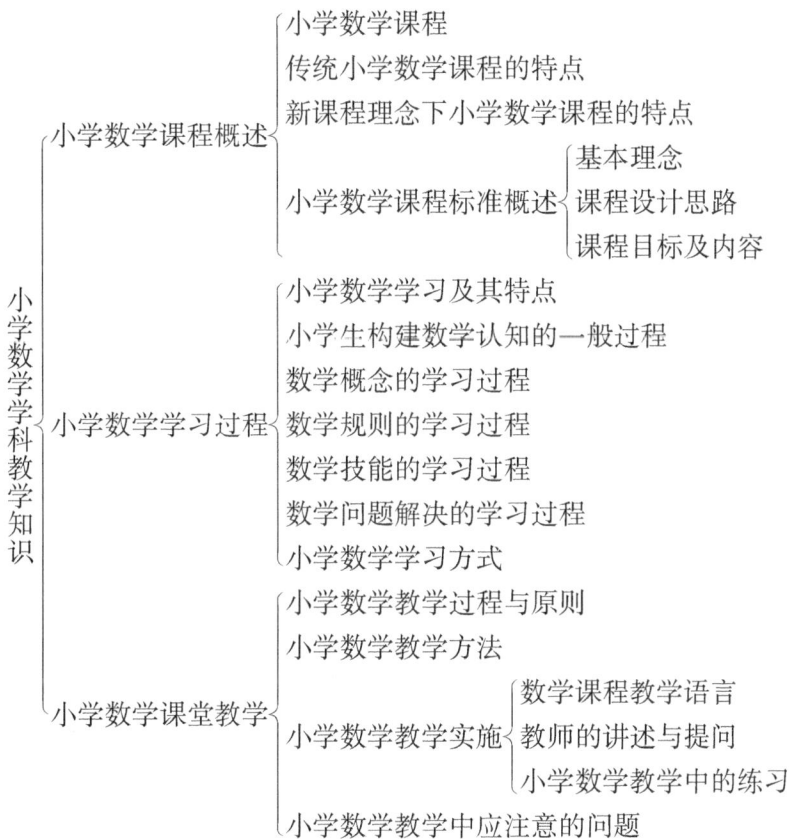

# 第一节　小学数学课程概述

### 一、小学数学课程

　　小学数学作为数学教育中的基础阶段,这一时期的数学学习在学校教育中占有特殊的重要地位。学生通过这一阶段的学习主要掌握数学的基础知识,形成一定的数学基本技能,获得数学的基本思想与基本活动经验,学会用数学的思维方式认识世界和解决问题,为进一步学习数学和其他学科的知识奠定基础。

　　小学数学课程是基础教育课程的重要组成部分,它具有基础性、普及性和发展性。它是"在特定目标、计划制约下的数学学科及数学学习活动"。具体来说,它是结合数学学科的有关内容,对学生进行德智体美教育的过程和经验的总和。它包含课程的目的、内容、方法和评价等。数学课程对学生发展具有的特殊功能,是由数学的特点所赋予的,数学所具有的高度抽象性、逻辑严密性、应用广泛性,及其特有的符号语言系统、模式化的思想方法等,在培养人的理性思维的创新能力方面具有不可替代的作用。数学课程开设年限最长,占用课时多,几乎与母语课程相同。它与其他课程的学习密切相关,尤其是理科课程,是掌握相关课程和现代科学技术必不可少的工具。不仅如此,数学课程对青少年品格的形成,以及在促进学生全面发展方面有着十分重要的作用。

## 二、传统小学数学课程的特点

### 1. 突出学术中心的课程体系

传统的小学数学的课程体系强调的是数学的学术性,强调只有用那些可"教授"的数学学术知识才能来组织课程,而经验、情绪或社会因素等不被作为课程的来源。

### 2. 课程组织形式以学科取向为标准

传统的小学数学的课程内容的设计偏难偏深,贪大求全。许多内容是人为设计的,是为数学知识体系服务的;课程内容的组织往往过多地考虑某一知识在数学科学结构中的地位和作用,而没有充分考虑这些知识在学生自身发展中的地位和作用。

### 3. 螺旋式上升的课程结构

传统的小学数学课程组织中,按照儿童的年龄特点,对数学知识进行逐步渗透、逐步拓展。这一特点主要表现在对于同一"块"的数学知识,在每个年级段都要安排一定的量。而这些"量"是随着儿童的年龄增长以及经验、认知和能力的增长而呈现明显的加深与拓展趋势。这种呈现方式,有利于数学知识系统的传授和学生对知识的接受。

### 4. 课堂教学以记忆为主

传统小学数学的课程实施受应试教育的影响,过分重视知识记忆和技能训练,轻视思维训练,忽视创新精神的培养,只重视学生学习的结果而不重视学生学习的过程。

### 5. 学业评价以笔试为主

传统的小学数学的课程评价采取的是单一性的笔试考试。学生学习数学的动机主要来自于外部的考试压力,具有浓厚的功利性色彩。

## 三、新课程理念下的小学数学课程的特点

### 1. 强调素质教育

课程标准力图在课程目标、内容标准和实施建议等方面全面体现"知识与技能、过程与方法以及情感态度与价值观"三位一体的课程功能,从而促进学校教育重心的转移。

### 2. 突破学科中心

在知识的选择上,精选学生终身学习必备的基础知识和技能,改变课程内容难、繁、偏、旧的现状,努力将学生的兴趣与生活、现代社会和科技发展等因素作为课程的来源,尤其注重学生在课程中的主体性作用。

### 3. 改善学习方式

课程标准通过加强过程性、体验性目标,以及对教材、教学、评价等方面的指导,引导

学生主动参与、亲身实践、独立思考、合作探究,发展学生收集、整理、分析和处理信息的能力、获取新知识的能力、分析和解决问题的能力,以及交流与合作的能力。

#### 4. 倡导过程评价

课程标准力图提出有效的策略和具体的评价手段,使评价的重心更多地指向学生的学习过程,从而促使学生的和谐发展。

#### 5. 提供创造空间

课程标准重视对不同学段目标的刻画以及给出实施过程的建议,对达到目标的内容,特别是知识前后顺序不做硬性规定。这为教材的多样性和教师教学的创造性提供了空间。

### 四、小学数学课程标准概述

#### (一)数学课程的基本理念

##### 1. 对数学的认识

数学是研究数量关系和空间形式的科学。数学与人类发展和社会进步息息相关,随着现代信息技术的飞速发展,数学更加广泛地应用于社会生产和日常生活的各个方面。数学作为对于客观现象抽象概括而逐渐形成的科学语言与工具,不仅是自然科学和技术科学的基础,而且在人文科学与社会科学中发挥着越来越大的作用。

##### 2. 对数学课程的定位

数学课程应致力于实现义务教育阶段的培养目标,要面向全体学生,适应学生个性发展的需要,使得人人都能享有良好的数学教育,让不同的人在数学上获得到不同的发展。

##### 3. 对数学课程内容的要求

课程内容要反映社会的需要、数学的特点,要符合学生的认知规律。它不仅包括数学的结果,也包括数学结果的形成过程和蕴涵的数学思想方法。课程内容的选择要贴近学生的实际,有利于学生体验与理解、思考与探索。课程内容的组织要重视过程,处理好过程与结果的关系;要重视直观,处理好直观与抽象的关系;要重视直接经验,处理好直接经验与间接经验的关系。课程内容的呈现应注意层次性和多样性。

##### 4. 对数学学习的认识

学生学习应当是一个生动活泼的、主动的和富有个性的过程。认真听讲、积极思考、动手实践、自主探索、合作交流等,都是学习数学的重要方式。学生应当有足够的时间和空间经历观察、实验、猜测、计算、推理、验证等活动过程。

##### 5. 对数学教学的认识

教学活动是师生积极参与、交往互动、共同发展的过程。有效的教学活动是学生学与教师教的统一,学生是学习的主体,教师是学习的组织者、引导者与合作者。

数学教学活动,特别是课堂教学应激发学生兴趣,调动学生积极性,引发学生的数学思考,鼓励学生的创造性思维;要注重培养学生良好的数学学习习惯,使学生掌握恰当的数学学习方法。

教师教学应该以学生的认知发展水平和已有的经验为基础,面向全体学生,注重启发式和因材施教。教师要发挥主导作用,处理好讲授与学生自主学习的关系,引导学生独立思考、主动探索、合作交流,使学生理解和掌握基本的数学知识与技能,体会和运用数学思想与方法,获得基本的数学活动经验。

### 6. 对数学学习评价的认识

学习评价的主要目的是为了全面了解学生数学学习的过程和结果,激励学生学习和改进教师教学。应建立目标多元、方法多样的评价体系。评价既要关注学生学习的结果,也要重视学习的过程;既要关注学生数学学习的水平,也要重视学生在数学活动中所表现出来的情感与态度,帮助学生认识自我、建立信心。

### 7. 关于信息技术在课程设计与实施中的作用

信息技术的发展对数学教育的价值、目标、内容以及教学方式产生了很大的影响。数学课程的设计与实施应根据实际情况合理地运用现代信息技术,要注意信息技术与课程内容的整合,注重实效。要充分考虑信息技术对数学学习内容和方式的影响,开发并向学生提供丰富的学习资源,把现代信息技术作为学生学习数学和解决问题的有力工具,有效地改进教与学的方式,使学生乐意并有可能投入到现实的、探索性的数学活动中去。

## (二)课程设计思路

将小学阶段的学习时间划分为两个学段:第一学段(1~3年级),第二学段(4~6年级)。

数学课程目标分为总目标和学段目标,从知识技能、数学思考、问题解决、情感态度等四个方面加以阐述。数学课程目标包括结果目标和过程目标。结果目标使用"了解""理解""掌握""运用"等行为动词表述,过程目标使用"经历""体验""探索"等行为动词表述。

各学段中安排了四个部分的课程内容:"数与代数""图形与几何""统计与概率""综合与实践"。在数学课程中,应当注重发展学生的数感、符号意识、空间观念、几何直观、数据分析观念、运算能力、推理能力和模型思想。为了适应时代发展对人才培养的需要,数学课程还要特别注重发展学生的应用意识和创新意识。

## (三)小学数学课程目标及内容

### 1. 总体目标

| | |
|---|---|
| 知识技能 | • 经历数与代数的抽象、运算与建模等过程,掌握数与代数的基础知识和基本技能。<br>• 经历图形的抽象、分类、性质探讨、运动、位置确定等过程,掌握图形与几何的基础知识和基本技能。<br>• 经历在实际问题中收集和处理数据、利用数据分析问题、获取信息的过程,掌握统计与概率的基础知识和基本技能。<br>• 参与综合实践活动,积累综合运用数学知识、技能和方法等解决简单问题的数学活动经验。 |

（续表）

| | |
|---|---|
| 数学思考 | • 建立数感、符号意识和空间观念,初步形成几何直观和运算能力,发展形象思维与抽象思维。<br>• 体会统计方法的意义,发展数据分析观念,感受随机现象。<br>• 在参与观察、实验、猜想、证明、综合实践等数学活动中,发展合情推理和演绎推理能力,清晰地表达自己的想法。<br>• 学会独立思考,体会数学的基本思想和思维方式。 |
| 问题解决 | • 初步学会从数学的角度发现问题和提出问题,综合运用数学知识解决简单的实际问题,增强应用意识,提高实践能力。<br>• 获得分析问题和解决问题的一些基本方法,体验解决问题方法的多样性,发展创新意识。<br>• 学会与他人合作交流。<br>• 初步形成评价与反思的意识。 |
| 情感态度 | • 积极参与数学活动,对数学有好奇心和求知欲。<br>• 在数学学习过程中,体验获得成功的乐趣,锻炼克服困难的意志,建立自信心。<br>• 体会数学的特点,了解数学的价值。<br>• 养成认真勤奋、独立思考、合作交流、反思质疑等学习习惯。<br>• 形成坚持真理、修正错误、严谨求实的科学态度。 |

## 2. 学段目标

| | 第一学段（1～3 年级） | 第二学段（4～6 年级） |
|---|---|---|
| 知识技能 | 1. 经历从日常生活中抽象出数的过程,理解万以内数的意义,初步认识分数和小数;理解常见的量;体会四则运算的意义,掌握必要的运算技能,能准确进行运算;在具体情境中,能选择适当的单位,进行简单的估算。<br>2. 经历从实际物体中抽象出简单几何体和平面图形的过程,了解一些简单几何体和常见的平面图形;感受平移、旋转、轴对称现象;认识物体的相对位置,掌握初步的测量、识图和画图的技能。<br>3. 经历简单的数据收集、整理、分析的过程,了解简单的数据处理方法。 | 1. 体验从具体情境中抽象出数的过程,认识万以上的数;理解分数、小数、百分数的意义,了解负数的意义;掌握必要的运算技能;理解估算的意义;能用方程表示简单的数量关系,能解简单的方程。<br>2. 探索一些图形的形状、大小和位置关系,了解一些几何体和平面图形的基本特征;体验简单图形的运动过程,能在方格纸上画出简单图形运动后的图形,了解确定物体位置的一些基本方法;掌握测量、识图和画图的基本方法。<br>3. 经历数据的收集、整理和分析的过程,掌握一些简单的数据处理技能;体验随机事件和事件发生的可能性。<br>4. 能借助计算器解决简单的应用问题。 |
| 数学思考 | 1. 在运用数及适当的度量单位描述现实生活中的简单现象,以及对运算结果进行估计的过程中,发展数感;在从物体中抽象出几何图形、想象图形的运动和位置的过程中,发展空间观念。<br>2. 能对调查过程中获得的简单数据进行归类,体验数据中蕴涵着信息。<br>3. 在观察、操作等活动中,能提出一些简单的猜想。<br>4. 会独立思考问题,表达自己的想法。 | 1. 初步形成数感和空间观念,感受符号和几何直观的作用。<br>2. 进一步认识到数据中蕴涵的信息,发展数据分析观念;通过实例感受简单的随机现象。<br>3. 在观察、实验、猜想、验证等活动中,发展合情推理的能力,能进行有条理的思考,能比较清楚地表达自己的思考过程与结果。<br>4. 会独立思考,体会一些数学的基本思想。 |

**181**

(续表)

| | 第一学段(1～3年级) | 第二学段(4～6年级) |
|---|---|---|
| 问题解决 | 1. 能在教师的指导下,从日常生活中发现和提出简单的数学问题,并尝试解决。<br>2. 了解分析问题和解决问题的一些基本方法,知道同一个问题可以有不同的解决方法。<br>3. 体验与他人合作交流解决问题的过程。<br>4. 尝试回顾解决问题的过程。 | 1. 尝试从日常生活中发现并提出简单的数学问题,并运用一些知识加以解决。<br>2. 能探索分析和解决简单问题的有效方法,了解解决问题方法的多样性。<br>3. 经历与他人合作交流解决问题的过程,尝试解释自己的思考过程。<br>4. 能回顾解决问题的过程,初步判断结果的合理性。 |
| 情感态度 | 1. 对身边与数学有关的事物有好奇心,能参与数学活动。<br>2. 在他人帮助下,感受数学活动中的成功,能尝试克服困难。<br>3. 了解数学可以描述生活中的一些现象,感受数学与生活有密切联系。<br>4. 能倾听别人的意见,尝试对别人的想法提出建议,知道应该尊重客观事实。 | 1. 愿意了解社会生活中与数学相关的信息,主动参与数学学习活动。<br>2. 在他人的鼓励和引导下,体验克服困难、解决问题的过程,相信自己能够学好数学。<br>3. 在运用数学知识和方法解决问题的过程中,认识数学的价值。<br>4. 初步养成乐于思考、勇于质疑、言必有据等良好品质。 |

### 3. 课程内容及目标

#### (1) 数与代数

| 学段 | 内容 | 具体目标 |
|---|---|---|
| 第一学段 | 数的认识 | 1. 在现实情境中理解万以内数的意义,能认、读、写万以内的数,能用数表示物体的个数或事物的顺序和位置。<br>2. 能说出各数位的名称,理解各数位上的数字表示的意义;知道用算盘可以表示多位数。<br>3. 理解符号"<""="">"的含义,能用符号和词语描述万以内数的大小。<br>4. 在生活情境中感受大数的意义,并能进行估计。<br>5. 能结合具体情境初步认识小数和分数;能读、写小数和分数。<br>6. 能结合具体情境比较两个一位小数的大小;能比较两个同分母分数的大小。<br>7. 能运用数表示日常生活中的一些事物,并能进行交流。 |
| | 数的运算 | 1. 结合具体情境,体会整数四则运算的意义。<br>2. 能熟练地口算20以内的加减法和表内乘除法,能口算简单的百以内的加减法和一位数乘除两位数。<br>3. 能计算两位数和三位数的加减法,一位数乘两位数和三位数、两位数乘两位数的乘法,两位数和三位数除以一位数的除法。<br>4. 认识小括号,能进行简单的整数四则混合运算(两步)。<br>5. 会进行同分母分数(分母小于10)的加减运算以及一位小数的加减运算。<br>6. 能结合具体情境,选择适当的单位进行简单估算,体会估算在生活中的作用。<br>7. 经历与他人交流各自算法的过程。<br>8. 能运用数及数的运算解决生活中的简单问题,并能对结果的实际意义做出解释。 |

（续表）

| 学段 | 内容 | 具体目标 |
|---|---|---|
| | 常见的量 | 1. 在现实情境中，认识元、角、分，并了解它们之间的关系。<br>2. 能认识钟表，了解 24 时计时法；结合自己的生活经验，体验时间的长短。<br>3. 认识年、月、日，了解它们之间的关系。<br>4. 在现实情境中，感受并认识克、千克、吨，能进行简单的单位换算。<br>5. 能结合生活实际，解决与常见的量有关的简单问题。 |
| | 探索规律 | 探索简单情境下的变化规律。 |
| 第二学段 | 数的认识 | 1. 在具体情境中，认识万以上的数，了解十进制计数法，会用万、亿为单位表示大数。<br>2. 结合现实情境感受大数的意义，并能进行估计。<br>3. 会运用数描述事物的某些特征，进一步体会数在日常生活中的作用。<br>4. 知道 2、3、5 的倍数的特征，了解公倍数和最小公倍数；在 1～100 的自然数中，能找出 10 以内自然数的所有倍数，能找出 10 以内两个自然数的公倍数和最小公倍数。<br>5. 了解公因数和最大公因数；在 1～100 的自然数中，能找出一个自然数的所有因数，能找出两个自然数的公因数和最大公因数。<br>6. 了解自然数、整数、奇数、偶数、质（素）数和合数。<br>7. 结合具体情境，理解小数和分数的意义，理解百分数的意义；会进行小数、分数和百分数的转化（不包括将循环小数化为分数）。<br>8. 能比较小数的大小和分数的大小。<br>9. 在熟悉的生活情境中，了解负数的意义，会用负数表示日常生活中的一些量。 |
| | 数的运算 | 1. 能计算三位数乘两位数的乘法，三位数除以两位数的除法。<br>2. 认识中括号，能进行简单的整数四则混合运算（以两步为主，不超过三步）。<br>3. 探索并了解运算律（加法的交换律和结合律、乘法的交换律和结合律、乘法对加法的分配律），会应用运算律进行一些简便运算。<br>4. 在具体运算和解决简单实际问题的过程中，体会加与减、乘与除的互逆关系。<br>5. 能分别进行简单的小数和分数（不含带分数）的加、减、乘、除运算及混合运算（以两步为主，不超过三步）。<br>6. 能解决小数、分数和百分数的简单实际问题。<br>7. 在具体情境中，了解常见的数量关系：总价＝单价×数量、路程＝速度×时间，并能解决简单的实际问题。<br>8. 经历与他人交流各自算法的过程，并能表达自己的想法。<br>9. 在解决问题的过程中，能选择合适的方法进行估算。<br>10. 能借助计算器进行运算，解决简单的实际问题，探索简单的规律。 |
| | 式与方程 | 1. 在具体情境中能用字母表示数。<br>2. 结合简单的实际情境，了解等量关系，并能用字母表示。<br>3. 能用方程表示简单情境中的等量关系（如 $3x+2=5,2x-x=3$），了解方程的作用。<br>4. 了解等式的性质，能用等式的性质解简单的方程。 |
| | 正比例、反比例 | 1. 在实际情境中理解比及按比例分配的含义，并能解决简单的问题。<br>2. 通过具体情境，认识成正比例的量和成反比例的量。<br>3. 会根据给出的有正比例关系的数据在方格纸上画图，并会根据其中一个量的值估计另一个量的值。<br>4. 能找出生活中成正比例和成反比例关系量的实例，并进行交流。 |
| | 探索规律 | 探索给定情境中隐含的规律或变化趋势。 |

（2）图形与几何

| 学段 | 内容 | 具体目标 |
|---|---|---|
| 第一学段 | 图形的认识 | 1. 能通过实物和模型辨认长方体、正方体、圆柱和球等几何体。<br>2. 能根据具体事物、照片或直观图辨认从不同角度观察到的简单物体。<br>3. 能辨认长方形、正方形、三角形、平行四边形、圆等简单图形。<br>4. 通过观察、操作，初步认识长方形、正方形的特征。<br>5. 会用长方形、正方形、三角形、平行四边形或圆拼图。<br>6. 结合生活情境认识角，了解直角、锐角和钝角。<br>7. 能对简单几何体和图形进行分类。 |
| | 测量 | 1. 结合生活实际，经历用不同方式测量物体长度的过程，体会建立统一度量单位的重要性。<br>2. 在实践活动中，体会并认识长度单位千米、米、厘米，知道分米、毫米，能进行简单的单位换算，能恰当地选择长度单位。<br>3. 能估测一些物体的长度，并进行测量。<br>4. 结合实例认识周长，并能测量简单图形的周长，探索并掌握长方形、正方形的周长公式。<br>5. 结合实例认识面积，体会并认识面积单位平方厘米、平方分米、平方米，能进行简单的单位换算。<br>6. 探索并掌握长方形、正方形的面积公式，会估计给定简单图形的面积。 |
| | 图形的运动 | 1. 结合实例，感受平移、旋转、轴对称现象。<br>2. 能辨认简单图形平移后的图形。<br>3. 通过观察、操作，初步认识轴对称图形。 |
| | 图形与位置 | 1. 会用上、下、左、右、前、后描述物体的相对位置。<br>2. 给定东、南、西、北四个方向中的一个方向，能辨认其余三个方向，知道东北、西北、东南、西南四个方向，会用这些词语描绘物体所在的方向。 |
| 第二学段 | 图形的认识 | 1. 结合实例了解线段、射线和直线。<br>2. 体会两点间所有连线中线段最短，知道两点间的距离。<br>3. 知道平角与周角，了解周角、平角、钝角、直角、锐角之间的大小关系。<br>4. 结合生活情境了解平面上两条直线的平行和相交（包括垂直）关系。<br>5. 通过观察、操作，认识平行四边形、梯形和圆，知道扇形，会用圆规画圆。<br>6. 认识三角形，通过观察、操作，了解三角形两边的和大于第三边、三角形内角和是180°。<br>7. 认识等腰三角形、等边三角形、直角三角形、锐角三角形、钝角三角形。<br>8. 能辨认从不同方向（前面、侧面、上面）看到的物体的形状图。<br>9. 通过观察、操作，认识长方体、正方体、圆柱和圆锥，认识长方体、正方体和圆柱的展开图。 |
| | 测量 | 1. 能用量角器量指定角的度数，能画指定度数的角，会用三角尺画30°、45°、60°、90°角。<br>2. 探索并掌握三角形、平行四边形和梯形的面积公式，并能解决简单的实际问题。<br>3. 知道面积单位：平方千米、公顷。<br>4. 通过操作，了解圆的周长与直径的比为定值，掌握圆的周长公式；探索并掌握圆的面积公式，并能解决简单的实际问题。<br>5. 会用方格纸估计不规则图形的面积。<br>6. 通过实例了解体积（包括容积）的意义及度量单位（立方米、立方分米、立方厘米、升、毫升），能进行单位之间的换算，感受1立方米、1立方厘米以及1升、1毫升的实际意义。 |

| 学段 | 内容 | 具体目标 |
|---|---|---|
| | | 7. 结合具体情境,探索并掌握长方体、正方体、圆柱的体积和表面积以及圆锥体积的计算方法,并能解决简单的实际问题。<br>8. 体验某些实物(如土豆等)体积的测量方法。 |
| | 图形的运动 | 1. 通过观察、操作等活动,进一步认识轴对称图形及其对称轴,能在方格纸上画出轴对称图形的对称轴;能在方格纸上补全一个简单的轴对称图形。<br>2. 通过观察、操作等,在方格纸上认识图形的平移与旋转,能在方格纸上按水平或垂直方向将简单图形平移,会在方格纸上将简单图形旋转90°。<br>3. 能利用方格纸按一定比例将简单图形放大或缩小。<br>4. 能从平移、旋转和轴对称的角度欣赏生活中的图案,并运用它们在方格纸上设计简单的图案。 |
| | 图形与位置 | 1. 了解比例尺;在具体情境中,会按给定的比例进行图上距离与实际距离的换算。<br>2. 能根据物体相对于参照点的方向和距离确定其位置。<br>3. 会描述简单的路线图。<br>4. 在具体情境中,能在方格纸上用数对(限于正整数)表示位置,知道数对与方格纸上点的对应。 |

（3）统计与概率

| 学段 | 内容 | 具体目标 |
|---|---|---|
| 第一学段 | 统计与概率 | 1. 能根据给定的标准或者自己选定的标准,对事物或数据进行分类,感受分类与分类标准的关系。<br>2. 经历简单的数据收集和整理过程,了解调查、测量等收集数据的简单方法,并能用自己的方式(文字、图画、表格等)呈现整理数据的结果。<br>3. 通过对数据的简单分析,体会运用数据进行表达与交流的作用,感受数据蕴涵的信息。 |
| 第二学段 | 简单数据统计过程 | 1. 经历简单的收集、整理、描述和分析数据的过程(可使用计算器)。<br>2. 会根据实际问题设计简单的调查表,能选择适当的方法(如调查、试验、测量)收集数据。<br>3. 认识条形统计图、扇形统计图、折线统计图;能用条形统计图、折线统计图直观且有效地表示数据。<br>4. 体会平均数的作用,能计算平均数,能用自己的语言解释其实际意义。<br>5. 能从报纸杂志、电视等媒体中,有意识地获得一些数据信息,并能读懂简单的统计图表。<br>6. 能解释统计结果,根据结果做出简单的判断和预测,并能进行交流。 |
| | 随机现象发生的可能性 | 1. 在具体情境中,通过实例感受简单的随机现象;能列出简单的随机现象中所有可能发生的结果。<br>2. 通过试验、游戏等活动,感受随机现象结果发生的可能性是有大小的,能对一些简单的随机现象发生的可能性大小做出定性描述,并能进行交流。 |

（4）综合与实践

| 学段 | 具体目标 |
| --- | --- |
| 第一学段 | 1. 通过实践活动,感受数学在日常生活中的作用,体验运用所学的知识和方法解决简单问题的过程,获得初步的数学活动经验。<br>2. 在实践活动中,了解要解决的问题和解决问题的办法。<br>3. 经历实践操作的过程,进一步理解所学的内容。 |
| 第二学段 | 1. 经历有目的、有设计、有步骤、有合作的实践活动。<br>2. 结合实际情境,体验发现和提出问题、分析和解决问题的过程。<br>3. 在给定目标下,感受针对具体问题提出设计思路、制定简单的方案解决问题的过程。<br>4. 通过应用和反思,进一步理解所用的知识和方法,了解所学知识之间的联系,获得数学活动经验。 |

# 第二节　小学数学学习过程

## 一、小学数学学习及其特点

小学数学学习是一种特殊的学习活动,是指小学生在教师指导下,按照国家数学课程标准的要求,根据小学数学课程提供的材料和学习线索有计划、有步骤地掌握数学知识与技能,促进自身数学知识经验、能力(特别是数学能力)和情感态度持久变化的活动过程。

小学数学学习作为一门具体学科的学习,一方面具有人类学习和学生学习的共同特点,另一方面也有自身的特点。其主要特点:一是小学数学学习需要感性材料的支持;二是小学数学学习的循序渐进性;三是小学数学学习是在人类发现基础上的再发现;四是小学数学学习是在教师指导下,依据课程和教材进行的。

## 二、小学生构建数学认知的一般过程

小学数学学习过程是一个数学认知的过程,即新学习的内容与学生原有的数学认知结构相互作用,形成新的认知结构的过程。这个过程包括三个阶段:输入阶段、新旧知识相互作用(同化或顺应)阶段和操作阶段。所谓操作是指用新的数学认知结构去解决问题,使刚形成的新的数学认知结构臻于完善。

## 三、数学概念的学习过程

### 1. 数学概念学习的基本形式

概念的学习过程,是对事物的本质属性进行抽象概括的过程,也是舍弃事物非本质属性的过程。所以,概念学习是学生对同类事物的本质属性与非本质属性的不断辨别的过程。数学概念学习一般有两种形式:概念形成和概念同化。

（1）概念形成

所谓概念的形成是指在课堂教学条件下,从具体事例出发,从学生实际经验的肯定例证中,抽象、概括出一类事物的本质属性。其一般过程是:首先提供大量事例,这种材料可以是教师提供的,也可以是学生提供的熟悉的经验材料。其次通过分析、比较,抽象出各个事例的共同属性,在此基础上区分本质属性和非本质属性,再次概括出共同的本质属性,从而明确新概念的内涵和外延,扩大或改组原有的认知结构。

（2）概念同化

所谓概念同化是指利用学生已有的知识、经验,以定义的方式直接揭示概念的本质属性。其一般过程是:先找出原有的认知结构中的有关概念,研究它的分类及分类标准,并把新学的概念从中分化出来,给出定义,从而将新概念纳入原有的概念体系之中,扩大和改组原有的认知结构。

### 2. 数学概念学习应注意的问题

（1）注意选择学习新概念的感性材料和经验。

（2）注意概念教学的阶段性和连贯性。

（3）帮助学生形成概念系统。

（4）注意在概念教学中培养学生的思维能力。

## 四、数学规则的学习过程

### 1. 数学规则及其掌握的含义

在小学数学的学习内容中,存在着大量有关数的运算法则、运算定律与性质、计算公式等内容。这些内容既是现实世界数量关系和空间形式及其计算规律的概括与总结,又是有关计算过程具体实施细则的具体规定。我们把这些内容统称为数学规则,将学生对这些内容的学习称之为数学规则的学习。由于数学规则反映的是几个数学概念之间的关系,因此他们的学习层次和复杂程度都高于概念学习。

学生对数学规则的掌握主要体现在以下几个方面:一是理解数学规则的推导与总结过程,不仅懂得各个数学规则是怎样规定的,而且还要懂得为什么要这样规定,以此明确数学规则规定的合理性和必要性;二是将总结出来的数学规则灵活运用到各种具体情境中去解决相应的问题,对于一些基本的数学规则,其运用水平应达到比较熟练的程度;三是掌握不同数学规则之间的关系,明确它们之间的区别和联系。

### 2. 小学数学规则学习的基本形式

数学规则学习和掌握的关键是获得数学概念之间关系的理解,而数学概念之间关系的理解又依赖于新规则与原有认知结构中有关知识的联系。由于新规则和原有认知结构中的关系可以分为下位关系、上位关系和并列关系三种,因此数学规则的学习也可以分为以下三种基本形式:

（1）下位学习

如果原有认知结构中有在概括层次上高于所学新规则的知识,那么新规则和原有认知结构中的有关知识就构成下位关系,利用这种关系获得数学规则的学习形式叫作下位学习。

（2）上位学习

通过对原有认知结构中有关内容的归纳和综合,概括成新的数学规则的学习形式叫作上位学习。上位学习必须具备两个基本条件:一是所学习的数学规则在概括层次上一定要高于原有认知结构中的已有层次；二是原有认知结构中一定要有可供归纳和概括的内容，即头脑里必须具有比新的数学规则层次低的相关内容。上位学习，在小学数学学习中有着非常广泛的运用，概括运算定律和运算性质、总结运算法则、建立概括层次较高的计算公式通常都要采用上位学习。由于小学数学教材内容在安排上反映为一种连续扩充和深化的过程，因此某些知识体系要通过多次的上位学习过程才能获得。如整数乘法的计算方法，乘数是一位数的乘法法则是表内乘法，乘数是两位数的乘法法则是乘数是一位数乘法法则的扩充。

从学习的认知方式来看，下位学习依靠的是同化，上位学习依靠的是顺应，它要通过改造原有认知结构才能获得新规则的意义，因此一般来讲，上位学习比下位学习困难。

（3）并列学习

利用所学数学规则与原有认知结构中有关知识的并列关系，通过类比而掌握数学规则的学习过程叫作并列学习。并列学习所采用的思维方法主要是类比，其关键在于寻找新规则与原有认知结构中有关法则、规律、性质的联系，在分析这种联系的基础上通过类比实现对新规则的理解和掌握。并列学习在小学数学学习中有着十分广泛的应用，许多数学规则学生都要通过这种学习方式去掌握，例如，学习分数的基本性质和比的基本性质，学生都要利用它们和除法商不变性质的联系通过类比去掌握。

### 3. 数学规则学习应该注意的几个问题

（1）学习新规则要与已掌握的知识联系，把新规则纳入原有的认知结构。

（2）弄清新规则的形成过程。

（3）通过规则的系统化，完善学生的认知结构。

## 五、数学技能的学习

### 1. 数学技能的含义及作用

数学技能是顺利完成某种数学任务的动作或心智活动方式。它通常表现为完成某一数学任务时所必需的一系列动作的协调和活动方式的自动化。这种协调的动作和自动化的活动方式是在已有数学知识经验基础上经过反复练习而形成的。数学技能与数学知识和数学能力既有密切的联系，又有本质上的区别。它们的区别主要表现为：技能是对动作和动作方式的概括，它反映的是动作本身和活动方式的熟练程度；知识（概念或规则）是对经验的概括，它反映的是人们对事物和事物之间相互联系的规律性的认识；能力是对保证活动顺利完成的某些稳定的心理特征的概括，它所体现的是学习者在数学学习活动中反映出来的个体特征。三者之间的联系，可以比较清楚地从数学技能的作用中反映出来。数学技能在数学学习中的作用可概括为以下几个方面：第一，数学技能的形成有助于数学知识的理解和掌握；第二，数学技能的形成可以进一步巩固数学知识；第三，数学技能的形成有助于数学问题的解决；第四，数学技能的形成可以促进数学能力的发展；第五，数学技能的形成有助于激发学生的学习兴趣。

### 2. 数学技能的分类

小学生的数学技能，按照其本身的性质和特点，可以分为操作技能（又叫作动作技能）和心智技能（也叫作智力技能）两种类型。

（1）数学操作技能

操作技能是指实现数学任务活动方式的动作主要是通过外部机体运动或操作去完成的技能。它是一种由各个局部动作按照一定的程序连贯而成的外部操作活动方式。

（2）数学心智技能

数学心智技能是指顺利完成数学任务的心智活动方式。它是一种借助于内部言语进行的认知活动，包括感知、记忆、思维和想象等心理成分，并且以思维为其主要活动成分。如小学生在口算、笔算、解方程和解答应用题等活动中形成的技能更多的是一些数学心智技能。数学心智技能同样是经过后天的学习和训练而形成的，它不同于人的本能。另外，数学心智技能是一种合乎法则的心智活动方式，"所谓合乎法则的活动方式是指活动的动作构成要素及其次序应体现活动本身的客观法则的要求，而不是任意的"。这些特性，反映了数学心智技能和数学操作技能的共性。数学心智技能作为一种以思维为主要活动成分的认知活动方式，它也有着区别于数学操作技能的个性特征，这些特征主要反映在以下三个方面：第一，动作对象的观念性。数学心智技能的直接对象不是具有物质形式的客体本身，而是这种客体在人们头脑里的主观印象。如20以内退位减法的口算，其心智活动的直接对象是"想加法算减法"或其他计算方法的观念，而非某种物质化的客体。第二，动作实施过程的内隐性。数学心智技能的动作是借助内部言语完成的，其动作的执行是在头脑内部进行的，主体的变化具有很强的内隐性，很难从外部直接观测到。如口算，我们能够直接了解到的是通过学生的外部语言所反映出来的计算结果，学生计算时的内部心智活动动作是无法看到的。第三，动作结构的简缩性。数学心智技能的动作不像操作活动那样必须把每一个动作都完整地做出来，也不像外部言语那样对每一个动作都完整地说出来，它的活动过程是一种高度压缩和简化的自动化过程。因此，数学心智技能中的动作成分是可以合并、省略和简化的。

**3. 数学技能的形成过程**

（1）数学操作技能的形成过程

数学操作技能作为一种外显的操作活动方式，它的形成大致要经过以下四个基本阶段。① 动作的定向阶段。这一阶段主要是了解"做什么"和"怎样做"两方面的内容。② 动作的分解阶段。学生在这一阶段学习的方式主要是模仿，一方面根据老师的示范进行模仿；另一方面也可以根据有关操作规则的文字描述进行模仿。模仿不一定都是被动的和机械的，模仿可以是有意的和无意的；可以是再造性的，也可以是创造性的。模仿是数学操作技能形成的一个不可缺少的条件。③ 动作的整合阶段。在这一阶段，把前面所掌握的各个局部动作按照一定的顺序连接起来，使其形成一个连贯而协调的操作程序并固定下来。④ 动作的熟练阶段。这是操作技能形成的最后阶段，在这一阶段通过练习而形成的数学活动方式能适应各种变化情况，其操作表现出高度完善化的特点。上述分析表明，数学操作技能的形成要经过"定向→分解→整合→熟练"的发展过程。在这一过程中每一个发展阶段都有自己的任务：定向阶段的主要任务是掌握操作的结构系统和每一个步骤操作的要领；分解阶段的主要任务是对活动的操作系列进行分解，并逐一模仿练习；整合阶段的主要任务是在动作之间建立联系，使活动协调一体化；熟练阶段的任务则主要是使整个操作过程高度完善化和自动化。

（2）数学心智技能的形成过程

关于数学心智技能形成过程的研究，人们比较普遍地采用了苏联心理学家加里培林的研究成果。加里培林认为，心智活动是一个从外部的物质活动到内部心智活动的转化过程，既内化的过程。据此，在这里我们把小学生数学心智技能的形成过程概括为以下四个阶段。① 活动的认知阶段。这是数学心智活动的认知准备阶段，主要是让学生了解并记住与活动任务有关的知识，明确活动的过程和结果，在头脑里形成活动本身及其结果的表象。② 示范模仿阶段。这是数学心智活动方式进入具体执行过程的开始，这一阶段学生把在头脑里已初步建立起来的活动程序计划以外显的操作方式付诸执行。不过，这种执行通常是在老师指导示范下进行的，老师的示范通常是采用语言指导和操作提示相结合的方式进行，即在言语指导的同时呈现活动过程中的某些步骤。③ 有意识的言语阶段。这一阶段的智力活动离开了活动的物质和物质化的客体而逐步转向头脑内部，学生通过自己的言语指导而进行智力活动，通常表现为一边操作一边口中念念有词。④ 无意识的内部言语阶段。这是数学心智技能形成的最后的一个阶段，在这一阶段学生的智力活动过程有了高度的压缩和简化，整个活动过程达到了完全自动化的水平，无须去注意活动的操作规则就能比较流畅地完成其操作程序。

### 4. 数学技能的学习方法

（1）数学操作技能的学习方法

学习数学操作技能的基本方法是模仿练习法和程序练习法。前者是指学生在学习中根据老师的示范动作或教材中的示意图进行模仿练习，以掌握操作的基本要领，在头脑里形成操作过程的动作表象的一种学习方法。用工具度量角的大小、测量物体的长短、几何图形的作图、几何图形面积和体积计算公式推导过程中的图形转化等技能一般都可以通过模仿练习法去掌握。所谓程序练习法，就是运用程序教学的原理将所要学习的数学动作技能按活动程序分解成若干局部的动作先逐一练习，最后将这些局部的动作综合成整体形成程序化的活动过程。用这种方法学习数学动作技能，分解动作时注意突出重点，重点解决那些难以掌握的局部动作，这样可以有效地提高学习效率。

（2）数学心智技能的学习方法

学生的心智技能主要是通过范例学习法和尝试学习法去获得的。范例学习法是指学习时按照课本提供的范例，将数学技能的思维操作程序一步一步地展现出来，然后根据这种程序逐步掌握技能的心智活动方式。尝试学习法是指在学习中主要由学生自己去尝试探索问题解决的方法和途径，并在不断修正错误的过程中找出解决问题的操作程序，进而获得数学技能。这是一种探究式的发现学习法，总结运算规律和性质并运用它们进行简便计算、解答复合应用题、求某些比较复杂的组合图形的面积或体积等技能都可以运用这种学习方法去掌握。尝试学习法虽然有利于培养学生的探索精神和解决问题的能力，但耗时太多，学习时最好是将它和范例学习法结合起来，两种学习方法互为补充，这样数学技能的学习就会更加富有成效。

## 六、数学问题解决的学习过程

### 1. 数学问题

数学问题是指不能用现成的数学经验和方法解决的一种情景状态。数学问题有两个特别显著的特点:一是障碍性,即学生不能直接看出问题的解法和答案,必须经过深入的研究与思考才能得出其答案;二是可接受性,即它能激起学生的学习兴趣,学生愿意运用已掌握的知识和方法去解决。

### 2. 数学问题的结构

数学问题作为一种有待加工的信息系统,它主要由以下三种成分构成。

(1) 条件信息。条件信息是指问题已知的和给定的东西,它可以是一些数据、一种关系或者某种状态。如计算题中给定的数据和运算符号、应用题中的已知数量及其相互之间的关系等都是数学问题给定的条件信息。

(2) 目标信息。目标在这里是指一个数学问题求解后所要达到的结果状态,即通常所说的要求是什么。

(3) 运算信息。运算在这里是指条件所允许采取的求解行动,即可以采取哪些操作方式把数学问题由问题状态转化成目标状态,它是问题求解的依据。

### 3. 数学问题解决及其特征

根据数学问题的含义,数学问题解决是指学生在新的情景状态下,运用所掌握的数学知识对面临的问题采用新的策略和方法寻求问题答案的一种心理活动过程。

数学问题解决是以思考为内涵,以问题目标为走向的心理活动过程,其实质是运用已有的知识去探索新情境中的问题结果,使问题由初始状态达到目标状态的一种活动过程。与其他一般问题解决一样,小学数学学习中的问题解决也具有以下基本特征。

第一,数学问题解决指的是学生初次遇到的新问题,如果是解以前解过的题,对学习者来说就不是问题解决了,而是做练习。

第二,数学问题解决是一种积极探索和克服障碍的活动过程。它所采用的途径和方法是新的,至少其中某些部分是新的,这些方法和途径是已有数学知识和方法的重新组合。这种重新组合通常构成一些更高级的规则和解题方法,因此数学问题解决的过程又是一个发现和创新的过程。

第三,数学问题一旦得到解决,学生通过问题解决过程所获得的解决问题的方法就成为他们认知结构的一个组成部分,这些方法不仅可以直接用来完成同类学习任务,还可以作为进一步解决新问题的已有策略和方法。

### 4. 数学问题解决的功能

数学问题解决的过程是一个复杂的心理活动过程,它对学生的学习和发展具有重要的作用,其功能可概括为以下几个方面。

(1) 问题解决有利于提高学生数学知识的掌握水平。

(2) 问题解决能培养学生运用所学数学知识解决实际问题的能力。

(3) 问题解决能培养学生的数学意识。

(4) 问题解决能培养学生的探索精神和创新能力。

## 七、小学数学学习方式

### 1. 有意义的接受学习

如果学生在学习时,不理解一些语言文字符号所表示的意义或方法,仅仅记住这些符号的组合或词句,那么这种学习就是机械学习。有意义的学习指学生理解符号或词句所代表的实际内容,新知识与学生头脑中已有的知识建立了非人为的和实质性的联系。

学生学习数学,主要是掌握前人积累的数学知识,而这些知识是用语言文字符号来表示的。学生只有经过积极思考,正确理解这些符号所代表的数学内容,才能将其转化为自身的精神财富。小学数学学习基本上是有意义的学习,但机械学习也不可避免,有时甚至是必要的。因为小学生知识、经验少,所以寻求新知识与原有认知结构的结合点较困难。他们在学习中对很多材料最初只能建立非实质性的人为联系,只能一知半解。只有在知识和经验不断增长的过程中,才能逐步深化对学过的材料的理解。

接受学习是指在教学中教师把所要学习的数学知识以定论的形式呈现给学生,学生则采用接受的方式把这些内容内化到自己的认知结构中去,过程中不需要学生的独立发现。根据奥苏伯尔的研究,接受学习不等于被动学习,只要处理得当,它也能成为有意义的学习。

有意义的接受学习的基本条件:学生具有主动接受数学知识的心理倾向;学习材料要具有潜在意义;学生头脑里要具有联系新内容的知识与经验;教师的讲解要具有启发性。

### 2. 自主学习

自主学习是指学生在学习活动中根据学习目标的要求和自己的学习能力,自主选择有效的学习方法和策略,自我监控和调节学习过程的一种学习方式。自主学习的特征:一是学生能够参与学习目标、进程和评价指标的制定;二是学生能够自主选用合适的策略和方法进行学习;三是学生在学习过程中能对自己的认知活动进行自我监控和调节;四是在学习活动后学生能对自己的学习进行反思性弥补。

在小学数学课堂教学中教师可以通过如下几个方面引导学生进行自主学习:

(1) 引导学生积极参与学习目标的制定。

(2) 尊重学生对学习方法和策略的自主选择。

(3) 引导学生在学习中逐步学会自我监控学习过程,特别是了解和调整自己的思维过程。

(4) 重视学生学习后的自我反思,让学生对自己的学习过程及结果做出客观评价,并从中获得情感体验。

### 3. 合作学习

合作学习是指在学习过程活动过程中以小组为单位完成共同的学习任务的一种学习方式。它能使合作伙伴在学习中优势互补,提高学生的学习效率,增强学生的合作意识,促进学生健全人格的发展。

合作学习的基本条件:要进行科学分组;要在个人独立思考的基础上进行合作交流;教师对合作学习要给予必要的指导;要能正确评价合作学习的效果。

### 4. 探究学习

探究学习是一个与接受学习相对的概念,是指在教学中教师不把现成的结论告诉学生,而是创设恰当的问题情境,让学生在教师的指导下主动发现问题、探究问题并解决问题的一种学习过程。探究学习有问题性、实践性、开放性特征。

具体运用探究学习时要注意以下几点：教师要帮助学生确立好探究的主题，让学生一开始就明确自己的探究任务；教师要为学生探究学习创设适当的问题情境，激发学生的探究欲望；教师既要鼓励学生自主发现问题和解决问题，同时又要对学生的探究过程给予必要的指导和帮助；探究学习应与其他学习方式，特别是有意义的接受学习和合作学习等方式紧密配合。

# 第三节 小学数学课堂教学

## 一、小学数学教学过程与原则

### 1. 小学数学教学过程的内涵

小学数学教学过程是在教学目标的指引下，以小学数学课程的内容为学习载体，教师组织和引导学生，系统地学习和掌握数学知识，发展和培养数学能力，形成良好的思想品德和个性心理品质的认识和发展相统一的过程。小学数学教学过程有以下特征：

（1）小学数学教学过程是形象思维与逻辑思维、合情推理与论证推理相结合的过程。

（2）小学数学教学过程是一个以发展思维能力为核心的促进学生素质全面发展的过程。

（3）小学数学教学过程是一个以小学数学教材为中介的教师与学生、学生与学生多边互动的合作过程。

### 2. 小学数学教学的原则

根据教学论的基本理论，结合小学数学教学的实际，小学数学教学必须遵循以下原则：直观性原则；启发性原则；循序渐进的原则；归纳与演绎相结合的原则；理解巩固与探索创新相结合的原则。

## 二、小学数学教学方法

### 1. 小学数学教学方法的分类

教学方法大体可分为五个系列、三个层次。五个系列：一是传递接受型；二是自学辅导型；三是引导发现型；四是情境陶冶型；五是示范模仿型。三个层次：第一层次是基本教学方法：主要有讲解法，谈话法，练习法，演示法，实验法，阅读法等，它们是教法体系的基础；第二层次是综合性教学方法，这些教学方法实际上都是几种基本教学方法的组合；第三层次是创造性教学方法。在学习和模仿各种综合性教学方法的同时，不断总结，有所创新，创造出具有自己个性特色的教学方法。

### 2. 小学数学教学准备

（1）备课的基本要求：学习课程标准；钻研教材；了解学生；选择教法。

（2）备课的全过程：制订学期教学计划；制订单元教学计划；制订课时教学计划。

（3）小学数学课的课型：综合课与单一课。

所谓综合课，是指教学过程的全部或大部分阶段在一节课内基本完成的课。比如，在一节课内,完成了学习新知,巩固新知,形成技能、技巧和思维训练等教学任务。小学数学教学中的新授课一般都是综合课,它是小学数学教学中最常见的课。

单一课是指一节课内只进行教学过程中1～2个阶段的课。小学数学的单一课有:练习课、复习课、测验课、评讲课和实习作业课等。

（4）小学数学课堂教学的结构

新授课:检查复习→导入新课,揭示课题→新授→巩固练习→课堂作业→课堂小结→布置作业。

练习课:复习→布置练习的内容和要求→练习前的指导→课堂练习→作业评讲→布置课外作业。

复习课:公布复习的范围和要求→复习→练习→评讲。

### 三、小学数学教学实施

#### 1. 数学课堂教学语言

数学课堂教学语言必须符合的基本要求:准确;有逻辑性;形象生动;富有启发性。

#### 2. 教师的讲述与提问

讲述是指教师运用简明、生动的语言,叙述、解释、描绘教学内容的一种方式。教师讲述有如下要求:要讲清基本概念和规则;要从学生的实际出发进行讲解;要适时而讲,"不愤不启,不悱不发"。

课堂提问是教学活动的常见形式,提问可以提高学生的注意力,启发学生积极思维,有助于反馈教学信息,了解和掌握学生的学习情况,发现问题及时纠正。数学课堂中的提问要做到:问题围绕教学目标;提问符合学生的认知水平;问题要有层次性;提问要面向多数学生;反馈要及时有效。

#### 3. 小学数学教学中的练习

（1）练习设计的要求:科学性;目的性;针对性;层次性;多样性。

（2）练习设计的类型:基本练习:目的是掌握基本知识,形成基本技能;单一性练习:主要作用在于巩固当前教学单元新授知识;综合性练习:把新旧知识的运用安排在一起的练习,其目的是加强新旧知识的融会贯通,发展学生的思维;对比性练习:针对易混知识而设计的一种练习;发展性练习:根据教学需要,由易到难,由浅入深安排的一种练习;变式练习:指呈现多种变化的情境,使学生对知识和技能的理解掌握逐步达到融会贯通的程度。

（3）练习设计的方法:筛选;改编;自编。

### 四、小学数学教学中应注意的问题

（1）注意营造积极的课堂教学氛围。

（2）注意培养学生的综合素养。

（3）重视学生在学习活动中的主体地位。

# 第三章 小学英语学科教学知识

## 备考指南

### 一、考纲要求

1. 了解小学英语学科的基础知识、基本理论和英语教学发展的重大事件。

2. 了解小学英语课程标准的主要内容和特点。

3. 掌握小学英语课程标准的内容领域所涵盖的核心知识及其联系。

4. 能够针对小学生英语学习的要求,整合小学英语相关内容,开展英语教学活动。

### 二、考点分析

1. 本章知识一般在教学设计题中进行考查。

2. 确定课题教学目标是教学设计的基本要求,复习时要结合本章学习,深刻理解义务教育阶段英语课程的总目标,并熟练掌握小学英语课程分级目标和分级标准。

### 三、学习建议与备考策略

1. 领会英语课程标准中的基本理念。

2. 以小学英语核心知识点为联结点,绘制小学英语相关知识点思维导图。

3. 遵循小学生英语认知规律,理解本课程各分级目标设置的合理性。

## ★ 知 识 树

```
                            ┌ 小学英语课程的基本性质
              小学英语课程概述┤ 小学英语课程的基本理念
                            └ 小学英语课程理念的比较
                                      ┌ 结构语言观
                             语言观    ┤ 功能语言观
                                      └ 交互语言观
                                      ┌ 行为主义学习理论
  小                                   │
  学            小学英语教学基本理论  语言学习观┤ 认知主义学习理论
  英                                   └ 建构主义学习理论
  语                                   ┌ 语法翻译法、直接法
  学                           语言教学观┤ 听说法、情境法
  科                                   └ 交际法、全身反应法
  教                            ┌ 英语课程总目标
  学            小学英语课程标准概述┤ 英语课程的总体设计思路
  知                            └ 分级目标与分级标准
  识                            ┌ 小学英语课堂教学目标的确定与表述
              小学英语课堂教学设计┤ 小学英语课堂教学活动的设计
                                └ 小学英语课堂教学的实施
```

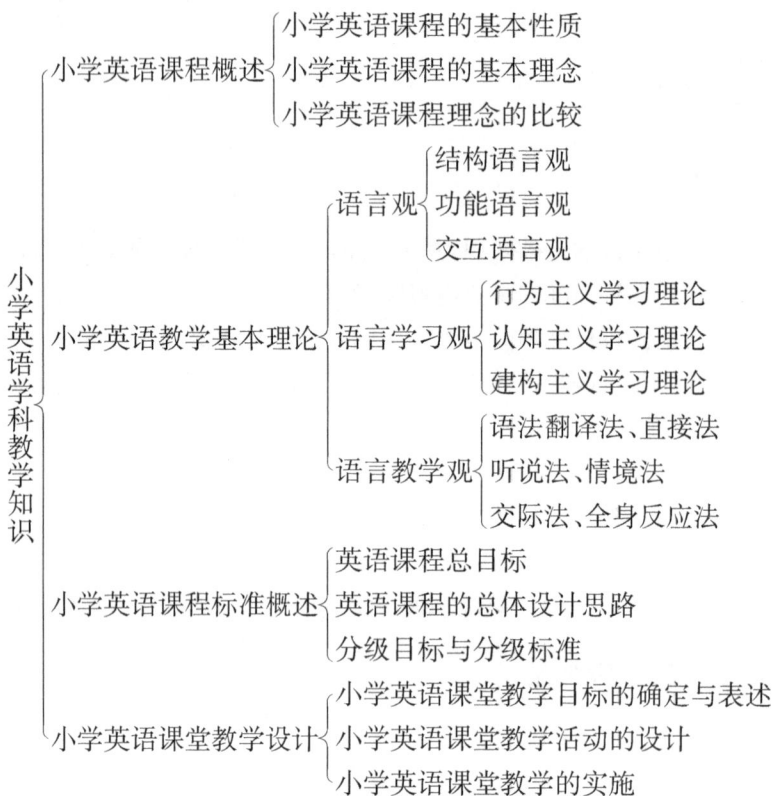

# 第一节  小学英语课程概述

## 一、小学英语课程的基本性质

义务教育阶段的英语课程具有工具性和人文性双重性质。就工具性而言,英语课程承担培养学生基本英语素养和发展学生思维能力的任务,即学生通过英语课程掌握基本的英语语言知识,发展基本的听、说、读、写技能,初步形成用英语与他人交流的能力,进一步促进思维发展,为继续学习英语和用英语学习其他相关科学文化知识奠定基础。就人文性而言,英语课程承担着提高学生综合人文素养的任务,即学生通过英语课程能够开阔视野,丰富生活经历,形成跨文化意识,增强爱国主义精神,发展创新能力,形成良好的品格和正确的人生观与价值观。

## 二、小学英语课程的基本理念

### 1. 注重素质教育,体现语言学习对学生发展的价值

小学英语课程的主要目的是为学生发展综合语言运用能力打基础,为他们继续学习英语和未来发展创造有利条件。

### 2. 面向全体学生,关注语言学习者的不同特点和个体差异

小学英语课程应面向全体学生,体现以学生为主体的思想。由于学生在年龄、性格、认知方式、生活环境等方面的差异,他们具有不同的学习需求和学习特点。

### 3. 整体设计目标,充分考虑语言学习的渐进性和持续性

《义务教育英语课程标准》和与之相衔接的《普通高中英语课程标准》将基础教育阶段英语课程的目标设为九个级别,旨在体现小学、初中和高中各学段课程的有机衔接和各学段学生英语语言能力的循序渐进的发展特点,保证英语课程的整体性、渐进性和持续性。

### 4. 强调学习过程,重视语言学习的实践性和应用性

小学英语课程提倡采用既强调语言学习过程又有利于提高学生学习成效的语言教学途径和方法,鼓励学生在教师的指导下,通过体验、实践、参与、探究和合作等方式,发现语言规律,逐步掌握语言知识和技能,不断调整情感态度,形成有效的学习策略,发展自主学习能力。

### 5. 优化评价方式,着重评价学生的综合语言运用能力

采用多元优化的评价方式,评价学生综合语言运用能力的发展水平。日常教学中的评价以形成性评价为主,关注学生在学习过程中的表现和进步;终结性评价着重考查学生的综合语言运用能力。

### 6. 丰富课程资源,拓展英语学习的渠道

积极利用影像、广播、电视、书报杂志、网络信息等,拓展学生学习和运用英语的渠道。

## 三、小学英语课程理念的比较

小学英语课程不再以学科为中心,过多强调对知识的记忆和操练,而是以学生为主体,强调面向全体,关注每个学生的发展,尊重个体差异。这一理念的变化带来了教学目标、教学内容、教学方法、课堂互动以及评价模式等一系列的变化。

传统的小学英语课程以知识本位,新课程理念下的小学英语课程以发展本位,具体比较如下:

表4-1　新课程理念下的英语课程理念与传统英语课程理念比较

| 课程观 | 以知识为本 | 以学生发展为本 |
| --- | --- | --- |
| 教学方法 | 传授，讲解，记忆。 | 启发，思考，探究。 |
| 教学模式 | 课本中心、课堂中心、教师中心。 | 活动中心、任务中心、学生中心。 |
| 互动模式 | T→S;T→Ss。 | T⟷S(s);S⟷S;S⟷Ss;Ss⟷Ss。 |
| 学生角色 | 被动听讲，死记硬背。 | 积极参与，合作学习。 |
| 教师角色 | 知识传授者，课堂控制，组织者。 | 学生学习的指导者、帮助者、促进者、资源提供者。 |
| 教学要求 | 统一标准，整齐划一。 | 面向全体，尊重差异。 |

# 第二节　小学英语教学基本理论

## 一、语言观

语言观（Views of Language）是人们对整个语言体系的基本看法。语言是人类最重要的交际和思维工具。语言的交际性是语言最本质的功能。因此，语言观实质上就是语言的社会功能本质观。

### 1. 结构语言观

结构语言观（The Structural View of Language）将语言看作结构上相互联系并表达一定意义的系统（linguistic system），这个系统又分为几个子系统，包括音位系统（phonology）、词素系统（morphology）、词汇系统（lexicology）和句法系统（syntax）等。语言学习的目标被认为是掌握该系统中的各种成分。结构语言观从语言研究本身出发，认为学习者主要依靠"刺激（stimulus）—反应（response）—强化（reinforcement）"模式进行学习实践活动，认为语言学习本身是一种操练活动。

### 2. 功能语言观

20世纪60年代以来，语言学研究发生了变化，其重心逐步从研究语言的结构转向研究语言的功能上。功能语言观（The Functional View of Language）认为语言不仅是一个语言学系统，还是一种做事的手段（a means for doing things）。语言学习者需要知道如何运用语法规则和词汇来表达概念并执行功能。

社会语言学认为，语言的社会交际功能是语言的最本质的功能，它提出"语言首先是一种表意的手段"的理论，目的是要帮助语言学习者获得并发展使用语言进行交际的能力。另外，基于功能语言观的外语学习也使人们有机会以语言使用目的为标准重新认识语言的使用单位。

### 3. 交互语言观

交互语言观（The Interactive View of Language）认为，语言是用来建立和保持人类社会关系的交际工具（communicative tool）。语言学习者需要了解语言规则（language rules)以及这些语言规则在实际情境中的恰当运用。

交互语言观强调的是交互性(interaction)和动态(dynamics)两种性质。这种交互行为产生于双方或者多方之间并且与人们的思维和行为发生直接的联系,而动态能力只有在动态的语言教学过程中才能得到培养。语言学家布朗认为"培养交互能力的最佳办法是通过语言交互行为本身来学习"。这就需要语言教学过程在动态中进行和发展,并在这个过程中有双向或多项的互动合作与交流。

## 二、语言学习观

语言学习观(Views of Language Learning)指人们对语言学习理论、目的、模式、规律、方法和策略的认识观点和看法。系统的语言学习观包括对语言理论、学习理论的认识,也包括对语言学习的诸多要素的认识。

### 1. 行为主义学习理论 (Behaviorist Learning Theory)

行为主义产生于 20 世纪 20 年代,华生(J. B. Watson)是该理论早期的代表人物。早期行为主义者试图按照条件作用(Conditioning)解释所有的学习现象。他们认为,语言不是先天具有的而是后天习得的。他们强调外部条件在母语习得过程中的作用。简单地说,行为主义认为儿童是通过"刺激(Stimulus)—反应(Response)—强化(Reinforcement)"的模式养成习惯而学会母语的。

### 2. 认知主义学习理论 (Cognitive Learning Theory)

乔姆斯基(Norm Chomsky)是认知主义学习理论的代表人物之一。乔姆斯基的理论源于他提出的一个著名的问题:如果语言是通过模仿与重复学得的,那么儿童怎么能说出以前从未听过的句子? 乔姆斯基认为,语言是一个可以用有限(finite rules)的规则生成无限句子(infinite sentences)的复杂系统(intricate rule-based system)。语言学习者可以依据对一些规则的理解创造性地说出以前从未出现过的句子。

认知主义学习理论认为学习者依赖自身的内部状态,通过对外界情况进行知觉、记忆、思维等一系列认知活动来进行学习,强调学习过程是学习者重新组织认知结构的过程。教学中的"观察—发现"模式就是基于认知主义学习理论。

### 3. 建构主义学习理论(Constructivist Learning Theory)

建构主义(Constructivism)也译作结构主义,是认知心理学学派中的一个分支。建构主义理论认为,学习是学习者根据自己的经验或已有的知识构建意义的过程。当代建构主义者主张,学习过程同时包含两方面的建构:一方面是对新信息的意义的建构,另一方面有包含对原有经验的改造和重组。

与建构主义理论相似,社会建构主义理论(Socio-constructivist theory)强调在社会环境下,目的语的交互(interaction)和理解(engagement),是建立在"最近发展区理论"(Zone of Proximal Development,简称 ZPD)和"支架式"(Scaffolding)理论基础之上的。

最近发展区理论是由苏联教育家维果茨基提出来的。维果茨基的研究表明,教育对儿童的发展起主导作用和促进作用,但需要确定儿童发展的两个水平:一是已经达到的发展水平；二是可能达到的发展水平，表现为"儿童还不能独立完成任务，但在成人的帮助下，在集体活动中，通过模仿，才能够完成这些任务"。这两种水平之间的距离就是"最近发展区"。

鹰架理论，又称支架式教学，是建构主义教学模式下的一种教学方法，指学生在学习一项新的概念或技巧时，通过提供足够的支援来提高学生的学习能力的教学方法。鹰架理论认为通过学生与教师，学生与学生之间的动态交互过程，学习可以达到更好的效果。

### 三、语言教学观

语言教学观（Views of Language Teaching）是指人们对语言教学活动的本质、方法、模式等要素的理解、认识以及所持有的相应观点和态度，最后形成语言教学理论。任何一个语言教师的教学活动都体现出一定的语言观和相应的语言教学观。

从外语教育的历史看，各种教学法层出不穷，先后有语法翻译法、直接法、听说法、视听法、全身反应法、交际教学法、任务型教学法等。围绕教育方法的争论已持续了几十年，归根结底，语言观，即对语言的看法，是教育方法的基础，有什么样的语言观，就有什么样的教学方法。以下简略介绍几种英语教学法及其特点。

#### 1. 语法翻译法（Grammar Translation Method）

语法翻译法简称翻译法，盛行于18世纪末，是指用母语来教授外语的一种方法。它是史上最早的一个教学法体系，为建立起外语教学法的科学体系奠定了基础。

语法翻译法把口语和书面语分离开来，把阅读能力的培养当作首要的或唯一的目标。翻译法注重语言知识，特别是语法知识的学习，忽视对儿童语言技能的培养，忽视学生口头语言的表达。

#### 2. 直接法（Direct Method）

直接法指通过运用外语本身进行外语教学的方法。它产生于19世纪末。

在教学中，教师不用母语，不进行翻译，也不做语法分析，直接把外语和它所表达的事物直接联系起来，教师通过各种直观手段让儿童直接学习外语，直接理解外语，直接运用外语。直接法完全照搬儿童习得母语的办法，只偏重经验和感性认识，对儿童在外语学习中的自觉性和监控性的重视不够。

#### 3. 听说法（Audio-Lingual Method）

听说法是20世纪40年代末在美国形成的外语教学法，它是以结构主义语言学和行为主义心理学为理论基础的外语教学法。听说法以句型为纲，以句型操练为中心，着重培养儿童听说能力。

听说法重视听说训练和句型操练，强调外语教学的实践性，建立了一套培养语言习惯的练习体系。限制母语的运用，有利于儿童用外语进行思维。但它把语言当作是一系列"刺激—反应"的过程，忽视了语言运用中儿童的主动性和创造性。在培养听说方面效果较好，但却不能同样有效地培养读写能力。

### 4. 情景法(Situational Method)

情景法,又称视听法(Audio-Visual Method),是利用视听手段形成的一种外语教学法。它是指在教学中综合利用图片、幻灯、录音机、投影机等视听教具、视听手段,创造情景学习外语。教学顺序是"对话—句子—单词—单音",教学过程分为感知、理解、练习和活用四个步骤。情景法过分强调整体感知和综合训练,忽视语言知识的分析和分解,不利于学生理解和运用外语。

### 5. 交际法(Communicative Approach)

交际法又称功能意念法(Functional-notional Approach)。它是以语言功能项目为纲,培养儿童交际能力的一种方法体系。它突出学生主体,提供交际化的教学活动。教师的重要作用是提供、组织各种活动,创造各种情景,让学生充分接触听说语言,鼓励学生创造性地使用语言。教学活动以内容为中心,大量使用信息转换、模拟情景、角色扮演、游戏等活动。以语段为语言的基本单位,语言材料的选择力求真实、自然。

### 6. 全身反应法(Total Physical Response)

全身反应法(简称 TPR)一种通过语言与行动的协调来教授语言的方法。它是美国加州圣乐瑟大学心理学教授 James Asher 于 20 世纪 60 年代提出来的。他认为,成功的第二语言学习与儿童习得母语的过程相似,即对外语的学习,儿童先用身体反应,然后用语言进行反应。以"听—做动作"为主要教学组织形式。

# 第三节　小学英语课程标准概述

## 一、英语课程总目标

义务教育阶段英语课程总目标为:通过英语学习使学生形成初步的综合语言运用能力,促进心智发展,提高综合人文素养。综合语言运用能力建立在语言技能、语言知识、情感态度、学习策略和文化意识等诸方面整体发展的基础之上。语言知识和语言技能是综合语言运用能力的基础;文化意识有利于正确地理解语言和得体地使用语言;有效的学习策略有利于提高学习效率和发展自主学习能力;积极的情感态度有利于促进主动学习和持续发展。

课程目标结构如下图所示:

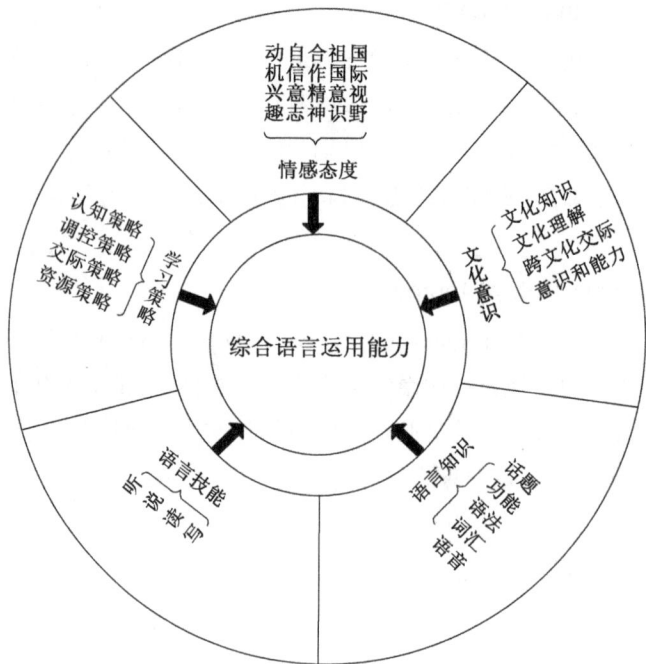

图 4 - 1　课程目标结构

## 二、英语课程的总体设计思路

英语课程体系以培养学生的综合语言运用能力为目标,使英语课程既重视培养学生的语言基础知识和基本技能,也注重优化学习过程,引导学生形成有效的学习策略和一定的文化意识,培养积极向上的情感态度和价值观。

英语课程设计的总体思路:建立一个以学生发展为本、系统而持续渐进的英语课程体系。义务教育的英语课程以小学 3 年级为起点,以初中毕业为终点(即义务教育 9 年级),并与高中阶段的英语课程相衔接。整个基础教育阶段的英语课程(包括义务教育和高中两个阶段)按照能力水平设为九个级别,形成循序渐进、持续发展的课程。

基础教育阶段英语课程分级目标体系如下图所示:

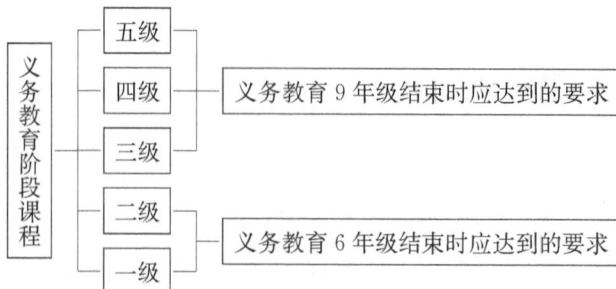

图 4 - 2　基础教育阶段英语课程的分级目标

### 三、分级目标与分级标准

在 2011 版《义务教育英语课程标准》中使用了"总目标""分级目标"和"分级标准"三个概念。

总目标提供了课程目标的核心框架;分级目标是总目标的整体细化;分级标准是实现总目标和分级目标的达标标准;分级目标和分级标准均按总目标的语言技能、语言知识、情感态度、学习策略和文化意识五个方面描述。

(注:分级目标与分级标准见章首二维码中)

#### 1. 分级标准的框架

表 4 - 2 　分级标准框架

|  | 一级 | 二级 | 三级 | 四级 | 五级 |
|---|---|---|---|---|---|
| 语言技能 | ✓ | ✓ | ✓ | ✓ | ✓ |
| 语言知识 |  | ✓ |  |  | ✓ |
| 情感态度 |  | ✓ |  |  | ✓ |
| 学习策略 |  | ✓ |  |  | ✓ |
| 文化意识 |  | ✓ |  |  | ✓ |

#### 2. 分级标准的特点

(1) 语言技能标准"能"字为先,始终体现"能用英语做事情"的基本理念。

(2) 语言知识与语言技能标准并重,有机结合。

(3) 语言目标与非语言目标并重。

(4) 过程目标与结果目标并重。

# 第四节　小学英语课堂教学设计

## 一、小学英语课堂教学目标的确定与表述

### 1. 教学目标在教学设计中的作用

教学目标对课堂教学的作用:一是导学,即确定教学内容、教学重难点以及学生的原有学习基础,引导学生自主、积极地参与到教学过程中;二是导教,确定教师的教学步骤、环节及教学活动,减少教学的随意性;三是导评价,即目标为评价提供标准和依据。

### 2. 教学目标表述和制定的变化

(1) 目标主体由教师转为学生

传统的英语教学目标表述往往是诸如"let students master the following new words …",或者是"enable students to understand the listening material"。这样一些以教师的教为出发点的语句,在新课标"以学生为中心"的教学理念的引导下,教学目标的表述主体转变为对学生的学习行为的描述,如"by the end of the class, the students can/will be able to do ... "。这样的转变体现了教师教学中心的转移,即从关注自己教的效果转为关注学生的学习效果,为后面的教学过程设计和评价设计提供了方向和依据。

（2）目标维度由双基转为多维

传统的英语教学目标重视双基,即基础知识和基本技能,且目标确定和表述只包括语言知识和语言技能,尤其重视语言知识目标中的词汇和语法目标,结果导致学生机械记忆大量词汇和语法规则,却无法在真实情境下运用。新课标实施以来三维目标(知识与技能、过程与方法、情感态度价值观)框架或英语学科饼图目标如图 4－1(语言知识、语言技能、情感态度、学习策略、文化意识)框架进入英语教师的视野,使得课堂教学更加丰富,师生互动更有意义,学生的综合语言运用能力得到重视和发展。

（3）行为动词由抽象转为具体

传统的英语教学目标表述常常使用"掌握""了解"这些笼统而抽象的动词,使教师很难检测课堂教学目标的达成度。在新课程目标体系的影响下,教师们开始用具体、可检测、多层次的行为动词来表述目标,如"学生能够听读、认读、说出以下词汇""学生能够运用下列句型描述他人的外貌特征和性格特点"等。在这些具体的行为动词的指引下,教师可以更有针对性地指导和监控学生的语言学习过程以及检测学生的学习效果。

### 3. 教学目标的体现方式

英语教学目标是通过语言知识、语言技能、情感态度、学习策略和文化意识来体现的。

国家关于课程改革的纲领性文件《基础课程改革纲要》中提出了三维目标的概念,即知识与技能、过程与方法、情感态度价值观,而英语学科课程专家根据英语作为外语的学习特点,将三维目标细化为语言技能、语言知识、情感态度、学习策略和文化意识五项,以饼图形式呈现在《义务教育英语课程标准》中。

英语学科教学目标的五个版块并不是五维目标,而是根据英语作为外语学习的学科特色对三维目标的细化,如将过程方法目标细化为学习策略目标,将文化意识从知识技能目标中分化出来凸显和强调,为教师教学目标设计提供了更为具体和符合学科特色的操作框架。当然,由于小学英语教学内容较为简单,并不要求每节课同时达到这五个方面的目标,但教师还是要根据这一框架尽可能挖掘教学内容中的教学目标价值,使课堂教学更加丰富和高效。

根据这一框架,以江苏译林出版社五年级下册 unit 8　Birthdays 第一课时的教学为例,设计教学目标如下:

语言技能目标:学生能够听懂关于生日话题的小故事,并能够分角色表演故事。

语言知识目标:学生能够初步综合运用关于季节、月份的词汇(spring, autumn, summer, winter, January, February, March, April, May, June, July, August, September, October, November, December)以及询问和回答生日日期和年龄的句型(When's your birthday? It's on ... What do you usually do on your birthday? We usually ... )进行相互交流。

学习策略目标:学生能够学会利用网状图记忆关于季节和月份的词汇。

文化意识目标:学生能够知道在西方文化中生日礼物要当场打开看并致谢。

情感态度目标:学生能够了解其他同学的生日,并在其生日到来时给予英文祝福。

从上述目标表述来看,小学英语教学中最核心的目标还是语言知识、语言技能目标,其他三项目标是辅助性目标,但它们对知识、技能目标的达成提供了更为丰富和人文的情境和背景,在课堂教学中也十分重要。

### 4. 教学目标的表述

（1）abcd 原则

教学目标的表述一般包含四个要素,这四个要素体现了教学目标导学、导教和导测量的功能。

a 对象(audience)——写明教学对象(导教)。

b 行为(behavior)——经过学习后,学习者应能做什么(导学)。

c 条件(condition)——上述行为在什么条件卜产生(导教)。

d 程度(degree)——规定上述行为是否合格的标准和程度(导测量)。

（2）smart 原则

在制定教学目标时还应遵循"smart"原则,即 specific, measurable, achievable, realistic, timing 等。

（3）动词多样化原则

知识目标:说出、拼写、读准、认识、了解、熟悉、学会使用、运用、理解和领悟、表达、掌握;

技能目标:讲述、朗读、复述、背诵、描述、获取、写出、听懂、表演、演唱、交流。

情感态度与价值观:喜欢、乐于、有……的愿望、尊重、爱护、珍惜、养成、敢于、辨别、欣赏。

## 二、小学英语课堂教学活动的设计

在课堂教学中,教师以学生为中心,切实分析学生的英语学习需要(即学生实际认知的状况与学生期望所达到的认知状况之间的差距),依据学生的学习基础、学习习惯、兴趣爱好等方面的差异,设计不同的教学活动,采用不同的教学方法,满足不同学生的英语学习需求。

### 1. 设计符合学生认知规律的课堂活动

低年级的学生由于年龄小,对英语知识掌握的量相对较少,同时有着强烈的好奇心且好动、好玩。这个阶段,教师在课堂中设计直观形象、形式活泼、参与性强的课堂活动,就能够较大程度地激发学生的学习热情,使学生积极参与其中。同时,我们在考虑年龄特点基础上,也要考虑学生的有意注意时间,教师要经常变换节奏,活动类型应多样化,这样才能增加学生有意注意时间,从而有效促进学生综合运用语言能力的提升。

随着年龄的增长,高年级学生的英语知识量相应地增加,同时接受能力也逐渐增强,这时,仅仅用简单的课堂活动有时并不能有效地激发他们的内在学习需求。在这种情况下,教师应该设计有一定难度和挑战性的课堂活动,使学生体会到学习的成就感。

另外,要根据学生学习英语的"最近发展区"进行活动设计。维果斯基认为,在进行教学时,必须注意到儿童有两种发展水平:一种是儿童的现有发展水平;另一种是儿童即将达到的发展水平。这两种水平之间的差异称为"最近发展区"。因此,在英语课堂活动设计中,教师关注学生的"最近发展区"是十分必要的。

**2. 设计符合学生语言学习规律的课堂活动**

英语作为一种语言,它有自身的规律和语言习惯,学生学习语言的过程都会经历一个过程,即听、说、读、写的过程。听和读属于语言的输入环节,说和写则属于语言的输出环节,在设计课堂活动的过程中,我们必须要注意语言学习规律,注重"输入"和"输出"之间的平衡。只有按照语言学习规律,明确学生在学习过程中的需求,学生才会愿意用英语表达,真正地学好英语,从而和他人自由交往,并接受各种国外文化知识和经验。

**3. 设计贴切学生生活实际的课堂活动**

在设计课堂活动时,教师要善于找到教学内容贴近学生生活的切入点,使学生将英语知识运用到生活中。

第一,凭借生活创设生动、真实的语言环境。创设贴近学生实际、贴近生活、贴近时代的活动,让学生在实际生活的情境中,激发学生对语言表达的需求,使学生在不知不觉中习得所学语言知识,提高语言交际能力。

第二,利用角色扮演,模拟生活进行语言实践。通过角色扮演活动,学生就能够有更多机会模拟生活情境进行语言练习,让学生乐于表现自我,寓教于乐,学得轻松,记得深刻。

## 三、小学英语课堂教学的实施

小学英语课堂教学由联系紧密的五大环节组成,即教学导入环节、呈现新的语言材料环节、语言练习环节、语言的实际应用环节和小结环节。作为一名小学英语老师,要明确各个环节在课堂教学中的地位和作用,合理运用教学方法和手段,注意各个环节之间的衔接,使课堂教学活动有效地开展。

**1. 教学导入环节**

导入是教师在开始新的教学内容和活动时,组织学生进行课前心理准备和知识准备,引导学生进入学习的行为方式。正确而巧妙地导入可以创造良好的英语氛围,激发学生学习兴趣和求知欲望,从已知到未知自然过渡,从而把他们的注意力引导到制定的教学任务和程序中来。

导入的方法一般有复习导入、直接导入、演示导入、实验导入、实例导入和故事导入等。每次课应该选择哪种导入法以及如何设计,要根据教学内容、课型及学生的实际情况来定。下面仅举例说明复习旧知识,自然过渡到新语言材料的呈现导入法的几种设计。

(1) 以江苏译林版五年级上册 Unit 3 Our animal friend 第三课时 Cartoon time 为例,教师安排以下 3 个导入活动。

Activity 1:Enjoy a nice music.(激发学生的兴趣,活跃课堂气氛,为话题引入做铺

垫）

Activity 2：Sing and talk What animal do you like？（在熟悉的歌声中再次感受动物的可爱,巩固复习所学内容）

Activity 3：Watch and make riddles.（欣赏动物表演的小视频,感受动物的本领,并通过猜谜游戏复习核心词汇和句型,并为 Cartoon time 板块的学习埋下伏笔）

（2）以上海版牛津英语 5B Module 4 Unit 2 Western holidays 为例,教师安排了以下导入活动。

Activity 1：Show some pictures and say.（通过欣赏西方节日照片及描述自己喜欢的西方节日,既调动了学生学习的积极性又自然地引出了话题）

Activity 2：Say a rhyme.（通过儿歌通读,起到了回顾第一课时所学的语言知识的作用并为之后的教学做好了铺垫）

可见,教师在设计导入活动时,有意识地采取新知结合旧知的方式,降低新知的难度,让学生能够在复习的过程中,循序渐进地过渡到新知的学习中。

### 2. 教学呈现演示环节

呈现演示是教师运用多种手段,如讲解、简笔画、挂图、手势、实物、对话表演、多媒体、影像等创造情景与环境,介绍新的目的语言材料,引导学生理解和掌握知识,传递教学信息。呈现演示过程中,教师既是讲解员,也是示范表演者。教师清楚生动地呈现演示,有利于学生准确、快速地获取新的语言材料和知识。

呈现演示的方法有：利用实物或图片、利用场景或创造环境、利用动作演示、利用简笔画画出特定的环境和情境、利用图表、通过列表思考和推理、利用故事的上下文以及利用幻灯、视频、录像演示出一个场景或连贯的活动,呈现出相对应的语言材料。

以江苏译林版五年级下册 Unit3 Asking the way 第一课时 Story time 为例,展示新知呈现过程如下：

Step 1：创设 Yang Ling 去书店的路上迷路的情境,通过询问两名路人,引出指路的对话。首先,Yang Ling 向一位年轻的女士问路,Yang Ling：How do I get to the bookshop，please？The young lady：I'm sorry．I'm new here．然后 Yang Ling 向一位年老的男士问路,Yang Ling：How do I get to the bookshop,please？The old man：Walk along … 通过聆听对话,明确问路的方式 How do I get to the … , please？并从整体上初步感受新知。

Step 2：T：The man knows the way．How does Yang Ling get to the bookshop？Let's listen to the dialogue．自然引出句型：Walk along …

Step 3：练习句型 Walk along … 后,T：Does Yang Ling get to the bookshop now？Ss：No！T：How does Yang Ling get to the bookshop？Now listen！经过再一次聆听对话,呈现新知：Walk along … Turn left/right.

### 3. 语言练习环节

在语言练习的过程中,机械性练习和意义性练习都必不可少。如何合理优化机械性练习和意义性练习,对学生进一步掌握新知识和新技能意义重大。

（1）机械性练习

机械性练习是指在呈现新的语言材料之后,教师组织学生进行以模仿记忆为主的控制性反复练习,它包括跟读、朗读词语和句子以及简单的替换练习等,以便形成正确的语言习惯,达到准确、熟练地掌握语言的形式与内容,为意义练习打下基础。

机械性练习方法多种多样,如重复(repetition)、简单替换(simple substitution)、变换替换(variable substitution)、渐进替换(progressive substitution)、一问一答(question and answer)、转换变形(transformation)、句子合并(clause combination)和扩充(expansion)等。

（2）意义性练习

意义性练习是在机械性练习的基础上,学生独立运用语言材料进行真实意义的听、说、读、写的活动。这种练习不再是模仿和重复孤立的句子或词和词组,而是运用词、词组和句型组织表示真实意义的对话、阅读课文回答问题、写作小短文等。通过组织学生对所学的语言材料进行独立的、多层次的运用练习,提高他们语言的熟练和流利程度,培养听、说、读、写的实际表达能力,为语言的实际应用环节打下基础。

意义性练习方法有:控制性练习、指导性或半控制性练习,如替换词对话、情景对话和问答练习等。

以江苏译林版五年级下册 Unit 5 Helping our parents 第二课时 Fun time 为例,教师对学生进行意义性训练。

Activity 1:出示家里活动的图片,进行提问。

T：What can we do at home?

S：We can ... at home.

（进行几组师生问答后,请学生根据图片提示进行两两对话问答）

T：Do pair work.

接下来,请学生编小短文,并说一说。

T：Make a short passage and say it.

This is our ... . It's ... and ... . We can ... at home

Activity 2:根据图片提示,进行 like 句型提问。

T：What do you like doing at home?（进行几组师生问答后,请学生根据图片提示进行两两对话问答）

T：Do pair work.

接下来,请学生编小短文,并说一说。

T：Make a short passage and say it.

This is our ... . It's ... and ... . We can ... and ... . We like ... at home.

最后,请男生和女生分别朗读完整的小短文。

**4. 语言的实际应用环节**

语言实际应用环节是英语课堂教学过程中语言实际运用巩固的环节,是属于语言输出的一个重要环节,同时也是成果展示的重要阶段。经过了新知的体验、感悟和练习阶段,该环节是检验所学知识和技能,并进行语言实践应用阶段。只有通过这个环节,才能实现学以致用,语言知识的学习过程才算完成。

语言实际应用的方法有:信息差(information gap)、角色扮演、小组讨论与辩论、演讲、展示等。

以江苏译林版六年级下册 Unit 8 Our dreams 第一课时 Story time 为例,教师对学生开展语言实际应用训练。

Step 1:利用多媒体视频,让学生看几组大家熟悉的名人职业的短片,问一问,猜一猜:He is ... He can ... What does he want to do?

Step 2:开展小组合作,让学生完成一个 Report,并进行展示。

Step 3:通过展示每个职业的重要性:Every job is very important. We love our job. 引出 Our dreams,请学生说说自己理想的职业。

### 5. 课堂小结环节

在小学英语课堂教学中,小结环节即结尾环节是整堂课的有机组成部分,它是课堂教学走向成功的最后一步。该环节是教师在即将完成课堂教学活动时,对所教授的知识进行及时归纳和总结的一个过程,旨在使知识更加系统化,整堂课更具有整体性。它不仅能加深学生对所学知识的印象,有及时复习的作用,而且精彩的小结能够对整堂课起到画龙点睛的作用。

课堂小结的方式有:形象直观的板书、思维导图型板书、游戏活动式、练习式、悬念进行延续式等。

以江苏译林版五年级上册 Unit 1 Goldilocks and the three bears 第一课时 Story time 为例,教师进行故事延续性结尾。

教师巧妙地设计开放型问题,T:Goldilocks runs and runs. How is Goldilocks at last? Why ... ? What will happen at last? 让学生为故事设计结尾。由于课文本身没有给出明确的故事结尾,教师就鼓励学生大胆猜测,并设计出一个完整的、全新的故事,教师引导学生发挥想象,给出一个美好的结尾。

通过一系列问题启发学生思考回顾故事情节,起到复习的教学目的,同时也设置了悬念为故事的延续奠定了基础。

# 第四章　小学音乐学科教学知识

## 备考指南

### 一、考纲要求

1. 了解小学音乐学科教学的基础知识。

2. 了解小学音乐课程标准的主要内容和特点。

3. 掌握小学音乐课程标准的内容领域所涵盖的核心知识及其关系。

4. 能够针对小学生的身心特点和音乐学习的要求，整合小学音乐相关内容，开展音乐教学活动。

### 二、考点分析

1. 本节知识在历年考试中一般不单独出题，而是渗透在教学设计题中进行考查。

2. 确定课题教学目标是教学设计的基本要求，复习时要结合本章学习，深刻理解小学音乐课程的学段目标，并熟练掌握音乐课程内容标准中的内容目标。

3. 针对音乐教学内容，结合不同的教学方法，突出音乐的学科特点，能对某一教学环节进行教学设计。

### 三、学习建议与备考策略

1. 领会音乐课程标准中的基本理念。

2. 以小学音乐核心知识点为联结点，绘制小学音乐相关知识点的思维导图。

3. 遵循小学生音乐认知规律，理解本课程各学段目标设置的合理性。

## ☘ 知　识　树

```
                          ┌ 音乐课程性质
              小学音乐课程概述 ┤ 音乐教学原则
                          └ 音乐课程的基本理念

                          ┌ 音乐课程设计思路
                          │                ┌ 感受与欣赏教学策略
           小学音乐教学设计概述 ┤                │ 音乐表现教学策略
                          └ 音乐课堂教学策略 ┤ 音乐创造教学策略
                                           └ 音乐与相关文化教学策略

                          ┌ 音乐课程目标(总目标、学段目标)
小                        │          ┌ 感受与欣赏
学                        │          │ 表现
音 小学音乐课程标准概述 ┤          ┤
乐                        └ 课程内容 ┤ 创造
学                                   └ 音乐与相关文化
科
教                        ┌ 音乐教案的编写
学                        │ 音乐教学过程设计
知                        │                ┌ 体验性音乐教学方法
识        小学音乐课堂教学 ┤                │ 实践性音乐教学方法
                          │ 小学音乐教学的主要方法 ┤ 语言性音乐教学方法
                          │                └ 探究性音乐教学方法
                          │ 当代音乐教育体系
                          └ 音乐课程实施建议
```

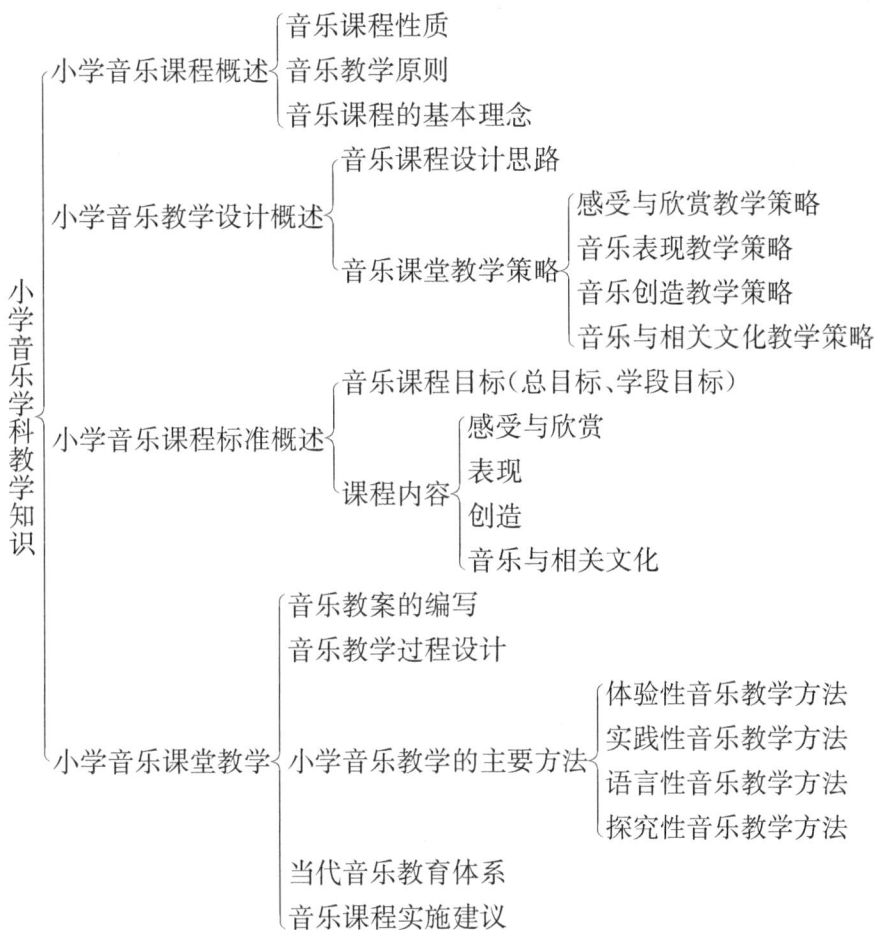

# 第一节　小学音乐课程概述

音乐课程的价值在于,为学生提供审美体验,陶冶情操,启迪智慧;开发创造性发展潜能,提升创造力;传承民族优秀文化,增进对世界音乐文化丰富性和多样性的认识和理解;促进人际交往、情感沟通及和谐社会的构建。即审美体验价值、创造性发展价值、文化传承与社会交往价值。

## 一、音乐课程性质

音乐课程是九年义务教育阶段面向全体学生的一门必修课,音乐课程性质主要体现在以下三个方面。

### 1. 人文性

音乐是文化的重要组成部分，是人类宝贵的精神文化遗产和智慧结晶。音乐课程中的艺术作品和音乐活动，皆注入了不同文化身份的创作者、表演者、传播者和参与者的思想情感和文化主张，是不同国家、不同民族、不同时代文化发展脉络以及民族性格、民族情感和民族精神的展现，具有鲜明而深刻的人文性。

### 2. 审美性

"以美育人"的教育思想与我国的教育、文化传统一脉相承，与培养德智体美全面发展的社会主义建设者和接班人的教育方针完全吻合。通过音乐教育培养和提高学生感受美、表现美、鉴赏美、创造美的能力，陶冶情操，发展个性，启迪智慧，丰富和发展形象思维，激发创新意识和创造能力，全面提升学生的素质。

### 3. 实践性

音乐音响不具有语义的确定性和事物形态的具象性。音乐课程各领域的教学只有通过聆听、演唱、探究、综合性艺术表演和音乐编创等多种实践形式才能得以实施。学生在亲身参与这些实践活动过程中，获得对音乐的直接经验和丰富的情感体验，为掌握音乐相关知识和技能、领悟音乐内涵、提高音乐素养打下良好的基础。

## 二、音乐教学原则

### 1. 情感性原则

音乐是情感艺术，丰富的情感体验是音乐审美活动的核心。在音乐教学中，牢牢把握住情感原则，创造一种平等、民主、相互交流的教学气氛，使学生在情感的勃发与激动中享受美感，陶情抒性。

### 2. 体验性原则

音乐创作、表现和欣赏都离不开人的亲身参与和体验。音乐教学的过程是一个在教师启发和指导下，引导学生参与音乐活动，与音乐融为一体，亲自主动地去探寻、领悟、体验，让学生在对音乐的整体感受中学习的过程。

### 3. 形象性原则

由旋律、节奏、和声等音乐语言所创造的音乐形象，有声态、情态、形态、动态等一系列形象化特征。在音乐教学中贯彻形象性原则，以美引真，最易为学生所接受，尤其是在音乐知识、识读乐谱等教学中，变抽象、枯燥的概念为生动有趣的形象，通过听、唱、比较、辨别、感受来理解掌握，能取得事半功倍的效果。

### 4. 愉悦性原则

音乐教学方法的趣味化，会给学生带来极大的乐趣，对音乐产生浓厚的兴趣，变"苦学"为"乐学"，进而产生持久的音乐学习动力。教师充分利用音乐所具有的愉悦特点，启发学生在良好的心境下参与音乐活动，使活动充满愉悦性的同时又能让学生获得音乐审美的愉悦体验。

### 5. 审美性原则

音乐教育的过程应以审美为核心,培养学生正确的审美观和鉴赏美、表现美、创造美的能力。因此,演唱、演奏的歌曲、乐曲必须具有高度的艺术性和音乐美感。音乐欣赏所选择的作品应是中外音乐宝库的经典之作,是社会美、自然美、形式美和艺术美的完美结合,能够唤起学生对美的追求,从而达到陶冶情操的目的。教师的范唱、范奏、语言、仪表、举止和板书,以及音乐教学的环境都应给人以美感,使学生在美的氛围中亲身感受美、体验美。

以上所述音乐教学原则是根据音乐教育理念和目标,遵循音乐教学规律而制定的对音乐教学的基本要求。它既是指导音乐教学工作的基本准则,同时也是进行音乐教学设计的重要依据。

## 三、音乐课程的基本理念

### 1. 以音乐审美为核心,以兴趣爱好为动力

音乐审美指的是对音乐艺术美感的体验、感悟、沟通、交流以及对不同音乐文化语境和人文内涵的认知。这一理念立足于我国数千年优秀的音乐文化传统,与我国教育方针中的"美育"相对应,彰显音乐课程在潜移默化中培育学生美好情操、健全人格和以美育人的功能。音乐基础知识和基本技能的学习,应与音乐艺术的审美体验及不同的文化认知有机结合。

兴趣是音乐学习的根本动力和终身喜爱音乐的必要前提。在教学中,要根据学生身心发展规律,以丰富多彩的教学内容和生动活泼的教学形式,激发学生对音乐的兴趣,不断提升音乐素养,丰富精神生活。

### 2. 强调音乐实践,鼓励音乐创造

音乐教学是音乐艺术的实践过程。因此,所有的音乐教学领域都应强调学生的艺术实践,积极引导学生参与演唱、演奏、聆听、综合性艺术表演和即兴编创等各项音乐活动,通过音乐艺术实践,有效提高音乐素养,增强学生音乐表现的自信心,培养学生良好的合作意识和团队精神。

音乐是一门极富创造性的艺术。中小学音乐课程中的音乐创造,目的在于通过音乐丰富学生的形象思维,开发学生的创造性潜质。在教学过程中,应设定生动有趣的创造性活动内容、形式和情境,发展学生的想象力,增强学生的创造意识。

### 3. 突出音乐特点,关注学科综合

音乐是听觉艺术,学生主要通过听觉活动感受与体验音乐。音乐音响不具有语义的确定性和事物形态的具象性,然而它又与人类的社会生活、各种文化艺术有着紧密的联系,为学生感受、表现音乐和想象力、创造力的发挥,提供了广阔而自由的空间。同时,也要关注音乐艺术的时间性、表演性和情感性特征,并在教学过程中加以强调和体现。

音乐教学的学科综合,包括音乐课程不同教学领域之间的综合;音乐与诗歌、舞蹈、戏剧、影视、美术等不同艺术门类的综合;音乐与艺术之外的其他学科的综合。在教学中,学

科综合应突出音乐艺术的特点,通过具体的音乐材料构建起与其他艺术门类及其他学科的有机联系,在综合过程中对不同艺术门类表现形式进行比较,拓展学生艺术视野,深化学生对音乐艺术的理解。

### 4. 弘扬民族音乐,理解音乐文化多样性

应将我国各民族优秀的传统音乐作为音乐教学的重要内容,通过学习,学生熟悉并热爱祖国的音乐文化,增强民族意识,培养爱国主义情操。随着时代的发展和社会生活的变迁,反映近现代和当代社会生活的优秀中国音乐作品,也应纳入音乐课的教学内容。

世界的和平与发展有赖于对不同民族文化的尊重和理解,应以开阔的视野学习世界其他国家和民族的音乐文化,理解音乐文化的多样性,共享人类文明的一切优秀成果。

### 5. 面向全体学生,注重个性发展

义务教育阶段的音乐课应当面向全体学生,使每一个学生的音乐潜能得到开发并从中受益。音乐课的全部教学活动应以学生为主体,师生互动,将学生对音乐的感受和音乐活动的参与放在重要的位置。

尊重学生的个性,鼓励学生积极参与各种音乐活动,以自己的方式表达情感。在教学中,应把全体学生的普遍参与和发展不同个性有机结合起来,创造生动活泼、灵活多样的教学形式,为学生发展音乐才能提供空间。

# 第二节　小学音乐教学设计概述

教学设计是教师在实际的教学工作之前,根据教学目标、教学要求而预先制订的教学方案。这种方案通常用教学计划的形式表现出来,也就是用学期教学计划、单元教学计划和课时教学计划(即教案)的形式表现出来。

教学设计的因素包括教师、学生、课程内容和教学条件,其中教师的教和学生的学是活动的关键性因素。

## 一、音乐课程设计思路

凸显音乐课程的美育功能,以音乐活动方式划分教学领域;设计丰富的音乐实践活动,引导学生主动参与;正确处理音乐知识、技能的学习与审美体验和文化认知的关系。音乐课程将义务教育阶段的 9 学年分成 3 个学段,根据学生不同年龄段的心理发展水平和音乐认知特点,分学段设计梯度渐进的课程学段目标及相应的课程内容。课程内容的设计,在明确的规定性和适度的弹性之间寻求平衡,给教师教学和地方音乐课程资源开发留有创造和选择运用的空间。

## 二、音乐课堂教学策略

音乐课堂教学策略是指教师为实现音乐课堂教学目标或教学意图而采用的一系列具

体的问题解决行为方式。它包括合理选择和组织教学方法、教学材料、确定教师的教学行为方式和学生的学习方式,以及整个教学活动步骤、方法、形式和教学媒体设备的运用等。

### 1. 感受与欣赏教学策略

(1) 强调倾听音乐:设计倾听方法(反复聆听、准确把握、深刻理解;方法多样,引导多元,亲自参与);引导倾听的方式(通过提问引导倾听,榜样示范共同倾听,表扬激励促进倾听);激发倾听的兴趣。

(2) 关注情感体验:情感激发(利用多媒体教学、塑造音乐形象、借助语言教学激发情感);情感体验(通过聆听和学唱,体验情绪,用语言和动作表达情感,参与音乐,提高理解力、欣赏力和表现力);情感深化(示范导学、组织创编、运用教学机智深化情感)。

(3) 注重参与体验:听"视"结合、听"说"结合、听"动"结合、唱"想"结合(听前、听后、边听边唱主题)。

### 2. 音乐表现教学策略

(1) 提高能力:培养学生音乐感受力、音乐理解力、集体合作能力、创造能力、表现力。

(2) 关注情感:通过作品的创作背景唤起学生的情感;通过丰富的音乐活动激发学生的情感;通过情境化音乐表演强化学生的情感。

(3) 强调合作:创造良好的合作氛围,创设有效的合作方法(合作式学习、参与式学习、奖励式学习)

(4) 注重评价:以音乐课程为依据,提倡评价的民主、开放和多元化,包括学生自评、互评以及教师评价,力求全面客观,体现以学生发展为本的理念。

### 3. 音乐创造教学策略

(1) 关注过程:要求学生以发散思维为基础,对从事的音乐活动有自己独特的见解并能用适当的方式表现出来。音乐创作的准备、酝酿、创新、加工过程对发展学生音乐创造能力具有重要价值,应贯穿于歌唱、器乐、欣赏教学之中。

(2) 注重特色:条件较好的地方,学校应设有专用音乐教室及相关设备;条件欠佳的地区,要合理利用开发教学资源,形成新的教学特色。

(3) 鼓励创新:鼓励教学模式、音乐素材及教具创新。

(4) 营造氛围:通过环境营造、语言、桌椅、教具、问题等营造全新的、宽松的、有利于开发创造潜能的环境和氛围。

### 4. 音乐与相关文化教学策略

(1) 音乐与社会生活相融合:引导学生从生活体验和音乐经验入手,紧密联系社会生活及音乐现象,主动去探究、思考音乐与人生的关系。

(2) 音乐与姊妹艺术相结合:充分发挥音乐与姊妹艺术之间的联系,以音乐为本,将音乐与舞蹈、美术、戏剧影视等各类艺术有机结合起来,引导学生去联想、体会,形成对音乐作品的深刻理解。

(3) 音乐与其他学科相交叉:教学中将音乐内容与其他相关学科知识相结合时,但要注意把握好尺度,要始终突出音乐的主体地位。

# 第三节　小学音乐课程标准概述

## 一、音乐课程目标

### （一）总目标

学生通过音乐课程学习和参与丰富多彩的艺术实践活动,探究、发现、领略音乐的艺术魅力,培养学生对音乐的持久兴趣,涵养美感,和谐身心,陶冶情操,健全人格。学习并掌握必要的音乐基础知识和基本技能,拓展文化视野,发展音乐听觉与欣赏能力、表现能力和创造能力,形成基本的音乐素养。丰富情感体验,培养良好的审美情趣和积极乐观的生活态度,促进身心的健康发展。上述课程目标具体表述为下列三个维度。

#### 1. 情感态度与价值观

（1）丰富情感体验,培养对生活的积极乐观态度

音乐学习可以丰富学生的情感体验,使其情感世界受到潜移默化的感染和熏陶,建立起对人类、对自然、对一切美好事物的关爱之情,进而养成对生活的积极乐观态度和对美好未来的向往与追求。

（2）培养音乐兴趣,树立终身学习的愿望

通过各种有效的途径和方式引导学生走进音乐,在亲身参与音乐活动的过程中喜爱音乐,掌握音乐的基本知识和基本技能,逐步养成欣赏音乐的良好习惯,为终身喜爱音乐奠定基础。

（3）提高音乐审美能力,陶冶高尚情操

通过训练学生对音乐作品情绪、格调、人文内涵的感受和理解,培养学生对音乐的欣赏能力,养成健康向上的审美情趣,使其在真善美的艺术世界里受到高尚情操的陶冶。

（4）培养爱国主义情感,增强集体主义精神

通过音乐作品中所表现的对祖国山河、人民、历史、文化和社会发展的赞美和歌颂,培养学生的爱国主义情感;在音乐实践活动中,培养学生良好的行为习惯和宽容理解、互相尊重、共同合作的意识,增强集体主义精神。

（5）尊重艺术,理解世界文化的多样性

尊重艺术家的创造劳动,尊重艺术作品,养成良好的欣赏音乐艺术的习惯。通过系统地学习母语音乐文化和不同民族、不同国家、不同时代的作品,感知音乐中的民族风格和情感,了解不同民族的音乐传统,热爱中华民族音乐文化,学习世界其他民族的音乐,理解音乐文化的多样性。

#### 2. 过程与方法

（1）体验。完整而充分地聆听音乐作品,在音乐体验与感受中,享受音乐审美过程的愉悦,体验与理解音乐的感性特征与精神内涵。

（2）模仿。通过亲身参与演唱、演奏、编创等艺术实践活劫，并适当地运用观察、比较和练习等方法进行模仿，积累感性经验，为音乐表现和创造能力的进一步发展奠定基础。

（3）探究。培养学生对音乐的好奇心和探究愿望，重视自主学习的探究过程，使学生能够积极参与以即兴式自由发挥为主要特点的探究与创作活动。

（4）合作。在音乐艺术的集体表演形式和实践过程中，能够与他人充分交流、密切合作，不断增强集体意识和协调能力。

（5）综合。通过以音乐为主线的艺术实践，渗透和运用其他艺术表现形式和相关学科的知识，更好地理解音乐的意义及其在人类艺术活动中的特殊表现形式和独特的价值。

### 3. 知识与技能

（1）音乐基础知识

学习并掌握音乐基本要素（如力度、速度、音色、节奏、节拍、旋律、调式、和声等）、常见结构、体裁形式、风格流派和演唱、演奏、识谱、编创等基础知识。

（2）音乐基本技能

学习演唱、演奏、创作的初步技能，能够自信、自然、有表情地演唱歌曲和演奏课堂乐器，了解音乐创作的基本方法。在音乐听觉感知基础上识读乐谱，在音乐实践活动中运用乐谱。

（3）音乐历史与相关文化知识

了解中外音乐发展的简要历史和有代表性的音乐家，初步识别不同时代、不同民族的音乐。认识音乐与姊妹艺术的联系，感知不同艺术门类的主要表现手段和艺术形式特征。了解音乐与艺术之外其他学科的联系，扩展音乐文化视野。根据自己的生活经验和已学过的知识，认识音乐的社会功能，理解音乐与社会生活的关系。

### （二）学段目标

义务教育阶段的 9 学年分为 3 个学段（本段内容只针对小学音乐教师，略去 7～9 年级学段目标），小学各学段课程目标分别表述如下。

表 4-3　小学各学段音乐课程目标

| 1～2 年段 | 3～6 年段 |
| --- | --- |
| 充分注意这一学段学生以形象思维为主和好奇、好动、模仿力强的身心特点，善于利用儿童的自然嗓音和灵巧形体，采用歌、舞、图片、游戏等相结合的综合手段，进行直观教学。聆听音乐的材料要短小有趣，形象鲜明。 | 随着生活范围和认知领域进一步扩展，学生的体验感受与探索创造的活动能力增强。注意引导学生对音乐的整体感受，丰富教学曲目的体裁、形式，增加合唱、乐器演奏及音乐创造活动的分置，以生动活泼的教学形式和艺术魅力吸引学生。本学段 5～6 年段部分学生进入变声期，应渗透变声期嗓音保护知识。 |
| 激发和培养对音乐的兴趣。 | 保持对音乐的兴趣。 |
| 开发音乐的感知力，体验音乐的美感。 | 培养音乐感受与欣赏的能力，初步养成良好的音乐欣赏习惯。 |

（续表）

| 1～2年段 | 3～6年段 |
|---|---|
| 能自然地、有表情地演唱，参与其他音乐表现和即兴创造活动。 | 能自信地、有表情地演唱，乐于参与演奏及其他音乐表现、创造活动。 |
| 培养乐观的态度和友爱精神。 | 培养艺术想象力和创造力。 |
| | 培养乐观的态度和友爱精神，增强集体意识，培养合作能力。 |

## 二、课程内容（本段内容只针对小学音乐，略去7～9年级课程内容）

### （一）感受与欣赏

感受与欣赏是音乐学习的重要领域，是整个音乐学习活动的基础，是培养学生音乐审美能力的有效途径。良好的音乐感受能力与欣赏能力的形成，对于学生丰富情感提高文化素养、增进身心健康具有重要意义。教学中应激发学生听赏音乐的兴趣，鼓励学生对所听音乐表达独立的感受和见解，养成聆听音乐的习惯，逐步积累欣赏音乐的经验。

表4-4　小学各学段音乐课程内容中的感受与欣赏要求

| | 1～2年段 | 3～6年段 |
|---|---|---|
| 音乐表现要素 | 感受自然界和生活中的各种声音，能够用自己的声音或打击乐器模仿喜欢的音响。 | 能发现自然界和生活中的各种音响，能够用自己的声音或乐器模仿喜欢的音响。能哼唱熟悉的歌曲或乐曲。 |
| | 能够听辨歌唱中的童声、女声和男声音色。 | 能够听辨歌唱中不同类型的女声和男声音色，说出人声的分类。能够认识常见的中国民族乐器和西洋乐器，并能听辨其音色。 |
| | 感受乐器的声音。能够听辨常见打击乐器的音色，并能用打击乐器奏出强弱、长短不同的声音。 | 在感知音乐的节奏和旋律的过程中，能够初步辨别节拍的不同，体验二拍子、三拍子、四拍子的律动感。 |
| | 能够感受并描述音乐中力度、速度的变化，并对二拍子、三拍子的音乐做出相应的体态反应。 | 能够听辨旋律的高低、快慢、强弱。能够感知音乐主题，区分音乐基本段落，并能够运用体态或线条、色彩做出相应的反应。 |
| 音乐情绪与情感 | 体验不同情绪的音乐，能够自然流露出相应表情或做出体态反应。 | 听辨不同情绪的音乐，能够做简要描述。 |
| | 体验并说出音乐情绪的相同与不同。 | 能够体验并简要描述音乐情绪的变化。 |
| 音乐体裁与形式 | 聆听儿童歌曲，聆听音乐形象鲜明、结构较为简短的进行曲、舞曲及其他体裁的音乐段落。 | 聆听少年儿童歌曲和颂歌、抒情歌曲、叙事歌曲、艺术歌曲、格调健康的流行歌曲等各种体裁和类别的歌曲，能够随着歌曲轻声哼唱或默唱。 |
| | 能够通过模唱、打击乐器对所听音乐做出反应。能够随着进行曲、舞曲音乐走步、跳舞。 | 聆听不同体裁和类别的小型器乐曲，能够随着乐声哼唱短小的音乐主题或主题片段，能够通过律动或打击乐对所听音乐做出反应。 |
| | | 能够初步分辨小型的音乐体裁与形式。聆听音乐主题并说出曲名。 |

**218**

（续表）

| | 1～2年段 | 3～6年段 |
|---|---|---|
| 音乐风格与流派 | 聆听不同国家、地区、民族的儿歌、童谣及小型器乐曲或乐曲片段,初步感受其不同的风格。 | 聆听中国民族民间音乐,了解有代表性的地区和民族的民歌、民间歌舞、民间器乐曲和以京剧为代表的中国戏曲及曲艺音乐,体验其不同的风格。 |
| | | 聆听世界部分国家的民族民间音乐,感受不同的音乐风格。 |

## （二）表现

表现是学习音乐的基础性内容,是培养学生音乐审美能力的重要途径。教学中应注意培养学生自信的演唱、演奏能力,综合性艺术表演能力,以及在发展音乐听觉基础上的读谱能力。通过音乐实践活动促进学生能够用音乐的形式表达个人的情感并与他人沟通、融洽感情。

表4-5　小学各学段音乐实践活动的要求

| | 1～2年段 | 3～6年段 |
|---|---|---|
| 演唱 | 学唱儿歌、童谣及其他短小歌曲,参与演唱活动。 | 乐于参与各种演唱活动。 |
| | 能够用正确的姿势、自然的声音,有表情地独唱或参与齐唱。 | 能够用正确的演唱姿势和呼吸方法唱歌,培养良好的唱歌习惯。 |
| | 能够对指挥动作做出反应。 | 能够用自然的声音、准确的节奏和音调,有表情地独唱或参与齐唱、轮唱、合唱,并能对指挥动作做出恰当的反应。 |
| | 能够采用不同的力度、速度表现歌曲的情绪。 | 了解变声期嗓音保护的知识,初步懂得嗓音保护的方法。 |
| | | 能够对自己和他人的演唱做简单评价。 |
| | 每学年能够背唱歌曲4～6首(其中中国民歌1～2首)。 | 每学年能背唱歌曲4～6首(其中中国民歌1～2首),学唱京剧或地方戏曲唱腔片段。 |
| 演奏 | 学习常见的课堂打击乐器,参与演奏活动。 | 乐于参与各种演奏活动。 |
| | | 学习竖笛、口琴、口风琴或其他课堂乐器的演奏方法,参与歌曲、乐曲的表现。 |
| | 能够用打击乐器或其他声音材料合奏或为歌曲伴奏。 | 培养良好的演奏习惯。能够对自己和他人的演奏做简单评价。 |
| | | 每学年能够演奏乐曲1～2首。 |
| 综合性艺术表演 | 能够参与综合性艺术表演活动。 | 能够主动地参与综合性艺术表演活动。 |
| | 能够配合歌曲、乐曲用身体做动作。 | 在有情节的音乐表演活动中(如儿童歌舞剧)担当一个角色。 |

**219**

(续表)

| | 1~2 年段 | 3~6 年段 |
|---|---|---|
| | 能够与他人合作,进行律动、集体舞、音乐游戏、儿童舞蹈表演等活动。 | 能够对自己和他人的表演做简单评价。 |
| 识读乐谱 | 认识简单的节奏符号,能够用声音、语言、身体动作表现简单的节奏。 | 结合所学歌曲认识音名、音符、休止符及一些常用的音乐记号。 |
| | 能够用唱名模唱简单乐谱。 | 能够跟随琴声视唱简单乐谱,具有初步的识谱能力。 |

## (三)创造

创造是发挥学生想象力和思维潜能的音乐学习领域,是学生进行音乐创作实践和发掘创造性思维能力的过程和手段,对于培养创新人才具有十分重要的意义。音乐创造包括两类学习内容:一是以开发学生潜能为目的的即兴音乐编创活动;二是运用音乐材料进行音乐创作尝试与练习。

表 4-6　小学各学段音乐创造活动要求

| | 1~2 年段 | 3~6 年段 |
|---|---|---|
| 探索音响与音乐 | 能够运用人声、乐器声模仿自然界或生活中的声音。 | 能够运用人声、乐器声或其他声音材料表现自然界或生活中的声音。 |
| | 能够用打击乐器或寻找发声材料探索声音的强弱、长短和音色。 | 能够在教师指导下自制简易乐器。 |
| 即兴编创 | 能够将儿歌、诗词短句用不同的节奏、速度、力度等加以表现。 | 能够即兴编创同歌曲情绪一致的律动或舞蹈,并参与表演。 |
| | 能够在唱歌或聆听音乐时即兴地做动作。 | 能够以各种声音材料或不同的音乐表现形式,即兴编创音乐故事、音乐游戏并参与表演。 |
| | 能够用课堂乐器或其他声音材料即兴配合音乐故事和音乐游戏。 | |
| 创作实践 | 能够运用线条、色块、图形,记录感受到的音乐。 | 能够在教师指导下,尝试运用图谱或乐谱记录声音和音乐。 |
| | 能够运用人声、乐器或其他声音材料,在教师指导下编创1~2小节的节奏音型。 | 能够利用教师或教材提供的材料和方法,独立地或与他人合作编创2~4小节的节奏或旋律。 |

## (四)音乐与相关文化

音乐与相关文化是音乐课人文学科属性的集中体现,是直接增进学生文化素养的学习领域,有助于扩大学生音乐文化视野,促进学生对音乐的体验与感受,提高学生音乐欣赏、表现、创造以及艺术审美的能力。这一教学内容虽然在某些方面有自己的相对独立性,但在更多的情况下,又蕴含在音乐欣赏、表现和创造活动之中。因此,这一领域教学目标的实现,应通过具体的音乐作品和生动的音乐实践活动来完成。

表 4 - 7 小学各学段音乐与相关文化领域的目标

| | 1～2年段 | 3～6年段 |
|---|---|---|
| 音乐与社会生活 | 感受生活中的音乐,乐于与他人共同参与音乐活动。 | 关注日常生活中的音乐。 |
| | 能够通过广播、影视、网络、磁带、CD等传播媒体听赏音乐。 | 喜欢从广播、影视、网络、磁带、CD等传播媒体中收集音乐材料,并经常听赏。 |
| | 能够参与社区或乡村的音乐活动。 | 主动参加社区或乡村音乐活动,并能同他人进行音乐交流。 |
| 音乐与姊妹艺术 | 能够用简单的形体动作配合音乐节奏。 | 观赏戏剧和舞蹈,初步认识音乐在其中的作用。 |
| | 能够用简明的表演动作表现音乐情绪。 | 能够结合所熟悉的影视片,初步感受音乐在其中的作用。 |
| | 能够用色彩或线条表现对音乐的不同感受。 | |
| 音乐与艺术之外的其他学科 | 列举声音与日常生活现象及自然现象的联系。 | 选用合适的背景音乐,为儿歌、童话故事或诗朗诵配乐。 |
| | 用不同节奏、节拍、情绪的音乐配合简单的韵律操动作。 | 说出某些不同历史时期、不同地域和国家的代表性音乐作品。 |

# 第四节 小学音乐课堂教学

## 一、音乐教案的编写

### (一)教案的分类、表述方式与文本结构

教案一般可分为"详案"和"简案(略案)"两种。教案的文本表述方式有三种:表格式、卡片式、文字表述式。详案一般采用系统的文字表述,简案一般以表格式和卡片式表述为主。

教案的文本构成主要分为辅助部分和主体部分。教案的辅助部分主要包括:课题、课型、授课年级、教材、课时、教具等要素。辅助部分的写作强调明确、准确和严谨。教案的主体部分主要包括:教材分析或教学重、难点;教学方法;教学过程;课后小结或教学反思等要素,主体部分的写作要求准确定位、精心设计、广泛取材、突出重点、大胆创新、方法得当、切实可行。

### (二)教案主体部分各要素写作基本要求

编写课时教学计划(教案)是一项创造性的劳动,音乐教师应根据教学计划的要求,认真钻研教材,深入了解学生情况,根据不同的教材,不同的教学内容以及不同的教学对象设计和编写出切实可行的课时教学计划。

#### 1. 音乐教学目标的确立和表述

一个完整、具体、明确的教学目标应该包括四个要素,即行为主体(教学对象)、行为活动(学生的行为)、行为条件和行为标准(程度)。

**221**

（1）音乐教学目标的确立

确定音乐教学目标的行为主体必须是学生而不是教师，"以学生的发展为中心"是新课程的一个重要理念，教师角色、教学方式和学生的学习方式均体现课堂教学行为主体是学生而不是教师。

确定音乐教学目标的行为是可测量、可评价、具体而明确的，为评价提供参照的依据。确定音乐教学目标时一定要以《音乐课程标准》为导向，始终以音乐为本。

（2）音乐教学目标的表述

音乐教学目标表述的基本方式分为体验性（或过程性）的方式和结果性目标方式两类。表述目标要明确、简洁，指向清晰；涵盖三个维度，即情感态度与价值观、过程与方法、知识与技能。教学目标要合理，面向全体学生，考虑个性差异。判断教学效果的根本依据是学生在课堂上获得哪些音乐方面的进步，因此在教学目标的表述中，行为动词多为："对……""在……""用……""能够……""感受……""体验……""了解……""掌握……"等。

### 2. 分析教材，确定并解决教学重、难点

教材分析是指对某一课时的教材内容进行实事求是的分析，挖掘其包含的艺术性、思想性、教育性和科学性；正确认识和把握教材内容之间的内在逻辑关系，在整体把握的基础上确定教学的重点、难点。

音乐课中的教学重难点大体集中在节拍、节奏、音准、歌词处理、歌曲表现等方面。音乐教学重点的确定首先要考虑学生因素，学生是教学的主体，新知识要在学生已有学习经验和知识结构上建构。音乐教学的重点主要取决于教材内容的内在逻辑关系，是学生必须掌握的基础知识与基本技能，是最基本最核心的内容。在教学中要把大部分时间放在解决教学重点上，让学生充分聆听，反复演唱、积极实践，不断感受体验，加深对作品的理解，也可以通过板书进行提示。

音乐教学难点是根据音乐教材的特点和学生学习音乐的认知规律决定的，确定音乐教学难点要从学生实际出发，了解学情，分析研究学情，结合教材找出难点。音乐教学难点的突破与化解，要从合适的角度切入，采用模仿、对比等方法化繁为简，化难为易。也可利用多媒体教学，对音乐内容进行分类讲解，对知识点进行分层推进，使其更为具体、生动，从而降低学习难度，使教学难点得以顺利突破。

歌曲教学中的重点一般着重引导学生感受歌曲的形象，体会歌词的意义，有感情地表达等。教学难点一般指学生较难掌握、表达的一些节奏、音准、咬字吐字等方面。对于歌曲教学的重难点，可以从旋律、节奏、歌词、呼吸等方面进行分析和解决。

欣赏课的重点一般体现在对音乐作品情感、内涵的体验、感受，从而了解音乐相关文化、背景。通常会对音乐作品的音乐要素、曲式结构进行分析，对于学生而言需要一定的音乐知识储备，也是欣赏课的难点。教学中要采用多种教学方法、反复聆听、有效引导、适当对比，充分体验进行巧妙解决。

### 3. 选择合理的教学方法

在选择教学方法时，既要注重教法，还应考虑学法。一般采用几种教学方法相结合的方式来开展教学。不同的教学内容、教学对象和教学环境，采用不同的教学方法。

#### 4.注重教学过程的完整性与层次性

教学过程一般是指某一课的整个教学流程或程序,它能较全面地反映教师的教学思路、教学层次以及教师对教材的挖掘和把握的程度,能比较客观公正地体现出教师对课程的设计水平和能力,从而彰显课程的个性和特色等。

#### 5.认真对待课后小结或教学反思

课后小结或反思是教师在某一课教学工作结束后,对课时计划完成情况及教学效果的自我评价,是对执行课时计划过程中的得与失、优点与缺点、成功与失误等方面进行总结,或记录听课人员对本课时教学的意见和建议。

### 二、音乐教学过程设计

教学过程包含教师、学生、教学内容和教学手段(包括教学设备、教具等物质条件)等因素。在音乐教学过程中,教师是整个音乐教学活动的组织者、引导者和管理者,起主导作用。学生是音乐教学过程的主体因素,是教师工作的对象,是教学质量和教学效果的体现者。

#### (一)音乐教学过程分为导入部分、主体部分、结束部分

导入部分:主要任务是组织教学、集中注意力、诱发兴趣、激发思维、明确目的、进入学习课题。音乐教学中常用的导入方法有:开门见山导入、复习导入、设疑导入、节奏导入、表演导入、创设情境式导入、故事导入、谜语导入、游戏导入等,教师可根据学生的身心特点和教学内容进行创新设计。

主体部分:是课堂教学的核心,是主要教学实施阶段,包含展开(以递进的方式将教学内容铺展开来,贯穿在活动中)、形成(学生经过体验、探究等活动,初步形成教学结果)和拓展与实践(相关知识的拓展、主题深化的拓展、实践活动、即兴编创等)几个环节。

结束部分:目的在于调动学生的积极性,集中学生的注意力,延续学生的情感和思维,精彩的结尾能使学生以高涨的热情投入下一个新的学习任务。

#### (二)音乐教学过程阶段论

三阶段论:将音乐教学过程的基本阶段氛围运行前准备(备课)、运行中展开(上课)、运行后总结(教学效果分析)三个阶段。

四阶段论:将音乐教学过程分为感知、理解、巩固、运用四个阶段。教学过程的四个基本阶段相互渗透、相互促进,各自有特定的任务和相对独立性。

各分阶段论:按不同的音乐教学内容各自阐述教学过程的不同阶段以及相关的教学任务。

音乐教学横向结构论是以音乐的活动内容与形式来划分的,具体分为四个部分,即感受与欣赏、表现、创造、音乐与相关文化。纵向结构论:分为起始阶段(组织教学、诱发兴趣、导入新课等)、展开阶段(创设情境、唤起注意、探究发现、参与活动等)、生成阶段(激发情感、互动交流、创造表现、感受体验、联想拓展、建构生成等)、结束阶段(情感交流、迁移创造、教学反馈等)。

### （三）不同类型音乐课教学设计

唱歌课教学设计：以学生为主，让学生主动积极参与新课教学。

唱歌课设计要点：聆听歌曲；讲解歌曲节奏强弱规律，解决重难点，设计发声练习曲、学唱歌曲，示范演奏、教唱、跟琴学唱、跟录音学唱、分小组讨论歌曲情感、找同学示范唱、合作表演唱等；能够领会并画出二、三、四拍子的指挥手势图，尝试由学生表演、教唱、指挥，带动更多学生参与音乐表演和互动。

欣赏课教学设计：以听为主，引导学生多听、多想、多讨论、多回答交流，巧妙设计总结的方式，让学生了解、体会歌曲情感。

欣赏课设计要点：讲解作品创作背景、了解作者简历，多次聆听，体会作品情感、情绪、旋律、节奏、速度等对作品的不同作用，从情感和音乐元素等不同角度增加对作品的理解，体会作者所要表达的情感。

## 三、小学音乐教学的主要方法

### （一）体验性音乐教学方法

以音乐情感体验为主，通过激发学生音乐学习兴趣，感受、鉴赏音乐美，情感体验外化等培养学生音乐审美情趣和审美能力。

#### 1. 欣赏法

以欣赏活动为主，指教师在教学过程中借助音乐作品进行聆听、联想、想象、模仿、分析、比较外，还可以适当利用诗歌、舞蹈、戏剧、绘画等其他艺术形式或艺术作品进行辅助性欣赏，以进一步激发学生自觉愉快地学习，促进形成对音乐学习的浓厚兴趣与求知欲望。

#### 2. 演示法

教师在课堂上通过实际音响、示范、直观教具等方式，让学生获得感性知识，深化学习内容的方法。演示法可以激发学生兴趣，丰富感性认识，提高学习效率，体验音乐教学特点。演示手段大致可分为四种：一是实际音响的聆听、动作的观察，包括人声、乐器声以及录音、录像、电影等；二是教师的示范，包括范唱、范奏、律动以及演唱、演奏等技术动作的分解等；三是利用学生演唱、演奏后的录音、录像，以及反馈信息，使学生在教师指导下进行分析，有效地提高学习能力；四是利用实物、模型、图表、图画等演示，使学生获得感性知识。

#### 3. 参观法

参观法是教师根据教学任务，组织学生通过对实际事物和现象的观察、研究而直接获得知识、感受、教育的方法。如组织学生听音乐会、参观乐器博物馆，但要注意参观要事先向学生讲明目的、要求，事后进行讨论、总结。

### （二）实践性音乐的教学法

以音乐实践活动为主，通过在老师指导下让学生亲身参与各项音乐实践活动，形成并完善音乐技能、技巧和发展音乐表现能力的教学法。

## 1. 练习法

由于音乐教学具有技艺性的特点,练习法在音乐教学中占有重要地位。练习法的一般步骤:① 教师提出练习要点并进行必要的示范;② 由学生进行集体或个别练习,教师加以指导;③ 最后师生共同对练习情况进行分析、小结,并提出改进方法及要求,再练习到完美效果。练习法能使学生更加牢固地掌握音乐知识,并把知识转化成技能技巧,从而提高学生的音乐表现能力。

## 2. 律动教学法

律动是人体随着音乐做各种有规律的、协调的动作。多个世界著名的音乐教育体系都把律动教学放在相当重要的地位。如达尔克罗兹的体态律动、奥尔夫的基本形体动作教学、声势教学等。

律动的动作主要包括原地的动作、空间的动作及原地与空间结合的动作。原地的动作包括拍手、摇头、晃动、指挥、弯曲、转身、踏步、说话、唱歌等。空间的动作包括走、跑、跳、蹦、跃、奔腾、滑行等。原地与空间结合的动作包括边走边拍、边滑行边转身等一切可以相互配合的动作。在教学中常常把律动教学与创造教学结合起来,培养学生的音乐创造力和表现力。律动教学法在应用中要注意:重点放在对音乐要素的感知和表现上,不追求姿态优美、整齐划一,要活而不乱,创作教学结合。

## 3. 创作教学法

普通教育音乐创作教学法是以培养、发展学生音乐创造性思维、创造精神和实践能力为目的的教学方法。培养学生的创造思维能力是新课程的重要理念,也是当今世界各国人才培养的核心思想。在创造性音乐教学法中,鼓励学生的创造精神时更要注重体验创造过程。

(1)即兴创作。主要包括声音模仿、节奏问答、身体运动、曲调问答、回旋游戏、节奏即兴伴奏、固定音型伴奏、器乐曲调问答、即兴合奏、音乐造型等。

(2)音乐创作。主要包括如节奏创作、旋律创作、乐曲创作等。

(3)创作表演、音乐戏剧化表演。将学生熟悉的歌曲、音乐或剧目配上学生自己创作的歌曲、器乐演奏和动作进行表演,有音乐、有情节、有角色。

## 4. 游戏教学法

针对学生们的好奇、好动、好胜的特点,把音乐学习与游戏紧密结合起来是一种很有效的教学方法,但要注意游戏教学法要与音乐教学紧密结合。

## (三)语言性音乐教学法

以语言传递为主,通过教师和学生口头语言以及学生独立阅读书面语言为主的音乐教学方法。

## 1. 讲授法

教师通过简明、生动的口头语言进行教学的一种方法。从教师角度看,它是一种传授性的教学方法;从学生角度看,它是一种接受性的学法。在实际教学过程中,讲授法包括讲述、讲读、讲解、讲演等不同形式。

## 2.谈话法

谈话法又称提问法、问答法,是师生以口头语言问答的方式进行教学的方法,包括启发式、问答式、指导式谈话。

## 3.讨论法

在教师的指导下,学生以全班或小组为单位,围绕教材的中心问题,通过讨论或辩论进行教学的方法。

### (四)探究性音乐教学法

发现法(探究性教学法)是指在教师引导下,学生通过观察、实验、思考、讨论、查阅资料等途径去独立探究、自行发现并掌握相应的知识技能的一种教学方法,是一种开放性的教学方法,是以学生为主体,让学生自觉、主动探索,找出事物的内在联系与规律,形成概念、结论的一种方法。

## 四、当代音乐教育体系

### (一)达尔克罗兹音乐教学体系

埃米尔·雅克·达尔克罗兹(Emile Jaques Dalcroze,1865—1950),瑞士籍著名音乐教育家。他于1902年创立了"体态律动"学说,并在此基础上建立了音乐教育体系。达尔克罗兹音乐教育体系的教学实践由体态律动、视唱练耳和即兴音乐活动三部分组成。达尔克罗兹教学法立足于听,实施于即兴,强调音乐是动的艺术,主张体态律动,并以游戏作为教学的主要方式。基本原则是要培养学生感知音乐和对音乐的反应能力,发展其内在的音乐感觉,以及身体各部分进行迅速交流、大量地储存听觉和动觉意向的能力。

体态律动音乐教学法是指教学中通过人的肢体反应,结合歌唱和听觉的训练获得对音乐的积极体验,通过肢体运动,把肢体当作乐器,将人的内在情感转化为音乐的形式表达出来的方法。其中,训练学生的动作是体态律动教学的基础,节奏训练贯穿于教学之中,发展大脑与身体间的协作是体态律动训练中最有价值的部分之一,听力的训练和动作结合在一起,是练耳的重要环节。

### (二)柯达伊音乐教学体系

佐尔坦·柯达伊(Zoltan Kodaly,1882—1967),匈牙利著名作曲家、民族音乐理论家、音乐教育家。柯达伊立足于提高全民族的文化素质,强调民族音乐教育,强调学校音乐教育首先要牢固地建立在民间音乐的基础上。柯达伊音乐教育体系是以歌唱教学为主要内容并重视音乐读写能力培养的课程体系。主要包含首调唱名法、节奏读法、字母谱、柯尔文手势、固定音名唱法等内容。

首调唱名法依据儿童自然的认知规律,采用五声音阶教学序列,按照移动do的特点从开始在多个调性位置上同时进入,锻炼儿童在多种调性上读谱,采用无谱号、无调号的形式,避免使用上下加线,开始阶段仅仅是按照音级关系熟悉五线谱位置。

节奏读法的读音采用象声词的形式,使各种时值的节奏都有一个相对应的音响,例如,二分音符读作:ta-a;四分音符读作:ta;八分音符读作:ti ti;十六分音符读作:ti ri ti ri;四分休止符读作:嘘;八分休止符读作:嘶。训练时通过口读、手拍,使音乐与节奏时值相联系,进行节奏训练。教学中使儿童从感性上体验、识别,而不是抽象的音乐概念的讲述。

柯尔文手势是柯达伊音乐教学法中的一个组成部分,借助不同手势和在身体前方不同的高低位置来代表七个不同的唱名,在空间把所唱音的高低关系体现出来。

### (三)奥尔夫音乐教学体系

卡尔·奥尔夫(Carl Orff,1895—1982),著名的德国作曲家、音乐教育家。奥尔夫音乐教育体系是通过节奏训练、律动、歌唱、语言节奏、乐器合奏和即兴创作等主要手段,激发学生的想象力,使其进行音乐的探索体验,开发潜在音乐能力的教学方法。奥尔夫认为,音乐教育的根本目的在于培养和造就人,并发掘人的精神。奥尔夫音乐教育体系的特点是元素性、综合性、创造性、开放性。"元素性音乐"的基本原则是音乐教育的核心观念和奥尔夫体系的突出特点。奥尔夫提出,原本的音乐是和动作、舞蹈、语言紧密结合在一起的。奥尔夫教学法的内容包括结合语言的音乐教学、动作造型和器乐教学等方面。

奥尔夫声势训练,集动作、节奏、演奏于一体,是奥尔夫教学法中的重要内容之一,是运用拍手、拍腿、跺脚、捻指等动作以及借助人体所发出的不同的声音和音色,引导学生去探索、感受音高、音色等方面的差异。

奥尔夫提倡教师在教学中向学生提供一些元素性材料,如最基本的节奏、动作方式、结构组成方式等,学生通过范例和教师的启发,在集体创造过程中进行音乐学习。

奥尔夫采用多种特质的、有固定音高的音条乐器和无固定音高的打击乐器以及各种音效乐器参与音乐教学,教学中学生不再只是接受者,而是音乐的参与者。

### (四)铃木音乐教学法

铃木镇一(1898—1998),日本著名的小提琴家、音乐教育家,才能教育研究会会长。铃木镇一始终强调教育的主要目的是培养人,以幼儿为对象,侧重创设一种良好的音乐学习环境来强化教育,通过孩子们的直觉与听觉以及每天的反复练习形成习惯。他提倡把学习祖国语言的原理用于小提琴教学,使儿童在愉快的气氛中学习音乐。铃木镇一认为才能不是与生俱来的,是人们在后天通过教育环境刺激、培养而成的。他提倡用极其简练的方法,从记忆力、注意力、运动能力、表现力四个方面进行能力的开发。

## 五、音乐课程实施建议

为保证课程标准的实施,教师要深入领会课程的基本理念,以音乐为本,以学生为本,全面实现课程价值和课程目标。

教学中应注意遵循听觉艺术的感知规律,突出音乐学科的特点;重视教学目标的设计与整合;注意音乐教学各领域之间的有机联系;正确处理教学中的各种关系;积极引导学生进行音乐实践活动;合理运用现代教育技术手段;因地制宜地实施本标准。

## （一）关于教学内容的几点提示

### 1. 感受与欣赏

应以音乐为本，从音响出发，以听赏为主。教师的讲解、提示，力求简明、生动，富有启发性。应采用多种形式引导学生积极参与音乐体验，引发他们的联想和想象。尊重学生的独立感受与见解，鼓励学生勇于表达自己的审美体验，以利于激发学生听赏音乐的兴趣，逐步养成聆听音乐的良好习惯，积累感受与欣赏音乐的经验。

### 2. 演唱

演唱歌曲是中小学音乐教学的基本内容，也是学生最易于接受和乐于参与的表现形式。要重视课程内容中对演唱姿势、呼吸方法、节奏和音准等方面的要求。演唱技能的练习，应结合演唱实践活动进行。创设与歌曲表现内容相适应的教学情境，激发学生富有情感地演唱。注意变声期的嗓音保护，避免喊唱。

要重视并着力加强合唱教学，使学生感受多声部音乐的丰富表现力，尽早积累与他人合作演唱的经验，培养集体意识及协调、合作能力。合唱教学可从轮唱开始，逐步过渡到多声部合唱的形式。

### 3. 演奏

器乐教学应与唱歌、欣赏、创造等教学内容密切结合。例如，可用乐器为演唱伴奏，演奏欣赏曲的主题音调等。可采用各种演奏形式，以学生普遍学习的乐器合奏为主，鼓励学生从实际条件和各自的兴趣爱好出发，在普遍参与中发展自己的特长。

课堂乐器应使用易于学习、易于演奏、便于集体教学的乐器。课堂教学中使用的吹奏乐器必须符合卫生标准，音质纯正，音高准确。注意避免过大音量和噪音对学生听力和健康的损害。可因地制宜地选择学习本地区、本民族适宜中小学课堂教学的乐器，并鼓励和引导学生自制乐器。

### 4. 识读乐谱

乐谱是记载音乐的符号，是学习音乐的基本工具。要求学生具有一定的识谱能力，有利于参与音乐欣赏、音乐表演和音乐创作等实践活动。识谱要和演唱、演奏、创造、欣赏等教学内容密切结合，要以音乐为载体，在学生感性积累和认知的基础上进行。可以通过学生熟悉的歌曲或乐曲识读乐谱，也可以借助乐器演奏来学习。

简谱和五线谱是我国现行的两种主要乐谱形式，各地、各校在教学中可根据实际情况自行选择。五线谱教学建议采用首调唱名法。

### 5. 创造

教师应将对学生创造力的培养，贯穿于不同的教学领域。音乐教学的各种实践活动，提供了开发学生创造性潜能的空间。应重视音乐实践中的创造过程，充分发挥学生的想象力和创造力，不要用"标准答案"或"统一模式"束缚学生。

## （二）音乐课程评价

音乐课程评价应充分体现全面推进素质教育的精神，贯彻本标准所阐述的课程理念，着眼于评价的诊断、激励与改善的功能。通过科学的课程评价,有利于学生了解自己的进步,增强学习的信心和动力,促进课程教学质量的不断提高。

### 1. 评价内容

对学生的评价是课程评价的主要方面,应以《音乐教育标准》中各教学领域的课程内容为基本依据,全面考查课程内容所涉及的情感态度与价值观、过程与方法、知识与技能方面的要求。如学生对音乐的兴趣爱好与情感反应,学生在音乐实践活动中的参与态度、参与程度、合作愿望及协调能力,音乐学习的方法与成效,音乐的体验与感受能力,音乐的表现与编创能力,对音乐与相关文化的认识、理解,审美情趣的形成以及掌握知识、技能的实际水平等。

### 2. 评价的方式与方法

(1) 形成性评价与终结性评价相结合

形成性评价是对学生在学习过程中的情感、态度、方法、知识、技能发展变化的评价,在日常教学中可采用观察、谈话、提问、讨论、演唱、演奏等方式进行。终结性评价是对学生阶段性学习结果的评价,在学期、学年末进行,主要采用聆听、演唱、演奏、综合性艺术表演等方式。

(2) 定性述评与定量测评相结合

定性述评是一种描述性的质性评价。主要适用于学生在音乐学习中难以具体量化的一些内容。如对音乐的兴趣爱好、情感反应,对实践活动的参与及与他人的合作交流,音乐的听赏感知,集体合作完成的请唱演奏及编创活动等,可以用较为准确的评述性文字进行定性评价。

定量测评是对不同教学领域课程内容中的水平要求进行的量化评价。如对音乐表现要素的认知和掌握程度,对音乐体裁形式、风格流派的分辨,聆听音乐主题说出曲名,背唱歌曲及演奏乐曲的数量,识读乐谱的程度等,皆可作定量测评。

### 3. 自评、互评及他评相结合

学生的自评以描述性评价为主,重点应放在自我发展的纵向比较上,可运用"音乐成长记录册"记载学生的自评,从不同阶段的回顾和比较中看到自己的进步。同学间的互评可采用分组演唱演奏会、音乐才艺或创意展示等形式,在观摩交流中相互点评。教师对学生在不同学习阶段"音乐成长记录册"上的评语,以及通过音乐聆听分辨、现场演唱演奏等形式所做的评价,是进行他评可以选用的有效形式。

"班级音乐会"是音乐课程特有的一种生动活泼的评价方式,能充分体现音乐课程的特点和课程评价的民主性,营造和谐、团结的评价氛围。通过"班级音乐会"或其他活动,展示学生的演唱、演奏、音乐作品、音乐小评论、演出照片、录音录像等,达到相互交流和相互激励的目的。

以上各种形式的评价,都应该既充分肯定学生的进步和成绩,又要找出学生在学习中的问题和不足及改进方法,以促进学生的发展。

# 第五章  小学美术学科教学知识

## 备考指南

### 一、考纲要求

1. 了解小学美术学科教学的基础知识。

2. 了解小学美术课程标准的价值与基本理念。

3. 了解美术课程总目标的三个维度。

4. 掌握小学美术课程标准的各学习领域所涵盖的核心知识及其关联关系。

5. 掌握小学美术教学方法与模式；

6. 能够针对小学生美术学习的要求，整合小学美术相关内容，开展美术教育教学活动。

### 二、考点分析

1. 本节知识在历年考试中一般不单独出题，而是渗透在教学设计题中进行考查。

2. 确定课题教学目标是教学设计的基本要求，复习时要结合本章学习，深刻理解小学美术课程的学段目标，并熟练掌握美术课程内容标准中的内容目标。

### 三、学习建议与备考策略

1. 领会美术课程标准中的基本理念和内容标准。

2. 遵循小学生美术教学认知规律，理解本课程各学段目标要求，教学实施。

## 知 识 树

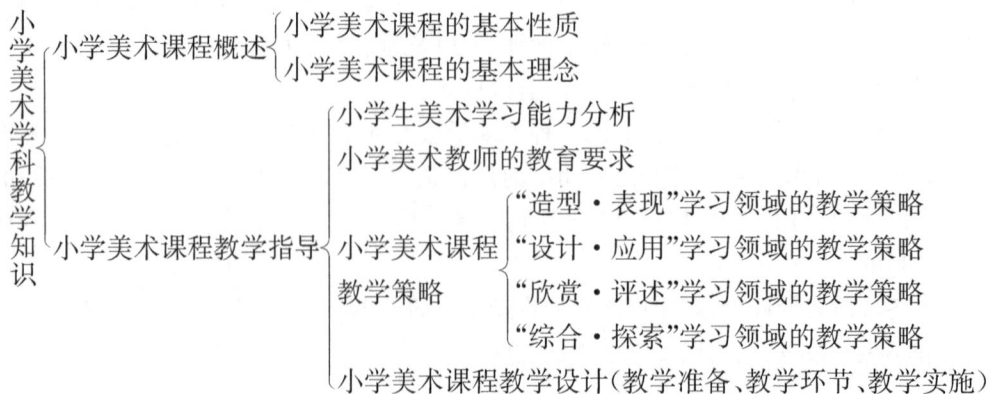

# 第一节 小学美术课程概述

我国小学美术课程起源于 20 世纪初,之后随着时代的变迁,小学美术课程的目的、内容、方法等方面均经历了多次的演变。

## 一、小学美术课程的基本性质

小学美术教育是通过审美活动,培养学生感受美、欣赏美、体现美和创造美的能力。从而培养学生良好的艺术素质、丰富的想象力和创造性思维,充分发挥美术的审美、认识、教育三者并举的功能。

小学美术课程是对视觉形象的感知、理解和创造为特征,是学校进行美育的主要途径,是九年义务教育阶段全体学生必修的基础课程,在实施素质教育的过程中具有不可替代的作用。

美术课程凸显视觉性。学生在美术学习中积累视觉、触觉和其他感官的经验,发展感知能力、形象思维能力、表达和交流能力。

美术课程具有实践性。学生在美术学习中运用传统媒介或新媒体创造作品,发展想象能力、实践能力和创造能力。

美术课程追求人文性。学生在美术学习中学会欣赏和尊重不同时代和文化的美术作品,关注生活中的美术现象,涵养人文精神。

美术课程强调愉悦性。学生在美术学习中自由抒发情感,表达个性和创意,增强自信心,养成健康人格。

小学美术课程通过建立在广泛的社会、文化情境中的、以美术为主体并联合其他学科部分内容的学习,引导学生学会在新情境中自主学习、思考想象、探究发现与美术有关的问题,并使各种知识与技能互相融通,彼此联系,使他们真正获得探究能力和综合解决问题的能力。

## 二、学美术课程的基本理念

### 1. 强调素质教育

美术课程以社会主义核心价值体系为导向,弘扬优秀的中华文化,力求体现素质教育的要求。同时注重促进学生全面而有个性的发展,激发学生学习的兴趣,培养学生自由独立的创造能力、综合实践能力、合作探究能力和自我表现的能力,把握素质教育的本质。

### 2. 建构教学体系

根据学生的智力结构、知识结构和教师业务能力结构,用最优化组合方法,把学科的基本原理、概念以及它们之间内在关系的知识结构性传授给学生,培养学生的创新精神和技术意识,通过美术教学过程中的情趣性、表现活动的自由性和评价标准的多样性,真正发挥学生在学习活动中的主动性。

### 3．发展形象思维

美术课程能够更多地让学生接触实际事物和具体环境,有利于发展学生的感知能力,从而为思维提供丰富的营养。在美术课程中能逐步培养学生的形象思维能力,提高学生的综合思维水平。

### 4．改善学习方式

课程标准通过加强过程性、体验性目标,以及对教材、教学、评价等方面的指导,引导学生主动参与、亲身实践、独立思考、合作探究,发展学生收集、整理、分析和处理信息的能力、获取新知识的能力、分析和解决问题的能力,以及交流与合作的能力。

### 5．开放创生课程

在课标的准则下,教师作为课程的开发者和研究者,合理利用开发美术课程的丰富资源,通过开放的教育资源环境建构学生的知识和情感。

### 6．传递情感思想

通过美术课程的学习,让学生熟悉美术的媒材和形式,理解和运用视觉语言,更多地介入现代社会信息化进程,共享人类社会的文化资源,在课程的学习中陶冶学生的高尚情操,提高个体的审美能力,同时能让个体独立表达思想、分享与传递对自然和生活的热爱与责任感。

## 第二节　小学美术课程教学指导

### 一、小学生美术学习能力分析

小学生随着年龄的增长,身心发展的速度加快,他们的美术学习能力在不同的年级有不同的表现,这和学生的年龄成长阶段、心理发展水平、学习环境的变化有密切的关系。

#### (一)低年级学生学习特征和美术能力

低年级学生活泼好动,对外界事物充满好奇和热情。注意的深度不够,注意分配的能力不佳,难以同时面对多种活动和事物,此时尚处于直观概括具体事物的阶段,思维中具体形象的成分占多数,所掌握的概念大部分是具体的、直接感知的。

低年级学生能够对色彩、形状进行命名,对色彩情有独钟,喜欢大胆、鲜艳、丰富的色彩,并有明显的个人偏爱。这一阶段对空间、方位等感知能力较差,观察有以自我为中心的倾向,对事物或图画的观察不系统,分不清主次,也无法进行概括,精准性较低。注意以无意注意为主,并带有较明显的情绪色彩。他们的感性与想象取决于与日常生活直接的经验等,创造力表现在思想的灵活性和创作方式的独特性方面。

### (二)中年级学生学习特征和美术能力

中年级学生通过低年级阶段的学习实践活动,自我管理的意识有所增强,学习的自觉性、组织性有所提高。学习能力伴随生理的发育和心理素质的完善逐步发展起来。

中年级学生对一些规则的图形能正确地识别和绘制,在方位知觉方面,能迅速掌握方位的相对性,初步有了空间的概念。观察的精准性有明显的提高,能够有顺序地观察物体并做出整体的概括和判断。中年级学生的注意处于由无意注意向有意注意的过渡阶段,表现出有意注意尚未完善的特点。想象的有意性、目的性迅速增长,在绘画创作和制作中,有依靠记忆成分描绘的再造想象和联想,也有进行纯粹的创造想象和幻想。此阶段的学生思维也由具体形象思维向抽象逻辑思维的过渡,开始喜欢比较新颖、需要动脑筋思考的学习内容,能做出一些感性、理性的思考,有自我表现的意识。

### (三)高年级学生学习特征和美术能力

高年级的学生随着身体机能、神经系统的迅速发育,脑、眼、手的协调动作能力逐步加强。感知能力的发展,注意品质的进步,记忆中有意识记能力大大提升,对抽象材料识记比对具体形象材料识记增长得快。高年级阶段,他们的自控力有所提高,情感更为稳定,逐步学会独立地把自己的行为与别人的行为进行比较评价,自我尊重,希望获得他人尊重的需要日益强烈,道德情感也初步发展起来。

高年级学生完全掌握调色、配色等方法,追求色彩的丰富性。对空间知觉的感知更加完善,希望表现更加写实的物象,形体的大小关系也更加合理。有意注意占主导地位,逐步取代无意注意,在观察形体时更加全面细致,关注细节。同时对事物做出整体概括和判断的能力以及观察的目的性方面都有显著的发展。高年级学生的想象以创造性想象为主,具有一定的逻辑性,他们的幻想也比较接近现实。此时的思维发展从以具体形象思维为主要形式逐步过渡为以抽象逻辑思维为主要形式,但这种抽象逻辑思维在很大程度上仍然是与感性经验相联系的。对大量的图形、图像、作品形式能进行比较、分析和归纳,以及客观的描述与评价,能独立表达自我思想情感,审美意识逐渐形成。

## 二、小学美术教师的教育要求

新课程改革对美术教师的要求是:具有正确的现代化教育观;具有创造的、多样的教育能力;具有坚实的、多维的专业水平;具有广博的、深厚的文化素养。

### (一)美术教师必备的素质要求

#### 1. 人格素质

美术教师要具有品德高尚、富有生活情趣、积极进取的人格。具有为人师表、乐于奉献的职业素质。具有正确的教育观念,热爱祖国、热爱生活、热爱艺术,理解教育职业的神圣。

### 2. 知识素质

教师要对现代教育理念、美术教学基本理论知识和美术课程标准深刻的认识,具有现代教师观、学生观、课程观以及多元文化意识和创新意识等。教师具备美术知识和技能,掌握中外美术史论知识,具备广博的科学知识和对各种文化的理解与感悟能力。

### 3. 教学素质

美术教师应具有设计美术教学过程、组织美术活动、运用现代教学技术以及开发校本美术课程的能力。研究教科书,掌握美术基本知识,具有对整个课堂的调控能力、教学组织能力、教学表达能力、美术鉴赏能力、美术批评能力和教学评价能力。

## (二)美术教师的其他要求

### 1. 自我反思

教师的教学反思,可依据教学过程分为:反思教学前、教学中、教学后三个阶段。教学反思是教师专业发展和自我成长的核心因素,有助于教师培养和形成自我反思的意识和自我监控能力。

### 2. 合作沟通

教师在教学过程中需要和其他不同年级、不同学科的教育者保持联系,相互配合,齐心协力。同时也要与家长处理好关系,加强沟通与合作,共同促进教育教学工作。

## 三、小学美术课程教学策略

## (一)"造型·表现"学习领域的教学策略

### 1. "造型·表现"学习领域要达到的目标

表4-8 "造型·表现"学习领域在不同年级的目标

| | 第一学段(1~2年级) | 第二学段(3~4年级) | 第三学段(5~6年级) |
|---|---|---|---|
| 造型·表现 | 尝试不同工具,用纸以及容易找到的各种媒材,通过看看、画画、做做等方法大胆、自由地表现所见所闻、所感所想,体验造型活动的乐趣。 | 初步认识线条、形状、色彩与肌理等造型元素,学习使用各种工具,体验不同媒材的效果,通过观察、绘画、制作等方法表现所见所闻、所感所想,激发丰富的想象,唤起创造的欲望。 | 运用线条、形状、色彩、肌理和空间等造型元素,以描绘和美术立体造型的方法,选择合适的工具、媒材,记录与表现所见所闻、所感所想,发展美术构思与创作的能力,表达思想与情感。 |

"造型·表现"学习领域的学习,知识目标基本概括了造型艺术语言要素和原理;能力目标要求学生体验学习过程,掌握学习方法;情感态度目标突出艺术教育的特征,强调了体验乐趣、产生兴趣,并形成一定的态度价值观。以上这三个目标在实际的美术教学中,它们是密切联系相辅相成的。通过一定的学习过程,使学生掌握一定的知识与技能,逐渐体会和掌握学习的方法,形成正确的情感、态度和价值观。

第一学段的目标侧重于感知和情意方式的培养,注重体验。第二学段的目标兼顾了对美术学科知识与技能的学习,以及对美术学习的喜爱度、参与度以及自由创作的要求。第三学段的目标加强了对美术学科知识和技能的学习,以满足和适应学生在自身发展过程中追求对现实的客观表现的审美需求。

**2. 适合"造型·表现"学习领域的教学方法**

在美术课上,要根据教学目标、学生的年龄特点、学习领域的特点等因素进行具体分析,选择恰当的教学方法。可以是根据一个问题选用一种教学方法,也可以是根据一个问题策略性的同时使用多种教学方法。教学方法也不是绝对独立的,在具体的教学活动中也经常会一起混用。

(1)讲授法

讲授法是教师通过语言描述、说明和解释,向学生传递信息、传授系统知识的教学活动的方法,是讲述、讲解、讲演等教学方式的总称,它是任何学科都要用到的教学方法。

在"造型·表现"学习领域里,教师可以通过讲述,给学生介绍各种工具的名称和工艺品的制作程序等。美术学科不同于其他学科,特别在"造型·表现"学习领域,只靠教师的一次性讲解,是不可能让学生掌握技法的,所以授课中需要将"统讲"与"分讲"相结合,"精讲"与"练习"相结合,讲述和实物、图片相结合进行。

(2)演示法

演示法是美术教师配合讲授法或谈话法,以示范性地作画、制作、表演,或将模型、实物、范画等教具展示给学生观看,使学生通过直观形象获得知识和了解技法的教学方法。

在"造型·表现"学习领域,演示法几乎是每堂课都要用的教学方法,它是讲授法的得力"助手"。比如,当教师要给学生介绍某种绘画工具用法时,只靠语言描述是很难讲清楚的,这时就必须配以演示法,又快又直观,使学生一目了然。在陶艺课上,教师要想让学生学会揉泥和拉坯的方法,只靠讲述和观看录像是远远不够的,还必须要一边讲一边亲自演示,有时还要让学生参与进来,让学生摸摸老师揉的泥,亲身体会一下,泥揉到什么程度才算合适。演示法看似简单,但是我们在运用的过程中还要适当注意明确演示的目的,要做到讲演结合,把握演示的度以及演示的时机。

(3)辅导练习法

辅导练习法是学生在教师指导下,运用学过的知识和技法,进行绘画创作、艺术设计和工艺制作等作业练习。这是使学生获得操作体验,加深对美术的理解,形成技能和发展能力的教学方法。

离开教师的辅导,"造型·表现"学习领域的教学活动是无法进行的。比如,学生在运用水墨工具作画的时候,必然会遇到关于水分的问题,教师就必须及时进行辅导,引导学生逐步掌握水与墨的特性,完全凭学生自己去探索,很容易使学生陷入探索的误区。

(4)游戏法

游戏法是指教师通过安排学生做游戏的方式,使学生感受各种造型活动的乐趣,最终实现表现自我真实情感的教学方法。这是一种寓教于乐的教学方法,不仅能够充分地调动学生的学习兴趣,有时还能够使全班同学共同参与一项非常有趣的活动,有益于班集体的团结和合作能力的形成,这个方法比较适合低年级的学生。需要注意的是,做游戏并不等于丧失教学目标,游戏只是形式,用来营造轻松愉快宽松的教学氛围,教师以启发引导为主,让学生在玩中学,学中玩,激发学生的学习情感和兴趣。

### 3. 适合"造型·表现"学习领域的评价方法

(1) 自评互评与教师评价相结合

我们改变以往教师为中心的评价方式,应重视并实行学生参与,师生共同评价的评价方式。要求学生进行自我评价,就是要让其形成一种反思的能力,通过一次次反思,发现创作过程中出现的不足,不断改进,使自己的作品日臻完善。互评是指学生之间对彼此的学习方式和学习结果进行的评价。这样做的好处是使学生逐渐养成宽容的心态,有利于培养学生积极的学习态度和美好的情感。在互评中认识到"我们可以不喜欢对方的学习方式或结果,但应该允许它的存在,因为人与人是不同的"。这种对其他同学作品的宽容心态时间久了会形成一种接纳别人、包容别人的素质,对以后进入社会的个人发展打下基础。教师的评价应该以鼓励为主,做到保护学生的学习兴趣和自信心,学生的自评、互评以及教师的评价需要适当结合,既不要太平均,也不要一边倒。

(2) 纵向评价

纵向评价就是鼓励学生将自己的学习情况做纵向的前后比较,从而发现自己的进步,建立自信。如果教师每次的评价都是把每个学生的课堂作业进行横向比较,天赋相对不足的学生,就会感到灰心、沮丧,时间久了就会失去对美术课的兴趣,这时教师就需要这意应对这些学生进行纵向评价,要让他们看到自己的进步。这样一来,学生的自信心和学习美术的兴趣就会得到很好的保护和鼓励,使学生对美术课永远保持期待的心态。纵向评价要求教师平时要对每位学生的情况有比较系统全面的观察与了解,可以主动找学生谈话,随时记录有价值的信息,前期准备充足,教师给出的纵向评价才合情合理,从而有利于提高美术课的教学效率。

### (二)"设计·应用"学习领域的教学策略

### 1. "设计·应用"学习领域要达到的目标

表 4-9 "设计·应用"学习领域在不同年级的目标

| | 第一学段(1~2年级) | 第二学段(3~4年级) | 第三学段(5~6年级) |
|---|---|---|---|
| 设计·应用 | 观察身边的日常用品,初步了解形状与用途的关系。尝试不同工具,用身边容易找到的各种媒材,进行简单组合和装饰,体验设计和制作活动的乐趣。 | 尝试从形状与用途的关系,认识设计和工艺的造型、色彩、媒材,学习对比与和谐、对称与均衡等形式原理,用手绘草图或立体制作的方法表现设计构想,感受设计和工艺与其他活动的区别。 | 从形态与功能的关系,认识设计和工艺的造型、色彩、媒材。运用对比与和谐、对称与均衡、节奏与韵律等形式原理以及各种材料、制作方法、设计和装饰各种图形与物品,改善环境与生活,并与他人交流设计意图。 |

"设计·应用"学习领域的学习,对于知识与技能方面所承载的"物以致用"的设计思

想,小学生应了解设计语言和工艺语言的基本表达方式和方法,并有初步的认识。在过程与方法层面,学生要通过尝试各种材料和工具的不同特性,参与制作过程,提高动手操作和实践的能力。从情感态度与价值观方面,强调美术与生活的关系愈加突显,在设计活动中,促进学生更深刻地了解和认识优秀传统文化和价值观,以便形成积极向上的生活态度。

第一学段的目标是学生能通过感知、体会各种媒材的特性,有快乐练习的简单体验,产生对美术学习的浓厚兴趣,在制作活动中能乐在其中。第二学段的目标是学生学习运用美的基本形式原理,意在从自由的、随意的组合中逐步培养有目的、有计划和有秩序的意识参与简单设计之中。第三学段的目标是学生从设计层面的角度进入到相对较高一些的层次,学习设计的一些基础知识,培养学生的环境意识,对身边的环境进行美化。

**2. 适合"设计·应用"学习领域的教学方法**

本领域与生活实践结合更加紧密,可操作性更强,以学生形成设计意识和提高动手能力为主要目的,教师实施相应的教学方法。"教无定法,学无定式",学习的过程都是动态变化的,教学方法也是根据新的情况不断地加以调整,与多样的教学情境相适应。

(1) 讲授法。(略,见"造型·表现"学习领域)

(2) 合作学习指导法。合作学习是指学生在小组中一起工作,小组的工作质量取决于每一个成员的表现,以及互相协作的程度。合作学习既能促进学生之间的沟通与交流,培养合作意识和能力,又能使学生在学习过程中互相启发,互相鼓励,并获得对知识和技能的深入理解与掌握。教师可根据每位学生的不同能力,不同特点,发挥他们每个人在小组中的不同作用。通过一系列的分工,带动每位学生融入合作,在每个小组采用轮流负责任制协调管理。教师在小组的指导和是否创造一种有利于合作的环境和氛围十分重要。

(3) 实地考察法。在美术学习中,实地考察是一种十分有效且较受学生喜爱的方法,尤其是对丰富"设计·应用"学习领域的课程内容,对启发学生思维能力、拓展其创造力有很大的帮助。这种教学方法是组织学生到校外进行考察,身临其境地进行观察、调查、记录、拍照、采访等。学生走出课堂,参观博物馆、艺术馆、工艺厂、艺术家工作室等,在社区、公园、商场等场所进行调查,收集资料,不仅可以使学生获得直接的感受,更有助于让美术学习与生活产生关联。这种教学方法对于校内美术课而言,操作难度偏大,需要教师谨慎安排,周密组织。

(4) 辅导练习法。(略,见"造型·表现"学习领域)

**3. 适合"设计·应用"学习领域的评价方法**

(1) 自评互评与教师评价相结合。(略,见"造型·表现"学习领域)

(2) 成长记录评价。成长记录评价是以学生成长记录的方式汇集能反映其学习情况的材料,包括在学习全过程中的构思、草图、设计方案、美术作业及其他相关资料、自我评价和他人评价。记录内容的选择,是由学生自己进行筛选,并在教师的协助下,把最能体现学生进步的作品、学习中具有代表性和表达思想与情感的资料存入档案袋中。这种方法十分看重学生的发展经历,客观地呈现学习活动的全过程,是有利于培养学生个性和创造力的途径。在"设计·应用"领域运用效果更加突出,教师可让学生从档案袋的设计与制作开始,再把在此领域学习感受较深的方方面面,都进行一番"自我设计",再进行逐步填充、评价。

### (三)"欣赏·评述"学习领域的教学策略

#### 1."欣赏·评述"学习领域要达到的目标

表 4-10 "欣赏·评述"学习领域在不同年级的目标

| | 第一学段(1~2 年级) | 第二学段(3~4 年级) | 第三学段(5~6 年级) |
|---|---|---|---|
| 欣赏·评述 | 观赏自然景物和学生感兴趣的美术作品,用简短的话语大胆表达感受。 | 欣赏符合学生认知水平的中外美术作品,用语言或文字等多种形式描述作品,表达感受与认识。 | 欣赏中外优秀美术作品,了解有代表性的美术家。通过描述、分析与讨论,用简单的美术术语对美术作品的内容与形式进行分析,表达对美术作品的感受与理解。 |

"欣赏·评述"学习领域的学习,知识与技能方面强调学习多角度欣赏和认识自然美和美术作品。一件美术作品的产生,都会受到特定历史、社会、文化、民族、艺术家等多方面的影响。欣赏它,可以从美术语言的角度、历史文化的角度、美术史的角度、心理学的角度、图像学的角度、社会学的角度、形式分析的角度等多方位进行欣赏。过程与方法层面,使学生逐步提高视觉感受能力,掌握运用语言文字和形体表达自己的感受和认识的基本方法,培养健康的审美情趣,发展审美能力。让学生逐步形成崇尚文明、珍惜优秀民族艺术与文化遗产、尊重世界多元文化的态度,这些是所有文明社会公民必备的情感、态度和价值观。

第一学段的目标是以直观的视觉感受为主,感受自然美和美术作品的造型与色彩,培养学生对欣赏活动的兴趣,积极参与活动。第二学段的目标要引导学生认真、仔细地观察作品,发现作品的特色,在表达方式上,除了用口头表达外,还需要结合书面语言进行。第三学段的目标加强对美术作品材料、内容和形式的认识,知道我国和世界的一些著名艺术家及其代表作品。学习一些简单的美术术语,并能把它们正确运用到对美术作品的分析讨论中表达自己的感受。

#### 2. 适合"欣赏·评述"学习领域的教学方法

(1)比较法。由于作品存在各种差异,每一件艺术作品创作的目的和意图也是不一样的,因此可以从不同的角度去理解它们。通过比较,能够使学生深入理解作品,提高辨别作品之间差异的能力,提高鉴赏能力。如不同作品之间的比较、风格流派、文化背景、艺术家等。比较法不仅用于对作品的欣赏上,也可以运用于学生对作品的不同反应上,这是促进学生积极思考的有效办法。不同的比较法可以纵横交错,综合使用。

(2)讨论法。讨论是在一种情境中,师生之间或学生之间通过语言交流互相启发,分享信息和思想,探究和解决问题的活动。中国的小学班额较大,在组织讨论时,一般采用小组讨论的方式,参加活动的每位学生都有机会自由表达自己的见解,都要准备发言,学生在活动中处于主动地位,讨论不仅要发表自己的看法,同时对他人的不同看法要提出事实和论据,有效地说服别人,因此在讨论的过程中,可以灵活地运用知识和提高分析问题的能力。

(3)辩论法。辩论指针对一个特定的主题,让学生根据不同的观点分成几派(通常以两派居多),依据自己的理解发表自己的观点,并学会运用事实、数据、资料、定律、法则等论据证明自己观点的正确性或对他人的观点进行反驳。这种活动不仅能够激活学生的情绪,保持高度的兴奋状态,而且能够在互相激发的过程中推进学生对问题的思考和理解,同时有效地锻炼语言表达能力和形成一种正常的辩论态度。辩论活动可以采用较为正式的方式,也可以采用随机、即兴的方式。教师可以在教学过程中,随时提出一些具有发散性的问题,让学生发表自己的观点,并设法证明自己观点的正确性,还可以反驳其他同学的观点。正式的辩论需要进行充分的准备,事先要求学生思考论题,确定论点,准备论据,而且还要以一种博弈的心理准备对对方可能提出的问题做出反驳的准备。如果是以小组为单位进行的辩论,还需要进行分工,分出主辩手和副辩手,甚至可以根据辩手的知识结构和特长进行适当的分工。

(4)实地考察法。(略,见"设计·应用"学习领域)

**3. 适合"欣赏·评述"学习领域的评价方法**

(1)成长记录评价。(略,见"设计·应用"学习领域)

(2)观察法评价。在"欣赏·评述"学习过程中,通过观察的方法对学生的学习态度、学习能力、参与意识、交流表达能力、情感和价值观进行评价。

(3)谈话法评价。和学生单独谈话,了解学生在欣赏艺术作品中所存在的困难及学习的需要。教师通过展示画册里的印刷品,提出一些有关的问题与学生一起讨论,从中了解学生对艺术作品的理解程度。例如,教师可以提出"艺术家创作这幅作品时的心情如何?""主要表现的是什么内容?""他的绘画属于什么风格?"等问题。

(4)讨论法评价。组织学生以小组合作的方式,针对一件艺术作品,讨论有关的内容形式或鼓励学生之间讨论欣赏美术作品后的心得体会,从而了解学生对美术作品的反应及理解程度。

(5)测验法评价。利用测验的方式,教师把本学期或本单元有关欣赏领域方面的学习的知识点,编成选择题或问答题,测验学生对美术知识的掌握及美感的认识情况。教师自编的试题内容不宜太多,可配合图片有针对性地进行。

### (四)"综合·探索"学习领域的教学策略

#### 1．"综合·探索"学习领域要达到的目标

表4-11 "综合·探索"学习领域在不同年级的目标

| | 第一学段(1~2年级) | 第二学段(3~4年级) | 第三学段(5~6年级) |
|---|---|---|---|
| 综合·探索 | 采用造型游戏的方式,或以造型游戏与语文、音乐等学科内容相结合的方式,进行无主题或有主题的想象、创作和展示。 | 采用造型游戏的方式,结合语文、音乐、品德与社会、科学等学科内容,进行美术创作与展示,并发表创作意图。 | 结合1~6年级其他学科的知识、技能以及学校和社区的活动,用多种美术媒材进行策划、创作与展示,体会美术与生活环境、美术与传统文化的关系。 |

通过"综合·探索"学习领域的活动,知识与技能方面发展学生美术实践能力,综合运用各学科的知识技能的能力,以及主动探究和创造精神,用适合的方式表达学习成果。在过程与方法方面加强美术课程与学生生活经验的联系,丰富学生的视觉、触觉和审美经验,引导学生在实际生活中领悟人类社会的丰富性,激发创造精神,发展综合解决问题的能力。从情感态度与价值观方面,激发学生对未知领域的探索欲望,通过体验美术综合活动的乐趣,激发学生的学习兴趣和探究精神,并使这种兴趣和精神转化成持久的情感和态度。

第一学段主要是凭感觉、联想和想象来进行造型活动,主题是由学生自己根据材料特征或具体情境想出来,在这种制作行为中,学生获得快乐,创造出丰富多彩的作品,并表达自己的感受。第二学段的活动方式同样是造型游戏,扩大了综合探索的学习活动范围,同时要求发表自己的创作意图,需要学生具有一定的主观认识和表达能力。第三学段在综合空间和范围进一步扩大,走出了课堂之外,拓展到了学校和社区,并进一步加强了美术与其他学科知识技能的结合,以及与生活、社会生活的联系,学习方式也更加多样,鼓励学生进行有目的有计划的策划,强调自主性。

#### 2．适合"综合·探索"学习领域的教学方法

"综合·探索"学习领域的教学活动要突出探究性的学习方式,鼓励学生参与式学习、活动式学习、策划式学习,形成师生互动型和学生自主型的教学方法。

(1)合作学习指导法。(略,见"设计·应用"学习领域)

(2)发现与探究指导法。发现法是指学生在教师的指导下,自主发现问题、探索问题和解决问题的教学方法,也是一种较为综合的教学方法。在"综合·探索"学习领域,需要教师在教学中采用体验性、探究性的学习活动,为学生设计更主动的、更有利于学生参与的情景,发现与探究指导法是教师开展综合性美术活动的重要教学方法。

(3)情境法。情境法是教师根据教学需要为学生创设生动、具体、形象的学习情境。使学生身临其境,从而引发出相应的情感和态度促进学习的教学方法。情境教学法是建立在学生心理逻辑基础上的,打破了呆板的教学氛围,具有鲜明的形象性、生动的情节性、优美的艺术性等特点。教师往往需要用各种方式引导学生带着兴趣跟随、体验、感受、发

现。创设一种适合教学主题的情境要注意所创设的情境与课题、教学目标的一致性,通过情境的体验,让学生的想象和思考回到美术本体中来,回到美术学科与其他学科、与生活社会的联系中来。

（4）实地考察法。（略,见"设计·应用"学习领域）

（5）角色扮演和模拟活动法。角色扮演和模拟活动法主要是让学生扮演自然和生活中的某些角色,并在一种虚拟的场景中模拟活动和行为。这种教学方法具有较强的趣味性,非常适合综合性的美术活动,如美术与其他学科(语文等)的综合、与其他艺术门类(戏剧、音乐等)的综合。这种学习活动可以使学生体验角色的转变,积累表达情感和情绪的经验。角色扮演和模拟活动法运用弹性大、灵活性强,教师可以视实际教学的情境需要加以调整。可以不用学生化妆,不布置场景,进行简单的即兴表演;也可以精心设计剧本、化妆布景,营造更真实的环境氛围。不论角色扮演还是模拟活动,都要将活动的重点放在美术上,并让学生了解活动的目的和规则,减少盲目性。

**3.适合"综合·探索"学习领域的评价方法**

（1）成长记录评价。（略,见"设计·应用"学习领域）

（2）展示评价。展示评价是一种适合儿童心理特点的评价方法,展示的过程是培养学生综合能力的过程,让学生自己策划展示本身也是一种综合探索教学。就"综合·探索"领域而言,探究学习的结果本身就是多样的,可能是各种美术形式的作品,也可能是一场表演,还可能是汇集各种照片影音资料的研究结果。因此,展示也没有固定的模式,可以是小型或大型的展览、陈列、演出表演等。如商品交易会,展示学生用各种材料制作出的商品(玩具、绘画作品等),由学生自己进行推销,讲解自己的设计构想和创意,利用自己的作品进行表演或讲故事,由大家竞拍或打分。再如:作品发布,作品可以是静态的,也可以是动态的。静态的包括学生通过探究学习设计制作的各种形式的平面或立体的美术作品,学生进行主题性探究活动中的各种资料(草图、构思、照片、图片、创作体会、研究心得等)。动态的包括根据儿歌、童话设计和制作的头饰或面具的动态展示(舞蹈、童话剧等),由学生编写剧本、设计制作服饰、布置场景进行的表演,学生利用摄像机、计算机等多媒体辅助工具进行的美术创作。

（3）问卷和调查表评价。问卷和调查表的评价方式不但适合于学生自评,也有利于教师进行教学总结和反思。问卷和调查表的形式可以作为档案袋的补充,同时也是教师在课堂观察记录的反映。针对"综合·探索"学习领域的教学,教师可以设计多种类型的问卷和调查表。如课堂教学评价表、主题探究活动评价表、课后调查问卷等。

## 四、小学美术课程教学设计

### （一）小学美术教学准备

第一,备课的基本要求:学习课程标准;钻研教材;了解学生;选择教法。

第二,备课的全过程:制订学期教学计划;制订单元教学计划;制订课时教学计划(教案)。

教案的设计包括以下内容：

表 4 - 12　美术教案设计内容表

| 课题 | 每节课教案的名称。 |
| --- | --- |
| 课型 | 教师根据不同的教学任务确定上课的类型，如新授课、实验课、复习课等。 |
| 课时 | 所用的授课时间。 |
| 教学方法 | 根据学生实际，结合教学内容教师使用的教学法。 |
| 教学准备 | 教具、学具、媒材、教学设备和其他准备。 |
| 教学目标 | 学生需要达到的三个目标维度。 |
| 教学重点 | 本课所要解决的关键性问题 |
| 教学难点 | 本课学生在学习时容易产生困难和障碍的知识点。 |
| 教学过程 | 本课教学的内容和方法步骤。 |
| 作业练习 | 根据课堂学习内容布置相关作业练习。 |
| 评价小结 | 针对练习情况给予评价，对本节课的教学内容进行小结概括。 |
| 板书设计 | 上课过程中需要板书的教学内容。 |
| 课后反思 | 课后教师就本节课教学进行总结、反思，积累经验。 |

第三，小学美术课的组织形式：室内授课与现场教学。

室内授课是指包括在美术教室、班级教室、多媒体教室等环境中的授课方式。一般采取集中授课或分组讨论、集中讨论、分组合作创作、交流竞赛等不同组织形式进行教学。

现场教学是指教师根据一定的教学任务，组织学生到与教学有关的场所进行教学的一种教学形式。可利用美术课程丰富的校外教学资源，以个人、小组和班级等为单位进行，一般通过参观、调查、实习等方法进行。

### （二）小学美术课堂教学环节

导入新课，揭示课题→新授→巩固练习→课堂作业→课堂小结，布置作业。

### （三）小学美术教学实施

小学美术课堂教学实施基于构建平等、民主、互动的课堂系统；营造生活化、活动化、启发性的教学情境；运用科学、合理、有效的教学方法。

#### 1. 美术课堂教学语言

（1）教学口语

教学口语要使用普通话，用词恰当，说话符合语法规则，条理清晰，层次分明，重点突出。语言通俗易懂，生动活泼，富于启发性。

（2）教态语言

教师教学时身姿端庄，自信得体，衣着整洁大方；表情自然真实，肢体语言适度适当。

### 2. 教师的讲述与提问

课堂上教师的讲述要将基本概念、知识点和规则讲得明确清晰，要从学生的实际出发进行讲解，要适时而讲，不能"满堂灌"。

课堂提问是教学活动的常见形式，提问可以提高学生的注意力，启发学生积极思维，有助于反馈教学信息，了解和掌握学生的学习情况，发现问题及时纠正。课堂中提出的问题要围绕教学目标；提问应符合学生实际的认知水平；问题要难易适度，有层次性；提问应有开放性，要关注全体；反馈要及时有效。

### 3. 美术课堂板书设计

板书是一种常用的教学手段，有利于分清教学内容段落，表明主次，便于学生掌握教学内容的体系、重点。小学美术课堂板书的基本要求是布局合理，提纲挈领、层次分明、字迹端正；图画式板书时要以最简练的线条来表述事物的形象和特征。

### 4. 美术课堂练习实践

在小学美术教学课堂中练习是为了增强学生对美术作品的认识和理解，通过动手操作的实践练习，更好地让学生掌握美术的基本知识和技能，同时练习也能及时反馈、检测学生对课上所学知识的掌握程度。

### 5. 美术教学中应注意的问题

（1）突出学生在学习活动中的主体地位。

（2）营造积极的课堂教学氛围。

（3）注意培养学生的综合素养。

# 第六章　小学体育学科教学知识

## 备考指南

### 一、考纲要求

1. 了解小学体育课程的相关知识。

2. 了解小学体育课程的性质。

3. 掌握小学体育新课程标准基本理念。

4. 了解小学体育新体育课程标准的设计思路。

5. 掌握小学体育课程标准的目标体系及各学习领域所涵盖的相关知识。

6. 了解小学体育教学过程的相关知识。

7. 掌握小学体育教学原则与方法。

8. 能够针对小学生体育学习的要求，整合小学体育相关内容，采用相应的教学策略，开展体育教学活动。

### 二、考点分析

1. 本节知识在历年考试中一般不单独出题，而是渗透在教学设计题中进行考查。

2. 确定课题教学目标是教学设计的基本要求，复习时要结合本章学习，深刻理解小学体育课程的学段目标，并熟练掌握体育课程内容标准中的内容目标。

### 三、学习建议与备考策略

1. 领会体育课程标准中的基本理念和内容标准。

2. 遵循小学生认知规律，理解本课程各学段的目标要求及教学实施。

## 知 识 树

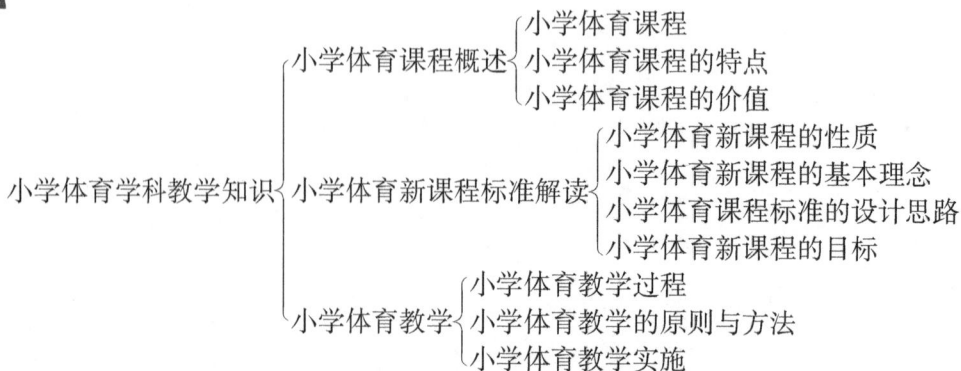

# 第一节　小学体育课程概述

## 一、小学体育课程

"体育课程"是"课程"的下位概念,它是一门特殊的学科,是有计划、有组织的活动。小学体育课程是纳入小学教学计划的体育方面的有目的、有计划、有组织的活动,它是在学校的指导下,为了使小学生在身体、运动认知、运动技能、情感和社会方面和谐发展的有计划、有组织的活动。

## 二、小学体育课程的特点

小学体育课程是整个学校教育课程的一个有机组成部分,它具有如下鲜明的特点:

### 1. 小学体育课程是运动认知性课程

运动认知主要是通过人体本体感觉形成的认知,体育课程在很大程度上属于这种认知。小学体育课程主要是进行运动活动与身体练习,并通过这些活动与练习实现体育课程的目标。运动活动与身体练习的过程在很大程度上决定了体育课程的特点。

### 2. 小学体育课程是生活教育课程

小学体育课程主要是为了小学生能快乐、健康、幸福地生活,充分感受人的生命力、情感体验,增强意志力服务的。社会越现代化,生活越舒适,人们对体育的要求就越高。小学体育课程对于小学生增强体能,增进健康,提高生活质量,感受生命的美好与幸福都是十分重要的。它是小学生现实生活的一个重要组成部分,也是对其未来生活与学习所做的重要准备。

### 3. 小学体育课程是情意性课程

情意性课程是指通过课程体验来改造人的主观世界。人的主观世界是通过活动的体验,在一系列的情感冲突中不断升华的。在情感与意志的冲突中包含理想与现实、理性与情感、成功与失败、幸福与痛苦、兴奋与沮丧等过程,这对小学生人格的发展、个性的养成具有重要的影响。小学体育课程包括运动认知成分,但不仅仅包括认知活动,还包括在进行运动性认知的过程中大量涉及的发展人的情感、情绪、态度、价值等内容,尤其对小学生的意志力培养方面,具有其他课程所无法取代的地位。

### 4. 小学体育课程是综合性课程

体育课程不仅涉及体育、生理卫生、健康、环境、娱乐等领域的理论与方法方面的内容,还涉及小学生身体发展、人际关系、运动技能、运动技巧等实际活动方面的内容,具有鲜明的综合性。

## 三、小学体育课程的价值

小学体育课程对于提高小学生的体质和健康水平,促进小学生全面和谐发展,培养社会主义现代化建设需要的高素质的劳动者,具有极其重要的作用。

### 1. 增进身体健康

通过学习,小学生能够提高对身体和健康的认知,掌握有关身体健康的知识和科学健身的方法,提高自我保护意识;坚持锻炼、增强体能、促进身体健康;养成健康的行为和生活方式。

### 2. 提高心理健康水平

通过学习,小学生将在和谐、平等、友爱的运动环境中感受到集体的温暖和情感的愉悦;在经历挫折和克服困难的过程中,提高抗挫折能力和情绪调节能力,培养坚强的意志品质;在不断体验进步和成功的过程中,增强自尊和自信,培养创新精神和创新能力,形成积极向上、乐观开朗的生活态度。

### 3. 增强社会适应能力

通过学习,学生将理解个人健康与群体健康的密切关系,建立起对自我、群体和社会的责任感;形成现代社会所必需的合作与竞争意识,学会尊重与关心他人;形成良好的体育道德和集体主义、爱国主义精神;学会获取现代社会中体育与健康知识的方法。

### 4. 获得体育与健康的知识和技能

通过学习,学生能够掌握体育与健康的基本知识和运动技能,学会学习体育的基本方法,形成终身锻炼的习惯和意识;学生可以根据自己的兴趣爱好和不同需求,选择个人喜爱的方法参与体育活动,挖掘运动潜能,提高运动欣赏能力,形成积极的空暇生活方式;学生可以提高体育运动中安全防护意识和能力,获得在野外环境中的基本生存能力。

## 第二节 小学体育新课程标准解读

### 一、小学体育新课程的性质

小学体育新课程是一门以身体练习为主要手段,以体育与健康知识和运动技能为主要学习内容,以增进小学生健康为主要目的的必修课程。它具有鲜明的基础性、实践性、健身性和综合性,是小学课程体系的重要组成部分,是实施素质教育和培养全面发展人才不可缺少的重要途径。它对原有的体育课程进行了深化改革,突出了以小学生身心和谐发展为目标,体现了以小学生为本的课程性质。

### 二、小学体育新课程的基本理念

#### 1. 坚持健康第一的指导思想,促进小学生健康成长

小学体育课程以促进小学生身体、心理和社会适应能力整体健康水平的提高为目的,构建了技能、认知、情感、行为等领域并行推进的课程结构,融合了体育、生理、心理、卫生等诸多学科领域的有关知识,真正关注学生的健康意识、锻炼习惯和卫生习惯的养成,把

增进小学生健康贯穿于课程实施的全过程,确保"健康第一"的思想落到实处,使小学生健康成长。

### 2. 让培养小学生运动兴趣贯穿体育学与练的全过程

运动兴趣和习惯是促进学生自主学习和坚持锻炼的前提。无论是教学内容的选择还是教学方法的更新,都应十分关注小学生的运动兴趣,只有培养和保持学生的运动兴趣,才能使学生自觉积极地进行体育锻炼。因此,体育教学中,激发学生的运动兴趣是实现体育与健康课程目标和价值的有效保证。

### 3. 以小学生发展为中心,重视学生的主体地位

小学体育关注的核心是满足学生的需要和重视学生的情感体验,促进社会主义新人的健康成长。从课程设计到教学评价的各个环节,始终把学生主动、全面的发展放在中心地位。在发挥教学活动中教师主导作用的同时,特别强调学生学习主体地位的体现,以充分发挥学生的学习积极性和学习潜能,提高小学生的自主性、能动性和创造性。

### 4. 关注个体差异与不同需求,确保每一名小学生受益

小学体育课程充分关注学生在自身条件、兴趣爱好和运动技能等方面的个体差异,根据这种差异确定学习目标和评价方法,并提出相应的教学建议,从而保证绝大多数学生能完成课程学习目标,使每一名学生体验到学习和成功的乐趣,以满足自我发展的需要。教学要面向全体学生,充分关注每一名学生的发展。

## 三、小学体育课程标准的设计思路

### 1. 根据课程目标与内容划分学习领域

小学体育新课程改变了传统按运动项目划分课程内容和安排教学时数的框架,根据多维健康观、体育自身的特点以及国际课程发展的趋势,拓宽了课程学习的内容,将课程学习内容划分为运动参与、运动技能、身体健康、心理健康与社会适应四个学习领域,并根据领域目标构建课程的内容体系。

### 2. 根据学生身心发展的特征划分学习水平

根据小学生身心发展的特征,课程标准将学习划分为五级水平,并在各学习领域按水平设计相应的水平目标。水平一、水平二、水平三分别相当于让一、二年级,三、四年级,五、六年级学生预期达到的学习结果。在一至六年级,体育课程学习着重让小学生体验参加体育活动的乐趣,有效促进小学生身心全面健康发展。

### 3. 根据可操作性和可观察性要求确定具体学习目标

体育课程为了确保学习目标的达成和学习评价的可行性,学习目标必须是具体的、可观察的。在心理健康与社会适应领域要求小学生掌握相关知识、技能,同时强调小学生应在运动实践中体验心理感受并形成良好的行为习惯,这是情感和意志方面的学习目标由隐性变为显性,由原则性的要求变为可以观察的行为表征。这既便于学生学习时的自我认识与体验,也便于教师对学生的观察和评价。教师可以通过对学生情感、态度和行为习

惯的观察来判断教学活动的成效,从而有效地保证体育与健康课程目标的实现。

### 4. 根据三级课程管理的要求加大课程内容的选择性

体育课程按照三级课程管理的要求教学。课程标准规定了各学习领域、各水平的学习目标,同时确定了依据学习目标选择教学内容的原则。各地、各校和教师在制订具体的课程实施方案时,依据课程的学习目标,从本地、本校的实际情况出发,选择适当的教学内容和教学方法。

### 5. 根据课程发展性要求建立评价体系

课程评价是促进课程目标实现和课程建设的重要手段。力求突破注重终极性评价而忽视过程性评价的状况,强化评价的激励功能、发展功能而淡化其甄别、选拔功能,并根据这样的原则对教学评价提出了相应的建议。把学生的体能、知识与技能、学习态度、情意表现与合作精神纳入学习成绩评定的范围,并让学生参与评价过程,以体现学生学习的主体地位,提高小学生的学习兴趣。

## 四、小学体育新课程的目标

### （一）小学体育新课程的总目标

小学生通过体育课程的学习,能够:
(1) 增强体能,掌握和应用基本的体育与健康知识和运动技能。
(2) 培养运动的兴趣和爱好,形成坚持锻炼的习惯。
(3) 具有良好的心理品质,表现出人际交往的能力和合作精神。
(4) 提高对个人健康和群体健康的责任感,形成健康的生活方式。
(5) 发扬体育精神,形成积极进取、乐观开朗的生活态度。

### （二）体育新课程的目标体系

课程标准根据"健康第一"的指导思想,适应社会需求,素质教育的要求,学校、学生的实际情况,结合体育课程自身的特点等构建三个层次四个领域的课程目标体系,三个层次的递进关系为:课程目标—领域目标—水平目标。

教学体现课程目标,课程标准以目标的达成来统领教学内容和教学方法的选择。学校和教师选择多种不同的内容,采用多种不同的形式和方法达成课程的学习目标。

体育课程的目标体系包括运动参与、运动技能、身体健康、心理健康和社会适应等四个领域,这一目标体系充分体现了体育与健康课程以身体练习为主的特点和身体、心理、社会的三维体育观。在实施课程标准时要全面关注四个学习领域的目标,特别要加强对心理健康和社会适应这个新的学习领域的研究,以促进课程目标的实现。

### （三）学习领域目标的体现

学习领域是指在体育课程中,按学习内容性质的不同划分的学习范畴。运动参与、运动技能、身体健康、心理健康和社会适应四个学习领域相互联系、相互影响,构成了体育课程的内容体系,各个学习方面的目标主要通过身体练习实现,不能割裂开来进行教学。

### 1. 运动参与

运动参与是指学生参与体育学习和锻炼的态度及行为表现,是学生习得体育知识、技能和方法,锻炼身体和提高健康水平,形成积极的体育行为及乐观开朗认识态度的实践要求和重要途径。小学体育课程强调通过丰富多彩的内容、形式多样的方法,注重引导学生体验运动乐趣,激发、培养学生运动兴趣和参与意识。

运动参与的目标:

(1) 参与体验学习和锻炼。

(2) 体验运动乐趣与成功。

### 2. 运动技能

运动技能是指学生在体育学习和锻炼中完成运动动作的能力,它反映了体育与健康课程以身体练习为主要手段的基本特征,是课程学习的重要内容和实现其他学习目标的主要途径。小学体育课程要注重体育游戏学习,发展学生的基本运动能力,还要重视选择武术等民族民间传统体育活动项目进行学习。

运动技能的目标:

(1) 学习体育运动知识。

(2) 掌握运动技能和方法。

(3) 增强安全意识和防范能力。

### 3. 身体健康

身体健康是指人的体能良好、机能正常和精力充沛的状态,与体育锻炼、营养状况和行为习惯密切相关。这方面是课程学习的重要内容和期望的重要结果。课程强调引导学生努力学习和锻炼,全面发展体能,提高适应环境变化的能力,形成关注自身健康的意识和行为。小学体育课程要注意引导学生懂得营养、行为习惯和疾病预防对身体发育和健康的影响。

身体健康的目标:

(1) 掌握基本的保健知识和方法。

(2) 塑造良好体形和身体姿势。

(3) 全面发展体能与健身能力。

(4) 提高适应自然环境的能力。

### 4. 心理健康和社会适应

心理健康与社会适应是指个体自我感觉良好以及与社会和谐相处的状态与过程,与体育学习和锻炼、身体健康密切相关。这方面既是课程学习的重要内容,也是课程功能和价值的重要体现。课程十分重视培养学生的自信心、坚强的意志品质、良好的体育道德、合作精神与公平竞争意识,帮助学生掌握调节情绪和与人交往的方法。小学体育课程要注意培养学生自尊、自信、不怕困难、坦然面对挫折,引导学生在体育活动中学会交往。

心理健康和社会适应的目标：
(1) 培养坚强的意志品质。
(2) 学会调控情绪的方法。
(3) 形成合作意识与能力。
(4) 具有良好的体育道德。

# 第三节　小学体育教学

## 一、小学体育教学过程

### (一) 体育教学的概念与特征

#### 1. 体育教学的概念

体育教学是教学的下位概念,是指在教育教学目标的制约下,师生共同参与,通过运用适当的方法、策略,指导学生学习教师设计的教学内容,掌握体育与健康的基本知识、基本技术和技能,增强学生体质的有计划、有组织的教育活动。

#### 2. 体育教学的特征

体育教学是整个教学的一个有机组成部分,具有鲜明的过程特征:一是强调体育的双边性。体育教学是以教学内容为中介,以学生参与为特征的师生双边活动。二是强调体育教学内容的教育性。教学永远具有教育性,体育教学也不例外。体育教学是让学生锻炼身体,增强体质,学习和掌握一定的体育卫生保健知识与技术、技能的过程,同时也是培养学生思想道德品质的有目的有组织的教育过程。三是强调体育教学的技能传习。体育教学是在教师和学生之间开展的运动技术传授活动。

### (二) 体育教学过程的本质

体育教学过程是指为了达到体育教学目标所展开的时间流程。它具有学段、学年、学期、单元、课时等不同的时间概念。

#### 1. 体育教学过程的本质是认知与身体发展的过程

体育教学过程是一个从不知到知,从不完全知到完全知的认知过程,也是发展身体、掌握和提高运动技术的过程。体育教学过程中的学生通过反复从事身体练习,学习、改进、巩固、提高运动知识和运动能力。反复练习的过程,对学生的机体产生一定的刺激,因此安排得当的生理负荷有利于发展学生的身体。

#### 2. 体育教学过程是具有多质的过程

体育教学过程是一个多目标、多层次、多形式的过程。从认识论的角度看,体育教学过程是一个特殊的认识过程;从结构论角度看,体育教学过程是在传授体育知识、技术和发展体力的基础上最大限度地培养能力、发展智能、体能的多层次的动态变化过程;从控制与信息论的角度看,体育教学过程是教与学之间信息和反馈的控制过程;从教育心理学的角度看,体育教学过程是以学生认知为基础的全面心理活动过程和以能力为核心的培养和发展过程;从运动生理与生物化学的角度看,体育教学过程又是遵循人体机能活动变化规律和人体运动适应规律,发展学生体能的过程;从社会学角度看,体育教学过程还是对学生进行思想品德教育、完善学生个性的社会性教育过程。

### (四) 体育教学过程的特点

#### 1. 身体直接参与

学生直接从事各种身体练习,进行运动学习是体育教学的主要特点。一般的教学过程主要是通过学生的思维活动,掌握必要的知识、技能,形成正确的态度、情感、价值观等教学目标的,而体育教学过程主要是运动性认知,是通过身体练习,将身体活动与思维活动有机结合来实现的。在教学过程中,应注意学生身体方面的差异,合理确定教学目标,选择教学内容,安排运动负荷。

#### 2. 体力与智力活动相结合

体育教学过程中,学生在从事各种身体练习时,需要学生具有一定的体能水平,同时学生的身体活动过程又是思维、情感、意志等活动的外显,各种身体练习、运动的完成是体力活动与智力、情感、意志活动相统一的过程与结果。体力与智力紧密结合,融于一体,相辅相成,相得益彰。

#### 3. 身体承受一定的身心负荷

体育教学过程中,学生在从事各种身体练习时,人体各器官系统会积极参与活动并协调配合,学生身体要承受一定的生理负荷,会对机体产生刺激,加速新陈代谢,这是体育实践课所独有的特点。但是,体育教学活动并不是单纯的身体活动,师生双方在体育教学过程中,不仅要动身,还要动心,"身心"并用才能完成教学任务,因此,体育教学具有身心负荷的双重性。

## 二、小学体育教学的原则与方法

### (一) 小学体育教学原则

小学体育教学原则是对小学体育教学客观规律的反映,是长期体育教学经验的总结和概括,是进行体育教学活动必须遵循的准则和依据。体育教学规律是体育教学原则体系构建的依据和基础,体育教学过程的基本规律包括适应社会发展需要规律、符合学生身心发展规律、符合人们认识事物的规律、遵循动作技能形成规律、符合生理和心理活动起伏变化的规律等。

体育教学是教学的一部分,除了应遵循一般教学原则,如全面发展、循序渐进、因材施教、自觉积极性、启发性、可接受等原则外,还要根据体育教学的基本规律,遵循体育教学特有的教学原则,具体包括:增强体质与促进学生全面发展相结合原则、安全性原则、合理

**251**

安排负荷与休息原则等。

### (二) 小学体育教学方法

小学体育教学方法是指在小学体育教学过程中,师生双方为实现、完成体育教学的目的任务而采取的教学途径和手段的总称。

为了更好地系统理解小学体育教学方法,需要对庞大的体育教学方法体系进行分类,分类依据不同,划分建立的体育教学方法体系就不同。目前常见的分类如下:

(1) 根据教学方法实施主体的双边性特点,可以分为教师教的方法和学生学练的方法。

(2) 根据教学内容的特点,可以分为理论知识的运动技能的教学方法、身体锻炼的方法。

(3) 根据体育教育与一般教学的区别,可以分为一般教学方法和特殊教学方法。

(4) 根据教学中体育教师和学生之间信息传递的途径以及这种途径下学生的认知特点,可以分为语言类教学方法、直观类的教学方法、本体感知类的教学方法和统合感知类的教学方法。这是目前比较新也是认可度比较高的一种分类方法,具体包括的方法如下表:

表 4 - 13  体育教学方法的分类

| 语言类<br>教学方法 | 直观类<br>教学方法 | 本体感知类<br>教学方法 | 统合感知类<br>教学方法 |
| --- | --- | --- | --- |
| 讲解法<br>问答法<br>提示法<br>讨论法<br>…… | 示范法<br>演示法<br>观察法<br>预防与纠正错误法<br>…… | 完整法<br>分解法<br>领会教学法<br>循环练习法<br>重复练习法<br>变化练习法<br>放松练习法<br>…… | 游戏法<br>比赛法<br>发现法<br>榜样法<br>问题探究法<br>小群体学习法<br>…… |

## 三、小学体育教学实施

### (一) 教学建议

#### 1. 设置学习目标的建议

(1) 在目标多元的基础上有所侧重。

(2) 细化课程标准提出的课程目标。

(3) 目标难度适宜。

#### 2. 选择和设计教学内容的建议

(1) 体现"目标引领内容"的思想。

（2）符合学生身心发展特点。

（3）充分考虑学生的运动兴趣和需求。

（4）适合教学实际条件。

（5）重视健康教育

### 3. 选择和运用教学方法的建议

（1）应有利于促进学生体育与健康的知识与技能、过程与方法、情感态度与价值观的整体发展，充分发挥体育促进学生全面发展的重要作用。

（2）应针对不同水平学生的身心发展特点，遵循不同内容的教学规律与要求，进行更有针对性和实效性的教法与学法创新，调动学生体育与健康学习的积极性。

（3）应创设民主、和谐的教学情境，有效运用自主学习、合作学习、探究学习与传授式教学等方法，引导学生在体育活动中通过体验、思考、探索、交流等方式获得体育与健康的基础知识、基本技能和方法，培养应对问题、自我锻炼、交往合作等能力，开展富有个性的学习，不断丰富体育活动经验，学会体育学习和锻炼。

（4）应在运动技能教学的同时安排一定的时间，选择简便有效的练习内容，采用多种多样的方法，发展学生的体能。

（5）应高度重视学生之间的个体差异，在体育与健康教学中做到区别对待、因材施教，特别要关注体育基础差的学生，有针对性地采用相应的教学方法，提高他们的自尊和自信，促进每一位学生更好地发展。

## （二）评价建议

### 1. 明确体育与健康学习评价目标

课程标准非常重视每一位学生的全面发展，强调通过体育与健康学习评价有效促进学生的不断发展。因此，教师在确定体育与健康学习评价目标时应关注以下几方面：

（1）了解学生的体育与健康学习和发展情况，以及达到学习目标的程度，为制定下一步教学计划做好准备。

（2）判断学生在体育与健康学习过程中存在的不足及其原因，以便改进教学。

（3）发现学生的体育与健康学习潜能，为学生提供展示自己能力、水平和个性的机会，鼓励和促进学生进步与发展。

（4）培养与提高学生自我认识、自我教育、自我发展的能力。

### 2. 合理选择体育与健康学习评价内容

（1）体能。它主要根据教学实际情况以及参考《国家学生体质健康标准》，确定体能测试指标，评价学生的体能水平。

（2）知识与技能。它主要根据课程标准的学习目标与要求，以及教学的实际情况，选择相应的体育与健康知识、技能评价指标，评价学生掌握体育与健康知识和技能的程度，以及对所学知识和技能的应用能力等。

（3）态度与参与。这点主要对学生体育与健康课的出勤率、课堂表现、学习兴趣、积极主动的探究问题,以及课外运用所学知识和技能参与体育与健康活动的行为表现等进行评价。

（4）情意与合作。这一方面主要对学生在体育学习和锻炼中的情感表现、意志品质、人际交往与合作行为等进行评价。

### 3. 采用多样的体育与健康学习评价方法

（1）定性评价与定量评价相结合。

（2）形成性评价与终结性评价相结合。

（3）相对性评价与绝对性评价相结合。

### 4. 发挥多方面评价主体的作用

（1）教师评价。教师在体育与健康学习评价中起主要作用,教师的评价应具有权威性,须尽力做到全面和准确。教师要用发展的眼光来评价学生,以表扬和激励为主,并提供尽可能多的具体反馈以及改进与提高建议。

（2）学生评价。教师应充分调动学生参与体育与健康学习评价的主动性和积极性。学生评价的方式有自评、互评和小组内评价等。教师应加强对学生评价的指导,提高学生正确评价自己和他人的能力。

（3）其他人员的评价。学生的体育与健康学习需要得到各方面人士的支持和鼓励。建议让班主任乃至家长等参与进来,把他们的评价也作为对学生评价的参考。

### 5. 合理运用体育与健康学习评价结果

教师应及时将评价结果反馈给学生,与学生一起判断体育与健康学习目标的达成,分析体育与健康学习的进步与不足,帮助学生改进,不断取得进步,增强自尊和自信,提高学习兴趣,养成良好的锻炼和生活方式。

# 教学设计

答案与解析
相关拓展学习

## 备考指南

### 一、考纲要求

1. 了解教学设计的基本原则、依据和步骤、掌握教案的基本组成部分与类型及教案各部分编写的要点。

2. 了解信息技术与小学教学整合的概念、意义及基本模式。

3. 掌握学科课程的概念、种类、目标和综合课程的概念、种类及其设置依据。

4. 了解综合实践活动课程的概念与性质和基本内容。

### 二、考点分析

1. 本模块在历年考试中极为重要,教学设计的过程是考查重点,经常结合教学设计题进行考查,考生尤其要掌握教学目标设计、教学难点设计与教学过程设计的有关原理。

2. 综合课程的类型、课程性质也是历年考试的重点,考生尤其要识记综合课程的基本类型,目前在小学设置的综合课程和综合实践活动课程的主要内容。

3. 本模块知识在历年考试中多以单项选择题、简答题、论述题和教学设计题的方式呈现,占 10~25 分的分值。

### 三、学习建议与复习策略

1. 研习考试大纲把握考试重点。

2. 识记本模块呈现的相关知识的概念和原理。

3. 结合具体教育现象对教学设计原理加以运用。

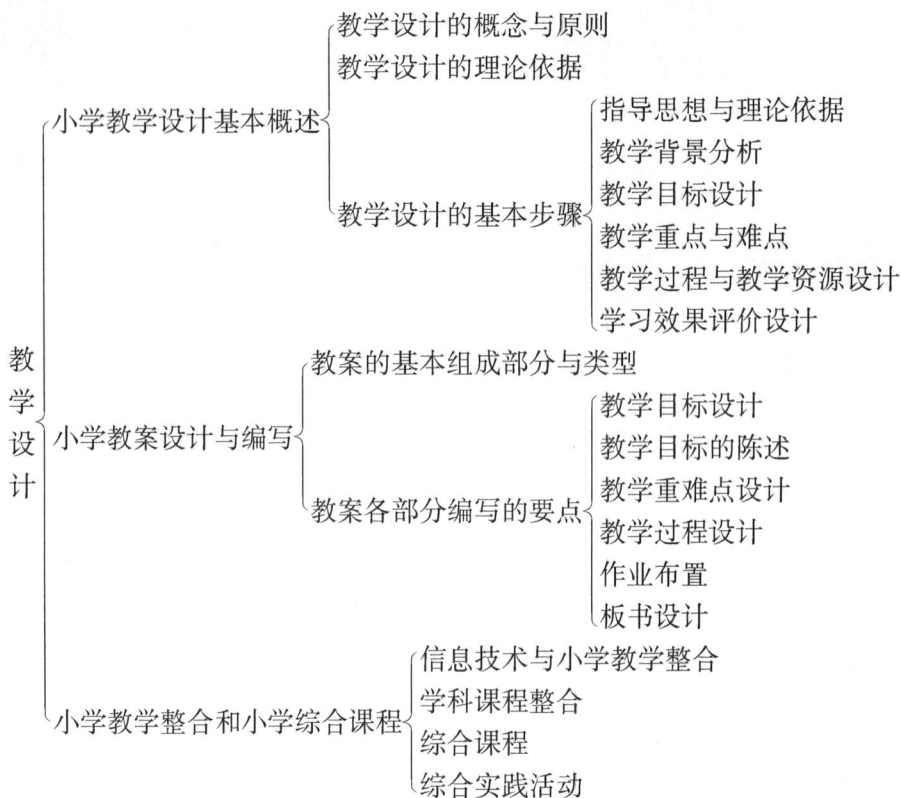

## 知 识 树

教学设计
├─ 小学教学设计基本概述
│   ├─ 教学设计的概念与原则
│   ├─ 教学设计的理论依据
│   └─ 教学设计的基本步骤
│       ├─ 指导思想与理论依据
│       ├─ 教学背景分析
│       ├─ 教学目标设计
│       ├─ 教学重点与难点
│       ├─ 教学过程与教学资源设计
│       └─ 学习效果评价设计
├─ 小学教案设计与编写
│   ├─ 教案的基本组成部分与类型
│   └─ 教案各部分编写的要点
│       ├─ 教学目标设计
│       ├─ 教学目标的陈述
│       ├─ 教学重难点设计
│       ├─ 教学过程设计
│       ├─ 作业布置
│       └─ 板书设计
└─ 小学教学整合和小学综合课程
    ├─ 信息技术与小学教学整合
    ├─ 学科课程整合
    ├─ 综合课程
    └─ 综合实践活动

# 第一章　小学教学设计基本概述

## 考点分析

1. 考试的重点通常会与教学设计题结合进行考查。
2. 考生需要掌握教学目标设计、教学难点设计与教学过程设计的有关原理。

## 第一节　教学设计的概念与原则

### 一、教学设计的概念与特征

#### 1. 教学设计的概念

教学设计是指在进行教学活动之前,根据教学目标的要求,运用系统的方法,遵循教学过程的基本规律,对参与教学活动的诸要素进行分析和策划的过程。

### 2. 教学设计的特征

第一,教学设计是将教学理论转化为教学活动和教学实践的计划。教学设计有利于教学理论与教学实践的结合,是为课堂教学活动制订蓝图的过程。

第二,教学设计是实现教学目标的计划性和决策性活动。教学设计以计划和布局安排的形式,对如何达成教学目标进行创造性的决策,有利于教学工作的科学化。

第三,教学设计以系统方法为指导。教学设计将教学各要素视为一个系统,从系统与要素、要素与要素之间的相互联系与相互作用的关系角度,分析教学问题和需求,从而使教学效果最优化。

第四,教学设计是具有创造性、灵活性的工作。尽管教学设计有一定的模式、流程,但因为教学是一个复杂的、培养人的活动,在实际课堂教学中,往往要依据特定的教学目标、教学内容,创造性地对教学设计进行安排,以达成既定的教学目标。

### 3. 教学设计的意义

教学设计本质上是一个分析学习需求、确定教学目标、设计解决方法、有效组织各种教学资源的过程。

第一,教学设计是实现教学目的的可靠保证。

第二,教学设计是连接教学理论和教学实践的桥梁。

第三,教学设计是使教学实现科学性与艺术性统一的主要途径。

## 二、教学设计的原则

教学设计是对课堂教学的预设,是上好课的向导。教学设计应遵循以下原则。

### 1. 系统性原则

教学设计是由对教学目标和教学对象的分析、教学内容和方法的选择以及教学评估等子系统所组成,各子系统既相对独立,又相互依存,组成一个有机的整体。教学设计应立足于整体,运用系统分析的方法,实现教学系统的整体优化。

### 2. 目标性原则

教学目标是教学的出发点和归宿,教师应从"知识与技能"、"过程与方法"、"情感、态度与价值观"三个方面着手,精准把握教学目标。在进行教学内容处理时,要注意突出重点,突破难点,抓住关键点。同时,教师应直接或间接地向学生传递学习目标。

### 3. 程序性原则

教学设计需要依据一定的流程,将教学内容进行巧妙构思,组织成一系列的逻辑环节或层次序列。根据教学设计的程序性特点,教学设计中应体现出其程序的规定性及联系性,确保教学设计的科学性。

### 4. 可行性原则

教学设计应充分考虑教师的教学风格、学生已有知识结构与能力水平,还要考虑现有教学条件,保证教学设计具有可操作性。为保证教学与学生的认知发展水平相适应,要依据概念或原理的特点组织教学内容。

### 5.反馈性原则

在进行教学设计时,要通过设计课堂提问、板书、演示及形成性目标测试练习等形式,对教学效果进行反馈,以修正、完善原有的教学设计。

# 第二节 教学设计的理论依据

教学设计是以整个教学系统、教学过程为研究对象。教学过程是一个教育信息传播的过程,而视听教育在传播过程中占有重要的地位。因此,学习理论、传播理论和教学理论共同构成了教学设计的理论基础。

## 一、学习理论对教学设计的指导

行为主义理论注重外显行为的研究,认为学习的本质是刺激与反应的联结。教学设计理论中的行为主义强调外部环境的控制,目标设计中要拟定行为目标,以学生掌握知识、技能为目的,注重学生行为的变化和强化,在媒体设计中强调呈现丰富的感性材料等。

认知主义理论着眼于认知及其过程,探究个体内在的心理活动,强调对学习者内部心理操作方式的指导。教学设计中的认知理论重视学习者内部的变化,在学科内容上更多考虑如何规划、组织教学内容,使之形成"结构",让其呈现方式与学生内部心理加工方式相对应。在教学设计过程中要特别重视对学习者的特征分析以及学习内容的分析,以确保学科结构与学习者认知结构的协调性。

结构主义的理论思想强调以学生为中心,认为学生是认知的主体,是知识意义上的主动建构者,教师对学生只是起到帮助和促进的指导作用,并不要求教师直接向学生传授和灌输知识。在这种建构主义的学习环境之下,与传统教学相比,教师和学生的地位发生了巨大的变化。

不同的学习理论会产生不同的教学设计模式,在行为主义理论的指导下产生了以"教"为主的教学模式;在认知主义尤其是建构思想的指导下,产生了以"学"为主的教学模式。因而,学习理论是教学设计中最重要的理论基础。

## 二、教学理论对教学设计的指导

教学理论是对教学规律的客观总结和反映,也是为解决教学问题而研究教学的一般规律的科学。教学理论强调教学是一个内在结构的整体系统,应从结构和功能的关系进行分析、研究教学过程。教学理论研究的范围涉及教学基本原理、教学内容和教学方法。

教学理论说明了应采取何种最有效的方法引导学生进入最佳的学习状态;说明了在使学生最容易学到知识的原则之下,宜采用何种方法来选择和组织教材;指出了在教学过程中,应采取何种最有效的程序呈现教材更有利于学生学习。总之,教学理论为在有计划的教学设计中,合理安排教学情境,从而达到学校预设的教育目的提供了理论依据。

### 三、传播教学理论对教学设计的指导

传播就是将信息从一个地方传播到另一个地方,传播理论研究信息的传播过程、信息的结构和形式、信息的效果和功能等。在教学过程中,学生所能接受到的教学信息并不完全取决于教师所传授的信息输出量,教学信息在传输与转换过程中会受到诸多因素的影响。

传播理论重视研究媒体的选择与应用。教学设计十分重视教学媒体的分析和选择,因为教学媒体是传递教学信息的通道。哪些通道便于学习者理解和接受教学信息,哪些通道有利于提高教学效率和效果,这是进行教学设计时必须加以考虑的。

# 第三节　教学设计的基本步骤

## 一、指导思想与理论依据

依据心理学与教育学的有关思想以及相关理论,针对课程标准的要求,提出设计思路,即学生应该怎样学习,才能达到课标的要求。

## 二、教学背景分析

教学背景分析包括教学内容分析、学生情况分析以及前期教学状况、问题、对策等方面的研究说明。作为背景分析中的重要内容,下面主要阐释教学内容分析和学生情况分析。

### 1. 教学内容分析

第一,研读课程标准,明确课程标准对本部分内容的要求以及建议。

第二,分析教材。分析重点包括:① 教材内容的知识类型;② 教材内容的相互联系;③ 分析本部分内容的知识脉络,确定可用的教学素材等;④ 分析和挖掘教材知识的教育功能。

### 2. 学生情况分析

学生情况分析的重点是明确学生已有的认知基础与所学知识之间的差距,分析学生的认知脉络,确定问题线索,确定学生解决问题需要的资料等,为选取教学策略、设计教学活动提供依据。

（1）对学生"前概念"的分析

学生的已有知识经验不仅包括学生在学校学习所获得的知识,也包括他们在日常生活中所获得的经验,这些知识和经验都会对学生的学习产生影响。具体到学科学习,学生的已有知识经验主要包括在日常生活中所积累的对学科的认识和形成的经验,学习新知识所必需的学科领域内的知识基础,在其他学科的学习中所获得的相关知识。这些经验性的知识被称为前科学概念或前概念,学生的前科学概念有些是与新知识相一致的,能够促进新知识的学习;也有些是与科学观念相违背的,与所学的新知识冲突,会妨碍、干扰新知识的学习。

（2）对学生认知方式的分析

认知方式是指个体偏爱的信息加工的方式,表现在个体对外界信息的感知、注意、思维、记忆和解决问题的方式上。不同认识方式的人对于信息加工和处理的方式有差异,这种差异没有优劣之分,但影响学生的学习方式,因此了解学生的认知方式对教学设计具有重要的意义。关于认知方式的详细讲解见模块二第二章第三节的相关内容。

简言之,对学生情况的分析主要是明确以下几个问题:学生已经知道了什么(即先前经验)、学生还想知道什么(即自发动机)、学生能知道什么(即教学目标)、学生如何知道的(即教学过程)。

## 三、教学目标设计

教学目标既是教学的起点,也是教学的归宿,确定合理、适当的教学目标是教学设计最重要的任务。而如何才能达到预期的教学目标,则要依靠对教学内容的选择和加工以及对学习活动的组织。

教学目标的制定要依据课程标准的要求,要接近学生的"最近发展区"。具体包括知识与技能、过程与方法、情感态度与价值观三个方面(三维目标)。

**【实例1】**《白杨》教学目标设计(人教版《语文》五年级下册)

（1）知识与技能目标

① 学会本课的6个生字,正确读写"清晰、插嘴、分辨、抚摸、介绍、新疆、陷入、昏黄一体"等词语。

② 有感情地朗读课文,背诵爸爸介绍白杨树的那段话。

（2）过程与方法目标

通过分析重点语句并联系上下文,体会借物喻人的写作手法。

（3）情感态度与价值观目标

体会白杨的特点和边疆建设者的无私奉献精神。

## 四、教学重点与难点

教学重点是教材中最重要、最基本的中心内容,是知识网络中的联结点,是设计教学结构的主要线索。

教学难点是指学生感到难以理解或者难以接受的内容。这些内容,或是由于知识本身抽象、复杂而难以理解,或是由于学生缺少必要的知识准备而难以接受,要根据具体内容的特点和学生的基础来确定教学难点。

**【实例2】**《白杨》一课的教学重难点设计

（1）教学重点

通过理解重点词语和句子,体会借物喻人的写作手法。了解白杨树的外在特点,感悟其内在品质。

（2）教学难点

感悟树的某些特点与人的某些品质之间的相似之处,体会边疆建设者的无私奉献精神。

### 五、教学过程与教学资源设计

教学过程与教学资源设计主要包括教学过程、学生活动、所需要的教学资源以及教学指导策略等。

#### 1. 教学过程设计

教学过程包括问题或活动的安排,教学环节的设计,教学各个阶段、各步骤之间的过渡与衔接的设计,教学活动情景化的设计以及设计意图等。形式不限,既可采用表格式也可采取文字叙述式。

教学过程的表述比较简洁明了的方式就是教学流程图。教学流程图是教学设计成果的主要内容,是教学策略的集中体现;教学流程图是教学活动的大纲、师生活动的线索;教学流程图是教师进行教学研究活动、相互交流的有效工具。

#### 2. 学习活动设计

新课程倡导帮助学生自主生成知识或观念,重视生成的过程,活动是为学生创设的,教师在组织学习活动的时候,应该考虑活动主体——学生的特点和需要。教师在充分理解学生知识背景的基础上,围绕课程目标,因地制宜地选择适合所教学生的学习活动,不能让活动流于形式,如在引发学生思考的时候,教学重难点尤其是教学难点的地方,设计活动帮助学生度过学习中的困难,或在形成后,帮助学生在实际应用活动中巩固、检测所学,体验学习的价值,让学生在各种各样的活动中完成对知识、技能、方法的掌握和情感态度价值观的培养,实现三维学习目标,有设计的学习活动可以避免生硬的说教,可以节省繁复的训练时间,达到事半功倍的效果。

#### 3. 教学资源设计

确定学习本节课所需教学资源的种类和每种资源在学习过程中所起的作用。明确从何处获取资源,如何去获取(用何种手段、方法去获取)以及如何有效地利用这些资源等。

【实例3】《爬山虎的脚》教学过程设计(人教版《语文》四年级上册)

(一)进入课文,引导质疑

1. 今天,我们就来学习叶圣陶爷爷写的一篇文章,齐读课题。

师:读了这个课题,你想知道什么?

预设:植物为什么会有脚? 爬山虎的脚是什么样子的?

2. 下面就让我们带着这些问题走进课文。

请同学们观看大屏幕。你看到了什么? 你能用自己的话把这些特点连起来说说吗?

3. 叶圣陶爷爷笔下的爬山的叶子是怎样呢? 自由朗读第二自然段。

(二)走进文本,深入探究

1. 品读课文,了解爬山虎叶子的特点。

(1)爬山虎的叶子给你留下了怎样的印象?

预设:很美。

读:一阵风拂过,一墙的叶子漾起,好看得很。

教师追问:你能读出风轻轻拂过叶子,叶子像波浪轻轻漾起的感觉吗? 这是一种动态的美。还有哪句子写出了叶子的静态美?

预设:那些叶子绿得那么新鲜,看着非常舒服,叶尖一顺儿朝下,在墙上铺的那么均匀,没有重叠起来的,不留一点空隙。

教师追问:为什么觉得这样的叶子给人以美的享受?那谁能读出叶子这种绿的美,密又匀称的美来呢?

(2)观察叶子中,叶圣陶爷爷还观察到了叶子颜色的变化,叶子的颜色是怎么变化的?

预设:刚长出来的叶子是嫩红的,没过几天是嫩绿的,长大的叶子绿得很新鲜。

教师引导:叶子的颜色变化也很美啊,谁能看着书为大家读出这种美来?

(3)教师总结:多么新鲜的叶子啊,多么茂密的叶子啊,多么美丽的叶子啊。作者通过对爬山虎叶子样子和颜色的描写,为我们呈现出了一幅美丽的图画,如果你不注意看,能看清楚叶子下面的脚吗? 这都说明作者在认真观察。

【设计意图】通过对爬山虎叶子样子和颜色的描写,引导学生关注文本,感受景物的美。同时让学生感受到这一切优美、准确的描写背后,都需要认真观察作为基础。

2. 细读课文,探究爬山虎脚的特点。

(1)教师引导:作者还认真看出了什么? 自己读读3~5自然段,将作者观察到的内容用横线画出来。

预设:爬山虎的脚是长在茎上的。

教师引导:这是写爬山虎脚长的位置。

预设:爬山虎的脚像蜗牛的触角。

教师引导:这是写脚的样子。样子像蜗牛的触角,这里用了什么修辞方法? (比喻—把脚比作触角。)

预设:颜色跟刚长出来的嫩叶差不多,也是嫩红的。

教师引导:这是爬山虎脚的颜色。好,把作者注意的这些综合一下,你认识爬山虎的脚了吗? 在纸上画出你了解到的爬山虎的脚的样子。

教师引导:哪位同学再来给大家完整、生动地介绍一下爬山虎的脚?

【设计意图】通过这部分内容的学习,使学生感受到要把观察到的内容按照一定的顺序,可以从不同的方面进行介绍,还可以运用一些表达方法及恰当的语言写出来,就会更加生动。

(2)教学过渡:既然爬山虎是利用脚来往上爬的,那么作者有没有注意它的脚是怎么爬的呢? 请用笔在文中圈出表示动作的词语。

(3)预设:表示动作的词:触、变、巴、拉、紧贴等一系列词语清楚地写出爬山虎爬墙的过程。

教师引导:和同桌交流,说一说爬山虎是怎样向上爬的。谁来给大家演示一下? (学生在黑板前演示)

过渡语:爬山虎就是这样一脚一脚往上爬的。正是长出一段茎,就长一片叶子,然后长出一只脚往上爬,所以他的叶子很均匀,没有重叠的。这也体现了爬山虎的聪明,均匀无重叠的叶子有利于吸收阳光。

教师引导:同学们再看看这些动词,它们的顺序能互换吗? 它们之间有什么关系呢?

预设:不能换位置,是按照顺序写的。

教师小结:这要词是有先后顺序的,不能换,它们之间也存在着因果关系。正是细丝由直变弯曲,缩短了茎与墙的距离,产生了拉力,才使它在墙上贴得紧。现在同学们知道为什么细丝由直变弯曲,就紧贴在墙上了吧,是因为产生了拉力。叶圣陶爷爷用了这些动词,准确地写出了爬山虎爬墙的过程,这种准确表达的方法,也是我们应该学习的。

(3)爬山虎的"脚"与墙有什么关系呢?

对比学习:没触着墙……萎了,没有痕迹。触着墙的……变成灰色,相当牢固。

预设:知道① 爬山虎的脚是怎样向上爬的;② 作者观察细致;③不是一次观察,而是长期观察。

教师小结:观察不但要用心,还得细心和有耐心,这样才能取得良好的效果。我们在平日的生活中也要像作者那样处处留心观察。

【设计意图】本部分的设计力图从多角度引导学生深入阅读。一是让学生关注到作者是抓住动词描写具体的;二是体会出作者是在长期的认真观察后,才能写出这样生动,具体的文章。

(三)总结学法,布置作业

教师引导:同学们,你们觉得叶圣陶爷爷笔下的爬山虎美吗? 老师想请大家说一说,为什么叶圣陶爷爷能把这普普通通的爬山虎写得这么有魅力呢?

预设:观察仔细。抓住了爬山虎的特点进行了细心观察,观察了很长时间。

教师引导:是呀,只要养成了细心观察的好习惯,你就会有许多新的发现,老师想邀请同学们来参加快乐尝试活动,大家愿意吗?

请同学们打开记忆的闸门,用一句或几句话来描述一下图片中的事物,也可以说说你喜欢的植物或者生活中感兴趣的事物,可以吗?

预设:我喜欢柳树的枝条,微风一吹,她随风摇,像一位美丽的女孩在翩翩起舞。

预设:我喜欢仙人掌,虽然它的外表长满了尖刺,却能开出鲜艳美丽的花。

预设:我喜欢含羞草,它是一种有趣的植物,很怕羞,只要你用手轻轻碰一下,它的叶子就会左右合并,过一会儿又会散开。

预设:我喜欢月亮姐姐的脸,她的脸是多变的,有时候是圆的,有时候是半圆的,有时候只露出小半边脸。

(四)布置作业

1. 回家后把爬山虎是如何生长的介绍给你的家人或小伙伴。

2. 回家后去仔细观察一下你周围的植物,相信每个同学都会有自己的惊喜发现,然后可以写一篇观察日记,下星期的语文习作课进行交流。

3. 把课文中你喜欢的句子抄下来。

## 六、学习效果评价设计

学习效果评价设计包括对一节课学生学习效果以及教师自身教学效果的评价。主要围绕三维目标是否达到要求进行评价。评价方式应该尽可能的多元化,如纸笔测试、活动表现、观察记录等。要尽可能地采用学生乐于参与,又能客观地、确切地反映每个学生学习效果的评价方法。

# 第二章　小学教案设计与编写

## 考点分析

1. 考试的重点通常会与教学设计题结合进行考查。
2. 考生需要掌握教学目标设计、教学难点设计与教学过程设计的有关原理。

# 第一节　教案的基本组成部分与类型

## 一、教案的基本内容

一般来说,教案包括以下几个方面:

### 1. 课题
课题即本课所授课的名称。

### 2. 教学目标
教师只有明确了教学目标,才能使"教"有的放矢,使"学"有目标可循。教学目标在教案中要明确、具体、简练。具体包括知识与技能目标、过程与方法目标、情感态度与价值观目标三个方面。教学目标设计的具体内容在本节有详细讲解。

### 3. 课型、课时
课型是指根据教学任务而划分出来的教学的类型。在教案中常见的有讲授课、练习课、复习课、实验课、示范课、研讨课、汇报课、观摩课、录像课等。课时主要是指授课内容要在几个课时内完成。

### 4. 教学内容
教学内容是课堂教学的核心,备课的其他环节都是为它服务的。写教案时,必须将教学内容分步骤、分层次地写清楚,必要时还应在每一部分内容后注明所需的时间。这样,可以使所讲授的内容按预计时间稳步进行,不至于出现前松后紧或前紧后松的局面。

### 5. 教学重点和难点
教学重点和难点是整个教学的核心,是完成教学任务的关键所在。重点突出,难点明确,有利于学生掌握教学总体思路,便于学生配合教师完成教学任务。

### 6. 教学方法
教学方法虽然多种多样,但每节课的教学方法必须依据教学内容和学生的接受能力来确定。教师的教学艺术如何,很重要的是看其教学方法的运用是否巧妙得当(教学方法在本书第六章第三节中有详细讲解)。结合小学学科的特点,总结出常用教法有:情境教学法、朗读法、合作讨论法、角色扮演法等。常用的学法有：体验感悟法、圈点法、课前预习法、角色扮演法等。

### 7. 教具

教具又称教具准备，是指辅助教学手段使用的工具。在教学中都需要使用哪些教具要在教案中体现出来，包括教师提供的和学生自备的。如多媒体、模型、标本、实物、音像等。

### 8. 教学过程

教学过程也称教学步骤或教学程序，即用于指导和规范教师课堂活动的步骤。教学过程是整个教案的核心和主体。只有安排好教学过程，教师才能在课堂上有条不紊地圆满地完成每一个教学环节。教学过程要做到各个环节衔接，内容充实，重点突出，详略得当。

### 9. 作业布置

作业布置是课堂教学的延续，是实现教学目标不可缺少的环节。布置作业包括布置书面作业、探讨论式作业、情境表演式作业和阅读复习等。

### 10. 板书设计

板书是教师要在黑板上配合教授，运用文字、图画和表格等视觉符号传递教学信息的教学行为方式。它具有提示、强化、示范、解析、直观、总括的作用。教师在设计板书时要做到目的明确、布局合理、时机合适，要与讲课的内容和进度结合。

## 二、教案设计的类型

根据教学的任务来分，课程可分为新授课、巩固课、技能课、检查课。课程的类型不同，其授课教案也不同。按课的类型可将教案分为：新授课教案、复习课教案、实验课教案和检查课教案。

### 1. 新授课教案

新授课教案的主要内容是提出新课的教学目标，把握传授新知识的深度、广度、重点和难点。其主要任务是完成新知识的传授。

### 2. 复习课教案

复习课教案的主要内容是提出复习的范围和要求。其主要任务是帮助、引导学生巩固掌握已有的知识，并将知识系统化、网络化。

### 3. 实验课教案

实验课教案的主要内容是提出培养技能、技巧的具体内容与要求。其主要任务是教师通过示范性操作、实验原理的讲解，指导学生独立进行实验，培养学生的技能、技巧和严谨的科学态度，掌握基本的学科实验操作方法。

### 4. 检查课教案

检查课教案的主要内容是提出检查（即形成性评价、诊断性评价、终结性评价）的具体目标和要求。其主要任务是检查了解学生学习的实际情况，以利于下阶段制定针对性极强且有效的教学设计方案。

# 第二节　教案各部分编写的要点

## 一、教学目标设计

教学目标是教师根据课程标准的要求和听课者的实际情况，针对课题或课时的教学内容而提出的，是听课者在课程总结时应达到的具体目标。

新课程理念倡导的教学目标包括三个部分，即知识与技能，过程与方法、情感态度与价值观。

三维教学目标不是三个目标，而是一个问题的三个方面。它集中体现了素质教育在学科课程中培养的基本途径，集中体现了学生全面和谐发展、个性发展和终身发展的客观要求。三维的课程目标应是一个整体，知识与技能、过程与方法、情感态度与价值观三个方面互相联系，融为一体。

### 1. 知识与技能目标

该维度主要包括人类生存所不可或缺的核心知识和学科基本知识；获取、收集、处理、运用信息的能力、创新精神和实践能力、终身学习的愿望和能力。

**【实例1】**

1.《风筝》（人教版《语文》三年级上册）

知识与技能目标：有感情地朗读课文，掌握朗读方法。联系上下文和生活实际等方法，理解"憧憬、大惊失色、千呼万唤、垂头丧气"等词语的意思，并尝试运用。

2.《两位数除以一位数》（人教版《数学》三年级下册）

知识与技能目标：掌握两位数除以一位数的计算方法，并能正确笔算两位数除以一位数的除法。

### 2. 过程与方法目标

这一目标主要包括人类生存所不可或缺的过程与方法。

过程：指应答性学习环境和交往、体验。

方法：包括基本的学习方式（自主学习、合作学习、探究学习）和具体的学习方式（发现式学习、小组式学习、交往式学习等）。

**【实例2】**

1.《风筝》一课

过程与方法目标：小组合作找出描写心情的词语和句子，初步体会作者关于"风筝"的不同心情及情感的变化。

2.《两位数除以一位数》一课

过程与方法目标：在解决问题、探索算理的过程中，初步学会进行简单的、有条理的思考。

### 3. 情感态度与价值观目标

情感不仅指学习兴趣、学习责任,更重要的是乐观的生活态度、求实的科学态度、宽容的人生态度。

价值观不仅强调个人的价值,更强调个人价值与社会价值的统一;不仅强调科学的价值,更强调科学的价值和人文价值的统一;不仅强调人类价值,更强调人类价值和自然价值的统一,从而使学生内心确立起真善美的价值追求以及人与自然和谐和可持续发展的理念。

**【实例 3】**

1.《风筝》一课

情感态度与价值观目标:感悟幸福快乐的童真童趣。

2.《两位数除以一位数》一课

情感态度与价值观目标:创设熟悉的生活情境,感受数学无处不在。在经历探索算理的过程中获得成功的体验,增强学习信心。

---

**真 题 链 接**

**1.**(2016 年上半年选择题)在教学《长方形和正方形周长》时,张老师将"能够正确计算长方形和正方形的周长"拟定为教学目标之一。该目标属于(　　)。

　　A. 知识性目标　B. 过程性目标　C. 技能性目标　D. 情感性目标

**2.**(2015 年下半年选择题)张老师对《匆匆》一课进行教学设计时,将"体会时间的宝贵并珍惜时间"作为教学目标之一。该目标属于(　　)。

　　A. 知识性目标　B. 过程性目标　C.技能性目标　D. 情感性目标

---

## 二、教学目标的陈述

### (一) 行为目标的陈述

行为目标描述的是学生的行为,它强调用可观察、可测量的外显行为来确切地描述教学目标。下面以"ABCD"模式为例加以说明。该方法认为明确的行为目标主要包含四个要素:

### 1. 教学对象(Audience)

教学对象是指学习者,即行为的主体,行为目标描述的应是学生的行为,而不是教师的行为。规范的行为目标的开头应是"学生应该……",书写时可以省略,但目标必须是针对特定的学习者而提出的。

### 2. 行为(Behaviour)

行为是指学生达到教学目标时应能完成的行为,它是目标中最基本的成分。行为应该用明确的行为动词来描述,例如,对学习新材料的描述一般使用"学习……初步掌握……建立……概念"。这里的"学习"、"初步掌握"的含义是指学生基本完成了技术学习的泛化期的过渡。对复习旧教材的描述一般使用"复习……改进……提高……进一步提高"。这里的"复习""改进"的基本含义是指学生初步完成了技术学习的分化期的过渡。

进一步"提高"的基本含义是指学生基本完成了对技术学习向熟练掌握的过渡。对发展学生身体素质和提高身体机能方面的描述一般使用"发展……增强……提高……促进……"。对思思品德方面的描述一般使用"培养……加强……发扬……调动……"。

### 3. 条件(Condition)

条件指学生行为发生的条件，即评定学习结果的制约因素（包括环境、人、设备、信息、时间、问题明确性等因素）。例如，在××时间内，能独立完成××动作；在提供××资料的情况下，能编制一个游戏等。

### 4. 标准(Degree)

指评定行为的最低依据，或学生对目标所要求达到的最低水准，包括完成行为的时间限制；完成行为的准确性，完成行为的成功特征。

【实例4】

《桂林山水》的知识与技能目标描述为认识8个生字，会组词和听写，并能正确读写"无暇、兀立、嶙峋、波澜壮阔、峰峦雄伟、连绵不断"等词语。该目标的行为即"识字，写字"。主体是学生，这样便于教师确定学生是否达成了预定的知识与技能目标。

### (二) 内部心理与外显行为目标相结合的陈述

内部心理与外显行为目标相结合着重指向无须结果化的或难以结果化的教学目标，这种结合既反映学生学习的内部心理变化，也反映学习的外显行为变化结果，特别适用于描述情感、能力领域的教学目标。

用这种方法陈述的教学目标由两部分组成。第一部分为基本的教学目标，即用一个动词描述学生通过教学所产生的内部心理变化，如记忆、知觉、理解、创造、欣赏等；第二部分为具体教学目标，列出具体行为样例，即学生通过教学所产生的能反映其内在心理变化的外显行为。

【实例5】

"理解两位数加法的算理。能口算简单的两位数加法，并能正确笔算所给出的两位数加法题"。其中，"理解两位数加法的算理"描述了学生的内部心理状态，而"能口算简单的两位数加法，并能正确笔算所给出的两位数加法题"描述了学生预期的外显行为变化。

### (三) 表现性目标的陈述

在表现性目标中，教师重在明确规定学生应参与和经历的活动情境，描述学生在活动中应表现出来的行为和态度，但不规定学生将会在这种活动中具体习得什么，不同的学生在此活动中允许有不同的习得结果，一般来说，在涉及复杂的智力性活动时常用表现性目标表述。

表现性目标的陈述方法为：先说明学生参与的是什么样的活动或情境；然后，选用某一目标水平下恰当的行为动词，明确其相对应的教学内容，两者构成动宾短语来陈述。

常见的表现形式类似于"在……活动中，学生感受……""在……过程中，学生体验……""在……情景下,学生讨论……"等。

## 三、教学重难点设计

### (一)教学重难点的区别与联系

教学重点是指在教材内容的逻辑结构的特定层次中占相对重要的前提、判断,或在整个知识体系中处于重要地位和突出作用的内容,是授课时必须着重讲解和分析的内容。

教学难点是指学生难于理解、掌握或容易引起混淆、错误的内容。

教学重点不一定是教学难点,教学难点也不一定是教学的重点。难点的产生可能有多种原因。教学的难点与重点会因不同的学生群体而改变,也会因具体的教学条件而改变。教师必须认真分析和预设学生可能遇到的学习困难并通过相应的教学设计加以解决。

### (二)确定教学重难点的要求

#### 1. 吃透新课标

明确课程的完整知识体系框架和教学目标,并把课程标准、教材和教师参考书整合起来,才能科学确定静态的教学重点、难点。

#### 2. 全面了解学生

了解学生原有的知识和技能的状况,了解他们的兴趣、需要和思想状况,了解他们的学习方法和学习习惯。

#### 3. 深入钻研教材

教材是教学的主要依据。教学的重点主要决定于教材内容。例如,如果教材中某一内容是诸内容中最基本、最主要的,是基础知识或基本技能或者是进一步学习其他内容的关键,那么这一内容就是教学的重点。

根据维果斯基的最近发展区理论,教师通过对学生现有水平的了解可以明确其可以达到的目标以及在学习的过程中需要掌握的重点以及可能会出现的难点。教材内容的安排,主要是对教材整体结构的分析。对于教材整体结构的分析便于教师把握相关知识的内在联系,了解各个知识点在教学中的地位、作用和联系。

### (三)确定教学重难点的方法

#### 1. 地位作用分析法

根据重点的含义,教材知识体系中具有重要地位作用的知识、技能与方法是教学的重点。所以,可以从分析学习内容在教材知识体系中的地位和作用来确定是否为教学重点。

#### 2. 课题分析法

很多情况下学习内容的标题(课题)就明确了将要学习的主要内容,由此可以根据学习内容的标题(课题)来确定教学的重难点。

### 3. 例题、习题分析法

重点内容的学习要求学生要达到理解、掌握和灵活运用，因此，教材中一般都配套了一定量的例题、习题供学生练习、巩固并形成技能与能力。所以，分析教材中的例题、习题的安排和配制可以确定教学的重点。

### 4. 学情分析法

学情分析法又叫经验分析法，是指教师根据往届学生学习理解本节内容的困难程度或者根据知识本身的难易程度，再结合学生的理解水平来确定教学的重难点。

## 四、教学过程设计

教学过程包括导入新课、新课讲授、巩固练习和课堂总结四部分。在教学过程的每个阶段，针对不同的教学目标和教学内容，选择不同的教学媒体，使用不同的教学方法。教学过程是课堂教学策略实施、教学媒体使用、教学目标实现的过程，也是教学设计的核心部分，必须精心设计、认真实施。

### (一) 导入新课

#### 1. 课堂导入的含义

课堂导入是教师在一个新的教学内容或教学活动开始时，引导学生进入学习的行为方式。通过导入，把学生引导到一个特定的学习方向上来，因而又叫特定导入。导入是能够引起学生注意、激发学生学习兴趣、明确学生学习目的和建立知识间联系的教学活动。

#### 2. 课堂导入的方法

（1）直接导入

直接导入是指开始上课时教师阐明学习目标和要求，交代本节课的学习任务、学习程序的导入法。

（2）直观导入

① 实物、教具导入法。教师在课前根据课文内容准备一些实物，给学生提供感性认识和思维的依据，使抽象的概念具体化，师生双方都有话可谈。

② 实验引导法。实验是学生获取知识、活跃思维、培养能力的重要手段，以实验作为开启新课的钥匙，使学生在感官上承受刺激，能够激发学生的好奇心，增强求知欲。

③ 视听导入法。利用现有的综合媒体，截获多媒体信息导入课堂。

【实例6】 教师在《盘古开天地》中这样导入：

老师：同学们，你们认识他们吗？（教师播放孩子们熟悉的动画：《西游记》《小哪吒》《葫芦娃》）

老师：他们都是神话故事里的人物。在古代中国神话中，还有一位巨人被称为人类的老祖宗，他就是——

生：盘古。

老师:这节课我们就来学习《盘古开天地》的故事。

（3）设疑导入

"学起于思,思源于疑。"课堂的导入,教师一定要针对教学内容的重点、关键和难点,巧妙设置一些既体现教学重点又饶有趣味的问题,激发学生的求知欲望和探究思维,为整堂课的教学奠定基础。

① 提问析题法。对某一知识或问题,在学生对它还没有透彻理解时,教师有意设置障碍,让学生陷入事先设计好的"陷阱"中,使他们的回答自相矛盾,从而激起学生的讨论,为解决矛盾而开始新课的教学。这种导入以活跃思维,激发兴趣,同时培养学生正确的思维方法。

② 以旧引新法。学生的学习是由浅入深、循序渐进的过程。通过复习学生原有知识内容中与新知识相联系的有关内容,提出符合学生知识水平、富有启发性的问题,或者开展小测验等形式多样的教学活动作为联系的支点,导入新课。

【实例7】 教师在讲授"乘法的初步认识"时,这样导入:

师:6 个 5 相加的加法算式是 5＋5＋5＋5＋5＋5,如果 12 个 5 相加,那么算式里应该写多少个 5?

生:12 个 5。

师:如果 32 个 5 相加,算式中应有多少个 5?

生:32 个。

师:32 个 5 相加的式子很长,算起来麻烦不麻烦?

生:麻烦。

师:我们是否有简便的算法呢? 这就是我们今天要学习的内容,求几个相同加数和的简便算法。(板书:乘法的初步认识)

这样的导入方式,温习了上节课的主要内容,又以间接的形式引发学生的好奇心,用悬念创设情境,充分发挥学生的想象力,有利于教学活动与学生心境达成一致,顺利实现教学目标。

③ 悬念导入法。悬念导入是指教师有意设置一些带有启发性的疑问,引起学生的联想、思考,激发学生产生学习和探究的欲望,从而进入学习新知识、解决新问题状态的一种导入方法。

【实例8】 教师在教《统筹方法》时,这样导入:

师:"今天语文课,我考大家一道数学题。"于是,教师挂出事先已设计好题目的小黑板:星期天,小明妈妈出门。走时,交代小明完成三项任务:煮饭、做作业、拖地板。假如每一项任务都需用一小时完成,请你想想:怎样用最短时间完成这三项任务。

（4）趣味导入

① 故事、事例导入法。故事对学生具有很大的吸引力,因为它有生动的情节、丰富的内涵。通过生动形象地讲述故事或事例来感染学生,从而顺利、生动地导入新课。

如《荷叶圆圆》的导入就讲述一枚荷叶与她的朋友的故事,《司马光》导入就讲述司马光砝缸的故事等。通过故事,吸引学生注意力,不仅顺利导入新课,又扩展了学生的知识面。

② 游戏、活动导入法。小学阶段的学生是长身体、长知识的时候。他们精力充沛,参与意识强。因此,小学课堂,尤其是语言教学的课堂,应当生动活泼,充分调动学生的积极性。

③ 歌谣、谜语导入法。在上课之前以与本节课知识有关的歌谣、谜语来导入对小学生来说是既新颖又易接受的好方式。

(5)目标展示导入

目标展示法,又称"一课一得法":要求学生在有限的45分钟内能够正确、完整地掌握一项重点内容。要想真正做到一"得",就要求教师明确课文重点、确定目标,直切主题。一开始讲课,就直奔主题,即目标展示导入。

(6)情境导入

情境导入法是指教师通过音乐、图画、动画、录像及满怀激情的语言创设新奇、生动、有趣的学习情境,使学生展开丰富的想象,产生如闻其声、如见其形、置身其中、身临其境的感受,从而唤起学生情感上的共鸣,使学生情不自禁地进入学习情境的一种导入方法。

### (二)新课讲授

课堂讲授是教师运用系统的口头语言,通过分析、解释、说明、论证、叙述、描绘等系统地向学生传授知识的教学行为方式。在课堂中讲述现象与过程、讲解概念与规律,讲读教材与资料,讲演推理与移情等统称讲授。

我国新课标的理念下,教师的角色、教师的教学方式以及学生的学习方式都发生了转变。教师应该是学生学习的合作者、引导者、参与者。一方面,在教学过程中应该从"教育者为中心"转向"学习者为中心",鼓励学生参与教学;创设智力操作活动;教给学生思维的方法并加强训练。另一方面,从"教会学生知识"转向"教会学生学习",指导学生掌握基本的学习过程;指导学生了解学科特征、掌握学科研究方法;培养学生良好的学习习惯。学生的学习方式从被动地接受知识转变为主动地去探索新知,提倡自主、合作、探究的学习方式。

【实例9】《桂林山水》的新课讲授设计

(一)初步朗读,整体感知

1. 教师范读,学生标出生字在课文中的位置和本文出现的重要词语。

2. 学生自由朗读,然后分排进行有感情地朗读。

3. 引导学生概括每段的主要内容。

(1)桂林山水甲天下。

(2)漓江的水。

(3)桂林的山。

(4)桂林的山水。

4. 攻克生字词:请学生读出8个生词,并进行组词。

(二)深入阅读,攻克难点

分段研读:本文每个段落的主题都很鲜明,整体为总一分一总的结构,进行分段研读非常适合。

1. 第 1 段,统领全文:前面我们已经概括了每段的大意,第一段最主要的一句话就是"桂林山水甲天下"。为什么这么说呢,接下来学习第 2 段。(板书:桂林山水甲天下,以这 7 个字为纲,统领整篇课文)

2. 第 2 段,漓江的水:

(1)请一名同学读第二段,教师重点讲解:波澜壮阔、无瑕。

(2)攻克重点:体会作者描写漓江水所采用的手法。

① 作者要写漓江的水,为什么先写大海和西湖? 这是一种什么样的描写手法?

② 作者写了漓江水的哪几个特点? 具体是怎么写的? (板书:漓江水:静、清、绿)

**设计意图:**采用引读法,教师与学生一起通过有感情地朗读,体会作者此处修辞手法的应用,既采用了排比法突出了漓江水的特点;还采用了比喻的手法,把漓江的绿水比喻成一块翡翠。

3. 第 3 段,桂林的山:(板书:桂林的山:奇、秀、险)

(1)请一名同学读第 3 段,重点讲解:危峰兀立、怪石嶙峋。

(2)学生自主探究、小组合作,找出桂林的山有哪些特点呢? 作者描写山的特点时又采用了什么样的手法呢?

4. 第 4 段,桂林山水:

(1)请一名同学朗读,重点讲解:连绵不断。

(2)作者在描写桂林山水时,用了什么手法? 作者是怎么描述"舟行碧波上,人在画中游"的?

**设计意图:**从这篇课文的设计中可以看出,教师能够围绕教学目标,引导学生学会把"话"变成"画",把文章中用语言文字描述的情境,进行再造想象,变成头脑中鲜活生动的画面。通过引导学生朗读,让学生在品读中感知桂林山水的美,从而让学生品读文字的精妙传神,体味文本的意境优美,欣赏语言中作者寄予的情感与意趣。

### (三)巩固练习

在新课讲授总结以后,选择或者编制一些与教学内容吻合的、有代表性的题目供学生练习,使学生更加深刻地理解所学知识,并通过练习学会应用知识解决实际问题。

**【实例 10】**

1.《桂林山水》中的课堂练习:

(1)用"连绵不断"造句。

(2)同桌两两为一组向对方描述桂林山水的特点。

2.《认识角》中的巩练习:

(1)找一找活动:不用眼睛看,在学具袋中摸出一个带角的图形。分组交流每个图形的角在哪儿? 每个图形有几个角?

(2)做一做活动:在组内选择有用的材料(剪刀、长方形、正方形、圆形的卡纸、长条、图钉)制作一个你喜欢的角,然后展示在教室两边。

## （四）课堂总结

### 1. 课堂总结的类型

通常课堂总结主要有两种形式，即封闭型总结和开放型总结。

封闭型总结又称认知型总结，其目的是巩固学生所学的知识，把学生的注意力集中到课程的要点上。

开放型总结是把所学的知识向其他方向延伸，以拓宽学生的知识面，引起更浓厚的研究兴趣，或把前后知识联系起来，使学生的知识系统化。

### 2. 课堂总结的方法

（1）归纳法

归纳法是教师引领学生以准确简练的语言对课堂讲授的知识进行归纳、概括、总结，梳理讲授内容，理清知识脉络，突出重点和难点，归纳出一般的规律、系统的知识结构等方法。它可以在一节课结束时进行，也可以在有联系的几节课结束后进行。

（2）比较法

比较法是教师对教学内容采用辨析、比较、讨论等方式结束课堂教学的方法，意在引导学生将新学概念与原有认知结构中的类似概念或对立概念，进行分析、比较，既找出它们各自的本质特征，又明确它们之间的内在联系和异同点，使学生对内容的理解更加准确、深刻，记忆更加牢固、清晰。

【实例 11】

有位语文教师讲授峻青的《秋色赋》，落实本课基本要求后，在结束课时将欧阳修的《秋色赋》和毛泽东的《沁园春·长沙》也一同发给大家，引导学生比较、思考和讨论。

"其色惨淡，烟霏云敛；其意萧条，山川寂寥。"——这是欧阳修的秋。

"绚丽缤纷""眼花缭乱""不是人生易老的象征，而是繁荣昌盛的标志。"——这是峻青的秋。

"万山红遍""漫江碧透""万类霜天竞自由"——这是毛泽东的秋。

通过比较，北宋文人、现代作家和伟大无产阶级革命家笔下的秋，其色、其光、其形、其情操、其胸怀其精神的差异，给予学生认识上的不同感受，让学生在联想、想象、审美体验中，去实现对美的判断、理解，不断丰富"感觉的人类性"。

（3）悬念启下法

悬念启下法是课时结束时，教师选择时机设置悬念，引发学生探究欲望的方法。课堂在扣人心弦处戛然而止，教师打出"欲知后事如何，且听下回分解"的招牌，引发学生产生继续探究的强烈愿望，为后续教学奠定良好的基础。

（4）练习法

练习法是教师通过让学生完成练习、作业的方式结束课堂教学的方法，这是最简单最常用的一种结课方式。教师通过精心设计的练习题，趁热打铁，既使学生所学基础知识、基本技能得到巩固和运用，又使课堂教学效果得到及时的反馈。

**【实例 12】**

一位教师在教"最大公约数"一课时设计了这样一道趣味习题结束课堂教学:猜电话号码游戏。王老师家的电话号码是一个七位数,从高位到低位依次是:① 最小的合数;② 最小的自然数;③ 最小的既是奇数又是素数;④ 既是偶数又是素数;⑤ 只有三个约数的偶数;⑥ 既是 5 的倍数,又是 5 的约数;⑦ 6 和 12 的最大公约数。你能说出王老师家的电话号码吗?

（5）游戏法

游戏法是一种把练习内容寓于游戏之中结束课堂教学的方法。小学生往往对大量的、枯燥的练习缺乏兴趣,甚至产生厌倦心理,学习处于被动状态。采用游戏法结课能帮助他们从厌倦的情绪中解放出来,唤起他们主动参与练习的激情,收到事半功倍的效果,并从中体验成功的喜悦,唤起他们再一次追求成功的心向。

**【实例 13】**

小学数学"倍的认识"一课,一位教师在结束时,设计了"动脑筋离开教室"的游戏。

师生总结全课后,表扬本课最突出的三名同学,下课时要让他们手拉手先走出教室。然后提出:其余同学离开教室时,动脑筋想一想,怎样走,能让大家一眼就看出剩下的人数是他们的几倍。（全班人数是 3 的倍数）经过一阵讨论,大家认识到,以被表扬的三个同学为一倍量,思考剩下的学生还有几个 3,即是 3 的几倍。下课铃响了,同学们纷纷三人一组手牵着手快乐地离开了教室。这样的结尾,自然、巧妙、不落俗套,寓知识的巩固、思维的发展于轻松的游戏之中,游戏丰富了学生"倍"的概念表象,深化了对于"倍"的理解。

（6）提问法

提问法是在课堂结束时,教师围绕着教学内容进行口头提问,让学生回答。然后教师或其他学生再根据回答的情况进行必要的修正和补充的方法。需要指出的是,口头提问必须针对要点、难点和关键点,切忌走题。

## 五、作业布置

作业的布置,是教师的教学思想与教育机智的体现,其容量和难易程度都会对学生产生一定的影响,教师要全面思考、精心设计,不能草草了事。

作业的布置遵循以下原则:

一是目的性。作业的布置应体现课堂教学要达到的教学目标,学生通过作业能进一步巩固知识,使思维能力得到进一步发展。

二是针对性。针对教材和学生实际,教师要精心选择作业题。太难会使学生无从下手,太简单则降低了教学的要求,会影响学生对知识的把握。

三是趣味性。"兴趣是最好的老师",兴趣能激发学生的学习动机,吸引自制力尚处在薄弱阶段的学生,使他们以愉快的心情完成每次作业。

四是层次性。学生的水平存在一定的差异性,这就要求作业的布置要体现层次性。

五是多样性。作业的形式要新颖灵活、不拘一格。除了传统的手写作业外,应适当地运用口头练习(复述、讲故事等)、表演练习(小品、话剧)、实际操作(课外实验、观察、测量、制作)等多种作业形式。

六是开放性。新课程要求大部分作业应突出开放性和探究性,也就是学生解答问题时要有一定的思考和实践,作业答案要有一定的开放性。

## 六、板书设计

教学板书是教师在教学过程中,根据教学的需要,配合语言、多媒体等,运用文字、符号、图表向学生传播信息的教学行为方式。板书是教师必备的基本教学技能。

### 1. 脉络式板书

这种板书是抓住作者的思路,用线条指示课文的脉络。它可以将比较长、比较复杂的课文,化繁为简,化难为易,便于学生掌握课文特点和脉络层次。

### 2. 提纲式板书

这种板书是把教材内容纲目化,教师往往先写大提纲,然后依据所讲内容书写第二、第三层次的小纲目,边分析边书写。板书形式提纲挈领,简明清晰,重点突出,利于学生分析问题和解决问题。

【实例 14】《捞铁牛》(人教版《语文》四年级上册)板书

一段:写准备工作。

一层:写摸清位置。

二层:写备船装沙。

三层:写并船搭架。

四层:写拴住铁牛。

二段:写铲沙托船拔铁牛。

三段:写使劲划桨拖铁牛。

四段:写用同样的方法拖其他铁牛。

### 3. 图表式板书

这种类型是将所授课文的重点分门别类,系统地板书,让学生对重点知识有较完整的认识。图表式板书示范性强,教师可以为学生分析一到两例,让学生"依样画葫芦",自己练习。这样既可以减少教师分析课文的时间,又能让学生得到自主训练。

### 4. 点睛式板书

点睛式板书要求用最准确、最鲜明、最关键的字词,点明一篇文章最重要、最关键的核心所在。这种板书应该像一把钥匙一样一经写出,就能打开课文的理解之锁,起到一语中的的作用。

### 5. 对比式板书

对比式板书主要是按照对比的特点,把对比双方对称排列,使之现象更加鲜明、突出,观点是非曲直昭然若揭。

除以上几种主要的板书样式外,教师在板书时可采用其他一些灵活的方式。如变换字体、变换表的形式等。

# 第三章　小学教学整合和小学综合课程

## 考点分析

1. 本章知识在历年考试中多以单项选择题的形式进行考查。

2. 综合课程的类型与"品德与生活"课程通常为重点。

3. 需要识记综合课程的基本类型、目前在小学设置的综合课程和小学综合实践活动课程的主要内容。

## 第一节　信息技术与小学教学整合

### 一、信息技术与小学教学整合的概念

信息技术与学科教学整合,就是把信息技术与学科课程的教与学融为一体,改变传统的教学模式,提高教与学的效率。计算机与各学科课程整合就是把各种技术手段完美、恰当地融合到教学活动中去——就像在教学中使用黑板和粉笔一样自然、流畅。要达到"整合"的目标,教师不仅要熟悉掌握技术手段,更重要的是要深刻了解教育的本质,了解本学科教育的根本目的,了解教学中的难点所在,了解传统教学的优点和局限性,结合技术更好地进行教学活动。

### 二、信息技术给教学带来的变化

随着教育信息化的发展,信息技术引入到教学当中,与学科教学进行有效整合,推动了教育技术力量的变革,从而使得教学内容的呈现方式、学生的学习方式、教师的教学方式、师生互动的方式发生变革。通过在各科教学中有效地使用信息技术,为学生的多样化学习创造环境,使信息技术真正成为学生认知、探究和解决问题的工具,培养学生的信息素养及利用信息技术自主探究、解决问题的能力,提高学生学习的效率。

#### 1. 信息技术与教学内容呈现方式的变革

传统的教学内容呈现方式主要是声音(教师语言)、文字和图像,主要通过书、纸的记录和传播。信息技术作为呈现教学内容的重要工具可以将多种媒体方便、快速地集成,实现对教育资源的有效统整。信息技术对教学内容呈现方式变革的促进作用表现以下几个方面:

(1)信息技术可提供多种媒体的刺激,有利于知识的获取和保持。在课堂教学过程中,多媒体教学软件可以呈现教科书以外的教学内容,这些软件依据学科特点由教师选择、集成在计算机中,以便于在课堂教学中随时使用。

（2）信息技术可提供超文本特性，实现对教学内容最有效的组织与管理。在课程教材建设方面，可开发多媒体电子教材、教学资料，将文字、声音、图像、动画等有机地集成，制作成 CD-ROM 等光盘长期、大容量地贮存。

（3）信息技术可提供网络传递方式，实现教学内容的实时开放。建立教学专用网站，随时更新、补充网上教学资源，供教师和学生使用。

### 2. 信息技术与学生学习方式的变革

信息技术与学生学习方式之间并不存在必然的关系，信息技术可以是"知识的灌输者"，学生的学习方式主要是接受式；信息技术也可以是"学习的辅助者"，学生的学习方式主要是研究式。因此，信息技术与学生学习方式变革的主要决定因素是教育思想和理念。信息技术应作为学生自主探究学习的重要工具，其对学生学习方式变革的促进作用主要表现在以下几个方面：

（1）信息技术可以有助于实现分层次教学、个别化学习，为每个学生提供尽可能选择学习内容的空间。

（2）信息技术可以作为学生自主学习的重要工具，从提高基本的学习效率（读、写、算）到完成较复杂的研究任务都可以使用信息技术，从而帮助学生提高学习的质量和效率。例如，学生利用网络技术从不同资源中查找、评价、收集信息；学生利用数据处理技术分析实验数据、绘制图表以及汇报研究成果；学生利用虚拟技术模拟研究现实问题，提出解决策略和方案等。

（3）信息技术网络特性更有利于实现学生的协作式学习。例如，学生通过网络通信技术与同伴、专家及其他学者合作，发布作品并进行交流。利用网络技术的 BBS 和电子邮件开展合作学习，并把自己的观念和信息有效地传播给其他人。学生可以建立个人主页或小集体主页，创设个性化的学习平台。

### 3. 信息技术使教师的教学方式发生变革

教师教学方式与学生学习方式是相对而言的，学生学习方式发生变革的同时，教师教学方式也必然发生变化。教师的角色应从传授者、权威者转换为学生学习的辅导者、支持者，信息技术则成为教师辅助学生学习的重要工具。信息技术对教师教学方式变革的促进作用表现在以下几个方面：

（1）信息技术可以作为准备教学的重要工具，从备课查找资料，到设计、制作教学软件都可以应用信息技术，从而提高教师的工作效率和质量。

（2）信息技术有助于教师创设更生动、逼真的问题情境，引导学生进入自主学习状态。

（3）信息技术有利于提高教师呈现教学内容的质量和效率。

（4）作为教师总结教学经验的工具，教师利用工具软件记录、管理教学日志，并定期通过网络发表自己的教学体会，与其他教师交流。

### 4. 信息技术使师生互动的方式发生变革

师生互动方式的转变实际上是师生关系转变的表现，信息技术使师生由主动与被动的关系变为平等、和谐的关系。信息技术的信息传递具有快速、隐蔽、灵活等特点,可以丰富传统的师生互动方式,使师生之间增加更广泛、更民主、更有针对性的交流。信息技术对师生互动方式变革的促进作用主要表现在以下几个方面:

(1) 信息技术可以实现一名教师与多个学生的互动,学生可以随时向教师提问,教师可以实现针对每个学生的特点进行个别性的辅导。

(2) 信息技术可以实现远距离师生互动,加强师生、生生之间的跨时空的交流与合作。

(3) 信息技术强大的管理功能可以提高师生之间评价与反馈的质量与效率。

### 三、信息技术与学科教学整合的基本模式

根据具体的教学目标和教学内容,信息技术与学科教学整合可灵活采用各种教学模式。

#### 1. 探讨式(协作学习式)

其授课程序是:提出问题—分组研究—确定选题—自主学习—发布学习成果—信息反馈。这种教学更加突出了学生的主体地位,并逐步建立起包括研究性学习、自主性学习等多样化的学习模式。

#### 2. 讲解演示

讲解演示模式模仿了教师课堂讲授与演示的教学方法。利用多媒体计算机所具备的图像、动画、语言和音乐的功能,发挥计算机所特有的交互性,将教材内容呈现给学生。该模式也可供学生作为个别教学的形式利用,通过选择学习时间的长短起到因材施教的作用。

#### 3. 操作与练习

操作与练习是当前用得最多的信息技术与学科教学整合的基本教学模式。它是通过反复地练习使学生巩固和熟练某些知识和技能,提高学生完成学习任务的速度和准确性。该模式的特点是计算机的即时反馈功能得到了恰当的应用。

#### 4. 个别指导

个别指导模式主要模拟教师对学生的教学情景,即利用计算机扮演讲课教师角色。它基本采用分支型程序教学方法,将教学内容分成一系列教学单元,每次呈现的只是一个概念或知识点。

#### 5. 对话

"对话"是指计算机与学生之间的对话。计算机可以向学生提问,允许学生用自然语言回答,学生也可以向计算机提问。这种模式实现了计算机与学生间的"真正"对话。

#### 6. 教学游戏

教学游戏常常被用于产生一种较强烈的竞争性的学习环境,而其内容和环境都与教学目标相联系,把知识性、趣味性和教育性融为一体,从而激发学生的兴趣,起到"寓教于

玩"的作用。

### 7. 模拟

模拟亦称仿真，是指用计算机模仿真实现象或实现理论上的"理想模型"。这种模式形象直观、生动活泼，非常有利于培养学生解决问题的能力。

### 8. 计算机辅助测验

计算机用于教学后，许多学校用计算机进行教学评价、测验。由计算机显示题目，考生在终端操作答题，计算机立即核对答案和评分。这种测验能为考生及时提供反馈信息，还可以及时帮助学生澄清错误概念，特别适合于单元测验和帮助学生进行学习。

### 9. 问题解答

问题解答试图给学生呈现一个或几个问题情境，让学生加以解决。该情境常以其神秘性、迷惑性给学生以挑战，从而引发学生的学习动机。

### 10. 发现式学习

发现式学习是属于认知建构主义理论中的一种学习方法。通过计算机使学生置身于构造好的环境中，并提供进行探索、分析、推导、计算等工具，使学生在探索过程中发现并掌握新概念和原理。

### 11. 远程辅导与在线讨论

远程辅导与在线讨论的模式主要是指处于异地的学习者及教师利用 Internet 网络通信技术所进行的一种学习方式。通过网络，可以共同上课，共同讨论问题，可以做一些以往教学手段难以完成的事情。

## 四、信息技术与教学整合的途径

### 1. 合理利用多媒体课件进行整合

利用多媒体课件是教师在教学过程中经常采用的一种教学手段。一个课件可以融入声音、图片、动画、视频等多种媒体，比传统教学手段有着更强的表现力和感染力，对增强学生的学习兴趣、提高学习效率，使其在轻松自由的环境中接受知识、获得能力，效果十分显著。

### 2. 充分利用网络资源进行整合

随着计算机的不断普及和网络建设的飞速发展，网上教学已经成为不可逆转的潮流。网上教学的问世和迅速发展，不仅带来了横跨时空的全新的教学方式，同时又为学生提供了完全个性化的学习环境，促进了教学观念、教学过程、教学模式及教学评价方式等的深刻变革。

## 五、信息技术与教学整合的意义

（1）信息技术与教学整合是教育信息化的一个重要目标。
（2）信息技术与教学整合是改革传统教学方式的一个重要手段。

（3）信息技术与教学整合是培养学生创新精神和实践能力的一个重要途径。

# 第二节　学科课程整合

## 一、学科课程整合的概念

信息技术与课程整合是我国 21 世纪基础教育教学改革的一个新途径，与学科教学有着密切的联系和继承性，同时又是具有相对独立性的新型教学结构类型。信息技术与课程整合，不是把信息技术仅仅作为辅助教或辅助学的工具，而是强调要把信息技术作为促进学生自主学习的认知工具和情感激励工具，利用信息技术所提供的自主探索、多重交互、合作学习、资源共享等学习环境，把学生的主动性、积极性充分调动起来，使学生的创新思维与实践能力在整合过程中得到有效的锻炼，这正是创新人才培养所需要的。

## 二、学科课程整合的特征

信息技术与课程整合的最基本特征是：有先进的教育思想、教学理论的指导、学科交叉性和立足于能力的培养。具体表现在以下几个方面：

第一，任务驱动式的教学过程。信息技术与课程整合以各种各样的主题任务进行驱动教学，有意识地开展信息技术与其他学科（甚至多学科）相联系的横向综合的教学。如目前的网络游戏，刚进去玩时，系统一般都会提供一系列的新手任务，当你完成这些新手任务后，该游戏的基本操作你也就基本会了，可以说这也是教育技术在游戏中的体现。

第二，信息技术作为教师、学生的基本认知工具。在信息技术与课程整合中，强调信息技术服务于学科的内在需求，服务于具体的任务。教师和学生都以一种自然的方式对待信息技术，把信息技术作为获取信息、探索问题、协作解决问题的认知工具，把各种技术手段完美、恰当地融到课程的教学与学习中去。

第三，能力培养和知识学习相结合的教学目标。信息技术与课程整合要求学生学习的重心不再仅仅放在学会知识上，而是转到学会学习、掌握方法和培养能力上，包括培养学生的信息素养。强调能力的培养也是我国新课改的重中之重，现在的中小学课程改革的重点是要求教师在教会学生知识的同时注重对学生能力的培养，所以看现阶段新课改的教材和示范课会让人觉得有些内容或程序总有点多此一举，但其实这都是学生能力培养所必要和必需的，这点也需要广大教育工作者的认真落实。当然，这样也就无形中对教师的职业素养提出了更高的要求。

第四，"教师为主导、学生为主体"的教学结构。在信息技术与课程整合的教学结构中，强调学生的主体性，要求充分发挥学生在学习过程中的主动性、积极性和创造性。

第五，个别化学习和协作学习的和谐统一。信息技术能够为我们提供一个开放性的实践平台，每一位学生在这个平台上可以采用不同的方法、工具来完成同一个任务。这种个别化教学策略对于发挥学生的主动性和进行因人而异的学习是很有帮助的。

### 三、学科课程整合的种类

目前,国内许多学者根据自己对这一概念的理解,提出信息技术与课程整合的内涵,由此使得信息技术与课程整合的概念扩大化。但归纳起来大致有以下种:

第一,信息技术与学科教学的整合。这一层面的整合结果包括:CAI、Web-based CAI,CMI、校内闭路电视、卫星传输教学节目、电影、幻灯等利用信息媒体展示教学信息而开展教学的模式。

第二,信息技术与学习活动的整合。这一层面的整合结果包括:CAL、CSCL、利用计算机网络开展的讨论,在线会议,利用视频会议开展网上讨论学习、在线答疑等模式。与上述不同的是,这一层面的整合体现了信息技术不只是作为呈示教学信息和抽象知识的载体,它更多体现的是作为教与学的互动,学生之间的交流与沟通的工具特点。

第三,学科教学与学生学习活动的整合。上述两方面共同构成了目前大多数学者和中小学教师认为的"信息技术与课程整合"的概念。同时,在国外"20世纪50年代以来这两种课程形态由截然分开和彼此对立走向相互融合和趋向统一,熔于一炉,从而形成了以建构主义课程观为基础的'学生本位课程'"。结合活动开展学科教学,在我国一些学校也有所实施。

第四,教育的信息化——信息技术与学科以及实践活动的整合。"ITE与学科整合"显示,信息技术教育(ITE)学科与其他学科(如语文、数学)以及活动课程的整合,它反映了整合后的综合课程的特征,又指明了在真实活动或学习共同体中体验性学习知识和技能的必要性,同时把信息技术作为工具来支持信息技术教育课程、学科课程、活动课程之间的整合。其结果是信息技术环境下基于真实活动的系统化知识技能的主体学习活动。可是,知识是无穷尽的,就目前情况来看,还没有一个理想方法使得学生通过实践活动建构结构化的知识。学科技能是有限的,可以通过分析学科专家的活动行为使之结构化。

### 四、学科课程整合的目标

信息技术与课程整合要达到的宏观目标:建设数字化教育环境,推进教育信息化进程,促进学校教学方式的根本性变革,培养学生的创新精神和实践能力,实现信息技术环境下的素质教育与创新教育。具体目标可以概述为:

#### 1. 优化教学过程,提高教学质量和效益

信息技术与课程整合的本质是在先进的教育思想、教育理论的指导下,把以计算机及网络为核心的信息技术,作为教学环境的创设工具和促进学生学习的认知工具,应用到各学科教学过程中。将各种教学资源、各个教学要素和教学环节,经过组合、重构、相互融合,提高教学质量,促进传统教学方法的变革。

#### 2. 培养学生的信息素养

培养学生获取(包括信息发现、信息采集与信息优选)、分析(包括信息分类、信息综合、信息查错与信息评价)、加工(包括如何有效地利用信息来解决学习、工作和生活中的

各种问题)和利用(包括信息的排序与检索、信息的组织与表达、信息的存储与变换以及信息的控制与传输等)信息的知识与能力,为学生打好全面、扎实的信息文化基础,同时具备对信息内容的批判与理解能力,并能在虚拟的环境中具有良好的伦理道德和法律意识。

### 3. 培养学生掌握信息时代的学习方式

海量的网络信息,改变了人类的学习方式,学习方式从接受式学习转变为自主学习、探究学习、研究性学习和协作学习。新的学习方式要求学习者必须能够利用资源进行学习,学会在数字化情境中进行自主发现,学会利用网络通信工具进行协商交流、合作讨论式的学习,学会利用信息加工工具和创作平台,进行实践创造的学习。

### 4. 培养学生终身学习的态度和能力

在信息时代,知识的更新速率加快,各学科间相互渗透,出现了更多的新兴学科和交叉学科。在这种科学技术、社会结构发生剧变的大背景下,要求学习者能够具有主动汲取知识的愿望并能付诸日常生活实践,要能够独立自主的学习,能够自我组织,并能控制整个学习过程,对学习进行自我评估。

## 五、学科课程整合的原则

信息技术与课程整合,是将信息技术有机地融合在各学科教学过程中。但整合不等于混合,在利用信息技术之前,教师要清楚信息技术的优势和不足,并了解学科教学的需求。在整合过程中,教师要设法找出信息技术在哪些地方能提高学习的效果,从而使学生能用信息技术来完成那些用其他方法做不到或效果不好的学习任务。

### 1. 运用教育理论指导课程整合的实践

现代学习理论为信息技术与课程整合奠定了坚实的理论基础,在教与学的层面上,每一种理论都具有其正确的一面。但是,在教学实践中,没有一种理论具有普适性,无论哪一个理论都不能替代其他理论而成为唯一的指导理论。

行为主义学习理论,在对需要机械地记忆知识或具有操练和训练教学目标的学习中突显出来。

认知主义学习理论的指导作用,则主要体现在激发学生的学习兴趣、控制和维持学生的学习动机。

建构主义学习理论,提倡给学生提供建构理解所需的环境和广阔的建构空间,让学生自主、发现式地学习。如利用信息技术进行适当的内容重复,帮助学生记忆知识。通过信息技术设置情境,让学生便于意义建构。

### 2. 根据学科特点构建整合的教学模式

每个学科都有其固有的知识结构和学科特点,它们对学生的要求也是不同的。

语言教学是培养学生应用语言的能力,主要训练学生在不同的场合,正确、流利地表达自己的思想,较好地与别人交流的能力。

数学属于逻辑经验学科,主要由概念、公式、定理、法则以及应用问题组成,教学的重点应该放在开发学生的认知潜能上。

**283**

物理和化学，则是与人们的生产、生活密切相关的学科。在教学中，应注意对学生的观察能力、解决问题的能力和做实验的能力的培养。

如果需要培养学生的操作能力，那么用计算机的模拟实验全部代替学生的亲手实验，将会违背学科的特点，背离教学目标中对学生动手能力的培养。

### 3. 根据教学内容选择整合策略

信息技术与课程的整合应该根据不同的教学对象，实施多样性、多元化和多层次的整合策略。对于学习类型和思维类型不同的人来说，他们所处的学习环境和所选择的学习方法将直接影响他们的学习效果。如有的学生不能主动地对外来信息进行加工，喜欢有人际交流的学习环境，需要明确的指导和讲授。而有的学生在认知活动中，则更愿意独立学习，进行个人钻研，更能适应结构松散的教学方法或个别化的学习环境。

### 4. 根据"学教并重"的理论来进行课程整合的教学设计

目前流行的教学设计理论主要有"以教为主"的教学设计和"以学为主"的教学设计两大类。理想的方法是将二者结合起来，取长补短，形成优势互补"学教并重"的教学设计理论。而且，这种理论也正好能适应"既要发挥教师主导作用，又要充分体现学生主体作用的新型教学结构"的要求。将信息技术作为促进学生自主学习的认知工具与情感激励工具。

### 5. 个别化学习和协作学习的和谐统一

信息技术给我们提供了一个开放性的实践平台，对于同一任务，不同的学生也可以采用不同的方法和选择不同的工具来完成。这种个别化的教学策略，对于发挥学生的主动性，进行因人而异的学习是很有帮助的。教师既要为学生提供个别化的学习机会，又要组织学生开展协作学习。

# 第三节　综合课程

## 一、综合课程的概念

综合课程是一种主张整合若干相关联的学科成为一门更广泛的共同领域的课程。社会的高速发展，一方面要求学科内部的分化更加精细，另一方面，也使学科之间进一步交叉综合。既高度分化又高度综合，而以高度综合为主的整体化趋势是当代科技发展的基本特征之一。

综合课程和分科课程是两种功能互补的课程形态，两种课程具有独特的优越性，分科课程注重知识的逻辑结构和知识间的相对独立性，而综合课程强调知识的丰富性和联系性。综合课程并不意味着对传统分科课程的抛弃，相反，它是建立在传统分科课程基础上的。

课程的综合不是内容的删减，也不是生硬地拼凑。课程综合化趋势主要表现在，重新审视传统的学科分类体系，打破学科界限，改变单纯以学科的逻辑来组织课程内容的做法，强调以学习者的经验、社会需要和问题为核心进行课程的整合。综合课程既要继承分科课程的优秀传统和宝贵经验,还要在教育理念、教学形式、教学评价等方面具有重大突破。

## 二、综合课程的类型

根据综合课程的综合程度及其发展轨迹,可分为以下几种:

### (一)相关课程

在保留原来学科独立性的基础上,寻找两个或多个学科之间的共同点,使这些学科在教学上能够相互照应、相互联系、穿插进行。两种或两种以上学科在一些主题或观点上相互联系起来,但又维持各学科原来的独立状态。例如,语文和历史教学可以联系起来,当历史老师讲到清代史的时候,语文老师便让学生阅读清代文学作品,通过历史背景的介绍可以加深对作品的理解,而文人的心态也是历史的反映。这样就建立了历史与语文的关联。

### (二)融合课程

也称"合科课程",是指将有关的学科合并成一个新的学科,把部分的科目统合兼并于范围较广的新科目,选择对于学生有意义的论题或概括的问题进行学习。合并后,原来的科目不再单独存在,这与相关课程不同。例如,历史、地理、公民融合为综合社会科,物理、化学、生物融合为综合理科(或科学),植物学、动物学、生理学融合为生物学等。

### (三)广域课程

广域课程就是合并数门相邻学科的教学内容而形成的综合性课程。广域课程在范围上要比融合课程大一些。融合课程仍限于与原有学科知识相关的领域,而广域课程不仅包括与学科有关的领域,人类大部分的知识与认知领域都可以被整合起来。

### (四)核心课程

这种课程是围绕一些重大的社会问题组织教学内容,社会问题就像包裹在教学内容里的果核一样,又被称为问题中心课程。

前三种课程都是在学科领域的基础上进行的知识综合的课程形式,它们打破了原有的学科界限,是旧的学科课程的改进和扩展;而核心课程则是以解决实际问题的逻辑顺序为主线来组织教学内容的。

## 三、综合课程的基本形式

### (一)学科本位的综合课程

学科本位的综合课程是以知识的逻辑结构为主线组织教材。它以某一门学科为主体,综合其他学科知识编制课程。这种课程的特点在于,它试图把那些具有相关性的学科知识整合起来,形成一种新的综合学科。比如,将植物学、动物学、生理学、解剖学融合为生物学,将地质学、自然地理、人文地理、历史地理融合为地理学。

### （二）社会本位的综合课程

社会本位的综合课程是以主题或解决问题为主线组织教材。一般围绕一个现实社会问题，综合有关学科的知识，构成教材内容体系。"科学—技术—社会课程"（简称STS课程）。STS课程主要关注"科学""技术"与"社会"三者之间的交互作用和互相影响；"环境教育课程"主要关注人类生存环境日益恶化的状况，培养学生的环境保护意识，增强学生对人与环境相互关系的理解，研究解决环境问题的途径等；"国际理解教育课程"则主要关注如何使学生在尊重差异的基础上，发展对其他国家、民族、文化的理解能力，以促进国际交往与合作。

### （三）儿童本位的综合课程

儿童本位综合课程是以儿童当下的直接经验、儿童的需要和动机、儿童的兴趣和心理发展为课程整合的核心。其目的是促进儿童的经验生长和人格发展。这样看来，儿童本位综合课程（或称"经验本位综合课程"）即是"经验综合课程"。卢梭的"浪漫自然主义经验课程"、德国的"乡土教育论"与"合科教学"、杜威的"经验自然主义经验课程"、克伯屈的"设计教学法""当代人本主义经验课程"都可以说是儿童本位综合课程的典范。除此之外，像美国普雷斯科特（Daniel Prescott）所倡导的以儿童的"发展任务"（development tasks）为核心的课程组织、斯特拉特迈耶（Florence Stratemeyer）等人所倡导的以儿童的"持久生活情境"（the persistent situations）为核心的课程组织，皆属于儿童本位综合课程。

### 四、综合课程的优势

综合课程的优势主要表现在以下方面：

第一，综合课程打破了学科间的界限，增进了各学科之间的知识与方法的联系，有利于培养学生对事物的整体把握能力。

第二，综合课程减少了课程的门类，有利于减轻学生的负担。同时也可以解决课时的有限性与内容的广泛性的矛盾。

第三，综合课程从生活、社会的实际出发，具有较强的实践性，有利于培养学生的动手能力，提高人的整体认识、理解问题的能力，开阔学生视野，加强了课程内容的综合性，加强了课程内容与现实生活和学生经验的联系。

### 五、我国小学综合课程

#### （一）我国小学课程结构的现状

我国新一轮课程改革，设置九年一贯制义务教育阶段的课程，构建了分科课程与综合课程相结合的课程结构，小学阶段以综合课程为主。小学低年级设置品德与生活、语文、数学、体育、艺术（或音乐、美术）；小学高年级设置思想品德与社会、语文、数学、外语、科学、综合实践活动、体育、艺术(或音乐、美术)。

## (二)目前设置的综合课程示例

### 1. 品德与生活(小学 1~2 年级)

(1)课程性质

品德与生活课程是以儿童的生活为基础,以培养品德良好、乐于探究、热爱生活的儿童为目标的活动型综合课程。品德与生活课程并非传统意义上的思想品德课程,它兼具品德教育、科学教育、社会教育以及生活教育等多种价值。

课程基本特征表现在以下几个方面:

第一,生活性。遵循儿童生活的逻辑,以儿童的现实生活为课程内容的主要源泉,以密切联系儿童生活的主题活动或游戏为载体,以正确的价值观引导儿童在生活中发展,在发展中生活。

第二,开放性。面向儿童的整个生活世界,重视地方、学校、教师与儿童的创造性。课程内容从教科书扩展到所有对儿童有意义、有兴趣的题材;课堂从教室扩展到家庭、社区及儿童的其他生活空间;时间可以在与学校其他活动或学科的配合和联结中弹性地延展;评价关注儿童丰富多彩的体验和个性化的创意与表现。

第三,活动性。课程的呈现形态主要是儿童直接参与的主题活动、游戏和其他实践活动。课程目标主要通过教师指导下的各种教学活动来实现。活动是教和学共同的中介。教师的主要作用是指导儿童的活动,而非单纯地只讲教科书;儿童更多的是通过实际参与活动,动手操作,而非仅仅依靠听讲来学习。

(2)课程的基本理念

第一,道德存在于儿童的生活中。道德寓于儿童生活的方方面面,没有能与生活分离的"纯道德的生活"。儿童品德的形成源于他们对生活的体验、认识和感悟,只有源于儿童实际生活的教育活动才能引发他们内心的而非表面的道德情感、真实的而非虚假的道德体验和道德认知。因此,良好品德的形成必须在儿童的生活过程之中,而非在生活之外进行。

第二,引导儿童热爱生活、学习做人是课程的核心。低年级的课程应当通过深入浅出的、道德的、科学的、生活的启蒙教育,为儿童形成积极的生活态度和实际的生存能力打下良好的基础,为他们在价值多元的社会中形成健全的人格和正确的价值观、人生观打下基础。

第三,珍视童年生活的价值,尊重儿童的权利。童年是一个蕴藏着巨大发展潜力的生命阶段。童年生活具有完全不同于成人生活的需要和特点,它不仅仅是为未来生活做准备或教育的手段,其本身就蕴藏着丰富的发展内涵与价值。学校生活是童年生活的重要组成部分,参与并享受愉快、自信、有尊严的学校生活是每个儿童的权利。

第四,在与儿童生活世界的联系中建构课程的意义。儿童是在真实的生活世界中感受、体验、领悟并获得各方面的发展的。重视课程与儿童生活世界的联系,让课程变得对儿童有意义,这将有利于他们构建真正属于自己的知识和能力,形成内化的道德品质。

(3)课程的设计思路

从本课程在学校课程中的位置来看,本课程在课程目标、内容、形态、实施方式等方面与幼儿园课程衔接,同时又为小学中、高年级阶段的品德与社会、科学以及综合实践活动等课程打下基础。

从本课程结构框架来看,儿童在自己的生活中通过认识自然、了解社会和把握自我,并在其与自然、社会的互动中发展着自己,建构自己与外部世界的关系。因此,品德与生活课程以儿童的生活为基础,用三条轴线和四个方面(三条轴线是:儿童与自我;儿童与社会;儿童与自然;四个方面是:健康、安全地生活;愉快、积极地生活;负责任、有爱心地生活;动脑筋、有创意地生活)组成课程的基本框架,并据此确定课程的目标、内容标准和评价指标。

### 2. 品德与社会(小学3~6年级)

(1)课程性质

品德与社会课程是在小学中高年级开设的一门以学生生活为基础、以学生良好品德的形成为核心、促进学生社会性发展的综合课程。

课程基本特征表现在以下几个方面:

第一,综合性。本课程设计体现社会环境、社会生活和社会关系的内在整合;课程内容有机融合品德和规则教育,爱国主义、集体主义和社会主义教育,历史、文化与国情教育,地理和环境教育,生命与安全教育,民族团结教育等;教学活动体现学生生活经验、知识学习与社会参与的彼此渗透和相互促进,从多角度、多层面引导学生去理解、认识自我、他人和社会,并以此为基础形成基本的道德品质。

第二,实践性。本课程学习是知与行相统一的过程,注重学生在体验、探究和问题解决的过程中,形成良好道德品质,实现社会性发展。课程设计与实施注重联系学生的生活实际,引导学生在实践中发现和提出问题,在亲身参与丰富多彩的社会活动中,逐步形成探究意识,培养创新精神。

第三,开放性。本课程内容根据社会生活的发展变化和学生身心发展的需要,有弹性地吸纳鲜活的社会生活事件;教学空间从课内向课外延伸,从课堂向学校、家庭和社区扩展;课程评价关注不同学生的学习起点和学习态度,不以单一指标评价学生的发展,评价不仅关注学习结果,更重视学习过程和日常行为。

(2)课程的基本理念

第一,帮助学生参与社会、学会做人是课程的核心。本课程特别关注每一个学生的成长。以社会主义核心价值体系引导学生的道德发展,丰富学生的社会认识和内心世界,健全学生的人格,使他们能够以积极的生活态度参与社会,成为有爱心、有责任心、有良好行为习惯和个性品质的人。

第二,学生的生活及其社会化需求是课程的基础。本课程注重学生生活的价值。学生的品德与社会性发展源于他们对生活的认识、体验和感悟,学生的生活对本课程的构建具有重要价值。课程必须贴近他们的生活,反映他们的需要,让他们从自己的世界出发,用自己的眼睛观察社会,用自己的心灵感受社会,用自己的方式探究社会,并以此为基础,提升学生的生活。

第三,提高德育的实效性是课程的追求。本课程强调必须从学生发展的现实和可能出发,提高德育的实效性。教学要因地制宜地营造有利于学生品德和行为习惯养成的学习环境,选取学生生活中真实可信的生动事例,采用学生乐于接受的生动活泼的方式,帮助他们认识和解决现实生活中的问题,使教学成为学生体验生活、道德成长的有效过程。

（3）课程的设计思路

本课程以学生的生活为基础。家庭、学校、社区是学生不断扩展的生活领域。社会环境、社会活动、社会关系是存在于这些领域中的几个主要因素。学生的品德与社会性发展是在逐步扩展的生活领域中,通过与各种要素的交互作用实现的。

本课程的设计思路是:一条主线,点面结合,综合交叉,螺旋上升。"一条主线"即以学生的生活发展为主线;"点面结合"的"点"是社会生活的几个主要因素,"面"是学生逐步扩展的生活领域,在面上选点,组织教学内容;"综合交叉,螺旋上升"指的是每一个生活领域所包含的社会要素是综合的,在不同年段层次不同,螺旋上升。

### 3. 科学(小学 1~6 年级)

（1）课程性质

小学科学课程是一门以培养学生科学素养为宗旨的基础性课程。它具有活动性、实践性和综合性,同时也是一门与其他学科有密切联系的课程。

（2）课程基本理念

第一,面向全体学生。体现基础性、普及性和发展性,要面向全体学生,适应学生个性发展的需要,使每位学生获得良好的科学教育。

第二,倡导探究式学习。科学探究是科学家探索和了解自然、获得科学知识的主要方法。小学科学学习的方式是多种多样的,探究式学习是学生学习科学的重要方式。探究式学习是指在教师的指导、组织和支持下,让学生主动参与、动手动脑、积极体验,经历科学探究的过程,以获取科学知识、领悟科学思想、学习科学方法的学习方式。

第三,保护学生的好奇心。小学生对周围世界具有强烈的好奇心和求知欲,这种好奇心和求知欲是推动学生学习的内在动力,对终身发展具有重要的作用。

第四,突出学生的主体地位。要基于学生的认知水平,联系学生已有的知识和经验,充分利用学校、社区等各种资源,创设良好的学习环境,引起学生的认知冲突,引导学生主动探究,启发学生积极思维;要重视师生互动和生生互动,引导学生对所学知识和方法进行总结与反思,使学生逐渐学会调节自身的学习,能够独立与合作学习,克服学习过程中的困难,成为一个具有终身学习能力的学习者。

（3）课程设计思路

小学六年学习时间划分为 1~2 年级、3~4 年级、5~6 年级三个学段。小学科学课程以培养学生科学素养为总目标,具体分解成科学知识,科学探究,科学态度,科学、技术、社会与环境四个方面。每个方面的目标分为总目标和学段目标。小学科学课程内容以学生能够感知的物质科学、生命科学、地球与宇宙科学、技术与工程学中一些比较直观、学生有兴趣参与学习的重要内容为载体,把重心放在培养小学生对科学探究的兴趣与正确的思维方式、学习习惯的养成上。

1. (2014年上半年选择题)小学《品德与生活》的教学目标,应随着儿童生活及活动过程的变化和需要不断调整。教学内容应从教科书扩展到儿童生活的各个方面,课堂从教室扩展到家庭、社会以及儿童的其他生活空间。这段话说明该课程具有(    )。

    A. 生活性      B. 综合性      C. 开放性      D. 活动性

2. (2013年上半年选择题)我国小学低年级开设的《品德与生活》在课程性质上属于(    )。

    A. 活动综合课程           B. 校本课程

    C. 分科课程              D. 综合实践活动课程

# 第四节　综合实践活动

## 一、综合实践活动课程的概念和性质

综合实践活动课程是基于学生的直接经验,密切联系学生自身生活和社会生活,注重对知识技能的综合运用,体现经验和生活对学生发展价值的实践性课程。综合实践活动课程具有以下性质:

### 1. 实践性

综合实践活动以活动为主要开展形式,强调学生的亲身经历,要求学生积极参与到各项活动中去,在"调查""考察""实验""探究""设计""操作""制作""服务"等一系列活动中发现和解决问题,体验和感受生活,发展实践能力和创新能力。

### 2. 开放性

综合实践活动超越了封闭的学科知识体系和单一课堂教学的时空局限,面向学生的整个生活世界,其课程目标和内容具有开放性。综合实践活动强调富有个性的学习活动过程,关注学生在这一过程中获得的丰富多彩的学习体验和个性化的表现,其学习活动方式与过程、评价与结果均具有开放性。

### 3. 自主性

综合实践活动尊重学生的兴趣、爱好,注重发挥学生的自主性。学生自己选择学习的目标、内容、方式及指导教师,自己决定活动结果呈现的形式,指导教师只对其进行必要的指导,不包揽学生的活动。

### 4. 生成性

综合实践活动注重发挥在活动过程中自主建构和动态生成的作用,处理好课程的预设性与生成性之间的关系。一般来说,学生的活动主题、课题或活动项目产生于对生活中现象的观察、问题的分析,随着实践活动的不断展开,学生的认识和体验不断丰富和深化,新的活动目标和活动主题将不断生成,综合实践活动的课程形态随之不断完善。

## 二、综合实践活动课程的主要内容

《纲要》在规定新课程的结构时做出了如下阐述:从小学至高中设置综合实践活动并作为必修课程。其内容主要包括:信息技术教育、研究性学习、社区服务与社会实践以及劳动与技术教育。

### (一)研究性学习

#### 1. 含义

研究性学习是指学生基于自身兴趣,在教师指导下,从自然、社会和学生自身生活中选择和确定研究专题,主动地获取知识、应用知识、解决问题的学习活动。研究性学习强调学生通过实践,增强探究和创新意识,学习科学研究的方法,发展综合运用知识的能力。学生通过研究性学习活动,形成一种积极的、生动的、自主合作探究的学习方式。

#### 2. 特点

(1)实践性。研究性学习要引导学生关注现实生活,亲身参与社会实践活动。同时,研究性学习的设计与实施应为学生参与社会实践活动提供条件和可能。

(2)过程性。研究性学习重视结果,更重视学生在学习过程中思维方法的掌握、感受和体验。在某种意义上讲,研究性学习的过程本身也就是它所追求的结果。

(3)开放性。研究性学习要求把学生置于一种动态、开放、主动、多元的学习环境中,努力激发学生的发散性思维和批判性思维。

(4)自主性。在整个过程中学生成为某一个课题的提出者、设计者、实施者,学生真正被置于学习的主体地位。

(5)体验性。研究性学习十分重视学生在学习中的亲身体验,这对培养学生优良的道德品质,形成良好的心理素质和创新意识等有重要的意义。

(6)探究性。研究性学习的课题,不宜由教师指定某个材料让学生理解、记忆,而应引导、归纳,呈现一些需要学习、探究的问题。

#### 3. 价值

研究性学习是为了每一个学生的终身发展服务,所以在新课程改革中有其独特的价值:

(1)保持学生独立的持续探究的兴趣。

(2)丰富学生的体验。

(3)使学生养成合作与共享的个性品质。

(4)增进学生独立思考的能力。

(5)使学生建立合理的知识结构。

(6)使学生养成尊重事实的科学态度。

(7)培养学生关注现实、关注人类发展的意识和责任感。

### （二）社区服务与社会实践

#### 1. 社区服务的基本理念

社区服务与社会实践是指学生在教师的指导下，走出教室，参与社区和社会实践活动，以获得直接经验、发展实践能力、培养社会服务意识、增强公民责任感为主旨的学习。设置社区服务和社会实践是加强未成年人思想道德教育的重要途径，是强化课堂、学校与生活、社会的联系的重要纽带，是增强学生对他人、对集体、对社区乃至整个社会的使命感、责任感和奉献精神的重要举措。

#### 2. 小学阶段服务目标(3～6年级)

① 开阔眼界，初步获得社会经验与能力。② 学会交往与合作，遵守社会规范与公德。③ 热心公益活动，关心他人与社会。④ 关爱自然，逐步形成环境保护的意识和能力。⑤ 珍视生命，陶冶性情，热爱生活。⑥ 初步了解自我，发展兴趣，展示才能。

#### 3. 实施原则

（1）亲历性原则。教师应利用各种物质条件、精神条件，通过多种途径为学生提供具体的现实的情境，改变学生单一的学习方法，拓宽学习的空间，让学生走出课堂，置身于广阔的大自然和丰富的社会生活中去亲自接触和感知各种人和事，使他们通过亲身经历、实际操作与活动来获得探究问题、与人交往的能力以及正确的情感、态度与价值观。

（2）自主性原则。教师应根据本课程的目标和特点自主选择教学内容和活动场所，自创组织形式和教学方法，教师应认识到自己既是课程的执行者，更是课程的开发者和设计者。教师要关注学生的主体意识，让学生有更多的机会自己去活动、体验乃至创造，使其享受探究的乐趣、活动的愉悦、服务的充实，获得并增强使命感、责任感和生存体验。

（3）协同性原则。由于本课程的开放性、跨学科性、主题性等特点，课程的实施既要求学校各科教师共同协作，又要求学校教师与社会各界人员（如家长、社会有关机构的工作人员等）相互配合，学校、家庭和社会形成合力，协同完成教学任务。学校应善于协调各方人员的关系，调动各方积极性，共同发挥作用。

（4）整合性原则。教师要注重帮助学生形成对自然、社会、自我之内在联系的整体认识，发展学生对所学知识的综合运用能力；学校要注重以社区服务与社会实践为切入点，统整研究性学习和劳动与技术教育及信息技术教育，整合性地实施综合实践活动课程的教学。

### （三）劳动与技术教育

#### 1. 劳动与技术教育的开设

劳动与技术教育是以学生获得积极劳动体验、形成良好技术素养为主的多方面发展为目标，且以操作性学习为特征的学习领域。劳动与技术教育中所内含的技术教育，既不是传统意义上的职业技术教育，也不是专科院校所开办的高度专门化的技术教育，它是指普通基础教育阶段进行的技术教育。技术教育是未来社会成员基本素养的教育，它强调学生通过人与物的作用、人与人的互动来从事操作性学习，强调学生动手与动脑相结合，是开发人的潜能、促进人的思维发展的教育,是人人都必须接受和经历的教育。它是区别传统教育与现代教育的一个重要标志,是现代教育具有"现代性"的重要支柱。技术教育对中小学生的发展有着广泛而又独到的教育价值。

**2. 新课程中劳动与技术教育的特点**

(1) 形成了综合形态的课程。劳动与技术教育是跨学科的学习领域,具有内在的综合特征。它综合运用了数学、物理、化学、地理、语文、艺术、社会等学科的基本知识,同时也融合了经济、法律、伦理、审美、环保等方面的教育视野。对学生来说,劳动与技术教育不仅是已有知识的综合应用,而且也是新的知识与新的能力的综合学习。

(2) 进行了课程内容的结构性重组。国家制定的《劳动与技术教育实施指南》(以下简称《指南》)在劳动与技术教育的内容结构上确立了劳动、家政、技术、职业准备等方面的教育内容,形成了既相互联系又相互区别,既有一定独立性又有一定渗透性的内容结构。同时,根据初中和小学的性质、特点,进行了课程内容的阶段定位,如在技术方面,小学确立为"技术初步",初中确立为"技术基础";在职业准备方面,小学确定为"职业了解",初中设计为"职业引导"。这充分反映了劳动与技术教育在内容上的现代性和开放性。

(3) 建构了富有弹性的目标体系。《指南》提出了目标与内容分成基础性和拓展性两部分。基础性内容是完成各阶段劳动与技术教育目标的主要载体,而拓展性目标和内容是供各地选择的,实施条件相对较高。有些内容体现了技术发展的方向性。

(4) 拓展了劳动与技术的学习空间。《指南》首次将简易的技术设计、技术产品说明书的阅读、简单的技术作品评价,正式引入九年制义务教育阶段劳动与技术教育的学习内容。农业技术的学习内容也从传统的作物栽培和动物饲养向品种改良、技术试验、产品贮存与加工、市场调研与营销等方面扩展。劳动与技术教育学习内容在范围上的拓展,必将丰富学生的学习经历和改变学生的传统学习方式,将在培养学生的创新精神和实践能力中发挥积极作用。

(5) 确立了旨在促进学生发展的评价体系。劳动与技术教育的考核与评价一直是课程实施中的难题。《指南》根据劳动与技术教育的特点提出了旨在促进学生发展的过程评价与结果评价相结合的评价体系。

(6) 注重了学校、家庭和社会在劳动与技术教育中的功能区分。由于劳动与技术教育的特殊性,家庭和社区在劳动与技术教育过程中不仅是潜在的教育资源,而且也是负有一定教育使命的教育主体,但我们往往忽视它们的功能定位和功能区分,以至形成了劳动与技术教育中学校教育功能的扩大化甚至泛化。《指南》注重了这种不同主体在劳动与技术教育中的功能定位,并在教育内容的选择、教育资源的开发和利用、教育设施和教育基地的建设管理等方面做出了必要的区分。

**(四) 信息技术教育**

**1. 信息技术教育概述**

中小学信息技术教育是为了适应技术迅猛发展的信息时代对人才培养提出的新要求

而设置的学习领域,是综合实践活动课程中以培养学生的信息素养和信息技术操作能力为主要目标,以操作性、实践性和探究性为特征的基本学习领域之一。信息技术教育为学习者提供资源(这里的资源指的在学习过程中可被学习者利用的与信息技术有关的一切要素)和环境,具有与其他科学整合的特性,是学习者全面持续发展的可靠保障,是教育走向信息化、产业化、民主化、经济化的支持性技术基础。

**2. 信息技术教育的主要任务**

(1)加强中小学信息基础设施和信息资源建设。中小学充足而配置合理的信息基础设施以及面向中小学教学和学习的丰富的信息化课程资源,是实现信息技术教育跨越式发展的必需的物质基础。我国已经开始全面实施中小学"校校通"工程。计划用5~10年时间。加强我国中小学的信息基础设施和信息资源建设,使全国90%左右独立建制的中小学校能够上网,使中小学师生都能共享网上教育资源,提高中小学的教育教学质量。

(2)开设信息技术必修课程,迅速全面地提高学生的信息技术素养。当前,我国中小学的信息技术必修课的目标是在最短的时间内全面提高中小学生的信息技术素养,即帮助学生掌握基本的信息技术知识与技能,使学生具有获取信息、传输信息、处理信息和应用信息解决问题的能力,培养学生形成对信息技术积极的态度和价值观,进而使学生能有效利用信息技术作为支持其他学科的学习和终身学习的工具。

(3)加快信息技术教育与其他课程的整合。在中小学具备充足的信息基础设施、教师和学生具备必需的信息技术素养的基础上,我国的基础教育课程改革将大力推进信息技术在教学过程中的普遍应用。正在组织力量研究信息技术与课程以及各学科领域教学和学习的有效整合模式。逐步实现教学内容的呈现方式、学生的学习方式以及教学过程中师生互动方式的变革,充分发挥信息技术的优势,为学生的学习和发展提供丰富多彩的教育环境和信息化课程资源以及有力的学习工具。

除上述指定领域以外,综合实践活动还包括大量非指定领域,如班团队活动、校传统活动(科技节、体育节、艺术节)、学生同伴间的交往活动、学生个人或群体的心理健康活动等。这些活动在开展过程中可与综合实践活动的指定领域相结合,也可以单独开设,但课程目标的指向是一致的。总之,指定领域与非指定领域互为补充,共同构成内容丰富、形式多样的综合实践活动。

### 三、实施综合实践活动课程的原则

第一,正确处理学生的自主选择、主动实践与教师的有效指导之间的关系。

第二,恰当处理学校对综合实践活动的统筹规划与活动具体展开过程中的生成性目标、生成性主题的关系。

第三,课时集中使用与分散使用相结合。

第四,整合校内课程与校外课程。

第五,以融合的方式设计和实施四大指定领域。

第六,把信息技术与综合实践活动的内容和实施过程有机整合起来。

## 备考指南

### 一、考纲要求

1. 了解课堂教学情境创设的基本方法。

2. 掌握学习动机、自我效能感、问题情境等基本概念,了解小学生学习动机激发的基本方法并能运用所学理论来培养和激发学生的学习动机。

3. 了解小学课堂教学组织的形式和策略,掌握班级授课制的含义及优缺点。

4. 了解小学生学习方式的概念和类型,理解学习策略的概念和分类,掌握技能学习的形成阶段。

5. 掌握小学课堂教学的基本原则和主要方法,能正确运用相关教学原则分析教学现象,正确运用教学方法指导教学实践。

6. 了解教师行为、教学行为的含义与特点,理解影响教学行为的因素以及新课程对教师教学行为的要求,识记教学行为对学生的影响。

### 二、考点分析

1. 重点理解并掌握教学情境创设、教学实施的基本环节;重点识记班级授课制的含义及其优缺点;掌握教学原则及其贯彻要求,能灵活运用各种教学方法。

2. 学习动机的分类、学习动机与效率的关系、学习动机的理论、学习方式、学习策略、知识技能的学习等是常考的知识点。这些知识点与教学联系密切,特别是学习动机的理论、学习动机的培养与激发、技能的形成与培养等应加以重视。

3. 本模块知识在历年考试中多以单项选择题、简答题、论述题方式进行考查,占8～13分的分值。

### 三、学习建议与备考策略

1. 根据考试大纲的要求,认真研习并把握考试重点。

2. 识记理解有关概念、原理和学习动机理论。

3. 结合具体教育现象对教学原则加以运用。

## 知 识 树

小学教师课堂教学的实施
- 课堂教学情境创设
- 学生学习动机的培养与激发
- 教学原则与教学方法
- 教学组织形式
- 教学总结

教学实施

小学生的学习与教师课堂教学行为
- 小学生学习方式的基本类型
  - 学习方式的类型
  - 学习策略
  - 知识与技能学习
- 教师课堂教学行为对小学生学习的影响
  - 课堂教学行为
  - 教学行为对小学生学习的影响

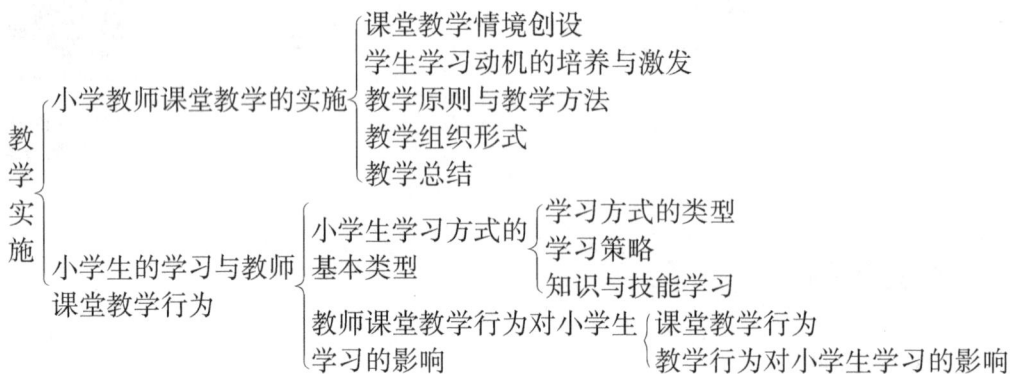

# 第一章　小学教师课堂教学的实施

## 考点分析

1. 本章知识在历年考试中占有极为重要的地位，一般以单项选择题和简答题的形式进行考查。

2. 重点理解并掌握教学情境的创设、教学实施的基本环节。

3. 重点识记班级授课制的含义及其优缺点。

4. 灵活运用各种教学原则及教学方法。

## 第一节　课堂教学情境创设

### 一、教学情境的创设

#### （一）教学情境的含义

从广义上来讲，教学情境是指作用于学习主体，产生一定的情感反应的客观环境。从狭义上来说，教学情境是指在课堂教学环境中，作用于学生而引起学生积极的学习情感反应的教学过程。

#### （二）教学情境创设的基本要素

情境包含丰富的学科知识、能力因素和相关学科的因素。

由于情境应是符合学生已有的认知水平和生活经验的学习环境,因此符合学生已有的认知水平和生活经验素材是教学情境的必备要素。

情境具有调动学生积极学习和成长的情感因素,具有学生参与的角色要素。

教学情境中包含了大量的课程资源,体现了学校课程资源较高的开发利用的程度,具有可供操作的硬件设施与时空要素。

情境具有趣味性和启发性,可以引起学生浓厚的探索问题的兴趣,较好地拓展了问题的空间。

### (三)创设教学情境的一般程序

第一,明确教学目的和教学内容,分析教学目标的落实点。

第二,了解学生的实际认知状况和经历,运用与学生的生活和实际经历密切联系相关的教学素材。

第三,认真筛选丰富的课程资源。

第四,精心设计教学情境和教学方案。在创设教学情境和制定教学方案时必须解决下面几个问题:教学目标的确定;教学材料的处理和准备;教学情境与教学行为方式的选择;教学组织形式的设计;教学方案的设计与编制。

第五,准备教学设备和调试工作。情境教学注重对情境的设置,教师应当尽可能地寻找与之有关的道具、图片、影像资料,为教学创造良好的氛围。同时,为了保证教学的质量,教师也应当在正式上课前做好试操作,保证课堂教学质量。

第六,做好学生可能出现问题的预案。如果课堂教学中获取的学生情况与预想的有所不同,教师应当及时调整教学方案,从而达到教学的目的。

### (四)创设教学情境的方法

#### 1. 借助语言创设教学情境

语言是创设课堂教学情境最常用的手段和方法。在课堂教学中,教师与学生,学生与学生之间的互动交流在很大程度上都依赖于语言。教学中运用生动优美的语言创设课堂教学情境,使学生沉浸在教师勾勒的美景氛围中的同时学习知识,掌握技能。幽默风趣、清晰、精确的语言可以使教学内容生动、形象,从而形成良好的和谐的课堂气氛,达到最佳的教学效果。

#### 2. 借助问题创设教学情境

建构主义认为,学习总是与一定的问题情境相联系的。在问题情境下的学习可以激发学生的积极情绪,激发学生的求知欲,促进学生潜能的发展,对当前学习的知识进行"同化""顺应"从而达到一定意义上的建构。根据教学内容,创设新奇的、具有神奇色彩的情境,能够有效地激发兴趣,培养学生创新和探究的能力。

#### 3. 借助多媒体创设教学情境

心理学家认为经验和实践是认识事物的最好方式,多媒体技术正是将这种经验和实践具体体现的最好方式,通过生动活泼的形式使学生身临其境地学习。

### 4. 运用游戏创设教学情境

教师根据学生心理特点和教材的内容,设计各种游戏,创设教学情境,以满足学生好玩的心理,从而产生一种愉快的学习氛围。学生可以在愉快的教学氛围中,在同伙伴游戏玩耍的过程中,不知不觉地学到书本中的内容,还能收获书本以外的知识。

### 5. 运用故事创设教学情境

生动的故事内容,教师绘声绘色地讲述,往往是激发学生学习兴趣的良方。运用故事创设情境易于学生的接受,对于故事他们百听不厌,这可以使他们产生身临其境之感,全身心地投入课堂之中。

**真题链接**

1.(2016年上半年材料分析题)杨老师在教学"分数的基本性质"时,设计了这样的教学导入:

同学们,在学习新内容之前,我先给大家讲个故事。猴山上的小猴子最喜欢吃猴王做的饼。有一天,猴王做了三块大小一样的饼分给小猴子们吃。它先把第一块饼平均切成四块,分给甲猴一块。乙猴见到说:"太少了,我要两块。"猴王就把第二块饼平均切成八块,分给乙猴两块。丙猴更贪吃,它抢着说:"我要三块,我要三块。"于是猴王就把第三块饼平均切成十二块,分给了丙猴三块。老师想问问同学们,是不是最贪吃的丙猴分的最多呢? 猴王为什么要这么切呢? 学习了"分数的基本性质"你就清楚了。

问题:请你评析杨老师所设计的导入环节。

## 二、课堂教学实施的策略

### (一)直接教学策略

#### 1. 直接教学策略的含义

直接教学策略是一种以老师为中心的教学策略,主要是由教师向学生提供信息,教师的作用是以多种方式把事实、规则和动作序列传达给学生。通常是以演讲、朗诵的形式为主,辅以解释、举例、练习以及纠正与反馈等教学行为。这种教学比较适于对事实、规则活动过程的讲解与指导。最具代表性的教学方法就是讲授法。

直接教学策略具有以下几个方面的特征:

(1)面向全体学生实施教学。

(2)围绕一个明确的主题组织教学。

(3)提供详细的、反复的练习。

(4)采用"小步子"的原则呈现材料。

(5)学生需要进行一定的练习。

### 2. 直接教学的程序

（1）日常复习与检查。这是直接教学策略实施的第一步，日常复习与检查强调新旧知识之间的关系，目的是让学生回忆起前面的知识，并把新知识看成是已经掌握知识的逻辑延伸。

（2）呈现与组织新内容。直接教学的第二步是呈现与组织新内容。教师在呈现与组织新内容时，注意把教学材料集中在某一知识点上，要让学习者在教师呈现下一个知识点时掌握前一个知识点。

（3）指导学生练习。在呈现了新的内容或者学习材料之后，紧跟着就需要通过练习引发学生的期待行为。这些引发行为是由教师指导的，是在教师的组织和引导下为学生提供的练习。

（4）反馈与纠正。直接教学的下一个行为是为了提供反馈与纠正。对于学生的回答教师需要处理，纠正其错误的答案。

## （二）自主性教学策略

### 1. 自主性教学策略的含义

自主性教学策略既是一种教学策略也是一种学习方法，它可以让学生更快地进入到学习的过程中，从而取得更高层次的成果。

### 2. 自主性教学策略实施时应当注意的问题

要使自主性教学能够达到预期的教学效果，发挥其实际应用，就必须组织学生自主学习时有一个系统的教学策略，必须使学生熟悉整个教学过程：首先，认识学习的课题，抓住目标；其次，探求解决问题、实现目标的策略与方法；最后，总结学习成果，并开展实际应用的练习。

## （三）共同解决教学策略

### 1. 共同解决教学策略含义

共同解决教学策略是借助师生对话，共同思考、共同探求、共同获得知识的策略。它的基本形态是教学对话与课堂讨论。

### 2. 教学对话行为

课堂教学离不开师生之间的互动和交流，而互动和交流最常用、最主要的方式的就是师生之间的对话。

## 三、课堂纪律管理

### （一）课堂纪律概述

课堂纪律是指为保障或促进学生的学习而设置的行为标准及施加的控制。良好的课堂学习纪律具有三个特征：约束性、标准性、自律性。良好的课堂纪律是课堂教学得以顺利进行的重要保障条件,有助于维持课堂秩序,减少学习干扰,也有助于学生获得情绪上的安全感。根据形成途径,课堂纪律一般可分为四类。

### 1. 教师促成的纪律

教师促成的纪律即在教师的指导帮助下形成的班级行为规范。刚入学的儿童往往需要较多的监督和指导,课堂纪律主要是由教师制定的。随着年龄的增长和自我意识的增强,学生开始反对教师过多的限制,对教师促成的纪律的要求降低,但这始终是课堂纪律的一种重要类型。

### 2. 集体促成的纪律

集体促成的纪律即在集体舆论和集体压力的作用下形成的群体行为规范。从儿童入学开始,同辈人的集体在促进儿童社会化方面就开始发挥重要的作用。随着年龄的增长,学生受同辈群体的影响会越来越大,开始以同辈群体集体要求和价值判断作为自己的行为准则,以"别人也这么干"为理由而做某件事情。

### 3. 自我促成的纪律

自我促成的纪律就是自律,即在个体自觉努力下由外部纪律内化而成的个体内部约束力。形成自我促成的纪律是课堂纪律管理的最终目标。

### 4. 任务促成的纪律

任务促成的纪律即某一具体任务对学生行为提出的具体要求。在日常学习过程中,每项学习任务都有它特定的要求,或者说特定的纪律,例如,课堂讨论、野外观察、制作标本等。

### (二)课堂结构与课堂纪律

学生、学习过程和学习情境是课堂的三大要素,这三大要素相对稳定的组合模式就是课堂结构。课堂结构包括课堂情境结构和课堂教学结构。

### 1. 课堂情境结构

(1)班级规模的控制。规模过大容易限制师生交往、影响学生参加课堂活动的机会,阻碍课堂教学的个别化,有可能导致课堂出现较多的纪律问题。

(2)课堂常规的建立。课堂常规是每一个学生必须遵守的最基本的日常课堂行为准则。它赋予学生课堂行为以一定的意义,使学生明白行为所依据的价值标准,具有拘束和指导学生课堂行为的功能。

(3)学生座位的分配。研究发现,分配学生座位时,教师主要关心的是减少课堂混乱。其实,分配学生的座位时,最值得教师注意的是对人际关系的影响。学生座位的分配一方面要考虑对课堂行为的有效控制,预防纪律问题的发生;另一方面又要考虑促进学生之间的正常交往,促成和谐的师生关系。

### 2. 课堂教学结构

(1)教学时间的合理利用。学生在课堂里的活动可以分为学业活动、非学业活动和非教学活动三种类型。

（2）课程表的编制。课程表是使课堂教学有条不紊进行的重要前提。课程表的编制既要将核心课程安排在学生精力最充沛的时间，又要注意不同性质学科的交错安排。

（3）教学过程的规划。教学过程的合理规划是维持课堂纪律的又一个重要条件，不少纪律问题就是因教学过程规划不合理造成的。

### （三）维持课堂纪律的策略

#### 1. 建立有效的课堂规则

课堂规则是课堂成员应遵守的课堂基本行为规范和要求。积极、有效的课堂规则有以下几个特点：① 由教师和学生充分讨论，共同制定；② 尽量少而精，内容表述多以正面引导为主。

#### 2. 合理组织课堂教学

教师应该做到：① 增加学生参与课堂教学的机会；② 保持紧凑的教学节奏，合理布置学业任务；③ 处理好教学活动之间的过渡。

#### 3. 做好课堂监控

教师应能及时预防或发现课堂教学中出现的一些纪律问题，并采用言语提示、目光接触等方式提醒学生注意自己的行为。

#### 4. 培养学生的自律品质

促进学生形成和发展自律品质，是维持课堂纪律的最佳策略之一。教师应该做到：① 对学生提出明确的要求，加强课堂纪律的目的性教育；② 引导学生对学习纪律持有正确、积极的态度，产生积极的纪律情感体验，进行自我监控；③ 集体舆论和集体规范是促使学生自律品质形成和发展的有效手段，教师应对其加以有效利用。

# 第二节　学生学习动机的培养与激发

## 一、学习动机的含义

学习动机是引发和维持个体学习活动，并将学习活动指向一定学习目标的动力机制。学习动机包括推力、拉力和压力三种因素。其中，推力因素与学生对学业成就本身的追求有关，发自学生内心的学习愿望和要求（如对学习的强烈兴趣和探究心向等），对学习起推动作用；拉力因素与学习的外在后果（如学位、待遇以及社会地位等）有关，对学习起诱导作用；压力因素与客观现实环境对学生的要求（如考试、竞赛和升学等）有关，对学习起强制作用。学生的学习往往受这三种动力因素的共同驱动。

## 二、学习动机的构成

学习动机的两个基本成分是学习需要和诱因，两者相互作用形成学习动机的系统。

### (一) 学习需要

学习需要是指个体在学习活动中感到有某种欠缺而力求获得满足的心理状态。它的主要体验形式是学习者的学习愿望或者学习意向。它包括学习的兴趣、爱好和学习的信念等。内驱力也是一种需要，但是它是动态的。从需要的作用上看，学习需要即为学习的内驱力。

奥苏伯尔认为，学校情境中的成就动机主要是由以下三个方面的内驱力组成的，即认知内驱力、自我提高内驱力和附属内驱力。

认知内驱力是一种要求理解事物、掌握知识，系统地阐述并解决问题的需要。在学习活动中，指向学习任务本身，从知识的获得中得到满足，是学习的内部动机。

自我提高内驱力是指个体由自己的学业成就中而获得相应的地位和威望的需要。这是一种间接的学习需要，属于外部动机。

附属内驱力是指个体为了获得长者（如教师、家长等）的赞许和同伴的接纳而表现出来的把工作、学习做好的一种需要。通常这种动机在年龄小的学生身上比较多见。随着年龄的增长，这种动机会逐渐转化为自我提高动机。

自我提高内驱力和附属内驱力都是一种间接的学习需要，属于外部动机。在儿童早期，附属内驱力最为突出，他们努力学习获得学业成就，主要是为了实现家长的期待，并得到家长的赞许。到了儿童后期和少年期，附属内驱力的强度就会有所减弱，而来自同伴、集体的赞许和认可逐渐替代了对长者的依附。在这期间，赢得同伴的赞许逐渐成为一个强有力的动机因素。

**真 题 链 接**

1. （2014 年上半年选择题）小红非常喜欢文学作品，所以上语文课时特别认真。这种学习动机属于（　　）。

A. 认知内驱力　　　　　　　　B. 附属内驱力

C. 生理内驱力　　　　　　　　D. 自我提高内驱力

### (二) 诱因

诱因是指能够激起有机体的定向行为，并能满足某种需要的外部条件或刺激物。诱因可分为积极诱因和消极诱因，凡是使个体产生积极的行为，即促使个体产生趋向或接近某一目标的刺激物被称为积极诱因。如在激发学生学习积极性的教育措施中，教师所提供的奖品、奖励等。相反，使个体离开或回避某一目标的刺激物被称为消极诱因。

### 三、学习动机的功能

#### 1. 激发功能

当学生对于某些知识或技能产生迫切的学习需要时，就会引发学习内驱力，唤起内部的激动状态,产生焦急、渴求等心理体验,并最终激起一定的学习行为。学习动机还能够增强学生学习的准备状态,激活相关的背景知识,提高学习效率。

### 2. 指向功能

学习动机使学生的学习行为在初始状态时就指向一定的学习目标,并推动学生为达到这一目标而努力学习。

### 3. 维持功能

学习动机能够使学生在学习过程中,集中注意力,克服不利影响,提高努力程度,遇到困难时坚持不懈,直达学习目的。

### 4. 调节功能

学习动机调节学习行为的强度、时间和方向。如果行为活动未达到既定目标,动机还将驱使学生转换行为活动方向以达成既定目标。

## 四、学习动机的分类

### (一) 内部动机与外部动机

根据动机产生的诱因来源,可以把学习动机分为内部学习动机和外部学习动机。

内部动机是指由于人们对学习本身的兴趣所引起的动机,即学习动机不需要外部的诱因来使行为指向目标,动机的满足在活动之内,不在活动之外。如有的学生喜欢数学,他便在数学课上认真听讲,课下刻苦钻研。

外部动机是指人们由于外部诱因所引起的动机,动机的满足不在活动之内,而在活动之外。这时学生不是对学习本身感兴趣,而是对学习所带来的结果更感兴趣。如有的学生是为了获得奖励、避免惩罚、取悦老师等。

### (二) 高尚动机与低级动机

根据学习动机内容的社会意义,可以把学习动机分为高尚动机与低级动机。

高尚学习动机的核心是利他主义,学生把当前的学习同国家和社会的利益联系在一起。低级学习动机的核心是利己的、自我中心的,学习动机只来源于自己眼前的利益。

### (三)远景性动机和近景性动机

根据学习动机起作用的时间长短来划分,可以把学习动机分为远景性动机和近景性动机。

远景性动机,是指动机行为与长远目标相联系的一类动机。近景性动机,是指动机行为与近期目标相联系的一类动机。例如,学生在确定选修课程时,有的是考虑今后走向社会、踏上工作岗位的需要,有的只是考虑眼下是否容易通过考试,他们的择课动机便属于远景性动机和近景性动机范畴。

### （四）直接动机和间接动机

根据学习动机与学习活动的关系，可以把学习动机分为直接动机和间接动机。

直接动机，由学习活动本身直接引起，表现为对所学的学科内容或学习活动的直接兴趣和爱好。

间接动机与学习活动的社会意义相联系，是社会观念、父母意愿以及教师期望在学生头脑中的反映。

**真题链接**

2.（2014年上半年选择题）有的小学生为了得到老师的鼓励而学习，有的小学生为了得到家长的奖励而努力学习，有的小学生为了让同学瞧得起而努力学习，这类学习动机属于（    ）。

  A. 直接的近景性动机     B. 间接的远景性动机

  C. 间接的近景性动机     D. 直接的远景性动机

## 五、学习动机与学习效率之间的关系

学习动机对学习效果具有积极的意义，但是学习动机强度与学习效率并不完全成正比。学习动机存在一个最佳水平，即在一定的范围内，学习效率随学习动机强度的增大而提高，直至达到学习动机最佳强度而获得最佳水平，之后随着学习动机强度的进一步增大而下降。动机强度与学习效率呈倒U型曲线关系。

动机强度的最佳点会因人而异，进行同样难度的学习活动，对有的学生来说，动机强度的最佳水平点高一些更为有利，但是对于另一些学生，可能最佳水平点低些更为有利。动机过强或者过弱，不仅对学习不利，而且对保持也不利。在难度不同的任务中，动机的强度影响着解决问题的效率。

**真题链接**

3.（2014年上半年选择题）根据动机水平与学习效果的关系研究，假如考试难度较小，要想取得好成绩，学生学习动机的最佳水平一般应该（    ）。

  A. 极高    B. 偏高    C. 中等    D. 偏低

## 六、学习动机的理论

### （一）行为主义的强化理论

学习动机的强化理论是行为主义学习理论家提出来的，主要代表人物是巴甫洛夫和斯金纳。行为主义强化理论认为强化能够促进学习动机。因此，在学习活动中，学校经常采用奖励（赞许、奖品、给予权利、高分数等）与惩罚（训斥、剥夺权利、低分数等）的办法以督促学生学习,其目的就是通过外在诱因来维持学生的学习动机。

## (二)需要层次理论

美国人本主义心理学家马斯洛提出了需要层次理论。他认为,任何人的行为动机都是在需要的基础上被激发起来的,人由低级到高级的不同层次的需要包括:生理需要、安全需要、归属与爱的需要、尊重的需要、自我实现的需要。后扩展为七个等级,包括生理需要、安全需要、归属与爱的需要、尊重的需要、认知理解的需要、审美需要和自我实现的需要。其中最低层次的需要是生理的需要,中间层有安全需要、尊重的需要,最高层次的需要是自我实现的需要。

马斯洛又把人的需要分为两种类型:"匮乏性需要"和"成长性需要"。所谓"匮乏性需要",也称缺失性需要,包括生理需要、安全需要、归属和爱的需要、尊重的需要。在满足人的这些需要的时候,完全依赖于外界。所谓"成长性需要",包括认知理解需要、审美需要和自我实现的需要。它是指不回避挑战,甚至刻意追求挑战;不回避紧张状态,甚至刻意保持适度的紧张状态。成长性需要被自我实现的趋向所激发。马斯洛认为,七种需要像阶梯一样,按层次逐级递升,一般情况下,当某种低层次的需要得到满足之后,才会向高层次的需要发展,如"衣食足而知荣辱"。但这种需求层次的等级也不是绝对的,有时人会在低级需要尚未得到满足之前,去寻求高级需要(如自我实现的需要)。同一时期,一个人可能有几种需要,但每一时期总有一种需要占支配地位,对行为起决定性作用。任何一种需要都不会因为更高层次的需要的满足而消失。各层次的需要相互依赖和重叠,高层次的需要满足后,低层次的需要仍然存在,只是对行为影响的程度大大减小。归属和爱的需要,也叫社交需要,包括被人爱与热爱他人、希望交友融洽、保持和谐的人际关系、被团体接纳的归属感等。在学校中,学生缺乏学习动机在某种程度上与缺失需要(特别是爱和自尊的需要)未得到充分满足有很大的关系。如果学生感到没有被人爱,或认为自己无能,他们就不可能有强烈的动机去实现较高的目标。那些无法确定自己是否惹人(特别是教师)喜欢或不知道自己能力高低的学生,往往会做出较为"安全"的选择,即为测验而学习,而不是对学习本身感兴趣。

### 真题链接

**4.** (2016年上半年简答题)简述马斯洛的需要层次理论。

**5.** (2015年上半年选择题)小学生喜欢亲近老师,渴望得到夸奖。这种需要属于(　　)。

A. 生理需要　　　　　　　　　B. 安全需要

C. 归属和爱的需要　　　　　　D. 自我实现的需要

## (三)成就动机理论

成就动机理论的成就动机通常被认为是一种通过练习和使用某种力量克服障碍,完成某种任务的愿望或倾向。

成就动机最初由麦克利兰和阿特金森提出,后来由阿特金森加以发展。个体的成就动机可以分成两部分:趋向成功的倾向和避免失败的倾向。趋向成功的倾向指力求克服障碍,施展才能,从而尽快尽好地解决某一难题的心理倾向;避免失败的倾向指为了避免因失败而在他人心中形象受损时带来的不良情绪,如因失败而体验到的羞愧感。

在特定的情境中,如果个体趋向成功的倾向大于避免失败的倾向,那么他就敢于冒风险去尝试,并追求成功;在遇到一定的失败之后,反而会提高他去解决这一问题的愿望。相反,如果很容易获得成功,反而会降低他的动机。

在教育教学中,对力求成功者,教师应通过给予他们更多新颖且有一定难度的任务、创设竞争的情境严格评定分数等方式来激发其学习动机;而对于避免失败者,则应安排竞争少或竞争性不强的情境,如果取得成功则要及时表扬给予强化,评定分数时要求应尽量放宽,还应避免当众指责或批评他们。

根据成就动机理论,趋向成功倾向的学生最有可能选择的是成功概率约为50%的任务,因为这种任务最富有现实的挑战性。这不仅仅涉及学习任务本身的难易,更涉及成功的标准问题。如果学生认为无论如何努力也肯定不及格时,学习动力处于极低的水平。因此,需要教师适当掌握评分标准,要让学生感到,取得好的成绩是可能的,但也不是可以轻易取得的。

### (四)成败归因理论

归因是人们对自己或他人活动及其结果的原因所做的解释和评价。美国心理学家维纳对行为结果的归因进行了系统探讨,发现人们倾向于将活动成败的原因即行为责任归结为以下六个因素,即能力高低、努力程度、任务难易、运气(机遇)好坏、身心状态、外界环境等。同时,维纳认为这六个因素可归为三个维度即内部归因和外部归因、稳定性归因和非稳定性归因、可控制归因和不可控归因。最后,将三维度和六因素结合起来,就组成了归因模式。

一个人总是失败并把失败归因于内部的、稳定的和不可控的因素(即能力低)的学生会形成一种习得性无助的自我感觉。习得性无助是指由于连续的失败体验而导致个体产生的对行为结果感到无力控制、无能为力的心理状态。

**真题链接**

6.(2016年下半年选择题)小丽认为自己考试成绩不理想是因为试题太难。依据维纳的归因理论,这属于(    )。

A. 稳定的、外在的、不可控归因

B. 稳定的、外在的、可控归因

C. 不稳定的、外在的、不可控归因

D. 不稳定的、外在的、可控归因

### (五) 自我效能感理论

自我效能感指人们对自己是否能够成功地从事某一成就行为的主观判断。这一概念最早是由班杜拉提出来的。

班杜拉在他的动机理论中指出,人的行为受行为的结果因素与先行因素的影响。行为的结果因素即强化,包含直接强化、替代性强化和自我强化。先行因素就是通常所说的期待。期待包括结果期待和效能期待。结果期待是指人对自己的某一行为会导致某一结果的预测。效能期待是指人对自己能够进行某一行为的实施能力的推测或判断,它意味着人是否确信自己能够成功地进行带来某一结果的行为。

班杜拉指出影响自我效能感的因素有四种:自身的成败经验、替代经验、言语信息、情绪和生理状态。其中,影响自我效能感形成的最主要因素是个体自身行为的成败经验。

## 七、学习动机的培养和激发

### (一) 学习动机的培养

#### 1. 学习动机的培养是学校思想品德教育的有机组成部分

进行爱国主义教育和学习目的的教育,是培养学生学习动机的重要基础。教师应有意识地通过学习目的的教育,使学生树立以掌握为目标的动机,以此激发学生的求知需要,培养学生争取成功避免失败的倾向。

#### 2. 设置具体目标及到达目标的方法

教师应给学生提供具体明确的目标及到达目标的方法,让学生知道学习对他们来说是有意义的,让他们知道将从学习中学到什么,教学生学会如何达到目标,并针对学生的目标提出具体的建议。

#### 3. 设置榜样

以社会上具有明确学习目标、克服困难进行学习的模范人物和身边的同学中的优秀学生为榜样,使学生了解成就动机高的学生的想法、谈话方式和行为方式。

#### 4. 培养学生对学习的兴趣

学习兴趣是学习动机的重要心理成分。其特点是在从事学习活动或探求知识的过程中伴随有愉快的情绪体验,从而产生进一步学习的需要。这是一种指向学习活动本身的内部动机。

#### 5. 利用原有动机的迁移,使学生产生学习的需要

教师在学生缺乏学习动机时,将学生对其他活动的积极性,迁移到学习活动中。教师要发现学生的闪光点,把该闪光点迁移到学习上。这就要求教师所发现的闪光点是准确的,对该学生所提供的奖励与表扬是他们真正需要的。

#### 6. 注意学生的归因倾向

归因倾向是后天形成的,教师要根据学生的情况加以培养,引导学生正确地进行归

因。小学生刚入学时，自我概念较强，当遇到挫折时，往往将其归因于坏运气或任务太难。渐渐地在重复多次失败后，便将失败的原因归结为自身，产生无助感，学生便不愿学习。因此，教师要帮助学生了解自己的优缺点，确定可行的目标；制定出具体的行动计划以帮助他们达到目标；教会学生何时完成他们的计划，并对学生的每一个学习行为给予及时的反馈。

### （二）学习动机的激发

#### 1. 创设问题情境，实施激发式教学

兴趣和好奇心是内部动机最为核心的成分，它们是激发学生内部学习动机的基础。创设问题情境是激发学生的求知和好奇心的十分有效的一种方法，创设问题情境是指提供使学生产生疑问，渴望从事活动、探究问题的情境，经过一定的努力能成功地解决问题的学习材料、条件和实践。

创设问题情境的方式多种多样，既可以用教师设问的方式提出，也可用作业的方式提出；它既可以从教材的联系方面提出，也可以从学生的日常经验引发，如在实验课上，教师先演示实验或学生先按教师要求进行实验操作，然后针对实验中学生看到的现象，要学生说明现象变化的原因。这是教学过程中创设问题情境。例如，数学课上，教师在讲解完同分母分数加法的运算法则后，提出一个异分母加法的题目，以激起学生学习新材料的愿望。这是在教学结束时创设的一种问题情境。

#### 2. 根据作业难度，恰当控制动机水平

教师在教学时，要根据学习任务的不同难度，恰当控制学生学习动机的激起程度。在学习较容易、较简单的课题时，应尽量使学生集中注意力，使学生尽量紧张一点；而在学习较复杂、较困难的课题时，则应尽量创造轻松自由的课堂气氛；在学生遇到困难或出现问题时，要尽量心平气和地慢慢引导，以免学生过度紧张和焦虑。

#### 3. 正确指导结果归因，促使学生继续努力

改变学生不正确的归因，提高学习动机可以从两方面入手：

一是"努力归因"，无论成功或失败都归因于努力与否的结果。因为学生将自己的成败归因于努力与否会提高学生学习的积极性，当学习困难或成绩不佳时，一般不会因一时的失败而降低将来会取得成功的期望。

二是"现实归因"，给出针对一些具体问题的方法，以提高学生克服困难的能力，增强自信心。这种训练的好处在于，学生在做"努力归因"时又联系现实，在做"现实归因"时又强调努力。

#### 4. 充分利用反馈信息，妥善进行奖惩

"反馈"在此指的是给学生提供关于其成绩的信息。通过反馈，使学生及时了解自己学习的结果，包括运用所学知识解决问题的成效、作业的正误、考试成绩的优劣等。知道自己的结果，会产生相当大的激励作用：看到自己的成功、进步，会增强信心，提高学习兴趣；知道自己的缺点和错误，可以及时改正，并加倍努力，力求获得成功。

奖励与惩罚是对学生成绩和态度的肯定和否定的一种强化方式。它可以提高学生的认识水平,激发学生的上进心、自尊心。正确地运用奖惩是激发学生动机的主要手段之一。

运用奖励和惩罚时应该注意:第一,要使学生树立正确的奖惩观;第二,奖励和惩罚一定要公平;第三,奖励应该注意学生的年龄特点、个性特点和性别差异。

# 第三节　教学原则与教学方法

## 一、教学原则的含义

教学原则是根据一定的教学目的和对教学过程规律的认识而制定的指导教学工作的基本要求。教学原则贯穿于各项教学活动之中,它的正确和灵活运用,是提高教学质量的重要保证。教学原则是人们从教学实践中总结出来的,如我国古代《学记》中便总结了"教学相长""发导""藏息相辅""预""时""孙""摩""长善救失"等教学的宝贵经验,夸美纽斯在《大教学论》中提出了三十七条教学原则,并试图给予论证,教育家裴斯泰洛齐、赫尔巴特、第斯多惠、乌申斯基等对教学原则都做了研究。因而在教学理论中逐步形成了直观性、系统性、巩固性、可接受性、教育性等传统的基本原则。

## 二、教学原则与教学规律的区别和联系

教学原则与教学规律既有区别又有联系。教学规律是教学内容的本质联系,是客观的,是不以人的意志为转移的,是第一性的;教学原则是第二性的,是人们根据需要制定的教学活动的基本准则,是教学规律在教学中的反映。

教学规律是教与学内部矛盾运动的客观规律,人们只能去发现它、掌握它,但是不能改变它;而教学原则是人们在认识教学规律的基础上制定的一些教学中必须遵循的基本准则,它反映了教学规律。人们对教学规律的不断发现和掌握,使得人们所制定的教学原则不断发展和完善。

对于教学原则,人们可以根据科学发展水平、时代的要求,对实践进行概括,总结和制定教学原则。对于教学规律,人们只能发现、掌握和利用,而不能任意制造、改变或废除它。

## 三、我国小学教学原则

### (一)直观性原则

#### 1. 基本含义

直观性原则是在教学活动中,教师尽量利用学生的多种感官和已有的经验,通过各种形式的感知,丰富学生的直接经验和感性认识,使学生获得生动的表象,从而比较全面深

入地掌握知识。直观性原则是人们在总结中外教育遗产的基础上,根据直接经验与间接经验相统一的教学规律提出的,它的提出也是由学生的年龄特征所决定的。

**2. 直观教学手段的种类**

直观教学的手段种类繁多,一般分为实物直观、模象直观和语言直观三大类:

(1)实物直观。它是指通过各种实物进行的,包括观察各种实物标本实验、教学性参观等。

(2)模象直观。它是指通过各种实物的模拟形象而进行的,包括各种图片,图表、模型、幻灯片、录像带等。

(3)语言直观。它是通过教师对学生做形象化的语言描述而起到直观的作用。

**3. 贯彻直观性原则的要求**

(1)正确选择直观教具和教学手段。教师在直观手段的使用上,要有明确的目的性和必要性,直观材料要有典型性。一般来说,选择直观手段主要应根据学生的年龄特征、知识水平、教学的目的和内容来进行。自然学科,较多地使用物、标本、实验;社会学科较多采用图片、图表等。低年级应多提供具体的、直接的感性材料;高年级用描述或图表、照片等。值得注意的是,直观是教学的一种手段而不是目的,过多的直观不仅会浪费学习时间,分散学生的注意,而且也会影响学生抽象思维能力的发展。

(2)直观教具的演示与语言讲解结合。教学中的直观并不是让学生随意地看,而是在教师指导下有目的地进行的。在展示直观教具前,教师要引导学生开展积极的思维活动。在演示过程中,教师在进行必要的补充讲解和说明之后,必须进行必要的总结,以帮助学生从观察分析具体事物和现象中,得出科学的结论。

(3)重视运用语言直观。在教学中,教师用生动的语言进行讲解,能够给学生以感性认识,唤起想象,形成表象。语言直观可以摆脱实物直观和模象直观所需设备和条件限制,但它必须借助于学生已有的知识经验。教师用生动而直观的语言使学生的知识经验重新组合,构成新的表象或想象,以使教学顺利进行。

---

**真 题 链 接**

**1.** (2014年下半年选择题)罗老师教学《观潮》时,播放了一段视频让学生感受钱塘江大潮的雄伟壮观。其贯彻的教学原则是(　　)。

A. 启发性原则　　　　　　　　B. 因材施教原则

C. 直观性原则　　　　　　　　D. 循序渐进原则

---

**(二) 启发性原则**

**1. 基本含义**

启发性原则是指在教学中教师要秉持学生是学习主体的意识,注意调动他们的学习主动性,引导他们主动思考,积极探索,生动活泼地学习,自觉地掌握科学知识,提高分析问题、解决问题的能力。

中外教育家都很重视启发教学。孔子提出"不愤不启,不悱不发"的著名教学要求,这是"启发"一词的来源。《学记》中提出"道而弗牵,强而弗抑"的教学要求,阐明了教师的作用在于引导、激励、启发,而不是牵着学生走,强迫和代替学生学习。在西方,苏格拉底在教学中重视启发,他善于用启发式来激励和引导学生自己去寻找正确答案,教师在引导学生探求知识的过程中起着"助产"的作用,即著名的"产婆术"。第斯多惠有一句名言"一个坏的教师奉送真理,一个好的教师则教人发现真理",说的也是这个道理。

启发性教学原则既是教与学相统一的规律在教学中的反映,同时又是由我国的教育目的所决定的。

**2. 贯彻启发性原则的要求**

(1)激励学习动机,调动学生学习的主动性。学生学习的主动性、积极性受学生的理想、兴趣、愿望、情绪、态度等多种因素支配,教师要善于利用这些因素,以激发学生求知的欲望和学习的兴趣,形成正确的学习动机。要让学生树立远大的理想和目标,学生的学习才有目标和动力,才能发挥学习的主动性与积极性。教师在教学中应根据教材内容和学生年龄特点,采取不同的教学方法激发学生学习的兴趣,调动学生学习的主动性积极性。

(2)启发学生独立思考,发展学生的逻辑思维能力。教师要善于创设问题情境,引导学生,鼓励学生提出问题,使学生养成善疑、善问、多思、深思的习惯,培养他们分析问题和解决问题的能力。

(3)让学生动手,培养独立解决问题的能力。教师要善于启发诱导学生将知识创造性地用于实际,通过布置由易到难的各种作业,或提供素材、情境、条件并提出要求,让他们去独立探索,克服困难问题,发展学生独立解决问题的能力。

(4)发扬教学民主。主要包括:建立民主平等的师生关系和生生关系,创造民主和谐的教学气氛,鼓励学生发表不同见解,允许学生向教师提出质疑等。

**(三)巩固性原则**

**1. 基本含义**

巩固性原则是指教师在教学中,要引导学生在理解的基础上牢固地掌握知识和基本技能,长久地保持在记忆中,在需要的时候,能够准确无误地呈现出来,以利于知识技能的运用。

历代许多教育家都很重视掌握知识的巩固问题,孔子要求"学而时习之"、"温故而知新",乌申斯基认为"复习是学习之母",由此可见知识的巩固对于学习来说是非常重要的问题。

**2. 贯彻巩固性原则的要求**

(1)在理解的基础上巩固理解知识是巩固知识的基础。要使学生对知识掌握得牢固,首先在传授时要使学生留下深刻印象。在教学中,要引导学生把理解知识和巩固、记忆知识联系起来,当然,教师在教学中要求学生对一些知识做机械记忆与强调对知识的理

**311**

解是相悖的。

（2）重视组织各种复习。教师要向学生提出复习与记忆的任务，要安排好复习的时间，要注意复习方法的多样化，要指导学生掌握记忆方法，学会通过整理编排知识，写成提纲、口诀等帮助记忆。

（3）在扩充改组和运用知识中积极巩固知识。在教学中教师要引导学生通过努力学习新知识，扩大加深改组原有知识和积极运用所学知识于实际来巩固知识。它不是要求学生原地踏步，反复温习，而是在前进中巩固和深化已有的知识与技能。

### （四）循序渐进原则

#### 1. 基本含义

循序渐进原则是指教师要严格按照科学知识的内在逻辑体系和学生认识能力发展的顺序进行教学，使学生系统地掌握基础知识和基本技能，形成严密的逻辑思维能力。

循序渐进原则是中外教育遗产的总结，它是由学生认知活动的规律和教材本身的逻辑体系决定的，同时，也是实现教学任务的需要。

我国古代教学注重按照一定的顺序进行。《学记》要求"学不躐等""不陵节而施"，提出"杂施而不孙，则坏乱而不修"。如果教学不按照一定的顺序，杂乱无章地进行，学生就会陷入紊乱而没有收获。朱熹进一步提出"循序而渐进，熟读而精思"，明确提出了循序渐进的教育要求。在国外，夸美纽斯主张"应当循序渐进地来学习一切，在一段时间内应当把注意力集中在一件事情上"。另外，乌申斯基、布鲁纳等都很强调系统知识的学习。

#### 2. 贯彻循序渐进原则的要求

（1）按教材的系统性进行教学。按课程标准、教科书和体系进行教学是为了保证科学知识的系统性和教学的循序渐进。教师要深入钻研学科课程标准和教材，掌握其结构和体系，明确教学的目的和要求，了解教材的重点和难点，然后结合学生的认知特点和实际情况，指导教学的具体进程。

（2）注意主要矛盾，解决好重点与难点的教学。循序渐进并不意味着教学要面面俱到，平均使用力量，而是要求区别主次、分清难易、详略得当地进行教学。注意重点就是注意要把基本概念、基本技能作为课堂教学的重点，把较多的时间和精力放在重点上，围绕重点对学生进行启发诱导，以保证学生能够掌握基本概念和基本技能。

（3）由浅入深，由易到难，由简到繁。这是循序渐进教学应遵循的一般要求，是行之有效的基本经验，符合学生的认识规律，不可违反。学生的基础打好了，认识能力提高了，学习进度就会加快，效率自然会提高。

**真题链接**

**2.** （2016年上半年选择题）荀子在《劝学篇》中指出："不积跬步，无以至千里；不积小流，无以成江海。"这句话所蕴含的教学原则是（　　　）。

A. 循序渐进原则        B. 因材施教原则

C. 启发诱导原则        D. 直观性原则

### （五）因材施教原则

#### 1. 基本含义

因材施教原则是指教师在教学中，要从课程计划、学科课程标准的统一要求出发，面向全体学生，同时又要根据学生的个别差异，有的放矢地进行教学，要使每个学生都能扬长避短，获得最佳发展。

因材施教的教学原则是对我国教学经验的总结。它既是学生身心发展的客观规律所决定的，也受我国教育目的的制约。

#### 2. 贯彻因材施教原则的要求

（1）要坚持课程计划和学科课程标准的统一要求。我国的课程计划和学科课程标准对学生德、智、体等方面都提出了明确的要求，体现在要具有良好的政治思想品德素质、扎实的文化科学基础知识、必备的基本技能和健康的身体素质等。教学必须努力实现这些要求，这是学生发展的必要基础。

（2）了解学生，从实际出发进行教学。教师要深入了解学生的年龄特征、知识水平、个人的能力兴趣和爱好，这是实施因材施教的前提。只有了解了自己的教育对象，才能确定教学的起点、要求和方法。在了解的基础上，教师要面向中间，兼顾两头，即在教学的速度、难度等方面应以中等学生的水平和能力为依据，同时，对优等生和后进生给予个别指导。

**真题链接**

**3.** （2016年下半年选择题）上课时小明和小红都没有回答老师提出的问题，王老师直接批评了聪明外向但不认真思考的小明，但对内向胆小的小红则耐心启发。她遵循的教学原则是（  ）。

A. 启发创造原则　　　　　　　B. 因材施教原则
C. 循序渐进原则　　　　　　　D. 因势利导原则

### （六）理论联系实际原则

#### 1. 基本含义

理论联系实际原则是指教学要以学习基础知识为主导，从理论与实际的联系上去理解知识，注意运用知识去分析问题和解决问题，达到学懂会用、学以致用。

#### 2. 贯彻理论联系实际原则的要求

（1）书本知识的教学要注重联系实际。只有注重理论联系实际，教学才能生动活泼，使抽象的书本知识易于被学生理解，吸收转化为对他们有用的精神财富。

（2）重视培养学生运用知识的能力。教师应当根据教学的需要，组织学生进行一些参观、访问、社会调查，参加一些课外学科或科技小组的实际操作活动或从事一些科技观察、实验与发明以及生产活动等。

（3）正确处理知识教学与技能训练的关系。在教学中，只有将两者结合起来，学生才能深刻理解知识，掌握技能，达到学以致用。

（4）补充必要的乡土教学资源。由于我国幅员辽阔，各地各方面的差异很大，为了使教学不脱离实际知识，必须补充必要的乡土教学资源。

## 四、教学方法的概述

### （一）教学方法的概念

教学方法是教师为完成教学任务而采用的办法。它包括教师教的方法和学生学的方法，是教师引导学生掌握知识技能、促进身心发展的方法。

### （二）选择与运用教学方法的依据

#### 1. 教学任务

教学任务对教学方法的选择具有方向性的意义。教学目标是教学任务的具体化，它直接影响着教学方法的选择，教学目标可分为学期的、单元的和课时的目标。教学方法要根据不同的教学目标进行选择。在明确教学目标之后，要对各种方法完成目标的可能性进行分析，然后结合实际情况选择最佳的方法。

#### 2. 教学内容

不同的教学内容决定了所用教学方法的不同，要依据不同学科的性质和教材的特点来选择教学方法。

#### 3. 学生年龄特征

教师在选择教学方法时还要考虑到学生的实际情况，主要是学生的心理特征和知识基础情况。

教学方法的选择与运用除受教学任务、教学内容、学生年龄特征的影响外，还受教学手段、教学环境，教师特点等因素的制约。这就要求我们要全面地、具体地、综合地考虑各种有关因素，进行权衡取舍。

### （三）教学方法运用的综合性、灵活性、创造性

教学方法运用的综合性是指根据教学任务和教学内容的需要，综合运用多种教学方法，而不要长期只使用一种教学方法。

教学方法运用的灵活性是指在实际应用中，要从实际需要出发，随时对其进行调整。

教学方法运用的创造性是指从教学实践出发，在把握现有教学方法的基础上有所创造。

### （四）影响教学方法的因素

教学方法的产生和发展受制于诸多因素，如社会生产和科学技术的发展水平、不同的

政治制度和经济制度、哲学观和一定的教学理论观点的影响。其中,社会生产和科技的发展水平是最根本的制约因素。但是,直接影响教学方法的因素是教学目的和教学内容、学生认识活动的规律和在一定年龄阶段上的发展水平。

在上述各种条件、因素的作用下,通过教学实践而不断创造和丰富教学方法,随着社会生产、科技、社会形态、教学理论和教学实践的不断变革,教学方法也经历着推陈出新的变革过程。

教学方法虽然受诸多条件的制约,但它又具有对独立性,具体体现在两个方面:

第一,教学方法对教学目的、教学内容具有巨大的反作用。同样的教学内容,采取不同的教学方法,效果会大不一样。大量的经验表明,在教学改革中,教学方法的改革比起教学内容等其他环节更易着手,它往往会成为某一时期学校教学体系改革的突破口。

第二,教学方法并非简单地随着不同的社会变革和世界观的变化而发生变化,它有其自身发展的规律。

### 五、小学常用的教学方法

在长期的教学实践中,人们积累了多种教学方法。根据教学活动中学生的不同认知方式,把我国小学常用的教学方法分为以下五大类:

#### (一)讲授法

讲授法是教师通过口头语言系统连贯地给学生传授知识的方法。讲授法可分为讲述、讲解和讲演三种方式。讲述是教师向学生描绘学习的对象,介绍讲述事物产生变化的过程。讲解是教师对概念、原理、规律、公式等进行解释说明和论证。讲述和讲解各有侧重,但在教学中常结合使用。讲演则是系统全面地描述事实,深入分析和论证事实并归纳、概括科学的结论。

讲授法的优缺点:讲授法可以使学生在教师的指导下,在短时间内获得大量系统的知识,有利于发展学生的智力,有利于系统地对学生进行思想品德教育,但这种方法的不足在于没有充分的机会让学生对所学的内容做及时的反馈,学生的主动性、积极性不易发挥。

讲授法的基本要求:第一,讲授内容要有科学性、系统性、思想性。既要突出重点、难点,又要系统、全面;既要使学生获得可靠的知识,又要在思想上有提高。第二,注意启发。在讲授中善于提问并引导学生分析和思考问题,使他们的认识活动积极开展,自觉领悟知识。第三,讲究语言艺术。语言(包括口头语言和板书)不仅要清晰、规范、简练、形象、条理清楚、通俗易懂,而且还要形象、生动、富有感染力;讲的音量、速度要适中,注意音调的抑扬顿挫;以姿势助说话,提高语言的感染力。

#### (二)谈话法

谈话法也叫问答法,它是教师按照一定的教学要求向学生提出问题,要求学生回答,并通过回答的形式来引导学生获取或巩固知识的方法。谈话法特别有助于激发学生的思维,调动学习的积极性,培养他们独立思考和语言表述的能力。谈话法可以分为复习谈话和启发谈话两种。复习谈话是根据学生已学教材向学生提出一系列问题,通过师生问答形式以帮学生复习、深化、系统化已学过的知识。启发谈话则是通过向学生提出未思考过的问题,一步一步引导他们去深入思考和探索新知识。

谈话法的基本要求:第一,要准备好问题和谈话计划。教师要对谈话的中心和提问的内容做好充足的准备。在上课之前,教师要根据教学内容和学生已有的经验、知识,准备好谈话的问题、顺序,如何从一个问题引出和过渡到另一个问题。第二,提出问题要明确、具体。既能引起思维兴奋,又富有挑战性和启发性,问题的难易要因人而异,符合学生已有的认知程度和经验。第三,要善于启发诱导。当问题提出后,要善于启发学生利用他们已有的知识经验或对直接具体观察获得的感性认识进行分析、思考,研究问题或矛盾的所在,因势利导,让学生一步一步地去获取新知。第四,要做好归纳、小结。这样使学生的知识系统化、科学化,并注意纠正一些不正确的认识,帮助他们准确地掌握知识。

### （三）讨论法

讨论法是学生在教师指导下为解决某个问题进行探讨,辨明是非真伪,以获取知识的方法。

讨论法优点在于能更好地发挥学生的主动性、积极性,有利于培养学生的独立思维能力和口头表达能力,促进学生灵活地运用知识。

讨论法的基本要求:第一,讨论的问题要有吸引力。选好问题是讨论的前提,问题要有吸引力,能激起他们的兴趣开展讨论和钻研的价值。第二,要善于在讨论中对学生进行启发引导。启发他们独立思考,勇于发表自己的看法,围绕中心议题发言。第三,做好讨论小结。讨论结束前,教师要简要概括讨论情况,使学生获得正确的观点和系统的知识,纠正错误、片面或模糊的认识。对疑难和争论的问题,教师要尽力阐明自己的看法,但要允许学生保留意见。

**真题链接**

**4.** （2014年下半年选择题）李老师教学《落花生》时,让学生谈谈做人该做落花生这样的人,还是做苹果、石榴那样的人,大家各抒己见。李老师运用的教学方法是（　　）。
　　A. 讲授法　　　B. 讨论法　　　C. 谈话法　　　D. 发现法

### （四）演示法

演示法是教师通过展示实物、直观教具,运用示范性实验或现代化视听手段,指导学生获得知识或巩固知识的方法。演示的特点在于加强教学的直观性,不仅是帮助学生感知、理解基本知识的手段,也是学生获得知识、信息的重要来源。

演示法所使用的工具可分为以下四大类:实物、标本、模型图片的演示;图表、示意图、地图的演示;实验演示;幻灯片、电影、录像的演示。

演示的基本要求:第一,要使学生明确演示的目的、要求与过程,主动、积极、自觉地投入观察和思考。让他们知道看什么,怎么看,需要考虑什么问题。第二,注意持续性和引导性。演示前,教师要明确演示的目的和关键,选择好演示的教具,演示时,教师要结合讲授进行,引导学生注意观察,演示必须精确可靠、操作规范,演示结束后,教师要引导学生分析观察到的结果以及各种变化之间的关系,通过分析、对比、归纳、综合得出正确结论。第三,通过演示,使所有的学生都能清楚、准确地感知演示对象,并引导他们在感知过程中进行综合分析。

### (五)练习法

练习法是学生在教师指导下运用知识去完成一定的操作,并形成技能技巧的方法。

练习的种类很多。按培养学生不同方面的能力分有:各种口头练习、书面练习、实际操作练习;按学生掌握技能、技巧的进程分有:模仿性练习、独立性练习、创造性练习。

练习法的基本步骤是教师提出练习的任务,说明练习的意义、要求和注意事项,并做出示范;学生在练习时,教师要巡回辅导,练习之后教师要进行系统的分析和总结。

练习法的基本要求:第一,使学生明确练习的目的与要求,掌握练习的原理和方法。这样能防止练习中可能产生的盲目性,从而提高练习的自觉性。第二,精选练习材料,适当分配分量、次数和时间,练习的方式要多性化,循序渐进,逐步提高。第三,严格要求。无论是口头练习、书面练习还是操作练习,都要严肃认真。要求学生一丝不苟、精益求精,达到最高的水平,具有创造性。

**真题链接**

**5.** (2015年下半年选择题)教学目标与任务是选择教学方法的重要依据。有利于实现技能、技巧性教学目标的教学方法是( )。
A. 陶冶法　　　B. 讨论法　　　C. 练习法　　　D. 讲授法

### (六)实验法

实验法是学生在教师的指导下,利用一定的仪器设备,通过条件控制引起实验对象的某些变化,从观察这些变化中获得知识的方法。一般在物理、化学、生物等自然学科中运用较多。

实验法有利于培养学生独立使用仪器进行科学实验的基本技能,可以把理论和实践结合起来激发学生的求知欲;可以培养学生科学的研究方法、严谨的科学态度和扎实的作风。

实验法的基本要求:第一,制定详细的实验计划,提出具体的操作步骤和实验要求。第二,重视实验过程中的语言指导。第三,做好实验小结。

**真 题 链 接**

**6.** （2016年上半年选择题）小学科学课上，教师指导学生通过显微镜观察植物的内部结构，获得有关植物的知识。这种教学方法属于（    ）。

A. 参观法          B. 实验法          C. 演示法          D. 实习法

### （七）以探究活动为主的教学方法

以探究活动为主的教学方法是指学生在教师指导下，对所提出的课题和所提供的材料，进行分析、综合、抽象和概括，最后得出原理。因此，以探究活动为主的教学方法又称为发现法，其特点是关注学习过程甚于关注学习结果，要求学生主动参与知识形成的过程中。

### （八）以陶冶情操为主的教学方法

以情感陶冶为主的教学方法是指教师根据一定的教学要求，有计划地使学生处于情境之中，利用其中的教育因素综合地对学生施加影响的一种教学方法。

以情感陶冶为主的教学方法的优点在于改变了传统教学只重认知、忽视情感的弊端，对培养学生的学习动机，丰富学生的各种生活体验，发展学生的创造能力，培养学生高尚的审美情感都起到了重要的作用。缺点是其应用范围有限，有些抽象的知识不能通过此法来掌握。因此，它更多的是作为一类辅助性的教学方法来使用的。以情感陶冶为主的教学方法，主要包括欣赏教学法和情景教学法。

#### 1. 欣赏教学法

欣赏教学法是指在教学过程中指导学生体验客观事物真善美的一种教学方法。它寓教学内容于各种具体的、生动的、形象的、有趣的活动之中，以唤起学生的想象，加深他们对事物的认识和情感上的体验。欣赏教学法一般也包括对自然的欣赏、人生的欣赏和艺术的欣赏等。

#### 2. 情境教学法

情境教学法是指在教学过程中，教师有目的地引入或创设以形象为主体的具有一定情绪色彩的生动具体的场景，以引起学生一定的情感体验，从而帮助学生理解教材，并使学生的心理机能得到发展的教学方法。情境教学法的特点在于重视学生的主体作用，使认知与情感、活动与环境、学习与应用有机地结合起来。教师创设的情境一般包括生活展现的情境、实物演示的情境、实物演示的情境、音乐感染的情境、言语描述的情境等。

## 六、教学方法的改革

上面介绍的几种教学方法，是我国中小学常用的教学方法。在我国中小学教学长期的改革与探索过程中，也出现了一些具有时代特色的教学方法，这些本土实践提炼而成的教学方法，是我国教学改革中宝贵的财富。

### (一)八字教学法

上海育才中学在总结多年教学经验的基础上提出了"读读、议议、练练、讲讲"八字教学法。八字教学法学的目的是变"授"为"学",变教师"一言堂"为"群言堂",使学生成为学习的主人,活跃学生的思维,以生动活泼的教学气氛代替严肃死板的教学气氛,充分利用课堂上的时间,发展学生的自学能力,让学生有更多的时间发展自己的爱好和特长。

"读读"是课堂教学的基础,指教师在课堂教学中,引导学生自己读书,自己思考和研究;"议议"课堂教学的关键,指倡导学生自觉讨论,主动地探究问题;"练练"是知识的应用过程,指学生把所学的理论运用实践中去;"讲讲"是指教师在学生自学研讨的基础上有针对性地讲解,主要是引导学生把握教材的重点和难点。

八字教学法有利于培养学生科学的读书方法和良好的读书习惯,有利于学生智力、自学能力的发展,有利于师生间相互促进,有利于教师联系学生实际进行因材施教。

### (二)导学式教学法

导学式教学法是学生在教师的启发下,通过自学获得知识的一种教学方法。"导学式"教学法是我国许多教育工作者共同创造的一种新的教学方法,其主导思想是教师的任务是"导"不是"讲",学生任务是"学"不是"听",通过教师的巧妙引导,促使学生主动学习。"导学式"教学法对教师的要求是导得要精、导得有序、导得灵活,学前导兴趣、设情境,激发学生的学习动机;学中导思路、因势利导,启发学生的思路;学后导结论,总结概括,升华认识,明晰结论。"导学式"教学法从克服注入式、实行启发式的教学思想出发,提出课堂教学的基本要求,没有具体框架,适用于各门学科的教学。

### (三)快乐教学法

快乐教学法是我国中小学教学中出现的一种教学方法,其目的在于减轻学生的课业负担,培养学生愉悦的学习情绪,使学生在快乐的学习中前进,从而提高学习效果。

快乐教学法的实施要求包括:第一,创设快乐的环境,使学生在快乐的环境中学习,并感受学习的乐趣。第二,教师根据教材特点,采用游戏等多种生动活泼的教学方式进行教学,以激发学生的学习动机,促使学生主动学习。第三,教师要重视帮助学生获得学习成功的情感体验。教师要根据学生个别差异,选取不同的活动方式,使他们都有所进步,心理上获得愉快的情绪体验。

快乐教学法符合小学生天真、活泼、好动的心理特征,有利于促进学生德、智、体等方面的发展。

**319**

# 第四节　教学组织形式

## 一、教学组织形式概述

### （一）教学组织形式的概念

教学组织形式是指为了完成特定的教学任务，教师和学生按照一定要求组合起来进行活动的结构。教学组织形式所要解决的问题，就是教师以什么样的形式将学生组织起来，通过什么样的形式与学生发生联系，教学活动按照什么样的程序展开，教学时间如何分配和安排等问题。

### （二）教学组织形式的功能

教学组织形式，主要受教学目标、内容和学生差异的制约，同时组织形式也会对教学本身产生重大的影响，主要表现为：

（1）教学组织形式是教学目标得以实现的基本保障，是传递内容的实现形式。

（2）教学组织形式直接影响教学质量的高低。

（3）教学组织形式直接制约教学效率和教学规模。

（4）教学组织形式对学生个性的形成和情感的发展产生重要作用。

（5）教学组织形式有助于提高教学效率并使教学手段、教学方法得以在相应的教学组织中合理运用。

（6）教学组织形式有利于教学活动多样化，满足不同学生的学习要求，从而指向教学的个性化。

## 二、教学组织形式的类型

### （一）个别教学制

古代中国、埃及和希腊的学校大都采用个别教学形式。教师要向学生传授知识，布置检查和批改作业都是个别进行的，即教师对学生一个一个轮流地教；教师在教某个学生时，其余学生均按照教师的要求进行复习或作业。

个别教学制最显著的优点是教师能够根据学生的特点因材施教，使教学内容、进度适合于每一个学生的接受能力。所以，在个别教学中，由于每个学生的接受能力和努力的程度不同，即使是同时上学启蒙的学生，他们各自的学习进度也会有很大差别。

一位教师所能教的学生数量是很有限的，这种个别教学形式在古代学校中普遍推行是与古代社会生产力发展水平比较低的状况相适应的。

**真 题 链 接**

**真 题 链 接**

1.（2015年上半年选择题）在古代,中国、埃及和希腊的学校主要采用的教学组织形式是（　　）。

A. 个别教学制　　B. 复式教学　　　C. 分组教学　　　D. 班级教学

### (二)分组教学制

分组教学是按照学生的能力或学生成绩把他们分成水平不同的组进行教学。

目前,美、英、法、德等国家实行的分组教学,大致可以分为两类:外部分组和内部分组。

外部分组是指打乱传统的按年龄编班的做法,而按学生的能力或学习成绩编班。外部分组主要有两种形式:学科能力分组和跨学科能力分组。

内部分组是指在传统的按年龄编班的班级内,按学生的能力或学习成绩分组。

分组教学最显著的优点在于它比班级授课更切合学生个人的水平和特点,便于因材施教,有利于人才的培养。但是,它仍存在一些较严重的问题,一是很难科学地鉴别学生的能力和水平;二是在对待分组教学上,学生、家长和教师的意愿常常与学校的要求相矛盾;三是分组后造成的副作用很大,往往使高水平组学生容易产生骄傲,使低水平组学生的学习积极性普遍降低。

分组教学要注意以下几方面:

第一,充分了解学生。对同一年招收编班的学生必须充分调查摸底,不能以片面的主观印象匆忙分组,学生个体之间在道德情感、行为习惯、智力状况、年龄身体等方面都不尽相同,因此,教师要综合分析,观察其发展情况。

第二,制订个体教学计划。为了保证某学科中的"分组教学"有计划地进行,事先要对每个学生确定一个较为具体的教学计划,以使在教学中按照各组要求的共同点进行集体教学和各组要求的不同点安排分组学习。在制订教学计划时,可设置弹性要求,但必须保证基本要求的完成。

第三,保证教学井然有序。实施"分组教学",要求教师必须具备良好的教学品质,既要做到爱心和责任心并存,同时又要有过硬的教学技能。例如,备课要面向各类学生,各组活动都要有与之相适应的思路,因此,在教学内容、教学要求、时间分配、教学方法和练习形式上也都要有区别、有讲究。

第四,深入钻研教材教法。"分组教学"为了兼顾不同类型的学生,无形中增加了教师教的难度。所以,教师必须深入研究教材,做到根据教材采取适当的教学组织形式。

**真 题 链 接**

2.（2013年上半年选择题）在按照年龄编班的前提下,根据学生的学习能力或学习成绩的发展变化进行分组教学,这种分组属于（　　）。

A. 内部分组　　B. 外部分组　　　C. 交叉分组　　　D. 综合分组

### （三）设计教学法和道尔顿制

设计教学法是美国教育家克伯屈于1918年创立的一种教学组织形式，主张废除班级授课制和教科书，打破传统的学科界限，在教师指导下，由学生自己决定学习目的和内容，在自己设计、自己负责任的单元活动中获得有关的知识和能力。

道尔顿制是美国教育家柏克赫斯特于1920年提出的，指教师不再通过上课向学生系统讲授教材，而只为学生分别指定自学参考书、布置作业，由学生自学和独立作业，有疑难时才请教师辅导，学生完成一定阶段的学习任务后，向教师汇报学习情况和接受考查。

它们的优点在于有利于调动学生学习的主动性，培养他们的学习能力和创造才能，但不利于对系统知识的掌握，且对教学设施和条件要求较高。

### （四）班级授课制

#### 1. 班级授课制的概念

班级授课制是把学生按年龄和知识程度分成固定人数的班级，教师根据课程计划和规定的时间表进行教学的一种组织形式。

#### 2. 班级授课制的产生与发展

班级授课制是人类社会发展到一定历史阶段的产物。16世纪以后，随着资本主义的发展，生产力水平得到空前的提高，社会对劳动者的素质提出了新的要求，从而导致教育范围扩大，学生人数增多，学习内容更新，传统的以个别教学为主的教已不能适应社会对人才培养的需求。另外，由于生产工具的革命，使占统治地位的生产方式由个体的、分散的手工方式转变为集体的大机器生产。生产模式的变革给教育家以启迪：生产可以同时进行，教学为什么不能集体进行？于是，西欧的一些国家便开始尝试班级授课制，17世纪初，在乌克兰兄弟会学校中兴起了班级授课制的组织形式。1632年，捷克的著名教育家夸美纽斯在总结前人和自己实践经验的基础上，出版了《大教学论》。该书最早从理论上对班级授课制进行了阐述，为班级授课制奠定了理论基础。此后，班级授课制迅速推广，到19世纪中叶已成为西方学校主要的教学组织形式。我国最早采用班级授课制是1862年清政府在北京设立的京师同文馆。1902年，清政府颁布《铁定学堂章程》后，班级授课制在全国广泛推行。直至现在，班级授课制仍是我国各级各类学校教学的基本组织形式。

#### 3. 班级授课制的基本特征

第一，把学生按照年龄和知识水平分别编成固定的班级，即同一个教学班学生的年龄和程度大致相同，并且人数固定。

第二，有统一和固定的教学内容，教师按规定的教学计划、教学大纲和教科书进行教学。

第三，把教学内容以及实现这种内容的教学手段、教学方法按照"课"的形式来展开。依据学科和学年，把教学内容分成许多小的部分，这每一小部分内容的教学活动，就叫作"课"，教师按照"课"进行教学，进而完成相应的教学内容。"课"的单位时间可以是50分钟、45 分钟或是 30 分钟,但都是相对统一和固定的。课与课之间有一定的间歇和休息。从各学科学习任务而言,可单科独进也可以是多科并进,轮流交替。

**4. 班级授课制的优越性和局限性**

（1）优越性

第一,有利于快捷有效地、大面积地培养人才。由于班级是按年龄、知识程度编排,由教师根据统一的教材对全班进行教学,各门学科均按照一定的教学时间表有计划地、轮流交替地进行,因此无论从时间还是空间来看,它都是使学生在较短的时间内能系统的学习人类丰富知识体系的一种比较经济有效的形式。

第二,有利于发挥教师的主导作用。在课堂教学中,教师有目的、有计划、有组织地面对全班学生进行教学。它保证了在整个教学中,每个学生的学习都自始至终在教师的直接指导卜进行。

第三,有利于发挥学生集体的作用。班级授课制是分班进行集体教学的一种组织形式。由于学生的学习内容相同、发展程度相近,因此班级成员彼此之间在学习上、思想上遇到困难和问题时,有利于开展讨论,相互促进,共同提高。

第四,有利于学生多方面的发展。在课堂教学中,由具有专业知识的教师进行讲授,对学生进行德、智、体等方面全面发展的教育,通过系统的知识学习,促进学生身心得到全面发展。

（2）局限性

第一,教学活动多由教师直接做主,学生的主体地位或独立性受到一定的限制。

第二,学生的学习主要是接受现成的知识,以间接学习为主,学生动手实践的机会少,不利于培养探索精神、创造能力和实践能力。

第三,教学面向全班学生,强调的是整齐划一,难以照顾学生的个别差异。

第四,教学内容和教学方法的灵活性有限。

对班级授课制的各种改革主张和实验基本上是围绕以下两条线索来展开的:第一,从班级授课制的局限性出发,提出克服它的局限性的一些方式;第二,从班级授课制的基本特征即"固定班级""固定内容"和"课"而提出一些改革举措。当前,很多学校实行"小班化"教学改革,其既可以保留传统的班级授课制的优点,也可以很好地规避班级授课制的不足,是一种很好的改革尝试。

**5. 班级授课的辅助形式——个别辅导与现场教学**

（1）个别辅导

个别辅导,又称个别教学,是在课堂教学的基础上教师针对不同学生的情况进行个别辅导的教学组织形式。个别辅导一般是在学生已有学习经验的基础上,通过学生的复习、预习和对自己感兴趣的问题的深入学习,发现自己仍不明白的问题,然后向老师请教,教师针对学生的具体情况进行个别辅导。

个别教学主要是通过个别答疑、对个别学生的课外作业和课外阅读进行指导等方式来进行的。它既可以在课内实施,也可以在课外进行。

个别辅导根据其内容的不同大体可以分为两大类：一是对教材的复习和预习中发现的问题的辅导，目的是让学生打下坚实的基础；二是对学科内容中的疑难问题的辅导，目的是拓宽学生的视野，发展学生的思维。

在进行个别辅导时，应注意以下几个问题：

第一，个别辅导一般是个别进行的，教师要了解每个学生的学习情况，以便有效地进行指导。

第二，个别辅导是以学生自己的独立学习为基础的，学生自己发现问题，在自己独立完成有困难的情况下，才求助于教师。

第三，在个别教学的过程中，不仅要对学生的知识、技能问题给予帮助，而且要指导他们学会正确的学习方法和思考方法。

第四，平等地对待学生，个别辅导可以有针对性，但对学生提出的问题应尽量予以回答，不要有所偏向。

个别辅导教学的作用日益加强，首先可以弥补班级授课制的缺陷，促进个体的充分发展；班级授课制的内容、时间、进程较为划一，每个学生的学习是有其特殊性的，个别指导可以针对个别学生，使个体得到充分发展。其次，个别辅导可以提高学生学习的积极性、主动性；教师对学生进行个别指导，教师的注意力集中于个别学生，学生在受教师重视、关心的情况下，学习的积极性和主动性会大为增加。

（2）现场教学

学校除了课堂教学之外，还要让学生通过自然或社会实践获得必要的直接经验，验证或运用所学的理论知识，借以开阔眼界，扩大知识面，激发学习热情，培养独立工作的能力，陶冶学生的品德。这种在自然和社会现实活动中进行教学的组织形式，便是现场教学。

现场教学不仅是课堂教学的必要补充，而且是课堂教学的继续和发展，是与课堂教学相联系的一种教学形式。

根据现场教学的目的和任务，可以将现场教学分为两大类：一种是根据学习某学科知识的需要组织学生到有关现场进行教学；另一种是由于学生为了从事某种实践活动，需要到现场学习有关的知识和技能。

现场教学有利于学生获得直接经验，深刻理解理论知识，在某种程度上弥补了课堂教学的不足；现场教学可以增强教学的趣味性，使教学、生活更为丰富；现场教学，可以让学生在轻松、愉快的环境下掌握知识、技能，还可以感受自然、社会，丰富学生的情感体验；现场教学还可以提高学生解决实际问题的能力。

组织现场教学应注意的问题：

第一，教学目的要明确。现场教学要解决什么问题，完成什么任务必须明确。这不仅教师要清楚，学生和参与教学的现场有关人员也要清楚。

第二，准备要充分。进行现场教学前，教师要认真考虑现场教学所要解决的矛盾，引导学生做好必要的知识储备。同时，还要动员组织学生，使他们了解现场教学的目的、要求、注意事项，做好心理、物质上的准备。

第三,重视现场指导。在现场教学中,教师要引导学生多角度、充分感知感性材料,并有针对性地与理论知识相结合,深化学生的理性认识,还要鼓励学生动手操作,发现问题,解决问题。

第四,及时总结。现场教学要在必要和适当的时候及时进行总结,这不仅可以为教师组织现场教学积累经验,而且可以使学生对现场感受到的知识进一步系统化,并且学生可以在交流经验的过程中共享他们的体验和收获,使他们学会现场学习。

### 6. 班级教学的特殊组织形式——复式教学

复式教学是把两个或两个以上年级的学生编在一个班里,由一位教师分别用不同程度的教材,在同一节课里对不同年级的学生,采取直接教学和自动做作业交替的办法进行教学的组织形式。它可以节约师资力量、教室和教学设备等。复式教学是由于在一定地区因为教育条件和经济条件落后或不平衡而产生的,它是在当前条件下进行普及教育的一种形式。

复式教学的特点是:直接教学和学生自学或做作业交替进行。由于学科头绪多、讲课时间少、教学任务重、备课复杂,对教学过程的组织、教学时间的分配和教学秩序的处理等有更多的要求,复式教学取得成功的关键是直接教学和自动做作业的合理搭配。

复式教学是班级教学的一种特殊形式,它保持了班级教学的本质特征。但与一般意义上的班级教学的差别在于:当教师给一个年级上课时,其他年级的学生根据教师的指示进行预习、复习、练习或做其他作业。

**真题链接**

**3.** (2014 年下半年选择题)在一些农村教学点,教师在一节课内分别对不同年级的学生进行教学。这种教学组织形式是(　　)。

A. 复式教学　　　B. 道尔顿制　　　C. 分组教学　　　D. 个别教学

### 三、教学组织形式的选择

选择什么样的教学组织形式往往受到教学观念、教学任务、教学内容、教学对象和教学条件等因素的制约。

#### (一)根据教学任务进行选择

在选择教学组织形式时,首先要考虑教学任务。如果教学的主要任务是传授新知识,就应选择班级教学的形式,如果是为了培养学生的技能技巧,则可考虑采用小组教学的形式,如果要完成多种教学任务,可以考虑多种教学组织形式的整合。

#### (二)根据教学内容进行选择

从不同的学科来看,如语文、数学和体育、美术等,其内容的性质不同,要考虑采用不同的教学组织形式。从同一门学科来看,不同的教学内容,如难易程度不同,或复杂程度不同,也可以采用不同的教学组织形式。

### （三）根据教学对象进行选择

不同年龄阶段的学生在身心发展方面存在着差异,在选择教学组织形式时必须顾及这些差异而采用合适的教学组织形式。例如,在小学阶段,高年级和低年级学生的注意力发展水平不同,不宜一律采用45分钟一节课的组织形式。

### （四）根据教学条件进行选择

在选择教学组织形式时,应该考虑学校现有的教学条件、文化背景等因素。

# 第五节　教学总结

## 一、教学总结的基本内涵

教师除了要认真备课、写出教案和顺利完成任务外,课后还应该认真反思,及时回顾和总结每节课的心得与体会,这就是教学总结。教师通过撰写教学总结,记录教学中的成功与不足,这样既有利于教师积累教学经验和提高备课能力,也有助于教师提高教学水平和改进教学方法。

## 二、教学总结的内容

### 1. 成功的教学经验

成功的教学经验体现了教师创造性的教学思维,也体现了教师从不同的角度、深度去把握教材的能力和以恰当的方法、表现力来设计教学活动的能力。具体包括:教学方法的选择、新课导入自然恰当、教具准备充分、为讲解重点和突破难点而选用的典型例句,以及发现并突破难点的方法。

### 2. 教学中的失误

课堂教学是教师和学生的双边活动。即使教师理解课程标准的精神、熟悉教材和精心准备教案,也难免会出现疏漏或失误,课后都会让教师感到还存有可改进之处。教师对课堂中出现的不足或一时不知如何处理的问题及时记录在教学总结中,然后加以思考,则可以在今后的教学中避免犯类似的错误。

### 3. 反思教学设计的合理性

教学设计的科学性、合理性和有效性直接影响教学目标的实现。教学总结要求教师每节课后对教学进行反思,教师可以根据教学总结中记录的教学体会和从学生那里得到的反馈信息,思考下一节课的教学设计,也可以对本节课进行教学重建。

### 4. 剖析教学目标的落实情况

教学目标是指教师预先确定的、在具体教学活动中所要达到的教学结果。教师每上完一节课都应该及时回顾自己的教学是否适合教材内容和学生的实际情况，教学内容的补充和删减是否合理、教学的重点和难点是否突出、教学的思想性和科学性是否统一和谐、预先设定的教学目标是否完成。

### 5. 总结教学主题的体现程度

现代的教学思想主张教学过程中要充分体现学生的主体地位。因此，课堂教学设计应关注学生的参与，教学活动应该以学生为中心。每一节课后教师都应该客观地分析本节课是否调动了学生学习的积极性，学生是否对本节课的教学内容感兴趣，创设的情境和设问是否符合学生的实际水平，是否有利于培养学生的创新意识和创新能力。

### 6. 记录课堂教学活动的设计及其实施

教师应该在课后审视该节课教学是否拓展了学生的思维和发挥了学生的语言创造能力，活动的设计是否做到了由浅入深、循序渐进，授课进度是否适宜，以及时间是否科学分配等。

## 三、教学总结的形式

教学总结形式不拘，可长可短、可详可略。它可以是课堂教学的成功或者不足的记录，也可以是教学随感或教学灵感的记录，还可以是与同事进行交流时其他教师提出的合理化建议或评价等。

在记录教学总结时不能流于形式而将其记成"流水账"。此外，教师还要重视有关教学信息的反馈，以便从中发现问题。教师要更加强调理论的学习，把在教学实践中获得的经验和教训加以系统化，并上升到理论的高度。

## 四、教学总结的作用

教师的教案在付诸教学实践时往往会出现一些意想不到的问题，有些问题教师在设计教案时很难准确预料，尤其对于缺乏教学经验的青年教师更是如此。教学总结能及时将教学过程中出现的问题、教学心得、课堂教学的即时效果和可持续性教学效应补充在教案中，这样教师既可以为本节课的教学提供感性和理性相结合的资料，又可以为平行班或者下一轮的教学提供感性和理性相结合的资料，还可以防止教学失误在今后的教学中重现，可以使教师在日后的教学中扬长避短，常教常新，不断提高教师的教学能力和教学质量。

总之，教学总结既是教师摸索教学规律、总结教学经验、改进教学方法和提高教学水平的有效手段，又是教师自我剖析、提高教学质量和深化教学改革的有效途径。

# 第二章　小学生的学习与教师课堂教学行为

**考点分析**

1. 本章知识在历年考试中多以单项选择题的形式进行考查。
2. 考试的重点集中在学习方式、学习策略以知识技能的学习方面。
3. 重点识记学习策略所包含的方法以及技能的形式与培养。

## 第一节　小学生学习方式的基本类型

### 一、学习方式的类型

#### (一) 学习方式的概念

学习方式泛指学习者在各种学习情境中所采取的各种不同动机取向、心智加工水平和学习效果的学习方法和形式。

#### (二) 学习方式的类型

##### 1. 学习方法的分类

学习方法是指学习过程中的学习观、信息加工活动、自我调节的综合,它有"质"与"量"的差异。

(1) 学习方法在"质"上的差异主要表现为动机取向和信息加工水平的不同。

从动机取向上可将学习方法分为:主动学习和被动学习。主动学习是指有内在的学习动机,能够自觉主动地进行学习;被动学习是指缺乏内在的学习动机,只是在外部的要求或者压力下进行学习。

从信息加工水平角度对学习方法进行分类,通常采取层级法。例如,加涅把智力技能的学习从低到高分为辨别、概念、规则、高级规则等四个学习层级。

(2) 学习方法在"量"上的差异主要表现为拥有学习策略的多少。

在学习方法层面,学习方法在"量"上的差异,主要体现为拥有学习策略的多少。

##### 2. 学习形式的分类

学习形式是学习活动的组织方式和表现形式。具体分类如下:

(1) 维持性学习和创新性学习

根据对学生内容信息加工后,是否能够生成有价值的、新颖的思维产品,把学习可分为维持性学习和创新性学习。

维持性学习旨在获取人类已有的知识、经验，帮助个体适应社会；创新型学习旨在生成新的思维产品，诱发革新，促进社会发展。

（2）体验学习与学术学习

根据经验情境，学习可分为体验学习与学术学习。

体验学习是指基于直接经验、经由反思和理论抽象而进行的学习；学术学习指不需要任何经验而通过学科学习而获得信息的过程。

（3）情境学习与抽象学习

根据学习情境化，可将学习分为情境学习与抽象学习。

情境学习要求把知识呈现在真实情境中，需要社会运作和协作；抽象学习是一种去情境化的学习。学校课堂教学中多采用抽象学习这种形式。

（4）合作学习与独立学习

依据学习过程中是否存在学习者的协作情况，可将学习分为合作学习和独立学习。

合作学习是指在教学中运用小组，使学生共同开展学习活动，为最大限度地促使学生小组成员共同学习的一种学习方式；独立学习则是指个体独自进行的学习，即个别化学习。

（5）自主学习与他主学习

根据学习者的自主水平，可将学习分为自主学习与他主学习。

自主学习是指个体自觉确定学习目标、制定学习计划、选择学习方法、监控学习过程、评价学习结果的过程与能力；他主学习则是指在外界的各种压力和要求下被动地从事学习活动，或需要外界来管理的学习活动。

## 二、学习策略

### （一）学习策略的概念

学习策略是指学习者为了提高学习效果和效率，有意识、有目的地制定有关学习过程的复杂方案。

### （二）学习策略的分类

1990 年，根据学习策略覆盖的成分，迈克卡（Mckeachie）等人将学习策略分别为认知策略、元认知策略和资源管理策略三个部分。

#### 1. 认知策略

认知策略是加工信息的一些方法和技术，有助于有效地从记忆中提取信息。一般而言，认知策略因所学知识的类型而有所不同，复述、精细加工和组织策略主要是针对陈述性知识，针对程序性知识则有模式再认识策略和动作。

（1）复述策略

复述策略是在工作记忆中为了保持信息，运用内部语言在大脑中重现学习材料或刺激，以便将注意力维持在学习材料上的方法。

常用的复述策略：利用随意记忆和有意识记、排除抑制干扰、整体记忆与分段记忆、多种感官参与、画线、圈点批注等。

（2）精细加工策略

精细加工策略是一种将新学材料与头脑中已有知识联系起来从而增加新信息的意义的深层加工策略。例如，学习"医生讨厌律师"这一句话时，我们附加一句"律师对医生起诉了"，如此一来，以后回忆就相对容易一些。

常用的精细加工的策略有记忆术（位置记忆法、首字联词法、视觉联想法和关键词法）、做笔记、提问、生成性学习、利用背景知识联系实际等。

（3）组织策略

组织策略是整合所学新知识之间、新旧知识之间的内在联系，形成新的知识结构。它是将信息由简到繁、由无序到有序处理加工的一个重要手段，其方法是将学习材料分成一些小的单元，并把这些小的单元置于适当的类别之中，从而使每项信息和其他信息联系在一起。有人认为，记忆能力的增进，是组织的结果，因为学生可以用各种类别的标题作为提取的线索，从而减少回忆时的负担。因此，在教学中，教师要教会学生对信息进行分类，以提高他们的记忆能力。在教复杂概念时，教师不仅要有序地组织材料，而且，重要的是要使学生清楚这个组织材料的框架。

常用的组织策略：列提纲、利用图形（系统结构图、模型图、流程图等）、利用表格（一览表、双向表）等。

---

**真题链接**

1.（2013年上半年选择题）小学教师引导学生按照偏旁部首归类识字，他所运用的教学策略是（    ）。

A. 精细加工策略　　　　　B. 资源管理策略

C. 组织策略　　　　　　　D. 复述策略

---

**2. 元认知策略**

元认知由弗拉维尔于20世纪70年代提出，又称为反审认知、反省认知、超认知、后设认知。元认知策略是学生对自己认知过程的策略，包括对自己认知过程的了解和控制策略，有助于学生有效地安排和调节学习过程。

元认知策略是一种典型的学习策略，大致可分以下三种：计划策略、监控策略和调节策略。

（1）计划策略

计划策略是根据认知活动的特定目标，在一项活动之前制定计划，预计结果、选择策略、想出解决问题的方法，并预计其有效性。

计划策略包括设置学习目标、浏览阅读材料、产生待回答的问题以及分析如何完成学习任务。

（2）监控策略

监控策略是在认知活动进行的过程中，根据认知目标及时评价、反馈认知活动的结果与不足,正确估计自己达到认知目标的程度、水平,并根据有效性标准评价各种认知行动、策略的效果。

监控策略包括阅读时对注意加以跟踪、对材料进行自我提问、考试时监视自己的速度和时间。

（3）调节策略

调节策略是根据对认知活动结果的检查,如发现问题,则采取相应的补救措施;或者根据对认知策略效果的检查,及时修正、调整认知策略。

### 3. 资源管理策略

资源管理策略是辅助学生管理可用环境和资源的策略,有助于学生适应环境并调节环境以适应自己的需要,对学生的学习动机有重要的作用。

资源管理策略包括:学习时间的管理、学习环境的管理、学习努力和心境的管理、学习工具的利用、社会性人力资源的利用。

## 三、知识与技能学习

### （一）知识学习的种类

1. 根据头脑内知识的不同形式或学习任务的复杂程度,将知识学习分为符号学习、概念学习和命题学习

（1）符号学习。又称代表学习、表征学习,指学习单个符号或一组符号的意义,即学习符号本身代表什么。符号学习的主要包括词汇、图标、地理信息、历史事件、历史人物的学习。

（2）概念学习。概念学习就是获得概念的一般意义,亦即掌握同类事物的共同的关键特征和本质属性。通常是用一个名词来予以表征或概括的。

（3）命题学习。命题学习指学习由若干概念组成的句子的复合意义,即学习若干概念之间的关系。命题学习必须以概念学习和符号学习为前提。

2. 根据将要学习的新内容与学习者已经知道的相关内容之间的关系,奥苏伯尔把学习分为下位学习、上位学习和并列结合学习

（1）下位学习

下位学习又称类属学习,是一种把新的观念归属于认知结构中原有观念的某一部位,并使之相互联系的过程。下位学习包括两种形式:派生类属学习和相关类属学习。前者指观念,是认知结构中原有观念的特例或例证,新知识只是旧知识的派生物,新学习的知识内容完全被包含于原有的知识内容结构当中。即新学习的知识抽象概括程度低于原有知识。通过派生类属,不仅可使新概念或命题获得意义,而且可使原有概念或命题得到充实或证实。例如,如果学生已有了"哺乳动物"的观念,现在来学习"鲸"这种动物,就可通过派生类属学习来进行。当新学习的知识从属于原有认知结构中的某一观念,但并非完全包含于原有观念之中,并且也不能完全由原有观念所代表,二者仅是一种相互关联的从属关系时,便产生相关类属学习。即新学习的知识部分从属于原有认知观念。此时,新知

识需对原有的认知结构作部分调整或重新组合，是原有观念的扩充、深化、限定或精确化的产物。例如，学生原来知道挂国旗是一种爱国行为，现在知道保护能源也是一种爱国行为。

（2）上位学习

上位学习也叫总括学习，即通过综合归纳获得意义的学习。当认知结构中已经形成某些概括程度较低的观念，在这些原有观念的基础上学习一个概括和包容程度更高的概念或命题时，便产生上位学习。即新学习的知识抽象概括程度高于原有知识。例如，在学过正方体、长方体、拦河坝等形体的体积计算公式后，学习一般柱体的体积计算公式，就属于上位学习。

（3）并列结合学习

并列结合学习是在新知识与认知结构中的原有观念既非类属关系又非总括关系时产生的。例如，学习质量与能量、热与体积、遗传结构与变异、需求与价格等概念之间的关系就属于并列结合学习。一般而言，并列结合学习比较困难，必须认真比较新旧知识的联系与区别才能掌握。

**真 题 链 接**

**2.**（2015 年下半年选择题）小学生学习了四边形以后，再学习平行四边形。这种学习属于（　　）。

  A. 上位学习  B. 下位学习  C. 归属学习  D. 并列学习

### （二）技能学习的种类

根据技能的性质和特点，通常把技能分为操作技能和心智技能。

#### 1. 操作技能

（1）含义

操作技能也叫动作技能、运动技能，是通过学习而形成的合乎法则的操作活动方式。日常生活中的许多技能都是操作技能，如音乐方面的吹拉弹唱，体育方面的球类、体操、田径等。

练习是形成各种操作技能所不可缺少的关键环节，是动作技能形成的基本条件和途径。练习曲线的典型势态是练习曲线呈负加速变化。其特点是：① 初期进步快；② 中间一个明显的暂时的停顿期，即练习高原期；③ 后期进步慢；④ 总的趋势是进步，但有时会有暂时的退步。为了促进技能的形成，过度学习是必要的，过度学习是达到一定程度后，仍继续学习的一种现象，适当的过度学习达到 150％时，效果最佳。

（2）形成阶段

① 操作定向：这个阶段也可以叫作操作认知阶段，在这阶段里学生理解操作活动的结构和程序的要求，是在头脑中建立起活动定向映像的过程。通常在这阶段中，老师给学生做出准确的示范与讲解，让学生从整体上了解将要学习的技能是什么。

② 操作模仿:学生观察老师的动作,再现特定的示范动作或行为模式。在这阶段学生的动作有如下几个特点:稳定性、灵活性较差;常有多余动作产生;主要靠视觉控制;比标准速度要慢。由于在这一阶段中,学生主要通过观察老师的动作进行模仿,因此,动作控制上以视觉控制为主。

③ 操作整合:学生把模仿阶段习得的动作依据其内在联系联结起来,固定下来,并使各动作成分相互结合,成为定型的、一体化的动作。在这阶段学生的动作有如下几个特点:表现出一定的稳定性、精确性、灵活性;多余动作减少;视觉控制逐渐让位于动觉控制;疲劳感、紧张感降低。在这一阶段我们可以清晰地看到动作品质变高,多余动作比模仿阶段减少,动作控制上也不再是视觉控制起主导作用。

④ 操作熟练:该阶段是操作技能掌握的高级阶段,动作的执行达到高度的程序化、自动化和完善化。这阶段中学生的动作有如下几个特点:表现出高度的稳定性、精确性、灵活性;干扰消失,多余动作消失;动觉控制增强,视觉注意范围扩大;动作具有勤快感。这里我们需要注意,在操作熟练阶段的动作控制上是动觉占据主导地位,当动作已经高度熟练时,我们的注意力资源就可以用在其他方面。如我们在织毛衣技能高度熟练时,即可以边织毛衣边看电视,视觉范围变大。

**真题链接**

3.(2012年下半年选择题)小学数学运算技能形成的基本途径是(　　)。
　　A. 观察　　　　B. 讲解　　　　C. 示范　　　　D. 练习

4.(2013年下半年选择题)在技能训练过程中,常常出现进步的暂停现象,这在心理学上称为(　　)。
　　A. 挫折现象　　B. 回退现象　　C. 抑制现象　　D. 高原现象

5.(2014年下半年选择题)根据过度学习的研究,如果小学生读4遍后能完整背诵一首古诗,要想达到最佳记忆效果,还应再背诵(　　)遍。
　　A. 2　　　　　B. 4　　　　　C. 6　　　　　D. 8

**2. 心智技能**

(1) 含义
心智技能又称为智慧技能或智力技能。它是一种借助于内部语言在人脑中进行的认知活动方式,如默读、心算、写作、观察和分析等技能。

(2) 心智技能的形成阶段
心智技能的发展包括以下三个阶段:

① 原型定向。所谓原型定向,就是了解心智活动的实践模式,了解"外化"或"物质化"了的心智活动方式或操作活动程序,了解原型的活动结构,从而使主体知道该做哪些动作和如何去完成这些动作,明确活动的方向。

② 原型操作。所谓原型操作,就是依据心智技能的实践模式,把主体在头脑中建立起来的活动程序计划,以外显的操作方式付诸实施。

③ 原型内化。所谓原型内化，即心智活动的实践模式向头脑内部转化，由物质的、外显的、展开的形式变成观念的、内潜的、简缩的形式的过程。原型内化阶段是心智技能形成的高级阶段。这一过程又可划分成三个小的阶段，即出声的外部言语阶段、不出声的外部言语阶段和内部言语阶段。

# 第二节　教师课堂教学行为对小学生学习的影响

## 一、课堂教学行为

### （一）教师行为

教师行为是教师一切行为的统称，包括言语、举止等外在动作，也包括内在心理活动。它是有方向、有目标，从需要出发，为目的服务的。教师的课堂行为主要表现在教学语言的使用上，包括口头语言、体态语言和书面语言三个方面。

#### 1. 口头语言

教师的口头语言是教师教学过程中的主导语言。它是教师根据教学任务，针对特定的学习对象，使用规定的教材，按照一定的教学方法，在有限的时间内，为达到某种预期的效果而使用的语言。包括教师的课堂讲授、口头要求和言语反馈等。

课堂讲授是教师运用系统的口头语言，通过分析、解释、说明、论证、叙述、描绘等系统地向学生传授知识的教学行为方式。在课堂中讲述现象与过程、讲解概念与规律、讲读教材与资料、讲演明理与移情等统称讲授。

口头要求是指教师直接指出或强调学生的成就或非成就行为是好或是不好，并要求他们继续发扬或纠正的教育行为，这和具体的成绩无关。

教师的言语反馈是指教师在教学时要根据学生的具体情况因时、因地、因任务难易和努力程度适度开展表扬和批评。

#### 2. 体态语言

体态语言属于教师的非言语行为，如神情、眼神、手势与服饰等都属与一个人的非言语行为，教师的这些非言语行为会直接影响到学生对学习的兴趣，合适的体态语言有助于课堂教学效果的提高。

#### 3. 书面语言

书面言语主要指教师在课堂上将课本上具有知识性和教育性的重点内容再度板书在黑板上，呈现在学生眼前的语言。书面语言有很强的直观性和导向性，有助于加深学生对所学知识的印象，引导学生抓住重点和难点。

### （二）教学行为

教学行为在其构成上有两层含义：其一，是那些直接显示结果的教学行为，如教学语言、教学组织、板演、示范操作、表情姿势等。因而,教学行为具有较强的可感性,是直观的显性行为。教学行为的产生既有习惯因素,也有教学机智在行为上的体现。教学中,不管是知识传授还是技能训练都不可条块分割地逐个进行,它们交替统一于教学目的是整体推进的。教师通过这种显性行为传达知识、信息,实现以掌握教学内容为主体的认知活动,从而使学生能积极愉快地接受对其身心发展以及社会发展有利的一切知识。其二,是教师的情感、意志、道德、价值观、潜在能力和个性等多种因素综合而成的一种态势。这是一种教学的内在行为,表现出较强的意识性、稳定性和自主性。这种教学内在行为在教学实践活动中显得扎实而专一,制约着教学行为的深刻性、持久性。教师通过这些深层次的行为来影响学生,反复感染学生,使他们在潜移默化中受到熏陶,从而内化在学生身上,形成优秀的道德品质和情操,使学生成为具有内涵的、有修养的社会所需人才。

从教学行为的结构、功能和性质上看,它具有许多特点:

## 1. 教学行为的目的性

教学行为是在对教学活动过程分析的基础上提出来的,具有较强的目的性。教学行为的目的服从与教学目的,是对教学目的中的众多因素进行内化并形成教育价值观的一部分,从而确定教学行为导向并集中体现于教学活动过程中,是一种智能性行为。

## 2. 教学行为的社会性

教学活动其实质是一种社会实践,教学行为也就因此折射出许多社会内容的影子,它与社会密切相连。在教学活动中,教师用自身的人格魅力去潜移默化地感染学生,因为学生进入学校之后,学校、教师就成为他们日常生活、学习的中心,教师这一群体也成为这一时期学生所推崇的对象,是他们的心理依赖者。对于刚入学的小学生来说,教师的话如同圣旨一般灵验,学生对教师在生活上、思想上是绝对的服从者,教师的言谈举止无形之中就成为学生模仿的榜样,所以从学生的身上可以折射出当代的师表。随着学生年龄的增加,其自主独立意识增强,更需要从教师那里获得理解和尊重,那就要教师给予充分的心理安全和自由,并作为一个导航者指引其正确的方向。从教师的角度看,教师的思想境界、职业操守都要求体现社会精神领域中的较高要求,因而,教师需要按照社会发展的客观要求产生自己的教学行为,需要从社会道德、社会审美的要求上不断改善自己的教学行为。

## 3. 教学行为的规范性

教学行为是为一种教学要求设计的,除了要演示教学内容,实现教学目的外还有另一项教育功能,那就是育人的功能。教学行为的规范性一方面体现在动作、态势等外在行为上,另一方面体现在教学道德和教育价值观等理论基础上。在教学活动中,教师如果能有效地处理好这两种行为要求间的关系,并使之完美结合,教学行为的整体功能才有可能得以充分发挥。

## 4. 教学行为的一致性

教学行为是由多种动静要素构成的综合体。教学任务的完成,教学目的的实现,就是这些动静要素协调一致的结果。教学行为的一致性,主要是指教学行为主体在行为过程中的动作要求、步骤协调一致以及教学行为的各个要素协调一致,使之以完整的面貌体现在教学活动中。

### 5. 教学行为的创造性

教学行为的创造性是由社会发展的客观要求和教学改革的逐步深化所决定的。当代的学校教育,已由过去强调教育的选择功能转向重视教育的发展与服务功能,由知识型转向智能型和文化型。学校教育教学的转型,既要求教师的教学行为符合一定社会的标准和规范,也要求教师的教学行为具有极强的创造性,以突显教师教学行为的个性化。

### 6. 教学行为的角色性

教学行为也是角色性行为,这是因为行为主体在教学活动过程中将要承担一定的教学任务,而完成这个教学任务的个体,就是这个角色的承担者。教学的角色性行为是通过行为主体的潜在能力与不断变化的教学环境相互作用而实现的,因而教学的角色性行为成熟的过程也是教师专业发展逐步走向成熟的过程。

### 7. 教学行为的自觉性

教学行为是为完成教学任务而产生的,也是为更好地实现教学目标而存在的,它是建立在教师对教学目的的深刻体会以及对教育工作繁荣热爱程度上的。教学行为来自于教师对教学成就感的热切期望,在各种因素的综合作用下,教师的教学行为才能积极有效地活跃在各种教学活动中,并成为教师的一种自觉行为。

### 8. 教学行为的有效性

凡是能够提高教学效率的行为都可以称之为教学的有效性行为。教学行为的有效性主要是指教学过程中的各个环节,步骤在教学行为的组织调配下能发挥应有的作用,以及教学行为对于教学内容的传授方面能创造出最大的教学效益,这两方面的相互作用就更能显示教学行为的有效性。

教学行为是由多种因素在时间和空间上按照一定的规则相互作用组成的一个系统,它与教学效果密切联系,对教学活动有着不可忽视的作用和意义,特别是各种行为要素按照一定的逻辑组织成比较合理的结构以后,就能从不同的方面积极地影响着教学效果。

## （三）影响课堂教学行为的因素

课堂教学行为是教师这一特定角色在课堂这一特定的场景下,为实现教学目标和学生的发展所从事的各种与教学相关的活动。影响课堂教学行为的因素多种多样,如教学观、教师的知识与经验、教学能力、学生的知识水平与认知特点、师生的行为、环境等。它们对教师课堂教学行为的影响程度不同,其中,教学观对教师课堂教学行为起着导向性的决定作用,虽然教学观的内容涉及很广泛,但从根本上讲,教学观是人们对教学的基本看法和观点,它支配着具体的课堂教学行为。课堂教学行为是一种目的性行为,有什么样的教学观,就会出现什么样的课堂教学行为。

### 1. 基于"教师中心"教学观的课堂教学行为

"教师中心"是一种主张教师在教学中居支配地位、起决定作用的教学思想。它认为,教师是社会的代表,教师在教学过程中居支配地位,课本知识传授是教学最主要的任务。围绕这些观点,主张教师作为社会文化的代表,责无旁贷地担起向学生传授课本所承载的知识的责任,并且以身为范地向学生传授一定的社会文化观念,为此,教师必须强硬地控制课堂及其教学,保证上述任务的完成。因此,教学中,教师决定一切,教师高效率地传授课本知识,学生接受了尽量多的课本知识。基于这样一种教学观,课堂教学行为主要表现为:教师在课堂上的绝对权威、强制性和"一言堂";学生被动地接受、服从和死记硬背;师生之间是传授与被传授、控制与被控制的行为关系;注重大量的"题海"练习。

### 2. 基于"学生中心"教学观的课堂教学行为

"学生中心"是一种主张以学生身心发展规律为基础,学生在教学中处于中心地位、起决定作用的教学思想。它认为,儿童是社会的未来;学生的身心发展规律在教学过程中居支配地位。围绕这些观点,注重学生在亲身参与和经历"活"经验的活动过程中的能力培养、认知和情感的和谐发展,就成为这一思想的主题。在这种思想背景下,学生决定教学的一切,教学过程是学生积极主动参与获得知识经验的过程,在各种活动中学生的能力得到发展。基于这种教学观,课堂教学行为主要表现为:教师为学生的学习提供和创设适宜的条件,注意激发和调动学生的学习积极性、主动性和自觉性,有效安排和监控学生的"经验"活动;学生积极投入获得经验知识的活动过程;师生之间是引导与被引导的关系。

### 3. 基于"多元发展"教学观的课堂教学行为

"多元发展"是一种主张通过教学促进师生全面发展的思想。它主张,教学要同时重视人在知识、能力、情感和人格等方面的共同发展,重视师生在教学中的主体性的发挥和发展,培养学生的生命和生活意识、发展和创造意识,焕发师生在教学中的生命活力。因此,它既强调教学的结果也重视教学的过程。基于这些思想和理念,教学时注重:师生双方主动性、自主性和创造性的发挥,师生在教学中的认知发展和情感体验,师生之间的对话交流,课堂教学充满智慧等。与此相应,课堂教学行为主要表现为:师生间的良好互动与沟通、各种正向反馈的利用、学生间的良好合作、教学实践和空间的有效利用、课堂活动的适当安排和进行、师生对教学的积极投入等。

### (四) 新课程对教师课堂教学行为的要求

### 1. 要求教师课堂教学行为具有全面性

传统的课程体系以知识和智力为本位,教师的教学行为比较注重知识技能取向,过于强调知识技能的传授,而对学生学习态度的培养和习惯、能力的养成重视程度不够,忽视学生学习兴趣的培养和直接经验的积累,这种忽视学生主体性的教学行为是片面的、非人本的,自然无法实现素质教育的培养目标,促进学生素质的全面提高。新课程倡导的核心理念是以学生为本,着眼于学生的全面发展,这里的发展不只是指知识和智力的发展,而且还指情感、态度、价值观的发展。学生是具体的、活生生的、有丰富的个性、不断发展的主体,是具有主观能动性的独立个体。教师的教学行为要促进学生的全面发展,便不能只限于知识和智力的层面,局限于"教教材",而应该转变为"用教材教",即通过知识、技能的传授,最大限度地发挥课程潜能,实现育人的功效。新课程的核心理念就是要求教师以人为本,它突出培养学生的创新和实践能力、收集处理信息的能力、获取新知识的能力、分析解决问题的能力以及交流协作的能力,发展学生对自然和社会的责任感。另外,还要求让每个学生拥有健康的身心,优良的品质和终身学习的愿望与能力,科学和人文素养,养成健康的审美情趣和生活方式,从而实现全体学生的发展,以及学生个体的全面发展。让学生全面发展,并不是让每个学生,及其每个方面都要按统一规格平均发展。新的课程标准要求让每个学生学习有价值、让个性差异不同的人在学习上得到不同的发展。因此,在教学中,教师的课堂教学行为还应尊重学生在课堂学习过程中的个性差异,允许不同的学生从不同的角度认识问题,采用不同的知识与方法解决问题。

**2. 要求教师课堂教学行为具有转换性**

传统教学中教师是课堂的中心,教师的教学行为以"讲"为中心,教师牵着学生走,学生围绕教师转。教师往往侧重知识的传授,而对学生的学习需求和发展需求重视不够,在这种教学行为的主导下,学生习惯被动地学习,学习的主动性也渐渐丧失。显然,这种以教师"讲"为中心的教学,是不利学生的潜能开发和身心发展的,也不利于学生终身学习的需要。如常见的语文阅读教学,教师过多的讲解、分析和说明常使学生感到枯燥乏味,从而丧失了学习的积极性。这种现象产生的原因,从教学观念上来看,教师仍然把自己作为教学的中心,担心学生读不懂课文,于是就包办代替,结果适得其反。新课程观要求教师的"教"必须服务于学生的"学",教师对学生起引领作用,负责激起学生的求知欲使学生主动学习,从而真正确立学生学习的主体地位。新课程改革要转变学生的学习方式,而学生学习方式的转变却是以教师的教学行为的转变为前提的,只有教师教学行为转变到以学生的"学"为中心,才能更好地服务于学生的"学",促进学生的"学"。新课程标准要求教师是学生学习环境的设计者、自主学习活动的引导者、组织者和指导者。

**3. 要求教师课堂教学行为具有生成性**

"重结果轻过程"这是传统课堂教学中的弊端。教师在传统教学中,只重视知识的结论,忽略知识的来龙去脉,有意无意地压缩了学生对新知识学习的思维过程,而让学生去重点背诵"标准答案"。这种只注重结果而忽视知识生成过程的教学行为,很容易使学生学习的知识演变成固定不变的唯一的真理或结论,导致教学过程成为一个简单的传授标准答案的过程。新课程要求教师的课堂教学行为应注重知识的生成过程,把重点放在揭示知识形成的过程上,暴露知识的思维过程,让学生通过感知—概括—应用的思维过程去发现真理,掌握规律。使学生在教学过程中思维得到训练,既增长了知识,又发展了能力。同时还要求教师应根据不同的教学内容选择合适的教学方法,引导学生以原有知识为基础,采用"自主、合作、探究"的学习方式,主动建构知识。同时,教师也要对学生的自主探究进行适时的、必要的、谨慎的、有效的指导,与学生交流情感,分享彼此的经验和知识。

**4. 要求教师课堂教学行为具有对话性**

传统教学中,教师处于至高无上的权威地位,学生无条件地接受教师的一切灌输,师生之间显然是不平等的。加之激烈的升学竞争,更加导致师生间矛盾加剧,造成了学生严重的逆反心理,甚至形成情感对立。这种状态下的教学,势必事倍功半。新课程体系倡导师生间的平等对话与交流,这种教学交流与对话意味着参与,意味着相互建构,它不仅是一种教学活动方式,更是弥漫、充盈于师生之间的一种教育情境和精神氛围。对学生而言,交流意味着心态的开放,主体性的凸现,个性的彰显,创造性的解放。对教师而言,交流意味着上课不是传授知识,而是一起分享理解。交流还意味着教师角色的转换,由教学中的权威变成合作者,从传统的知识传播者转向现代的学生发展的促进者。因此,上课不再是单纯地传授知识,而是与学生一起分享、理解、建构知识。可以说,创设基于师生交流的互动、互惠和对话的教学关系,也是未来教师的一项重要任务。

**5. 要求教师课堂教学行为具有多元性**

传统的教师以学生的学业成绩作为评价的唯一尺度,且具有甄别和选拔的"精英主义"功能倾向。这压抑了大部分学生的个性和创造潜能。新课程背景下教师的教学行为应具有多元性的特点,多元性的教学评价给教师教学行为提出了更高的要求。首先,教师应该把评价当作是教学过程的一个重要环节,贯穿于教学的每一个阶段,它应该是教育者自觉、有计划、有目的的教学行为。其次,教师应该掌握新的评价技术与方法,不能以纸笔测验为唯一评价手段,而应该采用定性和定量评价相结合的综合评价方式。第三,新课程标准主张教师不仅要注重对学生学习目标达成的判定和评价,更要注重对学生学习过程、学习方法、学习态度和学习技能的激励性评价,要求教师要构建符合素质教育的教学评价行为,从学生的实际出发,了解、诊断学生的学习情况,更好地调整教学目标和教学策略,善于发现学生身上的闪光点,多元化、多层次、激励性地评价学生,对学生的身心健康发展发挥推动作用。在新课程标准中,各学科都强调培养目标和评价内容的多元化,不仅包括基础知识和基本技能,还包括情感、态度和价值观、学习过程与学习方法。这些内容对个体而言都是紧密联系的整体,它们之间没有主次之分,对任何一个方面的忽视都可能造成学生的偏颇。因此,用多种评价手段和方法衡量不同的学生才可能真正发挥评价的功能,培养出具有分析、思考和问题解决能力的学生,让学生发挥其所长,帮助学生最大限度地发展。

## 二、教学行为对小学生学习的影响

教师的课堂教学行为对学生的影响很大,教师在课堂上的提问方式,或者不经意的表扬和批评,对学生作业或考试结果的评价等,都会影响学生学习的积极性。平常,教师的教学活动,注意力大多集中在讲授知识的科学性和学生接受知识的效果上,而忽视课堂教学的艺术性,即对学生情感、兴趣等非智力因素的培养,忽视对学生学习动力的研究。教学行为影响的学习动力对学业进步的制约作用常常被疏忽,因而有意无意地破坏学生的学习动力机制。许多后进的学生往往是丧失学习动力后学习积极性衰竭,学习不能进步;一些中等程度的学生,学习动力机制未能得到及时强化,因而降低学习积极性,学习成绩下降,甚至出现滑坡现象,影响大面积提高教学质量。因此,课堂教学中,教师必须试图激发和增强学生的学习动力,并强化学习动力机制,以充分挖掘学习潜能。对教师教学行为与学生学习动力两者关系进行研究,对增强教的科学性,调动学的积极性,进而形成良性的教学秩序,提高教学质量,具有现实指导意义。教育心理学研究也表明,决定学生学习是否有效的心理因素,除学习能力外,主要是学习的积极性,包括学习动机、学习态度和学习兴趣等,它们对学习成效具有显著的动力作用。

### 1. 学生学习兴趣与老师的教学行为密不可分

学生的学习兴趣,有很大的选择性,学生喜欢某一学科,大多与教师的教学有关。学生喜欢某门学科的主要原因:第一是老师讲得好,听得懂;第二是老师待人好,愿意听;第三才是对该门学科知识本身感兴趣。并且前两者成为制约影响第三者的因素,就是说老师的讲课语言和对学生的情感倾向,必定影响学生对知识学习的兴趣;前两者较好的情况下,学生学习知识的兴趣会增浓。有些学生对某一学科没有兴趣,主要也是老师教的原因,年级越低,表现尤为突出。课堂教学中,老师的上课语言形象生动,教学内容重点突出,条理清晰,会激发学生的学习兴趣。

### 2. 表扬与批评对学生的影响

表扬与批评在教师日常教学行为中经常遇到,尽管教师都知道,表扬是最鼓舞人心的,但是,实际工作中,只表扬优秀的学生、有进步的学生,而对学有困难的学生,老师的表扬则与之无缘。实验表明,表扬与批评运用得当都可以对学生的学习起推动作用,但表扬、鼓励必须多于批评、指责,否则就不能激起学生积极的学习动机。对不同层次的学生都设法说一句表扬、鼓励的话,这是教师几乎每天都要提醒自己的一种简便的教学行为。

### 3. 课堂提问要面向全体

学生是学习的主体,老师在学生的学习过程中起到主导作用,教师应该把课堂归还给学生。只有充分调动学生的学习主动性,发挥他们的能动性,才能在上课时自主地进行学习,才能体现学生的主体性。所以老师的提问必须面向全体学生,让学生充分参与到课堂学习的过程中来,让每个学生都有回答问题的机会,体验参与和成功带来的喜悦,进而才能调动每个学生思考问题、回答问题的积极性。所以问题的设计要有难易的梯度,这样我们就可以针对不同层次的学生提出相应难度的问题。中下层次的学生回答较简单的问题,中等水平的学生回答稍难的问题,如果回答的不准确、不完整,就请成绩较好的学生来补充,还可以展开小组讨论,让每个学生在小组合作中发表自己的意见。这样,可以让全班学生参与到课堂讨论中,既提高了优生的水平,又带动了后进生的学习。如果在课堂上只提问成绩好的学生,或者部分学生,就会冷落了其他大部分的学生,会让学生觉得老师忽略了他们,导致他们在课堂上分心,或者即使在听,也没有什么兴趣。所以课堂提问要面向全体学生,让每个学生都有锻炼的机会,增加学生成就感和被关注感。这样就会增加学生学习的兴趣,端正上课态度,提升成绩。

### 4. 教师讲解与学生练习的合理安排

不少教师为了"节省"时间,舍不得课堂上让学生做练习,把该讲的全在课堂上讲了,临下课时布置作业,让学生课余完成。殊不知,学生对此是极为反感的,老师的"好心"却是在抑制学生的求知欲,削弱学生的学习动力。从小学生年龄心理特点而言,一堂课45分钟,老师讲解时间最好不超过20分钟,否则会分散学生的注意力,影响听课效果。小学生大多喜欢课堂上有讲有练,讲练结合,且合理分配两者的时间,不仅适合学生的心理特点,而且符合教与学的规律。

### 5. 作业评改与学习状态的关系

老师的批改认真态度与学生作业的认真态度直接相关,如果能面批效果会更佳。因为学生非常注意老师对自己作业的批改,他们不仅关心老师的红钩或优良等第,也关注老师在自己作业本上的圈点。教师如果把一个"后进生"的作业本连续三次认真面批,该学生以后的几次作业一定会认真起来。而教师如果连续三次不批一个好学生的作业,那么他的第四次作业就不会像前几次那样认真了。

### 6. 考试结果与学习状态的联系

考试是检阅教学效果的必要手段,影响学生学习状态的主要不是考试的次数和内容,而是教师因学生考试结果而表现出来的情绪。有的教师,因为学生考得不好,而对学生表现出极为严肃的态度或者采取非常强硬的措施,这样,对学生的学习进步不利,反而会破坏学习情绪,影响学习成效。考试测验以后老师对学生个别表现的态度对学习动力也会产生影响,对考试成绩不理想的学生,常进行批评,这是雪上加霜,不会达到教育的目的。对一般中等学生采取随意的态度,不冷不热,客观上会影响学习动力。教师自己明白并且也让学生明白,学业成绩考试的真正意义在于:分数高低不是最主要的,而在于通过考试,帮助教师与学生发现教与学问题进而找出继续努力的方向。

## 🖋 巩固练习

1. 为了便于学生记诵,教师经常要求学生,多次重复背诵学习内容,这种学习策略属于(　　)。

    A. 复述策略　　　B. 精细加工策略　C. 组织策略　　　D. 阅读理解策略

2. 中学生利用认知结构中原有的上位概念来学习新的下位概念的学习模式是(　　)。

    A. 并列结合学习　　　　　　B. 总括学习

    C. 下位学习　　　　　　　　D. 上位学习

3. 学习质量与能量等概念之间的关系属于(　　)。

    A. 并列结合学习　　　　　　B. 概念学习

    C. 下位学习　　　　　　　　D. 上位学习

4. 掌握了"蔬菜"这个概念,再学习萝卜、白菜等概念,属于(　　)。

    A. 并列结合学习　　　　　　B. 下位学习

    C. 上位学习　　　　　　　　D. 强化学习

5. 活动方式具有高度的适应性,在执行方面能达到高度的完善和自动化的阶段是(　　)。

    A. 操作定向　　　B. 操作模仿　　　C. 操作整合　　　D. 操作熟练

# 教学评价与反思

答案与解析
相关拓展学习

## 备考指南

### 一、考纲要求

1. 了解小学教学评价的基本内容、类型和主要方法。

2. 了解小学教师教学反思的基本内容、类型和主要方法，以及教学反思对教师专业发展的作用。

3. 能够针对小学课堂教学设计和实施进行恰当评价。

### 二、考点分析

通过对往年教师资格考试真题的分析，总结发现本模块的命题主要体现在教学评价、教学反思的类型和方法以及运用相关知识进行教学评价与反思。

### 三、学习建议与备考策略

1. 重点理解各分类标准下不同类型的教学评价与反思的含义。

2. 结合具体教学案例对相关原理加以运用。

## 知 识 树

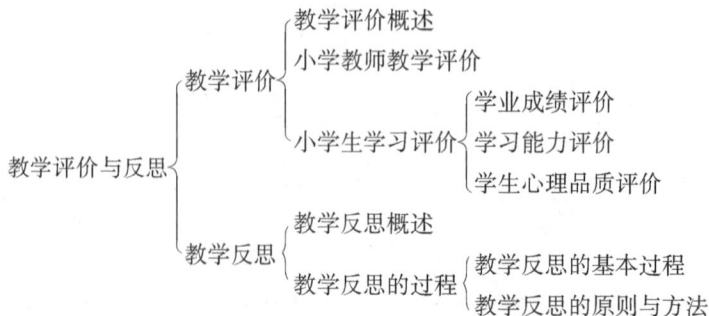

# 第一章　教学评价

## 考点分析

1. 本章知识在历年考试中多以选择题的形式进行考查。

2. 理解教学评价的功能、掌握教学评价的类型、各类教学评价的基本内涵并能区分；掌握小学教学评价的方法；理解教学评价的改革理念。

3. 掌握小学教师教学评价的主要内容

4. 重点掌握学业成就测验的基本操作过程。

## 第一节　教学评价概述

### 一、教学评价的概念

教学评价是指以教学目标为依据，按照科学的标准，运用一切有效的技术手段，对教学过程及结果进行测量，并给予价值判断的过程。

教学评价主要包括对学生学习结果的评价、对教师教学工作的评价和课程与教材评价。

### 二、教学评价的功能

#### （一）诊断功能

教学评价不仅可以使教师了解教学各方面的情况，从而判断教学的质量和水平、成效和缺陷，还可以帮助教师了解学生的知识基础、能力水平及存在的问题，分析问题的成因，调整教学策略，有针对性地解决教学中存在的各种问题。

#### （二）反馈功能

教学评价的结果可以为教师和学生提供反馈信息，使他们及时应对自己在教学过程中的状况，从而进行必要的调整。

#### （三）导向功能

导向是评价的主体功能，能对教学活动起潜在的制约作用。无论是学生的学习还是教师的教学都会受到评价内容和评价标准的制约。

#### （四）检验功能

在教学活动中，教师的教学水平和教学效果如何，学生是否掌握了必备的基础知识和基本技能,预定的教学目标是否实现,这些都必须通过教学评价加以检查和验证。对于学生学习结果的评价,尤其是某一门课程或某一段课程结束后进行的终结性评价,不仅可以作为证明学生知识掌握程度、能力发展水平的证据,也可以作为相关部门评价教师教学工作质量的重要依据。

### (五) 激励功能

教学评价可以调动教师教学工作的积极性,激起学生学习的内部动因,维持教学过程中师生适度的紧张状态,可以使教师和学生把注意力集中在教学任务的某些重要部分。

### 三、教学评价的基本类型

表7-1　教学评价的类型

| 划分依据 | 评价类型 | 特征 | 举例 |
|---|---|---|---|
| 评价功能 | 诊断性评价 | 在学期开始或一个单元教学开始时,为了了解学生的学习准备状况及影响学习的因素而进行的评价。 | 学期初的入学考试。 |
| | 形成性评价 | 在教学过程中为改进和完善教学活动而进行的对学生学习过程及结果的评价。 | 课堂中对学生的口头提问、课内或课外作业与评议等。 |
| | 总结性评价 | 指在一个大的学习阶段、一个学期或一门课程结束时对学生学习结果的评价,也称为终结性评价。 | 每学期的期末考试。 |
| 评价标准 | 相对性评价 | 主要依据学生个人的学习成绩在该班学生成绩序列或常模中所处的位置来评价和决定他的成绩的优劣,而不考虑他是否达到教学目标的要求;具有甄选性强的特点。 | 考试后根据考试成绩对学生进行班级排名。 |
| 评价标准 | 绝对性评价 | 主要依据教学目标和教材编制试题来测量学生的学业成绩,判断学生是否达到了教学目标的要求。 | 达标(及格)评价。 |
| | 个体内差异评价 | 是对被评价者的过去和现在或者和个体内部的各个方面进行纵横比较。 | 学生成长记录档案袋。 |
| 评价方法 | 定性评价 | 是凭借评价者的洞察、内省或移情对评价对象做出价值判断的方法,它强调观察、分析、归纳与描述。 | 评定等级、写评语。 |
| | 定量评价 | 用一定的数学模型或数学方法,对搜集到的数据资料进行处理和分析,从而做出定量结论的评价,即对评价对象进行数字描述。 | 评定分数。 |
| 评价主体 | 外部评价 | 被评价者之外的专业人员对评价对象进行评价。 | 教师对学生做评价。 |
| | 内部评价 | 由课程的设计者或使用者自己实施的评价。 | 学生对自己课堂学习过程做评价。 |

**真题链接**

1.（2013年下半年选择题）在课堂教学中，教师就新授内容编制了一些习题，让学生选做，以判断学生的掌握程度，他所运用的评价方法是（　　）。
　　A. 甄别性评价　　　　　　　B. 形成性评价
　　C. 安置性评价　　　　　　　D. 总结性评价

2.（2015年下半年选择题）以评价对象自身的状况作为参照标准，对其在不同时期的进步程度选行评定。这种评价属于（　　）。
　　A. 绝对评价　　　　　　　　B. 相对评价
　　C. 总结性评价　　　　　　　D. 个体内差异评价

3.（2016年下半年选择题）虽然小明的期末成绩不高，但与期中考试相比有所提高，老师仍颁给他"学习进步奖"这种评价属于（　　）。
　　A. 相对性评价　　　　　　　B. 绝对性评价
　　C. 个体内差异评价　　　　　D. 终结性评价

## 四、小学教学评价的原则和方法

### （一）小学教学评价的原则

**1. 客观性原则**

它是指在进行教学评价时，从测量的标准和方法到评价者所持有的态度都应该符合客观实际，不能主观臆断或掺入个人情感。客观性是教学评价的基本要求。

**2. 发展性原则**

教学评价应着眼于学生的学习进步、动态发展，着眼于教师的教学改进和能力提高，以调动师生的积极性，提高教学质量。要重视形成性评价，重视教师发展、学生进步的过程。

**3. 整体性原则**

教学评价应树立全面的观点，从教学工作的整体出发，进行多方面的检查和评定，防止以偏概全，以局部代替整体。教学评价实施多元评价，反对以学业测验成绩或升学率作为唯一尺度的一元评价模式，应该关注学生整体能力的提升。

**4. 指导性原则**

教学评价应该具体明确，在指出教师和学生的长处、不足的基础上，提出建设性意见，使被评价者能够发扬优点、克服缺点、不断前进。

**5. 科学性原则**

进行教学评价时，要从教与学相统一的角度出发，以教学目标体系为依据，确定合理、统一的评价标准，认真编制、预试、修订评价工具；在此基础上，使用先进的测量手段和统计方法，依据科学的评价程序和方法，对获得的各种数据进行严格的处理，而不是依靠经验和直觉进行主观判断。

### （二）小学教学评价的方法

#### 1. 测验法

测验法是教学中应用最为广泛的评价方法。它是根据教学目标，通过编制测验题，对评价对象进行测试，并按照一定的标准对测试结果加以衡量的一种评价方法。编制一份良好的测量工具（如试卷），需要符合以下四方面的要求：

第一，较高的信度。信度是指测量结果的可靠性和一致性。一个好的测量工具必须稳定可靠，多次测量的结果保持一致，比较稳定，能客观准确地反映学生的水平。

第二，较高的效度。效度是指测量结果的有效性，即指测量结果与所要测量的事件属性实际水平之间的符合程度。它是衡量测量的正确性和有效性的指标。

第三，合适的难度。难度是指测验的难易程度。

第四，理想的区分度。区分度是指测验对被试者实际水平的区分程度，也就是测验对应试者的辨别能力。

---

**真题链接**

4.（2014年上半年选择题）张老师用一套试卷对程度相当的两个平行班进行测试，学生的成绩基本一致，这说明这张试卷具有较好的（　　）。

A. 信度　　　　B. 效度　　　　C. 难度　　　　D. 区分度

---

#### 2. 观察法

在自然状态下对教学活动进行观察，可以了解教师的工作状况、学生的学习状况和课堂教学情况等。与测验相比，测验只能显示学习效果，而观察可以提供学习过程中学生的学习状况。更重要的是，教师通过日常的自然观察，可以了解学生在学习过程中的最真实的表现，获得更全面的评价信息，便于有针对性地给予指导和帮助。

#### 3. 调查法

调查一般通过问卷、交谈等形式进行。问卷是通过预先设计好的调查问题要求被评者笔答以获取有关评价资料的方法。问卷要简明扼要，只提出调查者希望知道的问题；进行问卷调查要给答卷人对所问的问题以自由评论和自由选择的条件；问卷所获得的资料要经过统计和分析才能科学地利用。采用交谈的形式时，需要注意安排一定的交谈时间，交谈要有准备，即使短促交谈也要有的放矢。

#### 4. 成长档案袋评价法

成长档案袋评价是指根据一定的要求，将能够反映评价对象成长与发展的各种作品搜集起来，以全面动态地反映评价对象的成长与发展状况。如教师专业成长记录袋、学生学习档案袋等。

### 五、当前小学教学评价存在的主要问题与改革

#### (一) 现存问题

教学评价的应用以激励学生和改进教学为目标,但实际教学中,某些教师往往仅用学业成绩测验一个尺度。从学业成绩单方面衡量学生的发展水平,这样不仅会妨碍学生的全面发展,也会对教学改革形成阻力。当前小学教学评价中存在着以下问题:

(1) 在评价内容上只重视学生的学业成绩,忽视能力的培养。

(2) 在评价标准上过分强调共性和一般趋势,忽视了个性化发展价值。

(3) 在评价方法上仍以纸笔测试为主,过多地注重学习成绩,难以全面地反映学生发展中的多样表现和个人的进步努力程度。

#### (二) 教学评价的改革

##### 1. 教学评价新理念

(1) 在评价功能上,由侧重甄别和选拔转向侧重发展。

(2) 在评价对象上,从过分关注对结果的评价逐步转向关注对过程的评价。

(3) 在评价主体上,强调评价主体多元化和评价信息多源化,重视自评、互评的作用。

(4) 在评价结果上,不仅要关注评价结果的准确、公正,更要强调评价结果的反馈以及被评价者对评价结果的认同和对原有状态的改进。

(5) 在评价内容上,强调对评价对象进行全面综合考察。

(6) 在评价方法上,强调评价方式多样化,注重质性评价与量化评价相结合。

(7) 在评价者与评价对象的关系上,强调平等、理解、互动,体现以人为本的主体性评价的价值取向。

##### 2. 教学评价改革策略

(1) 实施多元评价

倡导基于多个视角和多种方法的多元评价,关注学生整体能力的提升。实施多元评价的基本要求:重视对认知能力的考查;重视对学习过程的检测;注重对活动表现的检测;采用多种方法从多方面搜集评价信息。

(2) 强化形成性评价

传统的终结性评价重在于发挥鉴定和筛选功能,主要是为了衡量学生的好坏。形成性评价关心的是能否促进学生的进步和教师的成长等。实施形成性评价的基本要求:考查与考试相结合;评语与评分相结合;自评、互评与他评相结合。

(3) 注重发挥评价的激励性功能

坚持以学生的优点为评价的出发点,坚持以个体为主的评价标准,突出正面的鼓励性评价。强化激励性评价的主要方法有:将课程分成小的单元,在每一单元内考核,激发学生的学习热情;扩展评价的范围,尽可能满足学生的成功欲望;记录学生学业以外的突出表现,增强学生的成就感;注重学生发展过程中的纵向评价,让学生感受到自己的进步。

5.(2015年上半年材料题)刘老师教学《第一场雪》时,运用各种方式激励学生。学生在质疑时,她就说:"真是个爱思考的孩子!"学生朗读表现出色,她就说:"老师仿佛置身于雪景中,心中无比轻松愉悦。"大家齐读得好,她便说:"老师也被感染了,想美美地读一读。"大家读得不好时,她首先肯定"读得不错",然后提出希望:"要是能将'嗬'读得不仅能表现出惊讶,还能表现出赞叹的感觉来,就更棒了!"

问题:

(1)评析刘老师对学生课堂表现的评价。

(2)谈谈"新课改"倡导的评价理论。

# 第二节　小学教师教学评价

教师的教学评价集中体现在对教师的课堂教学评价上。通过课堂教学评价,促进教师的有效教学,不断提高教学质量。

## 一、小学课堂教学评价标准的编制依据

### (一)课程标准

课程标准是规定某一门学科教学的指导性文件。国家课程标准是教材编写、教学、评估和考试命题的依据。因此,课程标准既是教师教学的指南,又是评价教师教学质量的依据。

### (二)教学理论

教学理论是揭示课堂教学规律的科学,直接指导课堂教学,因此,在编制课堂教学评价标准时必须基于教学理论。具体地说,在编制教学评价标准时要遵循以下内容所揭示的规律:

#### 1.教学原则

教学原则是概括长期教学实践经验,依据教育目的、教学客观规律提出的指导教学活动的准则。

#### 2.教学目标和任务

(1)三维教学目标:知识与技能、过程与方法、情感态度与价值观。

(2)教学任务:传授科学文化基础知识和基本技能;开发学生的潜力,培养学生的创新精神和实践能力;培养学生良好的道德品质,促进学生的个性发展。

#### 3.课堂教学的基本要求

小学课堂教学的基本要求主要体现在课前准备的充分性、课中的师生互动性、课后的目标达成度和效果显著性以及教师基本素养等方面。

## 二、小学教师教学评价的主要内容

表 7 - 2　小学教师教学评价的内容

| 评价项目 | 评价内容 |
| --- | --- |
| 教学目标 | 三维教学目标。<br>目标明确、合理、具体、操作性强。 |
| 教学内容 | 容正确，容量适当，学生能接受。<br>把握教材内在的联系和重点、突破难点。<br>融入学生的经验，联系学生生活和社会实际。<br>正确把握学科的知识、思想与方法，注重教学资源的开发与整合。 |
| 教学过程 | 结构合理，思路清晰，激活学生思维，能大胆质疑问题，以学生问题为出发点，形成动态生成的教学过程。<br>情境创设恰当、有效。<br>重视引导学生独立探究与分析问题的能力，并能主动合作。<br>精心设计安排，有层效性、针对性和开放性的练习活动。 |
| 教学方法 | 注重学法的指导。<br>结合学科特点运用教学方法，因材施教。<br>能够恰当合理地运用现代教育技术。 |
| 教师素养 | 教态大方自然，语言准确简练。<br>有较强的课堂组织协调能力和应变能力。<br>演示操作规范、指导得法。<br>板书科学、工整、美观。 |
| 学生活动 | 学生参与态度、广度、深度。<br>练习或作业的质量。 |
| 教学效果的检测 | 三维目标的达成。<br>学生的课堂参与度和练习与作业的完成情况。 |
| 教学特色 | 课堂教学有特色，如教学结构、教法和媒体运用等方面有独特创举，效果显著。 |

**真题链接**

**6.** （2016 年下半年选择题）教育行政部门制定小学教育质量评价标准应该依据（　　）。

A. 教学计划　　　B. 课程标准　　　C. 教学模式　　　D. 考试成绩

# 第三节　小学生学习评价

## 一、学业成绩评价

学生学业成绩评价是指对学生掌握学科基础知识和基本技能的评价，这是评价学生学习成绩的传统做法。主要采用测验或考试的方式进行，具体包括对学生学业成绩的测验和对测验结果的分析与评价两方面。

### （一）学业成绩的测验

（1）确定和表述测验目标。

分三步走：以较为广义的术语来表述课程的一般目标—把每个目标分解为内容和行为—

制作双向细目表。双向细目表包括两个维度:考核学科知识内容要点和考核的能力层次。

(2)选择试题类型,编制测验题目。试题类型包括客观题和主观题。

(3)审查试题,编制试卷。

(4)制定评分细则。

### (二)测验结果的分析

(1)排列名次。

(2)等级评定。

(3)总评分:依据学生某学科的平时成绩和期末测验成绩,按照一定的比例,最终计算得到的分数,并通过班级平均分或者标准差等手段进行分析和评价。

## 二、学习能力评价

学习能力是学生学习潜力的体现,一般采用观察、定性描述和适当的测量等方式。主要包括搜集与处理信息、发散思维、学以致用和提出问题四个方面的能力。

## 三、学生心理品质评价

学生心理品质主要包括学生的学习态度、学习兴趣、学习意志等。

### (一)学习态度

学习态度不仅决定着学生的学习方向,还是直接推动学生学习的内部动因,具有激发学习行为、维持或强化学习活动的作用。学生学习态度的评价包括学生对课程学习、对教师的态度和对学校的态度等方面。

### (二)学习兴趣

兴趣是学习的先导。学习兴趣有助于激发学生的学习需要,进而产生强烈的求知欲。

#### 1. 课堂热情

(1)注意状态:注意力集中、稳定、专心、全神贯注。

(2)认知状态:感知清晰,观察敏锐,思维活跃,想象丰富,记忆牢固。

(3)情感状态:态度认真,学习热情,充满活力。

(4)意志状态:动机强烈,求知主动,克服困难,善自制,有毅力。

#### 2. 学习投入

(1)积极动脑、动口、动手,主动搜集、交流和加工处理学习信息。

(2)独立思考。

(3)用于发表个人意见,听取并尊重他人意见。

#### 3. 学习意志

意志一方面能调节学生的学习行为,抑制与目的相违背的行为,另一方面还可以调节其心理活动,如提高注意力、努力记忆、积极思考、控制不良学习情绪等。学习意志评价包括学习的独立性、学习的果断性、学习的坚韧性和学习自制性等方面。

## 巩固练习

### 一、选择题

1. 建立评价学生全面发展的评价指标的体系必须包括( )。
   A. 一般性发展目标 B. 学科学习目标
   C. 学科学习目标和一般性发展目标 D. 情感目标

2. 评价要关注学生学习的结果,也要关注学习的( )。
   A. 成绩 B. 目的 C. 过程 D. 方法

3. 学期初,教师采用摸底考试了解学生已有的知识和能力的做法属于( )。
   A. 形成性评价 B. 相对性评价 C. 总结性评价 D. 诊断性评价

4. 在课堂教学过程中,李老师编制了一些练习题,让学生做,以判断学生的掌握程度,李老师所运用的评价方法是( )。
   A. 安置性评价 B. 诊断性评价 C. 总结性评价 D. 形成性评价

5. "多一把尺子,就多一个好学生",这反映的评价观是( )。
   A. 评价是促进学生发展的"泵" B. 评价应该多关注过程
   C. 学生是评价的主体 D. 评价标准应该多元化

6. 以查明学生已有的知识水平、能力发展情况以及学习上的特点、优点与不足之处,从而更好地组织教学内容、选择教学方法,以便对症下药、因材施教的评价是( )。
   A. 形成性评价 B. 诊断性评价 C. 总结性评价 D. 绝对性评价

7. 新课程评价主要倡导的评价方式是( )。
   A. 发展性评价 B. 综合性评价 C. 多元性评价 D. 过程性评价

8. 根据评价所运用的标准,教学评价可分为( )。
   A. 相对性评价与绝对性评价 B. 诊断性评价、形成性评价与总结性评价
   C. 定量评价与定性评价 D. 单项评价与综合评价

9. 下面属于形成性评价的是( )。
   A. 新生入学时的摸底测验 B. 随堂小测验
   C. 高考 D. 期末考试

### 二、材料分析题

#### "差生"的成绩

我是差生行列中的一员,我也曾努力过、刻苦过,但最后却被一盆盆冷水浇得心灰意冷。就那一次数学考试来说吧,我学数学觉得比上青天还难,每次考试都是十几分,一次教师骂我是蠢猪,我一生气决心下次一定要考好。于是,我加倍努力,真的拿了个数学第一名。心想,这次老师一定会表扬我吧! 可是出乎我的意料,老师一进教室就当着全班同学的面问我:"你这次考得这么好,不是抄来的吧?"听了这话,我一下子从头凉到脚,难道我们差生就一辈子都翻不了身了吗?

问题:请结合案例分析现行教学评价存在的主要问题。

**351**

# 第二章  教学反思

## 考点分析

1. 本章知识在历年考试中多以选择题的形式进行考查。
2. 掌握教学反思的类型，能理解各类型的内涵并做区分。
3. 掌握教学反思的原则与方法。

# 第一节  教学反思的概述

## 一、教学反思的内涵及意义

### （一）教学反思的内涵

教学反思是指教师以自己的教学活动为思考对象，对自己的行为、决策以及由此产生的结果进行理性的审视、分析、评价与矫正的过程。教学反思是教师提高专业水平的有效手段。每一位教师应该重视反思性教学，做一名反思型的教师。

### （二）教学反思的基本特征

（1）课堂教学是教学反思的出发点和归宿。教学反思应把课堂教学作为认识的主体，教师对课堂教学进行全面的冷静思考和总结，从而促进课堂教学最优化，使教师和学生得到更充分的发展。

（2）探索研究和解决问题的方法是教学反思的着眼点。教学反思不是一般性地回顾教学过程，而是探究教学过程中的亮点和不合理的行为及思维方式，对存在的问题通过重新设计教学方案得以解决。

（3）追求教学环节的最优化是教学反思的不竭动力。

（4）学会教学、学会学习是教学反思的最终目标。

### （三）教学反思的意义

#### 1. 教学反思有利于改进教学

通过教学后的反思，总结经验、汲取教训，进行二次备课，可以进一步完善教师的教学设计，进而提高课堂教学质量，同时也可以不断提升教师自己的备课能力与研究能力。

#### 2. 教学反思是教学研究的重要方式

通过反思教学—分析教学—改进教学，这是基于实践或行动的教学研究，能提高教师对教学的认识，发展教师的教学实践智慧。

#### 3. 教学反思有助于实现教师专业发展

教学反思是促进教师专业成长的必要途径。美国学者波斯纳曾提出过一条教师成长

的公式:成长＝经验＋反思。教师的反思有助于提升教师的专业理念,有助于优化教师的专业知识结构,有助于提高教师的专业能力,有助于强化教师的自我专业发展意识。

## 二、教学反思的内容和类型

### (一)教学反思的内容

#### 1.反思教学理念
理念往往是行动的先导,教学理念是指导教学行动的重要因素。反思教学理念是对教学的基本信念和行动指针的再认识,是对教学行为是否符合科学的教学理念的反思。在新课标下,教师尤其是要反思教学是否符合所倡导的"以学生的发展为本"的教学理念。课堂教学中学生学习的主动性、独立性和自主性是否得到了充分的体现。

#### 2.反思教学目标
反思教学目标主要是反思在实践中是否正确地实践教学目标,每节课有没有具体明确的教学目标,是否真正达到了三维教学目标,情感、态度价值观目标是否有机地融入课堂教学内容中。

#### 3.反思教学过程
反思教学过程主要是对教学过程的设计和教学实施的各个环节以及教学效果进行反思,以积累经验、修正错误,实现教学的最优化。

#### 4.反思教学得失
反思教学得失就是总结教学中好的经验和需要改进的地方。如教师可以将教学过程中的精彩部分记录下来,通过反思将教学片段加以完善和总结,便于自己或者他人以后方便使用。对于教学瑕疵之处,认真进行回顾、分析,找出原因以及解决策略,形成新的教学环节。

#### 5.教学再设计
这是教学反思的目的。即在反思的基础上,重新思考教学、设计教学,提升教学水平和质量。

### (二)教学反思的类型

#### 1.从教学流程来看,分为教学前反思、教学中反思和教学后反思
(1)教学前反思。教师在教学前对自己的教案以及教学设计思路进行反思,包括如何达到教学目标,以及达到目标所需要的动机、教学模式和教学策略等。

(2)教学中反思。教学中反思也称课堂反思,是指在教学过程中,对不可预料情况的发生进行反思,以及教师在和学生互动作用中根据学生的学习效果反馈,对教学计划进行调节。

(3)教学后反思。教学后反思是指在一堂课上或者一阶段的课程上完之后对自己所上的课的情况进行回顾和评价。而我们通常所说的教学反思多指这类课后反思。

#### 2.从参与主体来看,分为个体反思和集体反思
(1)个体反思。个体反思主要通过教师自我反思的方式对自己的教学行为和教学效

**353**

果进行思考和评价。

（2）集体反思。集体反思是指教师与同行一起通过观察自己的、同行的教学实践，就实践问题进行对话、讨论。它注重教师间成功的分享、合作学习、共同提高，有助于合作共同体的建立。

### 3. 从反思对象来看，分为纵向反思和横向反思

（1）纵向反思。是指对自己教学历程的反思，即把自己的教学实践作为一个认识对象放在历史过程中进行思考和梳理。

（2）横向反思。教师跳出自我来反思自我，通过经常开展听课交流，研究别人的教学长处，借助于学习比较，弥补自己的教学缺陷，即人们常说的"他山之石，可以攻玉。"

### 4. 根据教学理论深浅程度，可以分为理论反思和经验反思

（1）理论反思。是指通过理论学习或通过理论与实践的对照进行的反思。

（2）经验反思。是指总结个人教学经验的反思，它是对教学的微观反思。

# 第二节　教学反思的过程

## 一、教学反思的基本过程

教学反思需要有一个相对完整的过程，才能产生实际的效果。其基本过程包括以下阶段：

表7-3　教学反思的基本过程

| | 阶段 | 主要任务 |
|---|---|---|
| 第一阶段 | 具体经验阶段 | 使教师意识到问题的存在，并明确问题。 |
| 第二阶段 | 观察分析阶段 | 广泛收集信息，以批判的眼光反观自身教学。 |
| 第三阶段 | 抽象的重新概括阶段 | 在观察分析的基础上，积极寻找新思想与新策略来解决问题。 |
| 第四阶段 | 积极的验证阶段 | 检验上阶段所形成的概括的行动和假设；在检验的过程中，教师会遇到新的具体经验，从而又进入具体经验的第一阶段，开始新的循环。 |

## 二、教学反思的原则与方法

### （一）教学反思的原则

#### 1. 自主性原则

教师要有自觉反思的意识和能力，主动地进行教学反思。

#### 2. 真实性原则

教学反思的方法要科学，反思的依据和结果要客观。

#### 3. 及时性原则

教学反思要及时，且坚持不懈、持之以恒。

#### 4. 个性化原则

教学反思虽然有时也需要同伴的支持，但其性质还是个人行为，是依靠教师个体独立

思考来进行的。

### (二)教学反思的方法

#### 1. 行动研究法

即运用行动研究来探索规律、反思教学的方法。在教学中对设计方案进行研究、改进,设计新的方案再实践,以此循环往复不断提高教学质量和教学水平。

#### 2. 自我提问法

即以自我反省的方式进行教学反思活动。教师对自己的教学进行自我观察、自我监控、自我调节和自我评价。

#### 3. 教学诊断法

即教师从教学问题的研究入手,采用教学病理学的研究方法,反思教学中存在的问题及其解决办法。

#### 4. 比较法

通过观摩公开课、听专家讲学等多种形式关注最新的教学动态,在观察、对比、交流与讨论、反思和修正的过程中使自己的教学更合理。

#### 5. 阅读法

通过阅读学习提升自身认识,获取有关信息,为反思教学和改进教学提供理论储备。

### ✎ 巩固练习

1. 下列哪些不是教学反思的方法( )。

    A. 详细描述     B. 交流讨论     C. 行动研究     D. 自我否定

2. 把自己的教学实践作为一个认识对象放在历史过程中进行思考和梳理的反思过程是( )。

    A. 纵向思考     B. 横向反思     C. 个人反思     D. 集体反思

3. 教学后反思是围绕教学内容、( )、教学策略进行的。

    A. 教学目标     B. 教学方法     C. 教学过程     D. 教学评价

4. "反思＋经验＝成长"是( )提出的关于教师成长的著名公式。

    A. 夸美纽斯     B. 杜威     C. 波斯纳     D. 布鲁纳

5. 教师通过参加教研活动,通过与其他教师进行交流来反思自己的不足之处,这种反思是属于( )。

    A. 纵向反思     B. 横向反思     C. 教学后反思     D. 集体反思

6. 教师可以通过自我反省法和小组"头脑风暴"法,收集各种教学"病例",然后归类分析,找出典型"病例",并对其进行分析,重点讨论影响教学有效性的各种教学观念,最后提出解决问题的对策。这种反思方法属于( )。

    A. 行动研究法     B. 自我提问法     C. 教学诊断法     D. 比较法

# 参考文献

[1] 中公教育教师资格考试研究院. 教育教学知识与能力(小学版)[M]. 北京:世界图书出版公司,2017.

[2] 教师资格考试研究中心组编. 教育教学知识与能力(小学版)[M]. 上海:华东师范大学出版社,2015.

[3] 唐小俊. 教育教学知识与能力(小学)[M]. 北京:教育科学出版社,2015.

[4] 教师资格考试统编教材题库编委会. 教育教学知识与能力(小学)[M]. 北京:高等教育出版社,2015.

[5] 何杰. 小学综合实践活动[M]. 南京:南京大学出版社,2015.

[6] 周德藩. 教育教学知识与能力(小学)[M]. 南京:江苏凤凰教育出版社,2016.

[7] 王道俊,郭文安. 教育学[M]. 北京:人民教育出版社,2016.

[8] 盛群力. 现代教学原理策略与设计[M]. 杭州:浙江教育出版社,2006.

[9] 黄甫全,曾文婕. 小学教育学[M]. 北京:高等教育出版社,2011.

[10] 钟启泉. 基础教育课程改革纲要(试行)解读[M]. 上海:华东师范大学出版社,2001.

[11] 蒋蓉,李金国. 小学课程与教学论[M]. 北京:北京师范大学出版社,2013.

[12] 张传燧. 课程与教学论[M]. 北京:人民教育出版社,2008.

[13] 李慧燕. 教学评价[M]. 北京:北京师范大学出版社,2013.

[14] 王本陆. 教师课堂教学评价指南(第5版)[M]. 重庆:重庆大学出版社,2010.

[15] 赵明仁. 教学反思与教师专业发展[M]. 北京:北京师范大学出版社,2009.